MICHAEL STEPHENSON
HOW SOLDIERS DIE IN BATTLE

THE LAST
FULL MEASURE

士兵之死

世 界 阵 亡 简 史

[美]迈克尔·史蒂文森 著　　伍莎恩 译　　李佳星 校译

生活·讀書·新知 三联书店　　生活書店出版有限公司

Simplified Chinese Copyright © 2025 by Life Bookstore Publishing Co.Ltd
All Rights Reserved.

本作品中文简体字版权由生活书店出版有限公司所有。
未经许可，不得翻印。

THE LAST FULL MEASURE: How Soldiers Die in Battle by Michael Stephenson ©
Michael Stephenson, 2012. This translation published by arrangement with Crown, an
imprint of the Crown Publishing Group, a division of Penguin Random House LLC.

图书在版编目（CIP）数据

士兵之死：世界阵亡简史 /（美）迈克尔·史蒂文森（Michael Stephenson）著；伍莎恩译 . — 北京：生活书店出版有限公司，2025.1
　ISBN 978-7-80768-337-7

　Ⅰ.①士… Ⅱ.①迈… ②伍… Ⅲ.①战争史–史料–世界 Ⅳ.①E19

中国版本图书馆CIP数据核字(2020)第249074号

策 划 人	冯语嫣
责任编辑	苏　毅
封面设计	梁依宁
责任印制	孙　明
出版发行	**生活書店**出版有限公司
	（北京市东城区美术馆东街22号）
图　　字	01-2018-5472
邮　　编	100010
经　　销	新华书店
印　　刷	北京启航东方印刷有限公司
版　　次	2025年1月北京第1版
	2025年1月北京第1次印刷
开　　本	880×1230　1/32　印张　14.75
字　　数	324千字
印　　数	0,001—4,000册
定　　价	119.00元

（印装查询：010-64052066；邮购查询：010-84010542）

献给

让这一切成为可能的凯瑟琳
以及
勇敢奔跑的加布里埃尔·格雷·亨肖

害怕我可能会看到的，但又必须去看。

——亚历克斯·鲍尔比（Alex Bowlby）
《步枪手鲍尔比回忆录》（*The Recollections of Rifleman Bowlby*）

我们继续前进，每个人都在濒临毁灭的边缘缓慢移动。

——威廉·曼彻斯特（William Manchester）
《再见，黑暗》（*Goodbye, Darkness*）

目 录

序 言 ... 1

第一章 第一滴血：
古代战斗中的死亡与英雄主义 ... 7

第二章 不要归与人类，要归与上帝：
中世纪战场上的杀伤 ... 53

第三章 可怖的惊雷：
黑火药时代的战场致命性 ... 75

第四章 无上荣耀，无间地狱：
美国南北战争 ... 119

第五章 鲜血投资：
殖民战争中的杀戮与报偿 ... 161

第六章 献祭的高台：
第一次世界大战中的"西进" ... 183

第七章 幽灵公会：
第二次世界大战中的死亡 ... 241

第八章　泥沼里的钻石：

　　　　现代战争中的死亡与英雄主义　　　343

附　录　发发慈悲：战场医学简史　　　381

致　谢　　　397

注　释　　　401

参考文献　　　447

序 言

> 从更广泛的意义上来讲，不是我们奉献、圣化或神化了这块土地。那些活着或已死去的、曾在这里战斗的勇士们使得这块土地成为神圣之土，其神圣远非我们微薄的力量所能增减。世人将很难注意到，也不会记得，我们在这里所说的话，但他们永远也不会忘记那些勇士们在这里所做的一切……从那些光荣的先烈身上我们当汲取更多的献身精神，投身于他们为之彻底献身的事业。
>
> ——亚伯拉罕·林肯，
> 葛底斯堡（Gettysburg），1863年11月19日

纪念可以使我们免于遗忘，这种想法可能只是历史学家们炮制出来的假象，但回忆和纪念的行为也确实会唤起一种与人类历史一样古老的魔力。这是一种与先人的和解：纪念是给无法安息的死者的礼物。这与著名军医、诗人约翰·麦克雷（John McCrae，1918年死于佛兰德斯）在第一次世界大战的战场上写下的名句不谋而合："如果你背弃了与逝者的约定，我们将永不安眠。"麦克雷的本意在于号召年轻人团结在共同的旗帜下。对我来说，这名言却有着一种完全不同但同样强大的吸引力。

本书描述了士兵们如何死于战争。这一对战争核心事实的探

索既承认战争的罪恶,也试图尊敬履行战争义务的行为。但需要澄清的是,对死于战场的勇士报以敬意,并不意味着对军国主义的推崇和宣扬(好战分子的叫嚣和苍鹰的尖叫一样,永远响亮而清晰)。同时也不代表我们认为每个死于战场的人都是英雄——英雄这个词早已被我们的小丑政客及其帮凶媒体用滥了,早已失去了原有的荣光。在第二次世界大战中牺牲于1944年的战争诗人阿伦·刘易斯(Alun Lewis)曾这样形容:"聒噪的政客,激励我们杀戮。"事实上,我希望通过尽可能忠实地还原战争中的死亡,并在我绵薄的能力范围之内尽力考虑其复杂性——换句话说,尽可能用人道的方式来对待这个血腥的苦业——来向战死的人致敬,使他们免受愤世嫉俗者和沙文主义者的诋毁。

古老的战争在被封存于历史的福尔马林中之前,曾经是真实的。它们混乱而血腥,令人震惊的直接,乃至语言难以表述。阅读战争和死亡与亲身经历它们完全是两码事。当鲜血干涸、痛苦消退时,战争就会褪变出一种讨喜的形态,就像嶙峋的岩石在海浪持续的冲刷下被打磨得光滑那样。远远望去,它们变得浪漫了,那些被杀死的士兵——我们的怀旧感,魔术般地将他们从粉碎撕裂他们的暴力中剥离出来——沐浴在"最伟大一代"或诸如此类的高尚词汇的金色光环中。恶臭和尖叫让位于振奋人心的画面。死亡的痛苦在战争纪念馆和电影中令人鼓舞的英雄姿态的映照下冰雪消融,被人们遗忘。我们就这样被历史的温馨和笃信包裹着。

纳粹德国国防军步兵盖伊·萨耶(Guy Sajer)写下了他在二战欧洲东线战场上的战斗经历,他在自己的回忆录《被遗忘的士兵》(*Forgotten Soldier*, 1967)中这样写道:

序 言

太多人在了解战争的时候心态太过轻松。他们坐在舒适的扶手椅上，双脚放在火炉边，随意浏览着凡尔登或斯大林格勒的消息——心里说不定还在想着第二天的工作。一个人真的应该在被迫的、不舒服的情况下阅读这种消息，一边读一边庆幸不是自己在泥洞里写下这样一封信，描述那些可怕的事。人们应该在最糟糕的环境中阅读有关战争的内容，在一切都糟糕到极点的环境中，和平时期的痛苦是如此微不足道，不值平添白发。在安宁的生活中没有什么是真正了不得的事。人们应该在疲惫时，在深夜，站立着阅读关于战争的内容，就像此刻我写下这篇文章的黎明时分……

萨耶在沙地上划下了界线，只有那些经历过战争的人才能越过它。其他人至多不过是诚实的观察者，甚至可能是最令人不齿的偷窥者——正如反战诗人西格夫里·萨松指控的那样，"听得兴奋，因肮脏和危险的故事而激动"。正如我在写这本书时所敏锐意识到的，命运的眷顾让我免受战争摧残。就像轮盘赌游戏里的幸运一转，我出生的时间和地点让我的小命得以保存。这是一个我既不能感到骄傲也并不觉得抱歉的事实。那些像萨耶一样的人则活在界线的另一边，他们可以被人观察，但没人可以加入。

许多士兵英勇行事，但死亡无法自动为其增色。可怕的事实是，大多数人的生命都是被剥夺的，与不朽的英雄形象大相径庭。临死前最后的声音也不是"为了祖国"这样激动人心的号召，而是令人心碎的对母亲的呼唤。然而对于那些在战场上的人们来说，终有一事是一视同仁的：英雄如地米斯托克利（Themistocles）[①]也好，无名小卒也罢，同样都失去了生命。在本书中对两者都有意探讨，并尝试给予同等的关注和尊重。

引导士兵走向坟墓的道路可能残酷得短暂且直接，也可能因为许多小路和绕道的掺杂变得蜿蜒复杂。但总会有一个地方，成为决定他们命运的十字路口。致使士兵走向死亡的因素有很多：杀死他的武器，置他于死地的战略，自身的决定或他人替他做的决定，战场医疗条件（在历史上大部分战争中，其实都只是在加速死亡），最后是塑造每个战士的文化背景——这是一系列态度和理念融合而成的复杂概念，例如对英雄主义、牺牲和战争正义性的看法，对进取精神的拥抱和对战败方的怜悯之心（在此仅列举这一复杂概念中的几项内容）。其中很多内容都具有特定的时期性，这正是我按照时间顺序组织本书的原因——士兵以他们所处的时代风格死去。但同时，这在很大程度上也是人类的共同经历，所以我试图跨越几个世纪寻找其中的关联。

战争涉及许多事情，但其核心是关于杀人或被杀。它不是国际象棋、电脑游戏、电影，也不是关于死亡的书。战争本身就是无情的，没有任何妥协余地。亨利·巴比塞（Henri Barbusse）在其关于一战的伟大回忆录《火线》（*Under Fire*, 1916）中这样写道：“我们跃出战壕……径直冲向正不断向前推进的可怕前线。”在如今的"虚拟"文化中，我们常常混淆模拟和现实。现在我们大部

[①] 地米斯托克利（约公元前524～约公元前460年），古希腊雅典著名军事统帅，指挥了大败波斯海军的萨拉米海战。——编注

分人能通过角色扮演而非亲身经历来大致地了解战争,这在历史上前所未有。在屏幕暖光的映照下,我们能选择栖息在某个虚拟场景中,而少数人——相对来说非常少——却在现实世界的炙热阳光下生存或死去。相比之下,我们更倾向于通过阅读或游戏来体验,而不是亲身经历。

"军事历史绝不能背离杀戮的悲惨事实,"维克托·戴维斯·汉森(Victor Davis Hanson)直率地说道,"战争是战斗的合集,战斗是个体杀戮和死亡的记录……描写冲突并非仅仅描述帝国军队步枪的优越性能或者罗马士兵的无敌剑锋,而是机枪子弹如何射入青年人的头颅,短剑刀刃怎样割裂一个无名高卢人的动脉和脏器。以任何其他方式讲述战争都会带有不道德的意味。对军事史学家来说,如果在描述战争时使用委婉的说辞或有意省略与杀戮有关的画面,是一种近乎犯罪的行为。"

于此,我敏锐地意识到,写这本书的过程就好比走钢丝。不描述可怕的场景,就无法写出暴力和死亡。但人通常不是在发出高雅的叹息后优雅地倒地死去。他们往往是在一连串尖叫和鲜血中离开人世,被打入另一个世界。如何不在迎合兰博"第一滴血"式的暴力癖好的前提下对此做出公正评价?走钢丝的要求很高。我只能尽己所能慢慢前行。

惊人明显但总被忽视的一点是,我们这些撰写、评论或阅读这个悲壮主题的人,都被仁慈的命运眷顾——我们还活着!幸运的我们懒洋洋地躺在阳光明媚的冥河岸边,虽然我们的旅程也早已有了明确的终点,但我们仍然不过是带着谦逊和悲伤的看客,远远观望着那些聚集在阴暗面的层层叠叠的军团。

考虑到本书篇幅，作者的体力和能力，本书内容仅限于地面战。虽未涉及海空军那些英勇的水手和飞行员们，但并不意味着他们应该被遗忘。我的叔叔，美国陆军航空队的乔治·泰勒中士便是他们中的一员，一个B-17G轰炸机左侧腰部机枪手，于1944年4月11日在纳粹德国波森市（现为波兰领土）上空牺牲。只是与步兵的死亡相比，他们的死亡掺杂着更多的技术因素，这使得将不同兵种分开探讨成为可能，也是合乎逻辑的。此外，尽管疾病、寒冷、炎热和饥饿比武器夺走了更多士兵的生命，而且由这"四骑士"造成的死亡也是战争的直接后果，我依然决定只关注战斗直接而残酷的结果——由战斗导致的死亡，而不是战时在部队中发生的死亡。

第一章

第一滴血：
古代战斗中的死亡与英雄主义

> 据我所知，希腊人愚笨且荒唐，习惯以最蠢的方式发动战争。一旦与对方宣战，他们便会去找最好、最平坦的平原与之决战。结果就是，即使是胜利的一方也会蒙受巨大的损失；而战败方，我只能说，他们被彻底消灭了。
>
> ——希罗多德，《历史》（Herodotus, *The Histories*）[1]

希罗多德是一位史学家还是说谎者？是研究者还是杜撰人？众所周知，西塞罗（Cicero）曾公开抨击他是个骗子，一些现代史学家更是把他看作写小说的。然而，对于某些相当著名的现代史学家来说，他可谓是先驱。客气点儿说，这些史学家也和他们的这位先驱一样，经常难以把握历史和"臆想史"之间模糊不清的界线。但当我们回望史前那些古老的杀戮之地，搜寻最早的战争史料、探寻士兵们的命运，即使"希罗多德式的困境"——混淆神话和史实、冷静的观察和激情的演绎——也会给我们提供非凡的帮助。只是同时也要谨慎对待，因为我们知道脚下的史料地基并不是那么牢靠。

本章开头的引言透露出希罗多德对其所处年代的战争的看法（公元前5世纪）——在他眼中，只有兵器的英勇碰撞，希腊的战士们则如懦弱的旅鼠一样四散奔逃，被人遗忘。希罗多德的观点呼应了现代鹰派与鸽派关于远古战争的争论。

是残酷的暴力还是和平和解更符合冲突双方的利益？两派的分歧便在于此。一方（鹰派）觉得原始人尚未开化，古人本就是残忍暴力的；另一方（鸽派）则认为古人也会避免流血冲突，达成某种和解。鹰鸽两派的分歧也反映在了他们对早期战争死亡率的研究中，比如鸽派中就有人认为早期的战争不过是一种仪式，场面上的喧嚣和愤怒毫无意义，战士的耀武扬威和虚张声势都是为了减少伤亡。按照他们的观点，在出生率低而自然死亡率高的社会，流血事件于对战双方而言都是有害的，双方都尽量避免。所以相比发动真正的战争，他们更愿意默契地选择装腔作势，用夸张的动作代替真正的杀戮。这一观点被劳伦斯·H.基利（Lawrence H. Keeley）驳斥为"新卢梭式的荒谬空想，后现代主义的无稽之谈"。[2] 然而"鲜花战争"学派在20世纪六七十年代却十分受人追捧，这或许是出于对野蛮军事主义的反抗，这种野蛮军事主义总是自我标榜人道主义和现代性，实际上倒是刷新了野蛮一词的定义。

约翰·基根（John Keegan）在《战争史》（*A History of Warfare*, 1993）中宣扬了这样的观点：自我约束的战争是"原始人"的一大特征，他们"想尽办法让对抗双方免于最坏的结果……其中最主要的方法就是将战争仪式化，它限定了战争的性质并要求一旦特定的仪式完成，战争双方就要适可而止，依靠调解和仲裁实现和平"。[3] 然而我们也不能就此简单地将古代战士归为温顺的和平主义者，因为基根还说了："有一点很重要……不要把原始战斗理想化。它也可能变得十分残酷。"实际上,基根还非常委婉地补充道,它可能"带来受害者非常排斥的肉体上的后果"——被折磨后烹食。我们的原始祖先并不挑食。

1989年,罗伯特·L.欧康纳(Robert L. O'Connell)发表了对战争与侵略的调查研究,影响深远。在这篇调查中他也阐述了同样的观点——原始战争从本质上来说死亡率很低:

> 那时候的战斗极有可能都是零星的、高度个人化的。以杀戮为目标,有时会真正造成伤亡,但大多都是由于复仇和女人的因素,缺乏长期的经济和政治利益驱动,与那些现代依然存在的狩猎-采集部落的冲突别无二致。在这种情况下,埋伏和突袭是最受青睐的战斗方式,敌人通常是单独的个体。激战就意味着战术上的失败,突袭的目的在于迅速击溃,而不是延长战斗。于是,攻击方只有在确定偷袭可以成功的情况下才会接近对方,否则只会和对方远远地相互投掷武器。[4]

欧康纳和基根对"正规"战争与伏击或奇袭所做的区分对理解原始战士们的危险处境至关重要。据推测,原始战士在正式战斗中总伤亡率可能相当高——或许在30%~40%之间——与之相比,美国内战时"平均"的战斗伤亡率为12%~15%(虽然在某些战役中伤亡率可达25%,如葛底斯堡战役)。然而由于在这类原始战斗中,对峙双方都使用相对简陋的投掷武器,因此与现代战争相比死亡率较低:死亡与受伤的人数比约为1:30;相比之下,葛底斯堡战役中的该比例约为1:5,而1916年的索姆河战役中某些英国部队的死伤比例甚至达到了1∶2。[5]然而，当战斗双方手持棍棒、斧头和长矛之类的打击类武器（一种希腊和罗马战争特色的武器）接战时，原始对阵战也可能会非常致命。例如，在欧洲人带来火器之前，棍棒和斧头等近战打击性武器在北美东部林地土著部落间的战争中占据着主导地位，其杀伤力也非常大。然而，如果我们只关注对阵战，原始战士们死亡的真实情况将会被严重歪曲，因为他们更倾向于采取在我们看来是"非正规"的战斗模式：伏击和突袭。与现代战争相比，每次战斗的损失率可能相当低，但其频率和凶残程度却将累计损失提高到了"灾难性的死亡率"的程度，因此"一个典型的部落社会成员，尤其是男性成员，死于战斗的可能性要远高于一个现代普通国家的公民"。[6]

这么说来，我们的战士先祖并不符合我们关于英雄战争的概念，即要求战争双方在平等的条件下相遇并击败对方。他们的作战风格更有可能是机会主义性质的，在很大程度上是在凭感觉权衡利弊后形成的。当生命被逼迫到死亡的边缘，堂皇的姿态就会让位于谨慎的算计。在拥有优势的短时间内，通过围攻的方式切实地杀掉在数量上处于劣势的敌人或许没那么光彩，但它显著降低了攻击方受到损失的可能性。早期人类和狩猎团体没什么不同，这是他们从捕猎动物中学会的策略，在对付人类敌人时也同样有效。从某些方面来看，这与我们这个时代的武装骚乱没什么不同，都是利用伏击和陷阱来孤立和打击敌人——实际上就是采取一切能增加胜率的投机策略，不管这些策略有多"卑劣"。无论是与北美土著作战的欧洲人（殖民者将土著的作战风格称作"隐蔽的作战方式"），在拿破仑时代的半岛战争中与西班牙游击队战斗的法国人，20世纪在越南作战的法国人和美国人，还是与阿富汗游击队作战的苏联人,以及在现代阿富汗与塔利班作战的美国人,其作战策略可能都不符合"公开坦荡的正面对抗"的英雄战争的定义。

战争中的杀戮起源于何时?有学者追溯到最早的战争发生在200万年以前。[7]能人生活在140万~230万年以前,而我们,相对较晚的智人,直到25万年以前才出现。约在40万年以前,我们原始人类的狩猎先祖便出于捍卫领地的本能,在利益团体之间开启了杀戮。[8]他们互相杀害不仅仅是为了保护他们的所有物,也是为了扩大势力范围,从而提高己方生存和繁盛的概率。[9]自身利益从来都是发动战争的重要因素。我们或许能用华丽的修辞来包装自身利益,团体也演变为现在的民族国家,但它仍然与我们最基本、最古老的本能联系在一起。我们无法完全摆脱动物皮囊的恶臭。

大约在170万年前,手拿棍棒的直立人开始在非洲大陆扩张;大约40万年前,尖端经过火烧碳化处理的木制长矛出现在人类的武器库中。[10]然而,直到投掷武器出现,史前战争才有了战术雏形,并形成后来战争的一大特征:近距离冲击和远距离投掷的组合。尼安德特人是智人的竞争对手,他们有着更强壮的身体,而且能非常老练地用石尖矛进行投掷和穿刺。但最终更灵活、更有创造力的智人把尼安德特人逐出了猎物丰富的地区,将他们赶到进化的死胡同,剥夺了他们种族繁荣以及繁衍的机会。

大约4万年前,智人发明了一种能极大影响战斗力平衡的武器技术:掷矛器(atlatl)。[11]面对在近战中善用肉体力量的敌手,智人需要反击。掷矛器是一种木制投射装置,和投石索有相同的物理原理,用于猛力投掷类似短矛的飞镖。它是最早的力量倍增器之一，将战矛的投掷距离增加了3倍（从25码①延长至100码，且30码内的精确度相当高），[12]这为智人提供了一个关键的优势，使他们得以避开身体强壮、善用打击性武器的敌人，从远距离杀伤对方。同时也意味着他们可以率先发动攻击，抢占先机。在史前战争的计算模型中，受攻击方所增加的风险和与之相对的攻击方减少的风险会直接转化为胜率差。到距今2万年前，当弓箭出现的时候，尼安德特人已经灭绝了。[13]

与掷矛器相比，弓在某些方面有着明显优势。弓有着更远的射程；填充的"弹药"更轻便，因此能携带更多；它的操作方法更容易掌握；重要的是，它的应用范围更广泛，提供了更大的战术优势——它可以用于正面战斗，但更重要的是，它还适合伏击战，可以从掩体后方发射（对活动空间要求较高的掷矛器则无法做到）。然而历史的一页翻过后也并不意味着之前的事物便再无存在的价值。例如，在掷矛器出现4万多年之后，阿兹特克人（Aztec）和印加人（Inca）依然在使用它（与之相似的还有他们从石器时代便沿用下来的黑曜石剑，在对战中，这种刃上镶嵌着锋利黑曜石碎片的剑能砍下西班牙征服者战马的马头）。[14]

不管是掷矛器还是弓，这些远程武器都从根本上改变了战场的前景。到了这一时期，大卫可以杀死哥利亚，傻子能杀死天才，底层贱民也能置上等人于死地。这是战场杀戮调整社会平衡的开端。远程武器的复杂程度在不断提高（西班牙征服者的火绳枪打败了阿兹特克人的掷矛器，燧发枪取代了火绳枪，后装来复枪又取代了滑膛枪……），高风险、近距离的冲击战斗相应地不断减少，这

---

① 1码约合0.9144米。——编注

第一章 第一滴血：古代战斗中的死亡与英雄主义

是战争的核心主题。远距离杀伤总是比近距离战斗更可取。因此，数千年来远程武器的发展几乎使打击性武器变得多余。棍棒和刺刀虽然偶尔会被用到，但已不再是战争的通用语言——尽管在最近的战争中，军官们依然在督促士兵携带冷兵器。于是，战场变"空"了：大多数情况下，战士看不到被他杀死的人，也看不到杀死他的人。实际上，由于战斗距离越来越远，未来的杀戮很可能通过无人机或其他智能武器完成，近距离冲击战的英勇传统会变得如阿喀琉斯（Achilles）与赫克托尔（Hector）的决斗一样古老，"现代"的轻武器搏斗则会像中世纪击剑一样过时。子弹和热制导炸弹完全不需要勇气或个人的勇武，它们只是坚定而冷静地飞向目标中心。但或许便是一直以来的事实。箭只是弓箭手的仆人，并无自主判断力，与无人机或者一个用手指按键操控电脑的人没什么区别。然而剑手、矛兵和使用刺刀的士兵，必会看到他的袍泽，眼见他的恐惧，听见他的呼叫，闻见他鲜血的味道。在这样的接触中存在完整的道德世界——这个世界可能是可恨的、愤怒的、恐惧的、厌恶的，充满悔恨或狂喜——但从来不会毫无感情，不会没有人情味。

尽管使用远程武器杀敌在某种程度上能更有效地控制风险，但早期的战争却赋予了近战更高的英雄地位。导致这种区别的原因很实际：只有最高效的战士才有勇气抵近对方，给予致命一击。风险虽大，收益更丰。好处显而易见：果断的杀手最有效率，因而更能维护其直系家属和其群落的利益。他身系这些人的未来；这些人则给予他权力、影响力和地位。英雄二字可以变现成实实在在的好处——权力和影响力。史前猎手对猎物的要求也反映到了其后的战争历史中，古代战士会索要战败对手的全套甲胄（现代战争中的胜利方也会从战败方身上拿走纪念品）。

　　数千年来，英雄都是由近战厮杀定义的。军事史的大部分时间里，武器物理属性的局限导致了打击性武器和投射武器在战术上的长期拉锯。简单来说，打击性武器——棍棒、剑、刺矛、钉头槌等等——能比投射武器更有效地杀死对手，但它要求战士必须接近敌人，这是有风险的："距离的显著缩短会造成严重的心理和社会性障碍，使得只有纪律更严明的大国军队才会选择打击性武器……更重要的是，战士必须穿过敌人的远程武器的覆盖范围才能达到交战距离。"[15]

　　弓箭手和投石者虽然在古代中东地区——特别是埃及、亚述和苏美尔——是战术主力，但与步兵相比，却常常被视为懦夫，尤其在古希腊人看来。仿佛为了强调投射武器的"怯懦"本质，许多原始社会都有一个悠久的传统，采用"肮脏"的技术强化这类武器的杀伤力。战矛和箭杆有时会故意做得不结实，以便在拔出时折断在伤口中；动物的爪子会被附在武器上，以便留在伤口中诱发感染；箭头制成倒钩状，让拔出更加困难；当然，还有许多部落会在武器尖端抹上各种毒物或排泄物等，用尽方法提高致命性——比如将放干血液的绵羊心脏放入一段肠子里再埋入地下，直到它完全腐烂后再将这种致命的调和物抹在箭头上。正如一位人类学家所说："此类肮脏武器的广泛应用直接否定了一个普遍持有的观点，即原始人煞费苦心地削弱战斗的致命性。"[16]

　　我们的祖先在对待战败方时也没什么道德可言。消灭潜在的竞争对手或许已经根植入我们的内心，成为进化的一部分，战败的战士（通常还包括他们的家属）都会被毫不留情地杀掉。可能有人觉得逃跑能激发胜利方的同情心，然而事实恰恰相反。纵观历

第一章 第一滴血：古代战斗中的死亡与英雄主义

史，溃退常常会引发根植于人类内心深处的嗜杀乐趣——用杀戮来庆祝。就像在史前狩猎中被吃掉的动物一样，战败的人类也被吃掉了。这种"胜利的圣餐"[17]虽然让现代人不安，却深深植根于某些宗教仪式中。新石器时代的法国南部（五六千年前）和史前的北美洲西南部就有同类相食的遗迹。[18]殖民时期之前的中美洲、北美洲以及大洋洲和非洲西部的部分地区，战败的战士经常被公开处决，然后他们的部分或者全部身体被吃掉。例如，阿兹特克人的食人行为就被认为是出于宗教动机——用血祭告慰太阳神；但也有更世俗的需求——补充蛋白质。另一个强力的动机是通过令人惊骇的公开暴行征服潜在对手：这是一种统治精英维护自身权力的有效方法——一种即使是如东非独裁者伊迪·阿明（Idi Amin）这样的现代专制君主也不会放弃的手段，据报道称他喜欢亲自指定割下对手的哪部分身体。[19]

一项对42个原始部落的研究发现，绝大多数（39个）原始部落都经常杀死战俘。[20]萨波特克人（Zapotec）会割掉敌人的心脏和生殖器；古代中国人会捆绑并活埋战俘；阿兹特克人则更倾向于在俘获敌人后将其用于之后的献祭仪式，而不是在战场上直接杀掉。有时这种酷刑是由非战斗人员——妇女和孩童（尤其是年轻男孩，对他们来说这相当于成人礼）来施行的，一些美洲林地印第安人部落，如易洛魁（Iroquoi）就是如此：

> 被俘的战士经常在战争的返程途中就遭到初步虐待。当部队回到村庄进入村子时，战俘会遭受夹道鞭打。在会议中，那些在初期折磨中存活下来的战俘会被分配到近期在战争中失去男子的家庭中。之后这些战俘会经历接纳仪

式,被给予该家庭死去成员的名字,并在数天之内被折磨致死。人们希望这些受害者在受刑过程中表现出不屈不挠的意志——嘲讽折磨他们的人,对他们的作为表示不屑。战俘死去之后,他身体的一些部位会被吃掉(通常包括他的心脏)。[21]

被俘的战士能够存活下来并被纳入俘虏他的部落,这样的情况是十分罕见的,但确实曾有发生,例如在北美洲中西部的福克斯族(Fox)和萧尼族(Shawnee)部落中。如果俘虏以卓越的勇气熬过了酷刑,且部落又正好由于超乎寻常的战斗损失需要补充人力,就会出现这样的情况。

如果食人是原始社会消耗敌人的一种方式,那么战士的尸体也可能具有图腾意义。有时人并不能因杀死敌人而得到彻底满足,还需要对敌人的尸体做出暴力行为。这种行为有时是出于憎恨,但更多时候是不安的疯狂宣泄,甚至是狂欢。德国海尔布隆的一处墓穴中发现了公元前5000年前的34具受害者遗体,其中大部分是在逃跑时被人用石斧击中了后脑,以及后颈、头顶和颅骨侧面,手臂、腿部和骨盆处的创伤则可能是死后造成的。[22]埃及史前(公元前9000年)的捷贝尔·撒哈巴(Jebel Sahaba)墓地中发现的每具尸骨上都有大约15~25处箭伤。在更近的19世纪,被美洲印第安人杀死的美国士兵通常死于箭雨,但尸体却残缺不全。被祖鲁人(Zulu)杀死的英国士兵则经常被掏出内脏并斩首。在某些原始部落中,甚至会将敌人的尸体制成时髦的衣服:在塔希提岛,一个获胜的战士只要有机会,就会用粗大的战斧不断捶打敌人的尸体,并在捶扁的尸体上切开一道口子,将其制成荣誉披风穿在身

第一章　第一滴血：古代战斗中的死亡与英雄主义

上。[23] 阿兹特克族的祭司同样也会剥去敌方战士的皮肤将其穿在身上，哥伦比亚的一个部落会将受害者剥皮、填充，再给头骨上蜡，摆进家中的"荣誉角"。[24]

尸体本身也被视为字面和象征意义上的战利品。剥头皮是一种北美洲土著文化中根深蒂固的风俗，从东部海岸到加州、从亚北极区到北墨西哥，这种习俗极为普遍。在中国邯郸涧沟村的一处修建于公元前2200年的墓坑遗址中，也发现了数个死后被剥掉头皮的人头骨。[25]

比起剥头皮，早期的欧洲人选择以整个首级作为战利品。古代的凯尔特人（Celt）尤其喜欢斩首（罗马图拉真圆柱上就有一片醒目的浅浮雕：一个日耳曼战士用牙齿紧咬着敌人首级的头发），而仅仅砍下敌人的头并不能让他们满足，因此常常会连战马的头也一起砍下。头可能是文化上最被广为认可的战利品，因为不可否认，其他的身体部位，不管是剥掉的头皮、砍下的双手还是割下的耳朵，都不能像头颅一样确切地代表一个人的死亡。日本武士是斩首的狂热分子，他们耗费了大量精力收集头颅，精心搭建成战后的纪念冢。

脸则是人格的象征，即使在人死后也常常被活人想起。正如毛利族（Maori）战士对被砍下的敌人头颅所说的那样："你想逃跑，对吗？但我的棍棒追上了你，所以你被杀掉了，成为我嘴里的食物。你的父亲在哪儿？他被煮熟了；你的兄弟在哪儿？他被吃掉了；你的妻子在哪儿？她坐在那里，成了我的妻子；你的孩子们在哪儿？他们在那儿，背上背着食物，沦为我的奴隶。"[26] 如果被砍下的头颅也能交谈，从胜利者的角度听来，那也是欢快的曲调；在南美洲和新西兰，腿骨和臂骨会被制成长笛。

士兵之死：世界阵亡简史

纵观历史，我们很难否认，包括我们自己文化在内的许多文化中，战场上的杀戮都可能被视为一种令人愉悦、让人庆祝的行为，这种说法即使不够精确也相差无几。但在许多原始文化中，刚刚杀了敌人的战士会被非战斗的亲属视为不洁之人。他犯下了罪行（虽然是必要的），必须赎罪。在某些文化中，战士会被强制隔离一段时间，或者被限制只能吃某些食物，或者被要求禁欲："因为他对自己和对任何与他接触的人来说都存在精神上的威胁。一个新几内亚的胡里（Huli）战士会在杀人后的几天内不准使用射箭的那只手，在头天晚上必须保持清醒，念诵咒语，喝下被施咒的水，并和其他人交换他的弓；南美洲的加勒比战士在杀死敌人之后得蒙着头度过一个月；非洲的梅鲁（Meru）战士在杀人之后要花钱请一个除咒师，回家后的突击战士需要通过喝水和呕吐来净化自己。"[27]

日本武士虽然沉迷于收集敌人的首级，但如果不小心直接接触了尸体的头部或其他部位，也会被认为受到了污染。古时的日本对来自腐败和死亡的污染极为恐惧，为此形成了一套精心设计的战后净化仪式。[28]与之相呼应的是，现代也需要通过一系列护理措施来"净化"。

史前和古代的战争图画如今只剩下了残片，但这些残留的碎片也有着非比寻常的意蕴。整个图画的架构早已消失，我们只能尽己所能地解读这些神秘莫测的碎片。秃鹫碑（名字源于当时的统治者允许秃鹫吞食敌人的尸体，一种可耻的"二次死亡"）的历史可追溯到约公元前2500年（大约在特洛伊战争发生1300年前）。与其他描绘部落间冲突的史前洞穴壁画不同，它是最早的刻画有组织战争

第一章 第一滴血：古代战斗中的死亡与英雄主义

的壁画。这块石碑是一块青铜时代的石灰岩，用浅浮雕手法雕刻，意在庆祝彼时苏美尔城邦拉格什的统治者恩纳图姆（Eannatum）在对邻邦乌玛的战争中取得的胜利，虽然如今不管是胜者还是败方都已变成悠远神秘的传说故事。一列步兵（他们看起来就像希腊方阵，但比希腊方阵的出现早了1200年）无情地踏过敌人的尸体（尸体都是从其他地方运到这里，堆成一堆，赤裸但没有残缺）。胜利方的步兵们双眼坚定地目视前方，每个细节都井然有序。他们六人一列，九人一行。他们是长矛兵，长长的战矛需要双手持握，矛尖远远突出在排头兵之外。士兵在一定程度上受到盾牌的保护，但由于他们无法手持盾牌，所以必须用肩带悬挂。指挥官（可能是国王）在他的双轮战车上给士兵下令。这个画面有组织、有秩序、有特定意图。它契合了战争中一个富有魅力的概念：有计划且被有效地执行。有人发号施令，有人忠实执行。但同时也让人感到不安，仿佛在看公元前2500年的纳粹党卫军一样。

尽管掌权者希望战场井然有序，但事实上青铜时代的战争很可能只是早期战争中混乱策略的延伸。战争中有大量的远程武器投射，仪式化的"故作姿态"，还有一些首领之间的对决（可能是国王或拥有类似地位的人）。人们声称石碑上描绘的紧密阵形表达了一种部队的意愿，他们希望"近距离对抗敌人，并合力面对险境。这种承诺除了士气高昂的部队，几乎在任何地方都不可能出现，这些人认为他们不仅是亲身作战，而且是在改变他们的政治命运"。[29] 不过我们很难想象那些为青铜时代独裁者效命的士兵会抱着通过政治变革改变命运的信念参加战斗。抱着自我牺牲的决心参战的人也不只是那些与战争政治结果直接相关的人。在历史中，职业雇佣兵一直存在，他们以自己的战斗技能为傲，对同僚有郑重的承诺，并且愿意战斗至死，不问战争的政治原因。

自从出现相对远程的投射武器之后，战斗中的战术形式就变得可预测了。首先是"温和型"攻击。在青铜时代是箭，在我们的时代就是火炮和飞机投射的高爆弹。之后远程攻击告一段落，近战粉墨登场。在青铜时代，是马拉战车和步兵的组合；在我们的时代，则是士兵乘坐各式装甲车辆，或通过飞机（降落伞）、直升机到达战场。

大约在公元前3500～公元前3000年，生活在美索不达米亚乌鲁克城的苏美尔人最先开始使用战车。最早的战车笨重迟缓，使用实心车轮，由一种既像驴又像马的动物——亚洲野驴拖动，更多是作为运输工具，而不是近战武器。战车最基本的功能是将出身名门的战将送到战斗中心地带找到他的敌手。随从持有盾牌，保护其免受箭矢和飞石的攻击。社会地位的匹配是非常重要的：这不仅是古代战场中的特点，在现代也是如此——军官只会向军官投降。

战车的另一个作用是将弓箭手和掷矛兵送到靠近敌军的地方，让他们可以发射武器然后撤退。这种战术随着17世纪的火枪骑兵迎来复兴，他们会运用一种叫作"半回旋"（caracole）的复杂战术，在这种战术中，枪骑兵会骑马接近敌军开火，然后退回为接下来的攻击让路。更轻量的战车出现在公元前1700年的中国，它拥有更快的速度，不仅成了中国战争里的一个亮点，而且通过安纳托利亚、克里特岛和希腊本土（在这里战车成了荷马时代战斗中的重要元素）传播到了美索不达米亚和新王国时期的埃及。战斗开始提速——混战中战车既可能摆好架势与对方的战车对阵，也可

第一章　第一滴血：古代战斗中的死亡与英雄主义

能不幸地成为多辆敌方战车的目标。这种战斗与空中格斗没什么不同。战车翻倒了，如果友军离得够近，战车上的人可能会得救；反之，他们很快就会被敌军包围杀死。在《伊利亚特》(The Iliad)中，乘战车的战士通常都会下车像步兵那样作战，"就像搭乘出租车和救护车，使用战车作为出入战场的交通工具"。[30]战车作战是个费力且复杂的领域：当这些没装弹簧的交通工具突然倾斜、冲击、颠簸摇晃时，车上的弓箭手和掷矛兵都会受到冲撞和震动。因此很大程度上他们的杀敌是随机的。

马匹在追赶逃跑的敌人方面非常出色（而且正如理查三世在深切的悔恨中领悟到的一样，它们在撤退时的作用也是毫无疑问的），有时在冲散敌方步兵时也很有用，但它们也容易被坚决的防卫吓到，尤其是敌方使用像矛尖或者刺刀这样的尖利武器，或者是朝它们射箭的时候。这不难理解，不管骑兵或者战车的御马者怎么想，再怎么好好训练，马匹都会本能地在意自身的安全，它们会以惊人的速度撤离战场。这可能是来自亚洲大草原的骑兵们更容易取得胜利的原因，他们并不把马匹作为打击性武器，而是当成灵活的射箭平台。他们在射箭时用膝盖控马的技巧令人震惊。他们能以极快的速度瞄准放箭，还能在全速前进时扭转身体朝身后放箭（传奇的"帕提亚射术"），这使他们能够在撤退时和进攻状态下同样对敌构成威胁。这种战争风格对连成新月形的俄罗斯大草原、蒙古、现代伊拉克和伊朗，以及地中海东部产生了深远影响，也与北美大草原印第安骑兵的作战风格遥相呼应。

古代稳定的农业文明的特点是以步兵为基础的战争模式，而以马为基础的战争风格给这种模式带来了巨大的战术挑战。弓骑兵对军事思想的影响在与地中海东部接壤的地区（尤其是波斯和之后的奥斯曼帝国）得到了体现，这在希腊或欧洲西部是无法看到的，这些地区的传统骑兵更像是骑马的步兵，他们以长矛、刀剑、斧子或狼牙棒为武器，而不是弓箭。

但是为什么中亚人早在公元前5000年就已驯化了马匹，却直到公元前1000年才把它们当作骑兵的坐骑？这仍是个谜。[31]再者，虽然战车是荷马时代战争的一大特征，骑兵部队却没有在那时建立起来，在希腊城邦时期的重装步兵战中也是如此。希腊方阵很强调正面对战的美德，不管哪个社会阶层的人都认为在马背上战斗即使不算懦夫行径，也是不合适的。[32]雅典贵族西蒙（Cimon）、亚西比德（Alcibiades）和伯里克利（Pericles）都在方阵中作战，斯巴达国王也是如此。[33]

马的养护费用很高，而且在视勤俭为民主助力的古希腊（Hellenic Greece）时期，养马可能会被公民视作贵族穷奢极欲的象征。这种封建贵族和马之间的联系将成为西欧历史的中心，值得注意的是，最终出现在希腊的骑兵来自马其顿和塞萨利（一位历史学家称这群人是"塞萨利的野蛮贵族"）。[34]他们不仅实行封建专制统治，而且可能由于地理位置的原因受到了更多来自亚洲大草原的马文化影响。

然而，公元前第一个千年时形成的两个世界在战术态度上的分歧，在现代战争中依然可见。一个世界以希腊为中心，信奉集中、突出重点、高度协作、连贯和纪律严明的战术思想，最重要的是以理性为主导。古希腊的重装步兵秩序井然，有明确且坚定的意图。它具有官僚性质，甚至像机器。这些特征在西欧以及之后欧洲化的北美战争中颇受推崇。但他们的敌人却有着完全不同的战争理论，其传统基于机动性和松散的队形，而不是紧凑严谨

第一章　第一滴血：古代战斗中的死亡与英雄主义

的军团。亚洲战术本质上是一种机会主义，热衷于寻求以最小风险获得最高回报的可能性。然而希腊式战术却倾向于改变胜率，哪怕因此付出一定代价。在一个世界里，聪明的掠夺和伏击是一种十分有效的战斗模式；而在另一个世界中，这些战术被认为是卑劣的——只有直接对抗才是最终有效并且具有道德美感的，这就是英雄主义。

J. F. C.富勒（J. F. C. Fuller）等军事历史学家声称这种西方传统诠释了种族优越性（富勒是英国法西斯党派成员）："当我们回顾引入火器之前的西方战争，我们看到的最明显的区别就是英勇高于狡诈。西方历史在英勇中崛起——与亚洲的弓箭不一样，矛和剑才是其象征。领军人是最英勇的而非最诡诈的，主宰战斗的是他们的榜样力量而非他们的技巧。"[35]富勒对条顿勇士的称许不值一哂，和那些偷偷摸摸但"聪明得可恶"的东方人相比，他们虽和狮子一样勇敢，却笨得像块木头。

在古希腊的战争组织形态中也存在着需要调和的矛盾。一方面是单兵作战的英勇传统；另一方面是将个体纳入团体的努力：决斗者和重装步兵——前者带着名字战斗、死去，后者默默无闻地尽责、牺牲。在战争史上，这种紧张关系一直存在，从骑士、日本武士和大草原印第安战争首领身上便可见一斑，他们不仅通过纹章宣示身份，而且会在开战前通过冗长的演说陈述家系，以此显示他的与众不同。他宣告他的名字，寻求认可。如果他被杀，至少会因为他的地位而死得有尊严。至于其他人，他们生命的尽头是公墓，名字永远消失，独一无二的人格也溶解在时光长河中。

在《伊利亚特》中，雅典将军内斯托尔（Nestor）这样训斥他的部队："不允许任何一个自觉骑术高明、以男子气概为荣的人越过我们独自与特洛伊人作战,也不允许任何人退却,因为那会使你更软弱。当战车中的战士遭遇敌方战车,要用矛冲刺,这样回击才更有力。那些抢在你之前洗劫塔楼和城市的人便是如此做的。"[36] 内斯托尔试图在一种看重英勇决斗的古老传统上强行加上理性、可控的战争决策。他希望得到可靠的结果而不是华而不实的姿态;他看重团队而非个体。然而《伊利亚特》这本书就是献给英勇战士的伟大颂歌,有名字的人才能脱颖而出。荷马史诗中的英雄不仅渴望与敌人短兵相接,也渴望面对甚至是藐视具有潜在压倒性优势的敌人:这两个情境一直是战斗中英雄主义的基准。举个例子,基奥瓦人(Kiowa)和其他北美平原的印第安部落都认为,最英勇的行为是在战友们撤退的时候以一己之力冲击敌阵。这和在大军行动之前对战敌军首领相同,作战的英雄都孤立无援,是对个体的强调。上述两种行为都有极大的死亡风险,但同时也承载着极大的荣誉。[37]

但这是为什么呢?正如内斯托尔所指出的那样,牺牲自我并不一定是实现主要目标的最佳途径。合理的解释是,自我牺牲的行为之所以被赋予了极高的价值,恰恰是因为它能推动主体目标的实现。首先,他们可能达成重要的战术目的,比如杀死敌方首领或者帮助同伴脱身。其次,部队中的英雄神话得以加强。个体的英勇事迹随着时间推移不断重演,一个传奇故事就此诞生,从而鼓舞了整个部队的士气,使其更有动力。所以,英雄主义和自我牺牲有着相当功利的作用,也通过奖励得到支持——可能是金钱或战利品,在后来的历史中又变成了勋章——但最重要的是纪念,纪念能让英雄免于被无名的黑暗吞噬。当赫克托尔意识到死亡不可避免,他将很快死于阿喀琉斯之手时,所求的也不过是能够避免被世人遗忘。

> 如今死亡，恐怖的死亡在我身上隐现，
> 近在眼前。无处可逃。
> 这，这就是他们的娱乐，早已定论。
> 宙斯和他的儿子，遥远而致命的射手，
> 虽然此前常常帮助我，
> 现在却让我死去，我走到了命运的终点，
> 但不能引颈待戮，暗无光彩，不，
> 要留下精彩绝伦的对抗
> 让后人铭记！[38]

《伊利亚特》中，参与特洛伊战争的战士们被大环境驱使，选择了个人战斗这种英雄模式，而且这不是一次性的行为。他必须充分发挥潜能，反复展现力量、速度、勇气和敏捷的思维。在决斗中，他强调对价值的诉求，但就像荷马告诉我们的那样，这是"残忍的工作"：

> 佩涅洛斯逼近莱孔，
> 他们互相投掷战矛，都没刺中对手，
> 于是短兵相接。莱孔，挥剑，
> 砍中对手头盔的马鬃顶饰，
> 剑刃在剑柄处碎裂。
> 佩涅洛斯却砍中了他耳下的脖颈，
> 剑刃斩穿了颈部，

只剩一块皮肤相连,脑袋松垮地挂在一边。
莱孔重重倒地……
那边,墨里奥涅斯疾行追上阿卡马斯,
当阿卡马斯在团队后方登上战车时,击中他的右肩,
使他从车上栽倒,视线逐渐模糊。
伊多墨纽斯直接扎穿了埃里马斯的嘴,
用他无情的黄铜矛尖,
瞬间穿过脑部下方,将白净的头骨破开,
牙齿粉碎,双眼充血,
鲜血从鼻孔和口中涌出,
身体抽搐血花四溅,
死亡的阴云笼罩了埃里马斯的尸体。[39]

在对决的邪恶中甚至存在着喜悦,正如帕特洛克罗斯(Patroclus)杀死倒霉的特斯托尔(Thestor)时那样:

接下来他将目标转向埃诺普斯之子特斯托尔,
他(特斯托尔)正蜷缩在精制的战车里,
因恐惧而癫狂,缰绳也从手中脱落。
帕特洛克罗斯从旁近身,扎中他的右颚,
矛尖从两排牙齿间穿过,
把他挑出战车,吊起,
就像钓鱼的人,
坐在海边一块突兀的岩石上,
用渔线和闪亮的铜钩钓上一条大鱼。

帕特洛克罗斯也是这样用战矛将特斯托尔叉下车,

脸朝下扔出车外,

他张开的口中矛尖闪闪发光

当他倒下,他的生命之息已被吹走。[40]

特斯托尔的死亡方式,或者说这种描述方式,是耻辱的。由于其懦夫行径,他被贬低为一条鱼。但即使是英勇高贵如赫克托尔,其死亡也遭到了贬低。杀掉他的阿喀琉斯"一怒之下要羞辱高贵的赫克托尔",因为他杀死了阿喀琉斯的挚友帕特洛克罗斯:

刺穿双脚脚踝的肌腱,

用皮带穿过打结,

绑在他的战车上,留下脑袋拖地。

他登上战车,举起那副赫赫有名的铠甲,

鞭打战马,战车急速前行,

毫不迟疑。

被拖行的男人让厚厚的尘土扬起,

他黑色的头发散开在那曾经无比俊美的头颅旁。[41]

以英雄人物为焦点的《伊利亚特》中所描绘的战斗当然跟现实中的战斗有很大差异。死亡会发生在荷马笔下战争的"奔跑和冲撞"中,或者如史学家J. E. 伦登(J. E. Lendon)描述的那样:

在漫天的战矛、箭矢和飞石中,在来回奔跑、混乱和猝不及防的刺伤下,地位高贵的人也会倒下,毫无光彩地死于地位低下的敌人刺过来的长矛或投掷过来的远程武器,毫不体面地死于战马踩踏或战车碾轧。混乱中没人会注意勇者高尚的行为,也没人注意懦夫卑劣的行径。即将成为英雄的人物从战场中脱颖而出时可能跟熬过炮轰的幸存者一样——主要靠运气,与个人能力无关;强者和弱者、勇士和懦夫的生死都是随机的;英勇不一定能获得荣耀,怯懦也不见得会承受耻辱的惩罚。荷马时代的真实战斗会让光鲜的史诗黯然失色。[42]

欧里庇得斯(Euripides)在回顾荷马式的传统时,也对英雄间如此干净利落的决斗抱有质疑。角斗士是如何找出对手的?"有一件事我是不会问的,否则我大概会被人耻笑:这些人在战场上面对的是谁……当一个战士与敌人正面遭遇,他几乎看不到他需要看到的东西。"[43]

《伊利亚特》粉饰了战斗杀戮的过程,并以英雄的形象展示出来。我们不得不去学习热爱战争,因为如果直面未经修饰的战争,就会发现它太卑劣了,让人无法忍受。在荷马时代,《伊利亚特》所推崇的英雄式的一对一战斗并不会带来太多死亡,死亡更可能来自一种根植于史前部落战斗的战术形式。掷矛手会从人群中冲出来投掷他们的武器,在安全撤回之前,偶尔还有机会用标枪刺中一个暴露在外的落单敌人。这些承担较低风险的机会主义者虽然更能代表古希腊战争,但显然不如决斗者和方阵来得英勇,所以不值得荷马的关注。《伊利亚特》想让人们看到的是雄狮而不是豺狼。

1879年,一位德国外科医生H.弗洛里奇(H. Frölich)分析了

《伊利亚特》中战士们所受的创伤,他按武器类型、伤口位置和相对致死率进行了分类。[44]当然,弗洛里奇分析的对象是一部史诗,有一定的艺术夸张成分,即便如此,这对我们还原青铜时代的战争整体情况依然很有启发性。战矛、刀剑、箭矢和石头(用于远程投射)是主要武器,弗洛里奇标注了147起伤亡事件,之后又经计算机分析最终认定了139起,其中105起(76%)是致命的。[45]战矛是主要杀手,导致了99起(71%)死亡事件。最多的致命伤出现在躯干(43起),其次是头部(16起)和颈部(10起)。虽然弗洛里奇没有区分投掷的长矛——标枪——和刺杀用的战矛,但现在看来似乎荷马时代的英雄死在标枪下(54起)的比死在战矛下(45起)的更多,而且他们中大部分都是被刺中了躯干。

标枪和战矛的物理原理有很大区别。一方面,标枪更轻,依赖质量—势能的关系发挥作用:太轻会被盔甲弹开;太重对士兵的力量要求太高,绝大部分士兵没有那样的力气保证速度和精度。另一方面,战矛则直接将矛兵的力量转移到了受害者身上,它所需要的仅是一段坚硬的矛杆和一个能有效将能量转化为杀伤力的矛头。

所有带刃武器——不管是像战矛和某些剑或匕首一样的刺击型武器,像斧头和某些刀一样的砍击型武器,还是像箭矢和标枪一样的投掷类武器——都运用了相同的物理原理。尖锐的一点将能量集中在非常小的区域以尽可能提升穿透力,更宽的刃则可以割开更大的创口,造成最大限度的组织创伤和失血。如果我们打开视野,从更宏观的战术画面来看,会看到相同的机制——攻击策略也遵循类似力量传导的"物理原理"——由少数先头攻击部队切开口子,更多后续力量则利用这个开口攻击。

根据弗洛里奇关于《伊利亚特》的分析，所有剑伤都是致命的。一共18起——占总死亡事件的13%。脖子是最脆弱的部位，其次是头部（斩首并不罕见）。躯干上的剑伤虽然较少，但很可怕且通常伴随着开膛破肚，这些剑伤一般来自沉重的青铜刃砍剑。大约在公元前1200年，有青铜剑身（底部宽，往剑尖方向逐渐变窄，形状像披针形叶片）的瑙维二世剑（Naue II sword，以考古学家命名）从意大利北部和卡帕提亚（现代的捷克、斯洛伐克和波兰地区）被引入地中海东部、欧洲西部和斯堪的纳维亚地区。它可能是由北方的"野蛮人"雇佣兵带来的，并在淘汰战车的军事革命中扮演了重要角色。[46]

青铜（铜锡合金）的抗拉强度远超之前铸造武器的金属，可以制造比匕首更长的刃，为使用者带来了重大优势，在提升致命性的同时也让他们更安全（因为更长的剑身让他们可以拉远和敌人的距离）。这是一项具备非凡的性能、耐用性和适应性的武器设计。虽然之后铸剑材料变成了铁，比青铜更能保持锋利（只是更容易被腐蚀），但刀剑的基本形状却在之后的700年间维持不变。事实上，荷马时代战场的刀剑对于装备着宽刃短剑的罗马军团来说并不陌生。

除开标枪，投掷武器造成的死亡在《伊利亚特》中并不多：箭矢和投石都是4起。当然投石将我们带回了最早的狩猎和战斗杀戮之中，提醒我们青铜时代的战争是处于史前和"现代"之间的。荷马这样描述帕特洛克罗斯杀死埃律拉奥斯（Erylaus）的场景：

然后他发现了正朝他扑来的埃律拉奥斯，
便扔出一块石头正中他双眼之间，

第一章　第一滴血：古代战斗中的死亡与英雄主义

> 男人的整颗头颅在他沉重的头盔中被分成两半，
> 特洛伊勇士轰然倒地，头朝下，
> 击碎勇气的死亡笼罩了他的尸体。[47]

一个现代的棒球运动员能投出时速95英里①的快速球，可以想象，投出一块比棒球更重的石头的速度虽然会比较慢，但在击中头部时也能致命。然而，对于荷马时代执迷于近距离决斗的英雄来说，采取扔石头这样简单粗暴的杀敌方式实在不太寻常。

从死亡人数来看，荷马时代的英雄最容易受伤的部位就是躯干（腹部和胸部），虽然这部分受到了黄铜胸甲的保护，但它提供了最大的打击目标，而且包含了大部分主要器官。死亡的到来可能很快，那些要害器官受到伤害的人即使一开始活了下来，也会死于致命的感染。第二个部位是头部，脑部损伤当然会致命（虽然颅骨开孔的手术已经被广泛应用好几个世纪了）。这可能包括穿透至脑部的面部打击，就像埃阿斯（Ajax）刺死特洛伊"高大坚定的"阿卡马斯（Acamas）时那样：

> 伟大的埃阿斯首先命中了
> 他装饰着马鬃的盔顶，
> 铜制矛尖刺入阿卡马斯的前额，穿入头骨，
> 黑暗笼罩了他的双眼。[48]

盔顶的马鬃不仅可以让人看起来更高大更有威慑力——这是

---

① 1英里约折合1.609公里。——编注

历史上军用头盔的重要功能，比如阿兹特克人的羽毛头饰、北美平原印第安人的软帽、中世纪武士奇妙的有角头盔或者拿破仑帝国卫队高耸的兽皮帽。还能抵消冲击力，起到防护作用——亚历山大大帝因此在格拉尼卡斯（Granicus）战役中躲过一劫。对头盔的强力攻击能穿透颅骨导致严重的致命性出血。重击可能不会使头盔破裂，但依然能让人丧命。古典希腊时期和希腊化时期的考古发现证实，有时候头盔能提供的保护是有限的：

> 残存的科林斯式头盔上大量的凹痕、裂缝和凹陷表明，这样的重击虽然不会损坏金属表面，但可能给脑部带来很大创伤……几乎所有这些创伤都可能是致命的。即使科林斯式头盔保护了重装步兵免受严重的脑损伤，飞来的战矛也会使头部猛然受到向下或向后的撞击，从而导致颈椎骨折。这些情况会导致脊髓断裂，使人瘫痪或猝死，也可能造成椎管内出血，带来人体无法忍受的压力，使人最终死亡或者四肢瘫痪——任何一种情况在古代都可能是致命的。[49]

第三个容易受伤的部位是脖子，通常仅有后颈得到保护，有些时候颈侧由头盔脸颊的延长部分保护：

> 那边——奥伊琉斯的儿子埃阿斯迅速赶上克勒奥布洛斯，
> 将其活捉，虽被溃败的人流所阻，
> 依然一剑斩中他的脖颈，阻断他的力量，
> 瞬间夺走了他的性命。[50]

第一章　第一滴血：古代战斗中的死亡与英雄主义

第四个脆弱的部位是手臂：

但马里斯冲向了安提洛科斯，
举着他的长矛，带着兄弟被杀的愤怒，
挡在尸体前面，但是特拉叙墨得斯，
迅捷如神，击中了他——他刺向了马里斯，
在马里斯刺向他之前——没有失手，正中肩膀！
阿哥斯人的矛尖穿过骨缝，
切断肌腱，将整条胳膊从肩窝里扭了出来，
马里斯轰然倒地，黑暗蒙上了他的眼睛。[51]

最后一个脆弱部位是腿：

安菲克洛斯攻向了墨革斯，
但墨革斯发现了他并率先发动远距离攻击，
长矛击中他的大腿根，
一个人肌肉最厚实的部位，
矛尖切断了坚韧的肌腱，
黑暗蒙上了他的双眼……[52]

随着公元前7世纪希腊城邦的崛起（约在特洛伊战争500年后，也许是荷马写下他的叙事史诗200多年之后），出现了一种军事组织和战争方式，反映了当时希腊南方城邦的公民、政治、经济和社会期望。这种以步兵战斗为主的方阵作战风格，在大约公元前700年被采用。

希腊重装步兵被称为"hoplites"（源于hopla，盾牌），组成方阵（phalanx，原意是绑成一束的芦苇）的士兵是拥有财产的希腊公民，其中许多是小农阶级。他们的职责是当希腊遭受入侵时，他们就去捍卫领土。这是一项神圣的职责——每个公民都有发言权——但它必须和他们谋生的基本需求相协调，所以限制战斗的时间符合他们的利益。他们发明的这种战争风格旨在发动短暂而激烈的战斗，反映了其公民义务和自身利益。这些战斗在某种程度上是有安排的，并将按照一定的规则进行。[53]虽然战斗中不乏仪式性的内容，但也可能非常血腥："重装步兵的对战是人为设计的，意在集中兵力对付少数人以避免过大的损失。"[54]在双方事先选定的平坦战场上，紧密排列的阵列结构（方阵）面对面停住。某一时刻，紧张局势被打破，某一方方阵就开始向对方进军，起初速度相当缓慢，然后便开始加速以求将冲击力最大化。

每个重装步兵都要自备武器和盔甲，所以装备的质量能反映一个战士的经济条件（就像美国独立战争时期的民兵组织）。重装步兵的厚实胸甲（保护着胸部和背部）重约11磅①（一些现代权威人士声称它最高可重达50磅）[55]。在士兵头戴铁质或青铜头盔的时代，普通士兵的浇铸头盔重达12～15磅，[56]富人的锻造头盔则较为轻盈，只有5～8磅重。他们的小腿上穿着黄铜护胫，这种护胫是按照小腿形状模制的，无需皮带即可扣合固定（青铜虽然比钢重，但更有弹性），一对护胫通常重约3磅。直径3英尺②的盾牌则重约16磅。

除去武器，装备的总重量在45磅左右。相比之下，中世纪骑

---

① 1磅约折合0.453千克。——编注
② 1英尺折合0.305米；下文1英寸约合2.54厘米。——编注

士的盔甲重量为60～70磅，有趣的是，现代步兵的负重并没有因为材料先进而减轻，他们经常需要背上比骑士装备还要沉重的装备。[57]但由于每个人都会根据自身需求和手法定制装备，所以装备之间存在很大差异。此外，一个重装步兵通常还会有一名仆人跟在身边，帮他拿盾牌和长矛，并为其寻找食物、打扫战场，甚至作为轻装步兵帮助作战。尽管如此，依然有许多关于重装步兵沉重装备的相关记载，难怪在骄阳似火的希腊会有那么多中暑的记录了。[58]汉森曾推测，正是由于在烈日下战斗的不适促使斯巴达的狄耶涅科斯（Dienekes）在公元前480年的温泉关（Thermopylae）战役中冷静地表示，波斯人遮天蔽日、如雪崩一般的箭矢仅仅为战士带来了阴凉。[59]

军事史学家杰克·考金斯（Jack Coggins）测试了一块仿照重步兵佩戴规格制作的胸甲的防护性能："一支现代的箭矢（箭头应该远比当时的锋利）用50磅的弓在极近距离射中胸甲，胸甲凹陷并被穿透约0.625英寸。所以那时候的武器（当时的弓），在战斗距离内，应该很难射穿用类似材料制成的胸甲。"考金斯由此得出结论："头戴科林斯式头盔、身穿长度由肩及膝的护甲和黄铜护胫的重装步兵，对大部分弓箭手来说几乎找不到致命要害。"[60]

重装步兵的盔甲和方阵战术是综合考量机动性和负重的妥协之策。战士确实承担了沉重的负担，但是他的盔甲设计提供了比预想更多的身体灵活性。他的四肢没有受到妨碍（除了轻型胫甲），所以跑动、弯腰和转身，以及灵巧地操控盾牌、矛和剑都是可能的。类似的例子是主流印象中的中世纪骑士，一个全身被钢铁包裹的"米其林先生"，像海龟一样迟钝，但我们知道精心制作的盔甲其实是有相当大的灵活度的。[61]虽然全套盔甲（panoply）可以让重装步兵灵活行动，但方阵是一种协同作战而非单打独斗的战斗方式，从战术上而言，方阵步兵没有什么奇特的步法；而在长矛兵对阵时，强力推进就能起到决定性作用。

方阵步兵对团体是有义务的，其中许多人可能是血亲，所有人又都是公民。方阵和成群的民众很像，有自己的行动机制，这通常反映在整个团队向右移动的趋势，因为每个人的右侧都缺乏防护，需要来自身旁战友的盾牌的保护。[62]对于业余士兵来说，成规模的方阵可以最大化发挥集体优势，有助于弥补个体训练和经验不足的弱点。

如果荷马神话为英雄间的决斗设计了引人注目的叙述，那么这些战场上默默无闻却不可或缺的本分公民和矛兵也需要有让他们可以恒久流传的传说，有属于他们的鼓舞人心的说辞。而这些英雄式说辞通常都是关于坚定不移、坚忍不拔、义不容辞，以及民众的幸福和对伟业的忠诚。从容赴死是一个专门为团队塑造的英雄理想。这是十分必要但并不一定浪漫的对实际情况的英雄化，也是专为公民战士而设计的。斯巴达诗人泰特厄斯（Tyrtaeus）描述了这种坚忍的精神：

让每个人的双脚，
都坚定地扎根于土地，
牙关紧咬，坚定不移。[63]

当方阵在靠近敌军的地方（可能200码之遥）停住时，就会频繁出现呐喊助威、咒骂和粗鄙的激励。男人紧张时就喜欢讲粗话，这能让他们振奋精神。全力在某个时刻，一方的斗志被触发，开

第一章 第一滴血：古代战斗中的死亡与英雄主义

始稳步前进，然后转入全力奔跑的状态。这一阶段的意义是积蓄动能，同时肾上腺素水平在上升，肝脏也会释放葡萄糖，供额外的肌肉发力使用，所有一切都刺激着冲刺的士兵：

> 经验告诉这些重装步兵，用他们的铁器穿透敌人以青铜和木头制成的盾牌和胸甲的最佳方式，就是在陷入缠斗之前积蓄足够的动能，否则他们没有机会用自身力量将战矛扎进敌人身体。矛兵们渴望用一次干净利落的攻击撞入敌方阵营，这是一支诱人的麻醉剂：即使理智告诉他，积蓄的动能会让自己更容易被呈跪姿的敌军手中的长矛刺中，会让前进中的盾墙露出破绽，他们也会置若罔闻。[64]

助跑还有保护功能。最后的200码跑得越快，被敌方轻盾兵（peltast，名字源于他们手中的新月形盾牌，即pelt）投掷的标枪扎中的概率就越小，也越能避免成为弓箭手和投石手的目标。远程武器虽被重装步兵们唾弃，却极具毁灭性，正如雅典将军狄摩西尼（Demosthenes）在公元前426年大败于埃托利亚的轻盾兵时领悟到的那样——当时埃托利亚的轻盾兵就拒绝与雅典的步兵方阵近战，并远距离摧毁了它。30多年后，则轮到伊菲克拉特斯（Iphicrates）将军率领的雅典轻盾兵在勒卡埃乌姆战役（battle of Lechaeum）击溃斯巴达的部队（mora①）。[65]

受攻击的一方也可能向前移动——攻击往往会激起反击——也可能固执地坚守阵地接受冲击。鉴于现代战争中已经没有大规

---

① 斯巴达的部队编制，一个mora约600人。——译注

模人群的碰撞，人们只能去想象这种无比混乱的场景。色诺芬曾说战场上没有喊叫，"但也并不寂静——有愤怒和搏斗的声音"。[66]个体的嘈杂混合成巨大的咆哮。李维（Livy）对罗马战斗场景的描述适用于所有古代战争："但由于喧嚣和骚动，任何鼓励和命令都几乎无法传达，以至于步兵无法分辨他们的支队（maniple）、百人队（century），甚至他们的指定地点……如同置身迷雾的人，只能依靠耳朵而不是眼睛。他们看向声音的来处——伤员的呻吟，肉体和手臂的对撞，以及恐惧和惊慌的尖叫。"[67]

撞击的瞬间，攻击者低低地托握长矛（6～8英尺长，重约4磅），以便向上扎进敌人未受保护的腹股沟、大腿或胸甲下的内脏：

> 这实际上不光彩，年长的人倒下了，
> 在战争前线，在年轻人面前，
> 他有着白发苍苍的头颅和花白的胡须，
> 在死前呼出了他坚强的灵魂，
> 手捂小腹，腹股沟鲜血淋漓。[68]

这听起来似乎是合理的。古希腊的瓶饰画显示，重装步兵的大腿并没有防护，根据推断，外生殖器应该也没有。然而有些事情似乎总是有悖常理。随着时间推移，如果战士们发现他们有一个特别的弱点，即他们经常因为某个重要部位缺乏盔甲保护而被杀死，因为某项策略反复造成人员伤亡，又或者他们的装备有某处缺陷……他们便会尝试修补这个弱点。总体来说，战士对于被人杀死这件事是特别反感的。此外，生殖器被刺伤是男性尤其在

第一章　第一滴血：古代战斗中的死亡与英雄主义

意、并极力避免的一种特殊伤害（可以联想中世纪骑士的遮阴甲）。不过在重装步兵作战（或罗马军团战）中，情况似乎并非如此。

这里存在两种可能（虽然都无法全然令人信服）。一是，他们确实在护具上做了，或者自以为做了有效的防护；二是，保有某个战术优势的重要性远远超出弥补这一缺陷，比如能够没有妨碍地灵活移动是否更重要？（当然还有第三种可能性，他们的自我保护意识不强。但在力求限制战争次数的公民士兵的背景下，这似乎不太可能。）

一旦交战，重装步兵就会统一高举长矛，以便隔着盾牌从上方刺穿敌人的脖子、脸、手臂和肩膀。矛尾的尖刺可以用来刺杀倒地的敌人，但这些尖刺也会给身后的战友带来困扰。普鲁塔克讲到，在公元前272年的阿尔戈斯（Argos）战役中，皮拉斯方阵里有许多人死于此类"友军炮火"——来自战友的意外打击。[69]有些战矛会在与敌军的前线冲击中损坏，但拥挤的人群让挥剑作战变得十分困难。重装步兵通常配备了双刃短剑——有图像证据显示，其镰刀状的设计与廓尔喀弯刀没什么不同——和一把名为帕拉佐尼厄姆（parazonium）或"腰带伴侣"的匕首。[70]在巨大的冲击力下，一名失去武器的重装步兵本身也会成为武器，被身后的同伴推入敌方阵营。

可想而知，伤亡最重的地方是冲锋陷阵的前排，这又一次告诉了人们为什么要给予排头兵特殊的英雄地位。从字面意义上来说，这些士兵需要获得激励，才会甘冒生命危险。例如，在步枪时代，往往由初级军官——那些寻求进步的年轻人（但也是最容易牺牲的），来担任军旗手。这是一项非常危险的工作，因为军旗手是十分显眼的目标，并且由于其战斗角色的性质而经常暴露在战

39

场上。然而在数个世纪中，这一功能一直都有荣誉加持，活下来的人不仅能获得职级上的晋升，同时也能巩固他在军中同僚和更广泛圈子中的社会地位。通过冒险，他获得了权力。同样，罗马军团中的轻步兵，那些身穿轻型盔甲、年轻气盛、急于证明自己的游击战士，也会因为突出的个人英勇受到嘉奖。[71]正如斯巴达的泰特厄斯所说："当勇士为国家而战，身处战斗前线时，荣誉实际上和死亡是同义词。"[72]

一旦两军方阵锁定对方，战斗就进入了"盾牌推进"（othismos，希腊语）阶段——将盾牌向前推挤——后方士兵设法将前方的战友推到敌阵中去，加强己方战力，建立起突破敌方阵形的桥头堡——如果这些先驱者存活的时间足够长的话。肉搏战疯狂且丑陋，类似一战时的堑壕突袭战——绝望、令人窒息的恐惧、掠夺、砍杀，残酷的杀戮场面与人们想象中英雄式的战争画面相去甚远。许多摔倒在地的士兵都死于踩踏和窒息〔正如发生在大约1800年后的阿金库尔（Agincourt）战役所证明的那样，在大规模步兵近战中出现这种情况的风险相当高〕。但维持战斗中英雄光环的必要性是令人信服的（如果平民们知道了真实的战斗是如此可怕，社会将难以维持备战需求），大型战争场面几乎很少出现在古希腊花瓶上，必须推崇的形象也是英勇的个人战斗。战争的"引擎"全靠神话故事中令人迷醉的"蒸汽"驱动。

在某一考验决心的关键时刻，战斗中某一方的士气迅速消散，溃败从两侧和后方逐渐显现，迅速引发一场全面溃逃（失败的气味很刺鼻）。撤退往往会诱发胜方的原始杀戮欲，如果败方完全溃败，毫无疑问，大量士兵将会被追击，然后被杀掉，而如果败方仍然能保持一些秩序，那么战斗撤退就足以遏制攻击者们造成的

第一章　第一滴血：古代战斗中的死亡与英雄主义

进一步伤亡。战争，归根究底，就是在最大限度降低风险的同时驱赶敌人。战后生活才是心之所向。与现代战争相比，古代战争的伤亡率一直较低——胜方5%，败方约14%。[73]

但重装步兵的战斗绝非一场不会流血的仪式。维克托·戴维斯·汉森如此描述其后果：

> 旁观者们最常见的景象，除了如山的尸体，就是如泊的鲜血。在一些规模较大的战斗中——如德利昂（Delion）、留克特拉（Leuktra）或普拉塔亚（Plataea）战役——成千上万倒下的尸体上满是矛、剑造成的巨大伤口。由于尸体并不像现代战场中那样被炸弹和炮弹的爆炸焚毁，再加上由双刃铁制矛尖造成的进出伤往往比小型武器造成的伤口更大，所以尸体中的大部分血液都会流到地上。在成堆的尸体间行走，踩着地上的鲜血，沾染了血渍的泥土和血泊随处可见……在皮德纳（Pydna）战役中的2.5万名马其顿矛兵战死后，普鲁塔克（Plutarch）记下了类似的画面。[74]

皮德纳战役发生在公元前168年，当时参战的马其顿方阵遭到了罗马军团的屠杀。据估计，其死亡率超过了60%。

胜利宣告通常由树枝或杆子上搭起的一整套盔甲来完成，根据习俗规定这些都是临时的（太过华丽的胜利纪念建筑是品位低俗的表现）。根据重型步兵严格的战斗规矩，死者都会被所属部落收回，并按照部落归属整理账目发送给城邦。尸体倒下的方位反映出方阵中的部落构成。和任何基于地理范围的单位一样，整个群落都可能毁于战争（一战中英军的帕尔斯营，以及死于诺曼底登陆日的来自弗吉尼亚州贝德福德的士兵，都是现代战争中的典型例子）。例如，在普拉塔亚战役（公元前479年）中，雅典的死亡士兵都来自同一个部落艾安第斯。在留克特拉一役（公元前371年）中，几乎所有斯巴达方的高级指挥官都战死了，他们中许多人彼此都有亲戚关系。[75]罗马作家奥纳桑德尔（Onasander）在描述重装步兵战争时评价道，"当兄弟与兄弟、朋友与朋友、爱人与爱人并肩作战时"就会处于最勇猛的状态。[76]最后一类明显与"不问、不说"的规定相悖。公元前338年，由150对同性伴侣组成的底比斯"圣军"（Theban "Sacred Band"）在抵抗马其顿入侵的喀罗尼亚（Chaeronea）战役中全部牺牲，无一幸存。普鲁塔克这样描述了马其顿国王察看他们尸体的情形："他在300具尸体前驻足，所有人都死于马其顿的战矛之下。尸体仍穿着盔甲，彼此交叠，当他得知这是一个由爱侣组成的兵团时，很是惊讶。'凡是质疑他们行过不齿之事的人，'他说道，'必遭天谴。'"[77]

在斯巴达，同性恋也是社会制度的一部分，被军队完全接受。[78]

在希腊战争中，胜利属于能控制战场的一方，而不一定是伤亡较少的一方。例如，帕莱塔西奈战役（battle of Paraetacene，公元前316年）①中，安提柯一世的军队死亡人数超过了3700人，而对手欧迈尼斯一方仅死亡540人。但是，欧迈尼斯无法说服或命令他的军队在尸堆中扎营，其部众坚持要在夜间离开。而另一方的安提柯一世却成功说服他的人在原地过夜并宣布获得了胜利。[79]

---

① 原文为公元前316年，但亦有常见说法为公元前317年。——编注

第一章 第一滴血：古代战斗中的死亡与英雄主义

武器技术的转变和由此产生的战术革新会给那些处在变革对立面的士兵们带来厄运——历史的战场上到处都是战争机器的巨大遗骸。但是军事变革决不应该孤立地归咎于单个因素。技战术的创新与社会政治理念之间存在动态交流。人口过剩或自然资源缩减等现实压力有可能导致对殖民扩张的渴望，或对纠正已知错误的渴望，然后这种反应就被包装成了这一时代和这项事业正好需要的意识形态。思想和武器一样，能让战士们丢掉性命，这种共生关系从根本上改变了战场的杀伤力。这些重大转变是定期发生的，而公元前5世纪后的马其顿正是这种军事革命的发生地。

我们有时很难察觉微小的变化。在我们生活的时代，军事科学在短短几十年的时间里学会了如何让世界蒸发。所以公元前400年左右的马其顿人将战矛加长了8英尺似乎并不是什么大不了的事情。但16～18英尺的萨里沙（sarissa）长枪所扩充的攻击范围，使马其顿方阵的潜在杀伤力和防御能力增加了一个量级——较长的矛意味着前五行士兵（而不是传统重装步兵方阵的前三行），都可以向敌人亮出战矛——"火力"增加了60%。[80]

这是一个人数密集且意志坚定的军团，它必然会让其对手感到十分不适。个人盔甲也发生了根本性的变化。重装步兵相对沉重的全套甲胄被丢弃了，更轻巧的皮革和复合材料取而代之；因为士兵们需要用双手拿起更重更长的战矛，所以巨大的重盾被缩减成小圆盘挂在脖子或肩膀上（类似的装备缩减还可见于18世纪步兵军官身上纯粹象征性的颈甲）。那种南部希腊人用于自身防护的甲胄已不再流行，取而代之的是更具攻击性的装备。操纵马其顿战争行为准则的是杀戮而不是让步。而且跟强调有限战争的南希腊人不一样，马其顿人对战场持有极权主义闪电战的态度，这反映在了他们的一般战术中。

古代的马其顿位于希腊边境地带，或许因此跟草原上那些惯于骑马抢掠的部落有更多联系。所以如果马其顿从他们那儿引入了一种希腊南部所没有的马文化就不足为奇了。马其顿的社会粗糙硬朗。相较于南部希腊人，马其顿人和其他古代历史中的异类——凯尔特人、皮克特人、高卢人或日耳曼人有更多相似之处：被氏族王者、凶猛的战士和酒鬼统治的异类，并不太关心他们精致的邻居们的规矩。骑兵，尤其是精英部队的伙友骑兵（the Companion）在马其顿战术中扮演着重要角色。贵族一词经常被用来形容马其顿骑兵的组织结构和其中的士兵，但由于其文雅的色彩而显得没那么贴切；他们更贴近黑手党军师或苏格兰部落首领之类的草莽人物，而不是路易十四那样的皇室贵胄，他们是紧握的铁拳，不是翘起的兰花指。

在某种程度上，马其顿战术的一般形式让人想起现代装甲战争。伙友骑兵是装备了剑、盾以及用来投掷和刺杀的绪斯同骑枪（xyston）的皇家卫队（hetaroi），他们往往出现在战阵的右侧（在历史上，这个位置一直代表着荣誉和地位）。希腊指挥官曾作为步兵战斗，随着传统转变，亚历山大开始与伙友骑兵并肩作战。辅助骑兵位于左翼，而阵中则是手握长矛的方阵步兵。一种更轻型的步兵卫队——持盾步兵（hypaspist，词源是盾牌aspis）——作为具有移动攻击力的步兵，衔接了方阵和骑兵。伙友骑兵的任务是像装甲车一样粉碎敌军防线，深入敌军骑兵阵营，并带着最大的战斗决心切入指挥中心。当方阵与对方步兵对阵时，持盾步兵就开始利用己方骑兵突击制造的混乱趁势打击。这种战术基于骑兵优越的

第一章　第一滴血：古代战斗中的死亡与英雄主义

速度和力量集中度，以及一个既能稳住阵势也能以不可抵挡的速度稳步前进的坚固中心。

这种联合多方力量的方法被称为"西方战争史上的全新发展"，而且需要一个极有野心的人（甚至可能是个疯子）来驾驭其杀伤力。[81]马其顿的亚历山大从其父亲腓力二世那里继承了军事机器，并操控它在敌人阵中凶残地肆虐。他不仅是杀手们的指挥官，他本人也是一位前线杀手。他是御驾亲征这种英勇传统的继承人。希腊的将军和国王都在方阵中战斗："没有一场希腊人的战斗——温泉关、德理姆（Delium）①、曼提尼亚（Mantinea）、留克特拉——是军队溃败而将军幸存的。"[82]例如，斯巴达国王克莱奥姆波洛图斯（Cleombrotus）在留克特拉一战的方阵中被杀，这是斯巴达国王常见的命运。直到19世纪前，战场中的指挥官一直是暴露在危险之中的（比如，人们可以联想美国内战时将官极高的死亡率），此后战场中的领导被官僚化，成为经理一样的指挥官。普鲁塔克让亚历山大列举了他亲赴战场所付出的代价："首先，在伊利里亚人群中，我的头被一块石头砸伤，脖子也被打了一棒；然后在格拉尼卡斯，我被敌人的匕首伤了头；在伊苏斯（Issus），大腿也被扎了一剑；接着在加沙（Gaza），我的脚踝被一箭射中，肩膀也脱臼了……然后，在马卡兰达（Macaranda），我的腿骨中箭裂开……被马利安人（Mallian）包围时，箭杆深深扎入了我的胸口，箭头还埋在了里面。"[83]

亚历山大下属的官员同样也要承担风险——约120位军官在公元前333年的伊苏斯战役中死亡——而这还是一场获胜的战役。

---

① 即德利昂。——编注

在公元前334年的格拉尼卡斯战役中，亚历山大是波斯方高级指挥官关注的焦点。如果能快速解决他，那就能大挫马其顿军士气，击溃他们的意志。亚历山大亲手杀死了波斯国王大流士（他当时不在场）的女婿米特拉达梯（Mithridates），用一根长矛贯穿了后者的面部，还在自己头部受到罗萨塞斯（Rhoesaes）重击后，[84] 用长矛刺穿了这位吕底亚贵族的胸膛。[85] 格拉尼卡斯战役中波斯方高级指挥官的死亡率很惊人——可能13个将官里面只有3人幸存，还有可能像阿西提（Arsites）那样，在战后自杀。至于马其顿的高级指挥官，最大的死亡风险之一其实来自亚历山大本人。他的两位最伟大英勇的将军——帕米尼奥（Parmenio）和他的儿子、骑兵指挥官菲洛塔斯（Philotas）——都死于亚历山大的旨意，曾在格拉尼卡斯救过亚历山大的克雷图斯（Cleitus）亦是如此；克林德（Cleander）和斯特克（Sitacles），阿伽同（Agathon）和海拉孔（Heracon）也都因为站不住脚的借口而被处决。[86]

亚历山大在战事上的冷酷残忍反映在了前所未有的死亡率上。格拉尼卡斯战役中，在摧毁并驱逐了波斯主力军后，他将怒火撒向了替波斯作战的希腊雇佣兵，即使他们当时已经原地投降。除了2000人被运回马其顿当奴隶之外，其他人全部惨遭屠杀。大约5000名波斯人加上两三千名希腊雇佣兵被杀。也有一些历史学家认为，仅是希腊雇佣兵的死亡人数就已经达到了15 000～18 000人。[87] 在接下来一年的伊苏斯战役中，亚历山大的军队屠杀了约2万名为大流士三世作战的希腊雇佣兵，加上"5万到10万名波斯军人……连续8小时每分钟屠杀300多人是时间和空间上的巨大挑战。这是灭绝行为的新高度……战斗结束后，马其顿方阵很少将败方驱逐出战场，更多的是用好几个小时将他们从背后屠杀"。[88]需要指出的是，伊苏斯一战中所有被亚历山大留在城镇中的马其顿伤兵都被返回的波斯人杀死了。战役中对伤员和战败者不受约束的杀戮成了亚历山大战争的一种定式，在高加米拉战役（Gaugamela，公元前331年）和海达斯佩斯河会战（公元前326年）等战役中也能看到。这种杀戮同样也强调了，一个战士最大的死亡风险可能就在战斗单位丧失凝聚力、开始撤退的时候，胜利一方的死亡人数和战败方被屠杀的人数之间的不成比例说明了这一点。在格拉尼卡斯战役中，马其顿损失的战士可能只有150人，而在伊苏斯战役中，这个数字是450人。

公元前197年的库诺斯克法莱（Cynoscephalae）战役和30年之后的皮德纳战役中，强大的马其顿方阵遇到了以罗马军团形式出现的死敌。战败的时候，马其顿的矛兵纹丝不动地站在他们直立的萨里沙长枪旁边。这是他们希望投降的一个信号，但问题是他们的对手不能或不想认出这种战场惯例。于是，无论在战斗中还是在战败后都十分坚定的马其顿战士都被毫不留情地残忍砍杀，就在他们站立的地方。方阵士兵们因为太擅长发挥他们的优点而死亡。立场坚定的他们也因为"坚定不移"而被杀死。而对于罗马军团而言，他们只是做了一直被严格训练的事：以令人敬畏的力量发动攻击，一心只想着凶猛杀敌。对他们来说，死去的敌人才是好敌人。

旧时的方阵幽深坚固，但是不够灵活机动，罗马军团则由战术单位——支队和大队组成，这赋予了它更多战术灵活性。阵列呈梅花形分布，像棋盘一样，所有黑色方块是军队，白色方块是军队间的空当，在需要的时候，黑色方块中的军队能够作为援军前移补上白色方块的空当。显而易见的是，军团的盔甲反映了这种高度机动的分布模式。军团士兵上身的胸甲，是将金属带缝在亚麻或皮革上制成的板条甲，在提供保护的同时也具备灵活性。军团士兵本质上是剑士，而不是端着战矛推进的矛兵，这要求更高的可操控性，这不是旧时方阵士兵装备的沉重铁甲能做到的。士兵的武器装备也很轻巧，可以让人快速突刺和劈砍，甚至连盾牌也可以作为攻击性武器。中心处附加的额外重量可以令盾牌抡倒对手，当士兵用它阻挡宽刃短剑或重标枪（pilum）的攻击时，其边缘还便于钩击和砸击。一个强大的军团士兵仅使用盾牌就能对他的对手造成相当大的伤害。

罗马军团的首要战术目标（无论是面对马其顿方阵还是高卢或日耳曼军队）是突入敌方阵中，在那里，两英尺长的罗马短剑可以大展身手。首先，要击破敌人的盾墙外壳才能伤到他们的身体。约距离对方20步时，前两排军团兵会投掷重标枪——比起战矛它更像鱼叉——其扎实的重量能扎穿对手的盾牌，达到伤人的目的。恺撒在高卢战斗时写道，重标枪穿过"数个重叠的盾牌……铁制枪头被撞弯，高卢人既无法把标枪拔出来，也不能抬起左臂的盾牌。于是许多人在尝试多次无果后，干脆扔掉盾牌，在身体失去防护的情况下战斗"。[89]

一旦军团穿过敌人外部的盾牌防御，就到了宽刃短剑发挥作用的时候。对于那些在近战中从未见过罗马步兵近身格斗的人来说，场面会让他们震惊。李维这样写道："当他们看到被罗马短剑切成碎片的尸体，残肢断臂，尸首分离……要害器官裸露在外……他们明白了自己将要面对怎样的武器，和怎样的敌人去战斗，陷入了集体恐慌。"[90]

第一章 第一滴血：古代战斗中的死亡与英雄主义

恺撒描述了与日耳曼人的近战："当战斗打响，我们的人向前猛冲，敌人也以极快的速度向我们奔来，根本没有投标枪的时间，它们被扔到了一边，战斗变成了短兵相接。为了提防短剑，日耳曼人迅速摆出了他们平时用于近战的阵形，但我们的士兵非常英勇地跳上了他们的盾墙，扯下他们手中的盾牌，再用短剑扎向下方的敌人。"[91]

由于显而易见的原因，恺撒希望我们将他的士兵视为斗志昂扬的英雄，而且毫无疑问，这种战斗是经常发生的。勇德（Virtus）①涵盖了勇气、胆识和与敌人近身肉搏的决心，在罗马军队中受到高度赞扬，但事实上近身战往往是谨慎且混乱的："肉搏战会造成身体上的极度疲惫和精神紧张。实际战场中的肉搏可能只能持续很短的时间，该阶段相对较轻的伤亡似乎也佐证了这一点。"[92]

如果没能在敌军阵营中迅速有效地建起桥头堡，往往会让对手站稳脚跟。不情愿的士兵不得不面对来自军官的压力，后方战友的推挤让前排士兵很难逃跑。各百夫长（centurion）手下的副队长（optio）们从后方驱赶士兵向前，如果士兵试图逃跑，将会面临相当严厉的惩罚。十一抽杀律是一种对表现特别糟糕的战斗单位执行的集体惩罚，即每十人中杀死一人。这并不是罗马人的发明。亚历山大也曾这么做过，而且他也是借用早期近东军队的做法。如此种种加上男人飙升的肾上腺素，形成了促使士兵重新加入战局的压力。

---

① 本词为拉丁语，有智慧与品德之意，其词根 vir 具有男子勇气、力量之意，故译为"仁智勇三达德"之勇德。——译注

战斗单位与敌军接触的时间越长，其阵形和凝聚力就越易被瓦解。人类遵循直觉行动，最勇敢的顶在最前线，最胆小的试图溜到后方，而剩下大多数留在中间位置。这些人在任何时候都可能像胆小的那群人一样后撤，从而使部队瓦解，部队原地停留或没有取得进展的时间越长，这种可能性就越大。在古代战场上，重大伤亡往往发生在部队逃亡的时刻。而死得最快的总是那些最后才反应过来要逃跑的人，所以处于编队中心看不见战况的那些人总是处在紧张恐慌的边缘。[93]

那又是什么打败了罗马军团呢？和马其顿方阵一样，罗马军团也拘泥于特定的战术形式和战术态度，而且在执行过程中非常出色。但这种对特定战术模式尽心尽力的执行也带来了其潜在的致命弱点，两次灾难性的战败可以说明这点。

和方阵一样，军团也是为进攻而设计的战争机器，其两翼也容易受到攻击。同样，军团也需要在队形的紧凑性（使阵形坚固、稳定）和合理的空当之间谋求平衡，战士需要足够的空间来有效地操控武器。公元前216年的坎尼（Cannae）会战中，汉尼拔引诱罗马军团进行正面进攻，然后向它的侧翼和后方发起攻击，于是穿着专门防卫正面攻击的盔甲的罗马战士，遭受了来自背后和身侧的重击。由于专注于其传统进攻模式，罗马军团极难抵挡侧翼攻击，而且由于军团阵形越来越紧凑，后方队伍会持续盲目地推挤前方的同伴，将他们送上一条更致命的死路。

只有部队最前线的人可以有效地战斗，而后面的那些人很可

第一章 第一滴血：古代战斗中的死亡与英雄主义

能是多余的人，或者更糟糕，是无法移动的累赘路障。最终的结果就是，在战争史上极小的一个战场上，罗马军团被包围消灭了。罗马有史以来派出的这支最庞大的军团，在它驻足的地方迎来了终结。消息来源不一，但可知有60 000名罗马军团的士兵在坎尼城某地被屠杀。[94]这些曾对受伤的敌军冷酷无情的罗马士兵也受到了相同待遇，"许多伤员被劫掠小队挑断了脚筋，疼得在地上打滚，最后死于劫掠者或8月炙热的阳光，又或者被第二天来清扫战场的迦太基士兵杀死"，两个世纪后的李维写道，8月3号的早晨仍有数千名罗马士兵幸存，他们从睡梦中被寒气冻醒，最终还是被"汉尼拔的掠夺者'迅速地清理掉了'"。[95]在汉尼拔入侵意大利的两年中，罗马军队超过三分之一的士兵被杀伤和俘虏。[96]罗马承受了巨大的人力损失，并着手进行报复。公元前202年的扎马（Zama）战役中，罗马将军西庇阿（Scipio）以1500名罗马战士阵亡的轻微代价，杀死了20 000～25 000名汉尼拔士兵，迦太基也被彻底摧毁，这座城市成了一个只存在于记忆中的金色幽灵。

罗马军团为战而生，它的战术理念就是接近、杀戮和征服。但有时一个单纯不按罗马人规矩交战的敌人就能瓦解军团的纪律、凝聚力和决心。通过与罗马军队保持距离，利用射箭远程攻击，对手拒绝了罗马军团的战术牵制，夺走了它最有价值的战争精髓。

罗马执政官马库斯·克拉苏（Marcus Crassus）曾迫切渴望通过成功的军事行动巩固其政治地位，并为此组织了约40 000人的部队，发动了攻打安息（现伊朗东北部）的战争。在卡莱（Carrhae）战役（公元前53年）中，克拉苏的部队被安息国的军队团团围住，安息部队在人数上处于劣势，基本由弓骑兵和铁甲骑兵组成。但补给充足的弓骑兵们一直与罗马军队保持着恼人的纵向射击距离，急迫希望接近对手发挥战术优势的克拉苏派出了他的儿子普布利乌斯（Publius）和8个军团大队（约4800人）、500名弓箭手及1300名骑兵。[97]这是人在战术上受到挫折的本能反应，在历史上很常见。这也是殖民战争的一个特征，人们可以联想到印第安战争中的美国军队（费特曼大屠杀，Fetterman massacre），19世纪在阿富汗作战的英国军队（远征喀布尔），以及法国外籍兵团在摩洛哥里夫的表现。总有人头要被钉在长矛上，这也正是普布利乌斯和克拉苏的命运。罗马人被弓骑兵追杀，后又遭到安息铁甲骑兵的重击。所有被抛弃的罗马伤兵无一幸免，最终军团战死了两三万人。然而颇具讽刺意味的是，在此战中幸存的军官盖乌斯·卡西乌斯（Gaius Cassius），之后将会令尤里乌斯·恺撒悔之不及。

第二章

不要归与人类，要归与上帝：中世纪战场上的杀伤

> 制造屠杀的不是我们，是万能的上帝。
>
> ——亨利五世，1415年于阿金库尔战役后

维斯比（Visby），哥特兰岛，瑞典，1361年。一支民兵部队（军队一词对于这个杂乱无章的队伍来说或许太夸张）在城墙外列阵迎敌。在他们身后的城墙内，受人尊敬的市民、商人及其亲属们不愿拿起武器，在血腥战斗结束后，他们可以出钱打发掉威胁他们的军队。与此同时，他们锁上了城门，留下衣衫褴褛的民兵抵抗入侵的丹麦人。战斗迅速结束，结果自然是毫无悬念的单方面屠杀。屠杀之后，这些民兵——大约有1100人——被夺走了寒碜可怜的武器（大部分是宽刃剑和钩镰枪，以及由农具改造而成的矛状武器）和盔甲（少数人穿了锁子甲），然后被毫不客气地扔进了坟坑。

赤裸的尸体像断线的木偶，四肢交叉，乱糟糟地滚到一起，形成一个阴森可怕又状似亲密的场景。他们一起躺在被遗忘的角落，没有名字也没人记得，直到1905年这个坟坑被人发现。人们对这些骨架进行了仔细检查，推测其可能的死因。那些骨头上

没留下痕迹的大部分都死于致命的皮肉伤，主要是被战矛或剑刺中腹部。其中有456个伤口由剑和斧子等切割武器造成。穿刺类武器，如箭、矛和类似钉头锤的"芒星"——一个带有金属刺的圆球，固定在手柄上——造成了126个伤口。一只颅骨上显示出多处伤口，后脑部位扎入了整齐排成一簇的三个尖锐的箭头。这个人当时在试图逃跑吗？又或者是他在面对箭雨时本能地转过了身？此外，他的后脑还受到了战锤两次致命的重击，在颅骨上留下了方形的破口，这也证明了中世纪战场是何等凶残。在维斯比战场上，中世纪武器的破坏力随处可见，尤其是腿部的切割伤。一次挥剑或抡斧就能斩断敌人双腿的情况并不只是个例。

维斯比无名亡者的惨状就是当时大部分死于战场的普通士兵的普遍命运。在许多战斗中，步兵、弓箭手和弩手往往会因战斗形势的突然变化被暴露在没有任何保护的环境中，这时便会无可避免地遭到屠杀。他们没有价值，也没有人去赎回，所以杀掉他们然后夺走他们的装备更划算。但从某种意义上说，比他们社会地位更高的骑士也常常因为同样的原因牺牲。当骑士们落单，陷入孤立无援的境地，他们就会被弓箭手射杀，被骑兵践踏，或被欢欣鼓舞的步兵杀掉。

苏格兰的福尔柯克会战（battle of Falkirk，1298年）便是一个很好的例子。英格兰的骑兵击溃了苏格兰的骑兵和弓箭手，使得结成密集的圆形阵形（schiltrons）的长矛兵失去了掩护，这是当时苏格兰典型的战术阵形。但面对着丛集林立的长矛，英格兰骑兵只能围着他们转，却无法突破。而苏格兰步兵由于害怕阵形被攻破，也不敢前进或撤退，于是他们只能直直地站着，死在了爱德华一世麾下长弓手（其中很大一部分是威尔士人）铺天盖地的毁灭性攻击中。他们的防御阵形在箭雨下土崩瓦解，幸存者被英格兰骑兵和随后赶来的步兵们击杀。一万名苏格兰长矛兵阵亡超过一半。[1]

有时，步兵们也会因中计而自乱阵形，并因此招致败绩。1066年的黑斯廷斯（Hastings）战役中，诺曼骑兵在撒克逊阵线前迂回，尝试突破撒克逊人的盾墙（shieldburgh）——这是一种令人敬畏的战术，其后是纹丝不动的撒克逊步兵（Saxon frydmen）。最终诺曼人只能通过佯装撤退引诱一批撒克逊人下山追击，脱离他们山坡上强大的防御阵地。这场看似胜利的追击很快便反转了：被追击者反击回来，暴露在外的撒克逊步兵全部被杀。夜幕降临，死去的英格兰士兵们躺在倒落的龙旗之上，围在他们被杀死的国王身边。

如果说中世纪步兵的命运大多数时候都是残酷而血腥的，那么来自更高社会和经济阶层的战士命运又如何呢？骑士们又是如何战斗并死亡的呢？

无论在战斗还是死亡中，贵族战士和平民士兵之间最明显的一个差异就是身份。中世纪骑士的姓氏是一个特别的身份标识，而普通士兵的姓氏通常来自他们的职业——制革工（Tanner）、修桶匠（Cooper）、造箭匠（Fletcher）等。同样，在古代日本，武士拥有自己的姓氏，而普通士兵，比如足轻（日语ashigaru，字面意为"光脚"，没有装甲的）是没有姓氏的。在1587年之前，如果一个足轻争取到了武士身份，那么他的第一个收获就是他的姓氏。[2]

12世纪中叶，骑士盾牌上的纹章符号彰显着他们独特的身份，不同于普通士兵盾牌上代表部族普通成员身份的符号。骑士的符号还讲述了他祖先的过去，宣告了他在这世上的地位。当然，纹章宣传也有一个显著的缺点，它会吸引敌人的注意力——不管是那些希望抓住这些骑士以期赚取赎金的人，还是那些更加杀气腾腾，想通过斩首敌军指挥官来打击敌人士气的人。母衣（日语horo）是精英武士穿着的，像气球一样的斗篷，不仅宣告着他的贵族身份，还表明他作为战场信使的关键角色（大致相当于侍从武官）。这件衣服是个特别显眼的目标（类似于西方传统中的旗手），不仅增加了风险，而且如果他在战场上被杀，母衣就会被用来包裹他的头颅。讽刺的是，母衣尽管会招来攻击，但能保证穿着它的人在死去后，尸体可以受到尊重。

跟荷马时代的战前宣言一样，骑士有时候也会站出来自报家系，找一个社会地位相当的对手。日本武士和他们的欧洲同行一样，也受血统制约，也会在战斗开始前宣示身份地位。1156年7月29日平氏与源氏第一次交锋之时，两名武士来到敌方阵前宣告："我们是大庭景义和大庭三郎景亲，镰仓权五郎景政的后人，他在16岁时……于冲锋阵前被射中左眼……箭矢射出了他的眼珠，但他扯了下来又反手回敬了一箭，了结了他的敌人。"这是在开战前给出的庄重声明。[3]

然而，有一个在骑士和武士中都存在的悖论，那就是他们通过纹章和阵前宣言来显示身份的热情与盔甲的匿名原则背道而驰。例如，在萨顿胡（Sutton Hoo）墓葬中发现的维京人头盔和面罩与武士带有假胡子的面具竟惊人地相似。其他用装饰"掩盖"身份的例子还包括：北美印第安武士脸上的彩绘，以及诺曼底登陆日美国空降兵的"休伦"发型和他们脸上的油彩。所有这些都是通过使用某种固定形象，来使对手恐惧，同时令自己安心。战场就像座戏院，进入一个角色、扮演一个角色能让士兵的任务变得容易一些。

骑士的使命是与同阶级的敌人战斗。其战斗模式——技术

(当时最先进的)和方法(通过从小反复灌输)——不仅需要在实践中行之有效,还要富有象征意义。他的战斗方式不仅要克敌还要彰显自身地位。战斗的高度风格化(特殊的训练方法;突出地位的武器和盔甲;还有最重要的一点,即通过纹章显示的身份)是骑士社会和经济地位的反映和投射。正是战争使这一群体得以延续并赋予了他们身份。高贵的行吟诗人伯特朗·德·菩恩(Bertran de Born,在但丁的地狱中,他将自己被割下的头提在胸前)沉迷于此:"告诉你,从吃饭、喝酒和睡觉中我根本无法得到那种乐趣,那种我听见双方冲锋的口号、树下无主战马的嘶鸣和求救的呻吟,看见倒在壕沟和草地上的、钉死在战矛下的战士所获得的乐趣!男爵们,你们可以抵押出城堡、庄园和城市,但永远不要放弃战争。"[4]

决斗——与地位相当的对手一对一正面对决——是骑士战斗的至高荣誉,也被视作对古希腊和罗马高贵传统的直接继承。这是对拥有共同文化认同、相同社会地位的对手的尊重。战斗双方有着精神上的共性,即便这种尊重的结局是死亡。一个骑士骑马冲向另一个骑士,挟着长矛劈开或刺穿对手的金属盔甲,这是最能令人联想起中世纪战争的画面——但这必然不是故事的全部。修辞与现实之间存在巨大的鸿沟。不过,这并不是说决斗在骑士阶层中不受重视,只是想强调理想和高贵在战场上并不特殊,在战场的泥淖中屈辱死去也并不稀奇。

把骑士精神当成中世纪战争的决定性特征反映了我们与中世纪民谣作者、传奇诗人和年代史编者同样的愿望——将可怕的事实罗曼蒂克化。其实战场上并没有那么多高贵对等的决斗,更多的是血腥混乱的互殴。骑士很可能死于充满血腥的扭打(往往是落马后的步行作战),被农民出身的士兵用匕首刺中腋下、裆部或没有防护的臀部，或者从头盔的缝隙刺中面部。一旦骑士离开了座骑，不管是有意下马作战还是意外从马上坠落，便会有很大可能死于钝器的锤击，比如在克雷西（Crecy）和阿金库尔战役中，出身低贱的英军长弓兵便利用阵地前密集的尖锐栅栏（英军弓箭手作战时会将尖锐的木桩插入地面，用以防御骑兵冲击），令无数出身高贵的法国骑士殒命当场。

敏捷熟练的步兵战士开发了很多对付骑士的技巧。比如来自阿拉贡和加泰罗尼亚山区的阿拉贡雇佣兵（Almogavars），这些装备简陋的战士没有盔甲防身，只靠标枪和短剑作战。在意大利和希腊战争中经常能看到他们的身影。在13世纪的希腊，十字军部队在俘虏一名阿拉贡雇佣兵后把他当作消遣，让他与全副武装的安茹骑士对决[5]，人们本以为装备如此简陋的雇佣兵会被骑士轻易干掉，谁知结果出乎意料："雇佣兵静待骑士冲锋，在最后关头躲开对手的战矛并掷出标枪（被称作azcona）刺中对手的战马，在骑士从受伤的战马身上摔下来的瞬间骑到对方身上，用刀抵住他的脖子。决斗随即被叫停。"[6]装备科特尔短刀（colltell，类似匕首和屠夫砍肉刀的结合体）的阿拉贡雇佣兵能给全副武装的骑士带来致命的伤害。根据同时代的史料记载，1311年克菲索斯河战役（battle of Kephissos）中，这些轻装的西班牙步兵冲进雅典公爵麾下的法兰克重装骑士阵中，开启了一场大屠杀："一刀下去不仅斩断了骑士的胫甲跟小腿，连马腹侧面都被砍出半掌深的伤口。"[7]

我们对骑士的着迷在某种程度上扭曲了他们在中世纪战斗中的作用。实际上，在这一时期的战争中步兵不仅起着重要作用，甚至可以说他们才是战场上的主力。在中世纪的主要时间段（从公元500年到公元1400年枪炮首次出现在战场），步兵在数量上都远超骑兵："至少是五比一。"[8] 与骑兵相比，步兵更具成本效益，而且当时的主流战术，即搭配运用长矛兵和远程攻击（最初是弩手和弓箭手，后来被火绳枪手和火枪手取代），也都是为了最大化利用步兵而设计的。例如，1302年的库特赖战役（battle of Courtrai，库特赖位于现在的比利时境内），佛拉芒的长矛兵将战矛牢牢扎在地上筑成豪猪背刺一样的障碍，以此阻挡法国骑士。矛兵们由弩手辅助，任何突破了障碍的骑士都会被那些手持刺槌（goedendag）——佛拉芒版"芒星"——的士兵毫不客气地干掉，这种武器虽然粗糙但十分有效，它的形状像一个带铁锥的长棍。在这场战争中，那慕尔的居伊（Guy of Namur）和威廉·范·朱利奇（Wilhelm van Julich）以及他们的随从带领佛拉芒骑士下马作战，掩护地位低下的步兵和弩手，与他们并肩作战。其实在那个时代的许多战斗中，骑士们都更倾向于下马战斗。最终的结果是法国骑士们遭到了毁灭性的打击，当战马被弩手射中，或被佛拉芒人扎在地上的战矛开膛破肚时，他们就会被拖下马背并被毫不客气地干掉。[9]

既然骑士和重骑兵能不受约束地随意杀戮地位低下的敌人，那么这些底层农奴不放过丝毫反击的机会也就不足为奇了。1332年，在苏格兰的杜普林沼地（Dupplin Moor），一支英格兰军队在极富才干的军事将领亨利·博蒙特爵士（Sir Henry Beaumont）的领导下，采用了一系列影响深远的战术。在日后的百年战争中，法国人在一系列重大战役里将其运用到了极致。英格兰军队正面遭遇马尔伯爵唐纳德（Donald, Earl of Mar）和苏格兰贵族罗伯特·布鲁斯（Lord Robert Bruce，已故国王伟大的罗伯特·布鲁斯的私生子）领导的苏格兰骑士的英勇冲锋。但就在苏格兰骑士们与英格兰步兵苦战时，后方组织混乱的己方步兵却还在不断向前推挤，英格兰的弓箭手也从两翼包抄挤压过来，于是苏格兰骑兵被压缩到了一处令人窒息的狭小场地中。据《拉纳科斯特编年史》(*Lanercost Chronicle*)记载，"每个人都压垮了他旁边的人，只要一个人倒下，便有第二个、第三个相继倒下"，直到尸体堆起来几乎有战矛那么高。[10]受伤、濒死和已经死去的苏格兰士兵（许多死于窒息）堆叠着，英格兰步兵和弓箭手们包围了他们，杀掉其中的幸存者。马尔伯爵和布鲁斯都死在这里，此外还有58名骑士、1200名重骑兵以及成百上千的步兵追随他们而去。英格兰人仅损失了2名骑士和33名步兵。[11]

历史学家让·傅华萨（Jean Froissart）记录了一个类似的故事，发生在1346年克雷西战役中。马背上的法兰西骑士与重骑兵们疯狂地冲向英军的弓箭手，弓箭手射出的箭雨不仅令法国骑士的先头部队未冲至近前便陷入混乱，还使步兵得以进入战场，开启血腥的收割。"英军中有一些来自康沃尔和威尔士的步兵，他们手持大刀，穿过为他们让路的（英军）重骑兵和弓箭手，向敌阵发起攻击，杀死了许多法国伯爵、贵族、骑士和乡绅，让英格兰国王十分恼火。"[12]爱德华三世的恼怒可能因为这有悖骑士精神。骑士应该与骑士搏杀，不应死于平民之手。这不仅破坏了战场礼仪，也威胁了社会秩序。

从战术上来说，1415年的阿金库尔战役也有着大致相同的故事情节。一位名叫吉安·德·瓦尔林（Jehan de Wavrin）的法国骑士描述了这场血腥的溃败：

> 骑士们骑着战马在（英国长弓兵的）木桩之间跌跌撞撞，很快便在无边的箭雨中一个接一个倒下，真是一件憾

事。剩下的大部分人彻底陷入恐慌，掉头逃回先头部队中，给后者造成极大阻碍，部队只好让出多处缺口让他们后撤。由于战马受了很严重的箭伤，很难控制，骑士们纷纷摔倒在新耕的田地中。

于是……法军的先头部队陷入了混乱，数不清的重骑兵倒下……过了不久，英军弓箭手见敌军部队已接近崩溃，于是从栅栏后方冲出，扔掉他们的弓和箭袋，拿上他们的剑、短柄斧、木槌、斧子、隼喙（铜样武器）和其他武器，冲进敌阵的缺口，毫不留情地击倒、杀死这些法国人，几乎没有受到像样的抵抗。[13]

许多人死于窒息和挤压，包括胖乎乎的约克公爵，据瓦尔林记载，其尸体和牛津伯爵的尸体一起"被煮熟，以便分离出骨头带回英格兰"举办体面的基督教葬礼。许多侥幸逃脱死亡混战的法国骑士和重骑兵最终还是被俘，被亨利五世下令处死，因为他害怕军情通报中的法国骑兵部队和这些战俘里应外合。起初俘获他们的英军士兵拒绝执行亨利的命令，毫无疑问他们非常愤怒，既因为这样会让他们白白失去应得的赎金，也因为这种行为是违背骑士精神的，与之类似的情况曾在克雷西战役中令爱德华三世震怒。但亨利无视反对，派出了200名弓箭手，他们"朝法国人冲过去，（像在开膛游戏中那样）向他们盔甲薄弱的腹部和面部毫不留情地砍刺"。法国人的骑兵部队就此灰飞烟灭，正如一位牧师记录的那样，"我们穿过成堆的尸体凯旋"。亨利下令诵唱《不要归与人类，要归与上帝》："哦，主啊，让你的怜悯照亮我们，因为我们是依靠你的。"

中世纪战争的武器反映了贵族和非贵族战士之间的巨大社会差距。与伊斯兰世界或中世纪日本的武士阶级所遵循的法则不同，西方骑士对使用投掷武器深恶痛绝。当然，从更广泛的战术意义上来说，无论贵族指挥官们如何鄙视投掷武器，将其视为对正面近战的侮辱，弓箭手和弩手（以及后来的火枪手）都是战阵中不可或缺的要素。另一种解释是，利用刀剑和长矛作战能够让获胜的骑士对战斗收益有一定控制权："这让战士有机会展示他们的高尚情操，遭其俘获的对手被以合适价格赎回时，他们也能获取丰厚的收入。"[14]而远程武器一旦发射，对所有社会阶层都一视同仁，会杀掉那些活着才更有价值的目标。这可能有助于解释一个反复出现的主题：贵族对弩手和火绳枪手们的愤怒。这些人一旦被俘，不是被当场杀掉就是被砍掉一只手，让他们再也无法拿起武器战斗。没有人为这些下层人的死亡辩护，这样的死亡没有丝毫美好之处。中世纪教会会定期颁布对远程武器的禁令，因为它们对贵族来说"不公平"。

对来自同一阶级的手下败将示以宽容是团结的表现，它超越了暂时的敌对关系。这是一个尚未受困于国家认同（之后将伴随君主制和集权国家出现）的世界，骑士间的兄弟情义超越了地理边界。同时这种骑士精神也与金钱利益紧紧绑定在一起。通过战争，骑士阶层提升了其社会、经济和政治力量。维持这一体系所需的费用也十分高昂。无论哪个阶层的战士，其最大的驱动力都是对掠夺的渴望，每个参与者所得份额的计算都非常精确。掠夺风格能够区分阶级差异，但往往并不明显。例如在英法百年战争中，无论贵族还是普通士兵都从中获益颇丰。英国骑士"强烈反对任何暂时的和平，英国军队对战利品极度渴望，以至于部队需要实行特殊规定阻止人

第二章　不要归与人类，要归与上帝：中世纪战场上的杀伤

们为俘虏争吵。毫无疑问，那些最重要的城堡、土地和战俘都是归国王的。契约和分包契约则决定了余下战利品的归属。通常高层要占去三分之一，一名普通士兵需要将其三分之一的'收益'拿来孝敬他的长官，整个指挥系统都是同样的分配模式"。[15]

底层的步兵对自己的命运几乎毫无发言权。骑士虽然在一定程度上能够选择自己的命运，但这种选择权很可能反而促使他们在战斗中拥抱死神。讽刺的是，突显骑士优越性的荣耀准则反而将他们推向了死亡。和他们那些武士同行一样，骑士的历史中也满是非凡的英勇和自我毁灭式的狂妄。杜普林战役中的马尔伯爵便是如此，他因被指控叛变而出离愤怒，扬言要身先士卒冲向英军来挽回他的声誉，结果却被他的战友罗伯特·布鲁斯抢去了风头。两人双双战死。

班诺克本（Bannockburn，1314年）战役是苏格兰对老对手的一次伟大胜利，此役中的英格兰伯爵格洛斯特（Gloucester），一个22岁的青年人，因被人指责懦弱无能，盛怒之下在几乎毫无防护的情况下冲向苏格兰的长矛圆阵，被长矛刺死。在克雷西战役中，法国人的盟友，波希米亚盲王约翰一世听说己方战败，而他的儿子很不体面地逃出战场之后，下令将两个随从的战马和自己战马的缰绳绑在一起，然后与两人共赴战场。编年史学家傅华萨描述道："他们骑马闯进敌阵，他和同伴都被杀死，次日清晨，当人们发现他们倒在地上的尸体时，他们的战马仍然绑在一块儿。"

在所有文明中，如果战场上的个人勇武与社会和经济领导力密切相关，那么这样的牺牲就会带有强制意味。源氏和平氏两大武士家族之间的源平合战（the Gempei War，1180～1185年）中，一位源氏贵族赖政和他两个儿子以及一小群战士被推举出来拖住强

大的平氏军,来为源氏部队主力争取逃跑时间。为了保护年迈的老父亲,源赖政的两个儿子都战死沙场,而源赖政本人却得以选择切腹这种令人印象深刻的方式来自我了结,切腹自此也成为战败的武士决定告别人世时最为高贵体面的选择。他先写下了绝命诗,然后横着一刀切开腹部释放他的武士之魂,同时家臣挥刀斩下他的头颅扔进河里,以免被敌人当作战利品拿走。[16]

荣誉也可能要求高贵的战士在其领袖身亡时随之而去。1183年,源氏一族的领袖义仲在试图逃走时被敌军平氏一箭射中面部,然后被斩首。他的家臣今井兼平目睹了这一切,喊道:"啊,我现在能为谁而战?看吧,你们这些东军的家伙们。我要让你们看看日本最强的战士如何结束他的生命!"他把剑尖放在口中,让自己从马背上一头栽下来吞剑而死。武士和骑士所信奉的荣誉准则都以死亡为中心。生命是无常的,其结果只能由上帝或命运决定。战死沙场既是对这种联系的确认,也是其阶级地位的证明。

武器也是一种社会化的符号,承载着超越军事功能的意义,还被注入了神秘、迷信的属性。维京人给他们的武器起了一个又一个诗意的名字:战矛被称为"受伤的飞龙",斧头被称为"戴头盔的女巫",箭矢则是"弓之冰"。[17]剑尤其神奇,在维京人的传说中,其名字本身就意味着死亡。索尔斯坦·威金森(Thorstein Vikingsson)的剑是传奇的安格瓦迪尔(Angrvadil),这是他的父亲杀死"蓝牙"比约恩后得到的。在它出现之前它已经声名在外:"当威金森拔剑时,仿佛有闪电划过。眼见此景的哈雷克说道,'我永远都不该和你为敌,我早就知道你有安格瓦迪尔……让它失落在外是我们一族最大的损失';就在此时,威金森一剑斩向哈雷克,将他从头到脚劈成两半,剑身一直刺入地面。"[18]教会在约公元

950年时创立了一套祝福剑的礼拜仪式,并在稍晚的时候又为剑的使用者创立了祝福仪式:"全能的父,您允许我们用剑来镇压邪恶捍卫正义……因为您面前的这些仆人永远不会用这把剑……不义地伤害任何人,并将永远维护正义与权利。"[19]

贵族阶级的武器和盔甲的装饰方式在我们看来并不合理,并不贴合其本身用途。它们可能美得惊人,却令我们既不解又不安,如此繁复的装饰竟是为了杀戮和伤害。然而,平民步兵的武器显然和美观沾不上边。长柄钩刀(bill)、斧头和钉头锤所具备的杀戮功能与它们的前身,农场和屠宰场的工具相差不远。长柄武器衍生出一系列功能各异的变种,还被赋予了极富异国情调的名字,如长钩刀(guisarme)、钩镰枪(voulge)、斧枪(halberd)、斩矛(fauchard)、阔剑(glaive)、戟矛(partisan,在波希米亚被称为"耳勺")、鸦枪(ravensbill)、斩马枪(Rossschinder)等。每种武器都有数百个变种,反映了当地的特色,但本质上都是将一把斧头装在一根棍子的顶端,通常还有许多钩子和钉子,以便将骑马的敌人拉下马(14世纪的蒙古人尤其擅长用钩矛将基督骑士拖下战马)。[20]杆尖可以用来刺杀,杆上的斧头则是劈砍的利器。它们就像中世纪步兵的"瑞士军刀",在训练有素的士兵手中,能给敌人造成可怕的伤口。

1315年的莫尔加藤(Morgarten)战役是中世纪时期最血腥的战斗之一,瑞士步兵"挥砍着他们可怕的斧枪,连头盔和人头一起割下",杀死了入侵的奥地利利奥波德公爵(Duke Leopold)一半的骑士。后世挖掘出的死于斧枪的人骨中,有的头骨被劈裂至牙齿。[21]锥骑枪(Ahlspiess),一种带有方锥形长刃的长矛,就是专为刺穿骑士盔甲的关节连接处而设计的。斧枪的尖头可以给一个失去平衡的骑士造成十分严重的伤害。如果被"击中后脑勺或两肩中间，他就会向前摔倒，将没有防护的大腿后部和背部暴露在斧枪兵面前"。[22]

手持长矛、长柄钩刀或斧枪的步兵向上突刺会给马背上的骑士带来两种严峻的威胁：首先马腹容易遭到砍刺，同时骑士的喉咙和下颚也是攻击目标。战马不可能身披全副铠甲，同时还载着一个身穿盔甲、总重量可能超过250磅的男子。这些役畜没有防护的腹部总是容易受到攻击。事实上，战马虽然可以说是骑士的标志性装备（骑士"chivalry"就来自法语中的马"cheval"），但也是骑士装备中最脆弱的一部分。

16世纪时，骑士针对他们脆弱的喉咙发明了一块颈部护甲——一种从肩膀部位延伸出来的盔甲领。他们的同行，骑马的日本武士面对同样的威胁，在咽喉部位添加了一个保护装置"喉轮"（nodowa）。然而这样的防护并非万无一失。正如14世纪的史诗《太平记》（*Taiheiki*）描述的那样，当一名日本步兵——应该是僧兵，挥舞着外形类似斧枪的薙刀（日语naginata，约12英尺长）攻向骑马的武士：

> 正在这时，一名僧人踢翻他面前的盾牌，冲上前去，把薙刀舞得像旋转的水车。这是播磨国（Harima）的花实。海斗（一个骑着马的武士）用右手招架住他，意欲砍下其头盔，可是劈过去的剑却从花实的肩膀上轻轻擦过……海斗再次猛攻，但他的左脚蹬破了马镫，让他差点坠马。当海斗直起身，花实举起薙刀，三番五次向上推刺，准确地扎进了前者的头盔。海斗从马背上跌落，喉咙被利落地穿

第二章　不要归与人类，要归与上帝：中世纪战场上的杀伤

透。花实立马一脚踩在海斗的盔甲上，抓住后者侧边的头发，割下头颅并打算把它固定在薙刀上。[23]

每一种威胁都需要防御，直到中世纪末期，曾经只穿戴锁子甲和头盔，拿着盾牌轻装上阵的骑兵被改造成了被钢铁全方位包裹的漂亮机器。虽然一套基础护具的重量可能在50磅左右，但精湛的工艺给了骑士极大的机动性（据说穿着护具的骑士能轻松跃上马背）。[24]然而，即便到了17世纪40年代，英国内战（English Civil War）中的保皇派胸甲骑兵（cuirassier）埃德蒙·卢德洛（Edmund Ludlow）依然指出，在身着重甲的情况下，他"不可能毫不费力地重新上马"，而埃德蒙·弗尼爵士（Sir Edmund Verney）更是断然拒绝穿着沉重的装备参加战斗，"因为一整套铁甲会让人送命。我决心只使用背甲、胸甲和金属手套；即使有一顶通过了火枪防护测验的头盔，也要很轻便我才会戴上它"。[25]后来他为自己的决心付出了高昂的代价，死于1642年的埃奇山战役（battle of Edgehill），战斗中连一件轻便皮甲都不屑于穿。而同为保皇派的北安普顿伯爵（Earl of Northampton）则全副武装，敌军在卸下他的头盔后才成功杀掉他。[26]

骑士下马战斗很常见，但这样很容易疲劳（单单盔甲内积累的热量就是个严重的问题），如果是在泥泞或者崎岖的地形上举步维艰就更危险了。相比之下，他们的同行日本封建时代的武士则采取了截然不同的防卫方法。在欧洲骑士强调尺寸和重量的时候，武士选择了轻巧和灵活性。欧洲骑士仿佛将自身化为了一种武器，用于冲击敌人；而武士则觉得过度保护会适得其反。[27]他没有盾牌，因为他需要双手持握武士刀（日语katana，主剑），无法像欧洲骑士那样使用盾牌。这样的武器决定了他一往无前的战斗风格：

67

他凛然地站在对手面前，对他来说这是一场英勇而直接的对抗。武器类型、使用手法，以及需要遵循的骑士精神都是一体的。不过，武士并不像骑士那样鄙视使用弓箭一类的远程武器。薙刀是一种不论在马背上还是地面上都会使用的基本武器。有证据表明当与同样装备的骑马武士交战时，薙刀的用法和骑士比武中的长矛几乎完全一样，都是用右臂端平，斜穿过马脖子上方，但更多时候它是被骑在马上的战士用来挥砍。[28]

虽然战斧和战锤常常受到骑士的青睐，但剑却是高贵战士们的标志性武器。中世纪早期的剑的前身是罗马斯帕达（spatha）长剑，是一种平行刃的长剑，随着13世纪板甲的流行变得更加尖锐，既能突刺（为了穿透锁子甲或刺入板甲关节处）也能劈砍。即使盔甲没有被刺穿（一些现代测试显示用剑刺穿锁子甲不太容易），沉重刀刃带来的冲击也能造成骨折或内伤。[29]一个马背上的骑士会配备一把重约5磅、宽大的"战斗"剑，悬挂在马鞍前部，而在他的剑带上还插着一把更小的"备用"剑，重约3磅。[30]

13世纪时盔甲演变成板甲，不仅是为了抵御战矛，也是为了对抗骑士们十分藐视的弓弩类武器的杀伤。众所周知，早在公元前4世纪时，弩就被中国步兵应用到战争中，在罗马它则常被用来狩猎。10世纪时它再次现身欧洲战事似乎与围城战的激增有关（罗马攻城弩炮本质上就是大型弩），而诺曼人却狂热地把它当作步兵武器。对于使用者来说，弩有很多优点。一个经过多年训练、花重金培养的骑士可能会被一个傻瓜从200码左右的距离射出的弩箭轻易杀死。

弩是步枪之类的机械武器的先驱，因为它虽然相对来说操控简单，但其结构相当复杂，而且跟所有机械一样，它有一套专

第二章 不要归与人类，要归与上帝：中世纪战场上的杀伤

业术语。用紫杉木、橡木或枫木等硬木（在中东等地区也可能是由角、筋和木头的混合材料）制成的弓形横臂（span 或 lathe）被绳索绑定在弩臂上。弓弦由鞭绳或动物筋腱制成。想要拉开弓弦（准备发射），操纵者需要踩在弩臂前端的脚蹬上，然后靠肌肉力量拉满弓弦——弩手腰带上有个钩子能勾住弦，在弩手直起身子时将弓弦拉开。另一种拉开弩的方法是使用机械曲柄。弓弦向后拉开后会被一个用牛角制成的钩子固定。飞镖状的弩箭由紫杉木、榉木、榆木或白杨木制成，顶端可以根据需要装上各种设计恶毒的箭头。箭被放置在弩臂顶面的凹槽中，通过尾羽凹口与弓弦相连。最后借助一个类似扳机的装置使弓弦脱钩、释放出弩箭——不叫发射，而叫投掷（cast），好像它们的目标是毫无防备的鱼。

在某种程度上，弩的拉力比长弓要大得多，相比长弓70～150磅的拉力，弩的拉力可达750磅左右。但它释放能量的效率却比较逊色，因为弓臂短，弓臂尖端在将储存的能量转换为箭的速度和射程的过程中，其运动轨迹也比长弓的弓梢短得多，传递的能量也更小。此外，长弓的箭矢分量也更重，弓箭射程更远，穿透力也更强。要达到长弓的同等杀伤力，弩必须做得大得多，这让它变得极其笨重。即使相对较轻的弩也会因为漫长的装填过程而使得弩手极易受到攻击。

这些特点决定了这两类武器的战术用途。弩更多地被用在相对较近距离的攻击中，在这个距离上其水平弹道可能具备毁灭性效果（当然也有问题，弩手在行动中距离敌人越近，他在填装过程中被踩踏或击倒的风险就越大）；抛物弹道的长弓则更多被用在远距离战场上，再结合它的高速装填优势（长弓约每分钟12发，而弩箭大约每分钟3发——与黑火药滑膛枪的射击频率大致相同），能给敌人带来重创。

在1346年的克雷西战役中，为法国战斗的热那亚雇佣弩兵，与英格兰和威尔士长弓手之间的对抗便是一个经典的战例。热那亚弩手首先进入长弓兵的射程范围，但由于没有大型盾牌（pavise）能让他们躲在后面重新装填，再加上法军组织混乱的行进，这场对决最后变成了一边倒的屠杀。编年史学家让·傅华萨写道："雨下得很大，毫无疑问这让弩手们的弓弦变得松弛。相比之下，长弓手则可以在倾盆大雨中松开亚麻弓弦，将其盘绕在头盔底下以避免被打湿。而热那亚人在第一次齐射之后必须重新上紧弩弓弦，面对反击便更无还手之力了。"此时有约3000名长弓手：

> 把箭支放在弦上，勾住弓弦，扩胸张弓，稍稍定住，牢牢捏住箭尾。当拉弦手的拇指碰到右耳或下巴，当箭杆向后缓缓滑过握弓的左手，直到冰冷的钢制箭头碰到手指的第一个关节——瞄准、放箭，右手顺着弓弦从地上、腰带上或箭袋中抽出下一支箭矢，前一支箭刚刚飞出，下一支箭便已就位，随即开始下一轮搭箭、拉弓、瞄准和发射，毫不松懈地重复着致命动作。[31]

箭如雨下——"密集得像下雪"——带来了严重伤亡，热那亚弩手溃不成军，许多人倒在了冲上来的法国骑士的马蹄下，这些骑士傲慢地踏过己方弩手，一窝蜂地冲向英军。

除了杀伤力的差距，弩和长弓的本质区别还在于成本的差异。长弓的机械构造比弩简单，但造价并不比弩低。其制作需要特殊木材，这就需要专门的土地来种植树木供应制造原料，而无法将土地用于种植更具经济利益的作物。而即使是木制的弩，也不会

第二章 不要归与人类，要归与上帝：中世纪战场上的杀伤

像长弓那样对材料要求如此严格，事实上它完全可以使用复合材料来制作。但更重要的是，弩还具有另一个显著的经济优势，可以说是之后手枪时代的先声：成为一个优秀的弩手并不需要经过大量训练和练习，也不需要强健的体魄，然而对于一名出色弓箭手来说，这些却是必不可少的。弓箭手所需的长期训练是长弓最大的额外成本。给未来、给科技对抗肉体的胜利指明方向的，是丑陋的、不受欢迎的弩，而不是浪漫的、受人崇敬的长弓。

十字军东征不仅是宗教意识形态的冲突（这个话题的是与非比一袋纠结缠绕的毒蛇还难以清理），也是战术意识形态的冲突。基督教和伊斯兰教的不同传统塑造出的战术观念截然不同。骑士总是倾向于在极近的距离下，通过一系列个人武器的碰撞来解决问题，而他的支援部队——步兵和弩手——仅仅是为了创造这种可能才得以存在的附庸。伊斯兰战士的战术沿袭自亚洲的游牧骑兵，很少会一往无前地冲锋，除非前一阶段的远程武器打击已经让敌人看上去处在溃败的边缘。和那些在公元前53年的卡莱战役中击败罗马军团的帕提亚战士一样，马弓手在撒拉逊人的战斗中一直是重要的一环。马虽然是基督徒和穆斯林共有的重要元素，但对它的运用方法却截然不同。简单来说，穆斯林战士将他的马作为武器平台，而骑士则视马为武器；一个从马背上直起身来射箭，另一个则寻求身体对抗。一次有效的骑士冲锋需要积累并集中兵力来摧毁敌人。它要求凝聚力和纪律。然而问题在于，发起冲锋的时候，变幻莫测的地形以及骑士和战马的个体差异会动摇甚至瓦解阵形，大量骑士会在敌人随后的反冲锋中丧生，无法退回步兵的保护之下（数个世纪后的坦克也面临着类似的问题）。

在早期的十字军东征中,基督徒对重骑兵的依赖让他们付出了沉重的代价。撒拉逊弓骑兵包围入侵的敌军,射杀骑兵和战马,直到基督教骑兵准备冲锋才退下,这跟19世纪大草原上印第安人所使用的战术相差无几。然而,如果撒拉逊人在初始的远程攻击阶段就发现了对手的弱点,他们的重装枪骑兵就会发起冲锋,步兵支援部队也会紧随其后。

"狮心王"理查的第三次十字军东征的编年史《东征记》(*Itinerarium*)中,讲述了1191年的阿苏夫会战(battle of Arsuf)之前东征军遭受的挫败:"穆斯林弓骑兵一直跟着我们的部队前进,想方设法打击骚扰我们,向我们密集发射箭矢。唉!许多马匹被远程武器杀死,还有许多受了很严重的伤,不久后也死了。你能看到倾盆的箭雨,在军队所过之地甚至找不到一块四平方英尺内没有箭杆的地面。"[32]不过,许多基督徒步兵最终还是扛过了难关,这在某种程度上说明相较于长弓,亚洲弓似乎在穿透力上稍显逊色。萨拉丁(Saladin)的秘书、伊斯兰编年史学家巴哈尔丁(Bahā-al-Din)描述了穿着加棉厚夹克(软铠甲)和锁子甲的基督徒步兵在箭雨中的状况:"我发现那些背上中了十来箭的人仍然按照正常的速度艰难前行,并没有脱离他们的队伍……穆斯林战士从各个方向发动齐射,试图激怒骑兵,骚扰他们脱离步兵的防护。但并未奏效。"[33]

另一方面,十字军的弩手发挥了重大作用,让人恐惧。在矛兵的保护下,弩手得以免于穆斯林轻骑兵的袭扰并给敌方造成了重大伤亡。虽然与穆斯林的律法相悖,但被俘的弩手很有可能被屠杀。[34]讽刺的是,理查本人后来正是死于弩箭伤口感染形成的坏疽。在1199年法国利摩日附近一处不出名的小城堡——沙吕的围城战中,理查的肩膀被一支弩箭射中,于是成了"被蚂蚁杀死的狮子"。

如果说穆斯林喜欢的是强调机动性和机会主义性质的攻击,那么欧洲人则更加重视凝聚力、组织和纪律(考虑到骑士一点就着的傲慢个性,这并不容易实现)。基督徒们必须阻止敌人破坏他们的(用战术术语来说)"团结一致"(solidus inter se conglobati,字面含义为"凝聚")。行军时保持队形紧凑至关重要,因为一旦被敌人分割开,就会在各自为战中陷入灭亡。在1187年的哈丁战役(battle of Hattin)中,基督徒便已尝够了这样的苦头。[35] 为了避免此类情况,东征军只好把自己打造成移动的堡垒;骑士躲在矛兵和弩手形成的防护墙内,协力将穆斯林骑兵逼入困境。在第三次十字军东征(1189~1192)中,"狮心王"理查让他的前锋矛兵在盾牌的保护下,肩并肩跪在地上举起长矛,战矛末端斜倚在地面上,迎接撒拉逊骑兵的冲击。在他们身后是成对的弩手,交替填装发射。

在巴勒斯坦海岸缓慢行军时,理查娴熟地"放牧"着他的"羊群"。骑士走在海边,受到走在陆地一侧的步兵和弓箭手的保护。在阿苏夫会战中,基督骑士鲜有机会突破敌方阵形。讽刺的是,理查一世的胜利在一定程度上要归功于他极力维持的纪律被打破。他被迫支持医院骑士团(Knights Hospitallers)的擅自进攻以及随后散乱的冲锋,最终竟摧毁了萨拉丁的军队。对穆斯林来说,他们的败亡也是由于未能执行他们的核心战术:机动性。一旦被俘,他们就会被狂暴的敌人杀死。当时的记录表明,血流成河的战场上散落着7000具尸体。

中国人最先发明了火药,最早的书面配方可以追溯到1044

年。之后它被伊斯兰世界采用,在那里它的名字颇有诗意,被称为"中国雪"。[36]在英语国家它有一个更直白的名字"gun"——单词"gun"首次出现在英语文本中是1339年,一个战场杀伤力的新时代随即开始了。[37]

第三章

可怖的惊雷：
黑火药时代的战场致命性

> 火器是最具破坏力的武器类型，现在更是如此。如果你需要有说服力的证明，就去医院看看吧，你会看到与火器相比，因冷兵器而受伤的伤员要少得多。我的观点一点儿也不轻率，它建立在知识的基础之上。
>
> ——卜希古元帅（Marechal de Puysegur），
> 《基于原则和规律的战争术》
> (Art de guerre par principes et par regles, 1749)

所谓理性的战争形式——即利用科学发明和计算公式，而非通过肉体和冷兵器粗暴的挥砍和碰撞来摧毁战士——有一只脚却是站在粪堆里的，这颇具讽刺意味，但屎尿毫无疑问是推动战争形式走入现代的基石。

火药最主要的原料之一——硝石（硝酸钾）——是有机物尤其是粪便和尿液在降解过程中产生的。14世纪时，欧洲的火药制造商试图摆脱进口依赖，建立自给自足的火药制造业，这一幕似曾相识，像极了我们当下对石油进口的严重依赖。[1]他们在欧洲建立起硝石"农场",到15世纪20年代时,火药的价格已降至50年前的一半。英格兰是其中一个重要的生产中心,英格兰人向来以好酒而闻名(他们在数个世纪以来都满腔热情地维持着这个名声),因此在产出高氨尿方面非常高效。伯特·S.霍尔(Bert S. Hall)用科学的语言解释道:"人体在代谢酒精时,尿液中氨的浓度会急剧增加,饮用葡萄酒和啤酒后排出的尿液便是如此……与普通人相比,酗酒者的尿液中含有更多的NH_4(铵离子)。"[2]温暖且干湿季分明的气候条件有利于硝石的自然形成,被尿液浸透的土壤变干后就会留下亚硝酸盐。在智利的硝石矿藏被发现之前,绝大部分的硝石来自印度,从"水槽或者浅池塘的底部"采集而来。在印度干热的旱季,地表水在太阳的炙烤下大量蒸发,留下腐烂污物,形成含氮量极高的泥浆。

1561年,一个在英格兰做硝石生意的德国人杰拉德·霍利克(Gerard Honrick)推荐使用"黑土"(由人类粪便和以燕麦为食的马的粪便组成)、尿液("指的是那些喝葡萄酒或烈性啤酒的人的尿液",原文中为whiche、wyne和bear),还有两种石灰来制备硝石。将这些混合物在干燥的环境中储存,然后像处理堆肥一样每年至少翻动一次。经过大约一年的降解之后,就会得到像雪一样的沉淀物,这就是硝石。[3]

罗伯特·诺顿(Robert Norton)在1628年写道,火药"由三个基本元素组成——硝石、硫和炭[①],其中硝石是威力的最主要来源"。[4]这些成分的大致比例是硝石占75%、硫占10%、炭占15%(通常是木炭粉),这种混合物燃烧时可产生1000~1500摄氏度的高

[①] 原文为cole,疑是将coal写错了。——译注

第三章　可怖的惊雷：黑火药时代的战场致命性

温。膨胀的气体（每克火药可达274～360立方厘米）如果被密闭在一段封闭管道中，就会产生爆炸，这就是炸弹；而如果管道一端开口，气体就会推动小球或者早期枪械中使用的飞镖飞出管道。[5]早期火药武器的制造商和使用者（早在1346年的克雷西战役中爱德华三世便投入了三门小型火炮）面临的问题是火药粉末粗细程度的权衡取舍：较粗的火药粉末比精细研磨的火药燃烧得慢，因此产生的威力小（这似乎是反直觉的，但事实上更细的火药粉末表面积与质量之比更高，燃烧速度也就更快）。但如果炮手使用的火药被研磨得太细，那么过快膨胀的气体就会在炮弹出膛缓解掉炮管内的压力之前炸掉武器本身。这对于装药量相对较少的手持类火器来说可能问题不大，但对于火炮来说却相当危险。苏格兰国王詹姆斯二世就是在1460年围攻罗克思堡（Roxburgh Castle）时被炸膛的火炮炸死的。一块炮管碎片击中了他的大腿，然后他便"匆匆离世"。

粉末火药除了容易受潮之外，火药中混合的各种粉末还容易各自分层离析。早期的火药制造商通过把它们制成颗粒（corning，古英语中corn意为种子，像peppercorn就是胡椒籽）来解决这个问题，将火药粉末浸湿（常用醋、葡萄酒和尿液）制成糊状，然后制成火药粒并进行干燥处理。火药粒相对于粉末火药表面积更小，不容易吸收空气中的湿气。它更便于储存，保存时间更长，燃烧时产生的推力也更大。在使用前，可以把火药粒碾碎成颗粒。但如果碾磨得太细，颗粒间就没有足够空间提供充足的氧气使其充分燃烧；太粗则会导致火药燃烧得过慢。

15世纪晚期，火药开始与军械技术结合。从大约15世纪30年代开始，炮管变得更长（以便让推进弹丸的气体在炮管中充分膨胀）；铸铁技术的进步意味着制式枪械的成本大大降低，黄铜则可以节约下来用以制造更高级的武器。炮管更具韧性也意味着可以承受更重的装药，于是铁制炮弹取代了石制炮弹。之后，颗粒火药也能够做得更细。1562年，彼得·怀特霍恩（Peter Whitehorne）描述了颗粒火药制备工艺中的工序："制作颗粒火药需要筛析，用一张布满圆形小孔的厚羊皮纸，放上润湿的火药粉，再准备一个小碗，当你上下晃动，湿火药块就会裂开，其中的颗粒就会从筛纸的孔中掉下来。"[6]按照这一原理将生产规模扩大到工业化水平，颗粒火药的时代便正式到来了。

有了相对廉价的火药供应，15世纪时火炮类型猛增——长炮、中型射石炮、蛇炮、库帕特炮、蜥怪炮、鹰炮、帕西沃兰炮、库尔托炮、射石炮，还出现了不同类型的手持火器，如火绳枪或者火绳钩枪等。一开始轻兵器杀伤力并不如弓和弩，但它们产生的噪声却很大——而噪声一直是战场上影响士气的重要因素，它到底会增强还是降低士气，则取决于制造噪声的是哪一方。枪炮是工业技术发展的成果之一，并将成为相对廉价的杀伤方式，士兵的训练成本也大大降低。到16世纪20年代时，手持火器的成本已比弩低40%。

历史总有曲折，不会如人所愿直线发展。总有迂回的弯道，让历史的长河在蜿蜒流动中，留下伶仃往事搁浅在原地。事物也总需要一段时间才能显露出来。骑士也并不是前一天还头顶光环驰骋，第二天便被新式武器射中坠马。面对火器的出现，骑士可以有两种选择：接受新技术，或是固守旧观念坚持使用冷兵器。

无论怎样，骑士都必须找到一种方法应付长矛和火绳枪混编方阵带来的新威胁。尽管此时的火绳枪笨重、可靠性极差（火绳枪在发射时必须确保一段阴燃的火绳接触并引燃药盘，首先这一过程便极

第三章 可怖的惊雷：黑火药时代的战场致命性

不可靠，同时药盘本身很容易受潮，再加上枪管过重，发射时必须借助支架来支撑），却代表着一座战术的桥梁，一头连接着使用人力武器的古代和中世纪，另一头则是通往以技术杀伤见长的现代。随着火药武器变得越来越轻便，种类越来越丰富，在16世纪的马里尼亚诺（Marignano）、比科卡（La Bicocca）、帕维亚（Pavia）等一系列战役中，它们几乎横扫了所有的长矛方阵。[7]

日本也出现了与欧洲相似的情况。15世纪末到16世纪初，中国人和葡萄牙人将火枪引入了日本。火枪在1548年的上田原之战（battle of Uedahara）中首次亮相，但第一次可归功于火绳枪的重大胜利则是在次年围攻加治木（Kajiki）的战役。在1575年的长篠之战（battle of Nagashino）中，织田信长派出3000名地位低下的足轻轮番齐射，摧毁了武田胜赖的骑兵。在子弹收割生命的同时，手持长枪的足轻也提枪冲向残余的骑马武士。武田在这场战役中留下了一万具尸体，阵亡率达到了惊人的67%。武田氏的97名武士中有54人阵亡。[8]

1524年的意大利塞西亚河（Sesia）畔，装备精良、自命不凡的法国骑士们也被火枪射落马下。其中便有巴亚尔的领主皮埃尔·特里尔（Pierre Terrail），传说中完美的无畏骑士。他出生于1473年，是属于另一个时代的遗老，被一个火绳枪兵杀死——没有丝毫畏惧，也没有半点歉疚。勇敢的巴亚尔骑士一生坚守贵族精神和传统，尽职而死，满足了世人的期望：数个世纪以来，其家族的每一任主人几乎都死于战场。马革裹尸是骑士阶层的义务，也是这个阶级最为耀眼的特质。

在1525年的帕维亚战役中，法国骑士在他们的国王弗朗西斯一世带领下，惨败于西班牙火枪兵之手。沉重的弹丸"常常连着射穿两名全副武装的重骑兵，连带两匹战马"。因此，战场上满是惨遭屠杀的高贵骑士和垂死挣扎的战马，令人扼腕。据当时一位亲历者的说法，他们躺在地上"就像一摊摊牛粪，又像被收割者砍倒的玉米，被弃之不顾，无人理睬"。[9]弗朗西斯一世侥幸活了下来，遭俘虏后又被赎回。

欧洲各个古老的骑士团也曾一度尝试适应火器技术，装备了火绳枪和更先进一点儿的转轮打火枪，但这些出身名门的战士却始终无法摆脱旧观念的束缚，认为火枪代表着胆怯，不适合高尚的战斗。16世纪胡格诺派骑士弗朗索瓦·德·拉·努伊（Francois de La Noue）在他的《论政治与军事》（*Discours politiques et militaires*）中轻蔑地写道，手枪"是某个黑心作坊的邪恶产物，它会让整个王国……变成废墟，让坟墓填满尸体。然而人类的恶意让这些武器成了必需品，而不显多余"。[10]

仿佛是为了抵消和抵制热兵器战争的丑恶，16~17世纪的骑士们发展出了一套精心设计的战术动作，这种叫作"半回旋"的战术其灵感恐怕更多来自贵族舞蹈那错综复杂的舞步，而非现实战场的紧迫需求，从其名字就可见一斑——这个名字本身便是一种宫廷舞蹈。在这一战术中，一排排骑兵策马冲向敌阵，往往未及有效射程便草草开枪，然后匆忙撤退让下一排骑兵重复这个有些滑稽的操作。

到了18世纪，骑兵们已清醒认识到骑兵部队装备火器的弊端："50步开外的距离上，手枪子弹的威力和全力掷出的石块几乎没什么区别。在近身混战中，一把射击过的手枪不可能用来格挡，你唯一能做的就是扔掉它，如果你还想把它插回枪套，你可能会因为这一多余的动作被割掉耳朵。"[11]在面对敌军骑兵时，由于骑

第三章　可怖的惊雷：黑火药时代的战场致命性

马的射击者都是在极不稳定的状态下开枪，弊端就更加严重了："骑兵通常是在奔驰的战马背上摇摇晃晃地开火，其目标也处在高速移动当中，所以想精确瞄准目标几乎是不可能的事。"滑铁卢战役中的英军炮兵军官卡瓦利埃·默瑟（Cavalie Mercer）在他的日记中这样写道：

> 两支呈双排队形的游骑兵在山谷中展开对峙——双方前排的游骑兵不断上前，互相远远射击，再退回装弹，前后移动范围不过数码。与我们这些身处山谷之中的人相比，这种隔空互射似乎对山上的人更危险。无论英军还是法军，似乎都是漫无目的地前后奔走，放枪装弹，没有瞄准任何特定目标，子弹大部分都被射到天上去了。我没看到两方有任何一个人在交火中倒下。[12]

16世纪和17世纪的经验证明手枪和卡宾枪（一种轻量、短小的滑膛枪）在战场的表现并不尽如人意，于是欧洲骑兵们又重新回归到传统的战术角色以应对步兵的挑战：利用战马作为冲击性武器并装备剑或军刀，以打乱步兵阵形。无论是黑火药时代早期装备战矛和火绳枪的步兵，还是后期装备刺刀和滑膛枪的步兵，严明的纪律和紧凑的阵形都能使他们足以抵挡大部分的骑兵攻击，骑兵在冲击步兵时还是要尽量避免正面冲锋。

对步兵来说，凝聚力就是一切。不管是侧翼出现弱点，还是被敌人的火炮打乱阵形，或者——这是尤其致命的——步兵们开始溃逃，只要阵形一乱，骑兵就能冲入阵中，而步兵则会以可怕的速度被大量屠杀。七年战争期间，在1758年的第一次卢特贝格战役（the first battle of Lutterberg）中，法国骑兵向士气低迷、溃不成军的英德步兵发起攻击，"带走了他们眼前的一切，在可怕的大屠杀中杀死了几乎所有敌人"。[13]夸特布拉斯一役（Quatre Bras，一场发生在滑铁卢战役10天前的战斗），英军第69步兵团在被追上前没能形成防御阵形，因而被法军重创。[14]在骑兵冲过来时躺倒在地或许可以让步兵逃过一劫，但亲历此战的约翰·金凯德（John Kincaid）上尉却看到令他憎恶的一幕——"那些法国胸甲骑兵在撤退时弯腰提刀砍向我们倒在地上的伤兵"。[15]

没有什么画面比骑马踩踏四散奔逃的步兵更能激起骑兵们原始的兽性。在1745年的霍亨弗里德堡（Hohenfriedeberg）战役中，普鲁士骠骑兵表现出了对"收割"萨克森步兵的一万分渴望。其中一名普鲁士军官记录道："我听到背后骠骑兵发出的骚动和喧哗。这违反了我们严明的纪律，我询问一个军士到底发生了什么。'小伙子们太高兴了，'他说，'他们接到命令，对待萨克森士兵绝不能手软。'……我们在这场战斗中表现出的热情或怒火，是我在其他任何战斗中都不曾见过的。"[16]在134年后的乌伦迪之役（battle of Ulundi）中，溃逃的祖鲁战士则承受了英国骑兵的暴虐狂欢：

> 第94步兵团和第2/第21步兵团向两侧退去，穿着蓝色制服的枪骑兵……排成四列纵队出阵……然后队列拉直："列阵——快步前进——冲锋！"
>
> 当他们枪尖向前放低长枪，阵中爆发出一阵山呼海啸……
>
> 这是一次马术学校的练习。枪骑兵们骑马下坡，穿过撤退的祖鲁军队，各自在人群中挑选目标，自身阵形丝

第三章　可怖的惊雷：黑火药时代的战场致命性

毫未乱。战马的冲击力帮助士兵将长枪狠狠刺入敌人的身体，在经过敌人身边时，手腕顺势向外一甩，就能轻松将长枪从敌人身上拔出来，然后枪尖自后而上、自上而前地在空中划出一道弧线，再次指向下一个敌人，速度之快几乎令人目不暇接。偶尔也会有一两支长枪卡在敌人的盾牌上抽不出来，这时枪骑兵就会减速，想办法把它们从战马上解下扔掉。

……战士们将长枪枪头塞进右马镫旁边的皮套，胳膊伸过枪杆上的吊带，将其挎在肘部，然后抽出军刀继续屠杀。[17]

骑兵和骑兵间的对抗往往不是大众想象中那种场面宏大的正面碰撞，而是十分混乱的。冲锋中的战马不像它们的主人，它们不会有自杀倾向，而是会避免与对手猛然相撞。吉伯特伯爵（Comte de Guibert）这样描述了骑兵对冲的常见模式："然而，当两个中队由战争经验同样丰富、同样训练有素的士兵和坐骑组成时，冲锋会这样发展——士兵们冲向对方，战马自发地寻找队伍中的空当……双方完全混杂在一起，然后交错而过。"[18] 默瑟在滑铁卢战役中也观察到类似情况：

前方山脊上，大量法国骑兵源源不断地涌现，其中一队骑兵从山坡上冲了下来……突然一队轻装龙骑兵（我相信是德国军团）从峡谷中快速冲出，出现在法军侧翼。法国人来不及向左侧迂回，只好加速冲向对方。他们离我们很近，当时的冲锋场面我们看得一清二楚。没有停顿，没有犹豫，双方以最鲁莽的方式撞上，我们都认为这会是一场可怕的对撞——然而没有！双方仿佛早已达成一致，都在对方接近时展开队列，让其快速通过，就像双手手指穿插那样，破开对方阵形，深入阵中。我们只看到了少数人跌倒。之后两支部队重整队形，眨眼间便消失不见，我根本不知发生了什么。[19]

英国骑兵上尉 L. E. 诺兰（L. E. Nolan）指出，在大多数情况下，骑兵冲锋时的豪勇气概最终都会让位于自我保护的本能：

骑兵在高速冲锋中很少出现对撞；在与敌人碰撞前总有一方会提前转向，这种情况通常发生在队形未遭破坏，同时没有其他障碍造成干扰的时候。

事实上，当骑兵们面对面高速接近时，可能的后果也会在他们脑中越来越清晰——如果以这样的速度正面碰撞，双方都会倒下，而且可能折断四肢。

为了打击对手，龙骑兵必须逼近对方，让对方进入射程，但这样做的同时，他们也可能会遭到对手的回击。

人们对近身格斗有本能的抵触……骑兵除非对自己的马术、坐骑、武器有极端的信心，否则他们是不会轻易深入敌军阵营的。[20]

在混乱中让战马将骑兵带出危险区域并不难——那些认为骑兵混战是英勇的骑砍比赛的人，可能会对此感到惊讶。英军第14轻龙骑兵团的军官弗朗西斯·霍尔（Francis Hall），记录了1811年西

第三章 可怖的惊雷：黑火药时代的战场致命性

班牙奥诺洛泉（Fuentes de Onoro）战役中的一场行动：

> 第一次冲锋的时候，我恰好因为传递军令从双方的混战中穿过。那简直就是名符其实的混乱屠杀。骑兵或被杀或被击落马下，无主的战马或是在战场上疯跑，或躺倒在血泊中喘气。整个战场中的战斗被分割成了无数小股的战斗。两名重装龙骑兵正在用阔剑砍杀一个猎骑兵，他的高筒军帽为他抵御了数次攻击，但他最终还是倒下了。另一个猎骑兵被吊在马镫上拖行，他的战马正被一个想抢夺他小提箱的德国骠骑兵追赶着。一些人正把两三个受伤的战俘驱赶到后方。一个可怜人被两名龙骑兵拖着走，他的步伐无法跟上战马，而敌军又在组织第二次冲锋，于是没走多远他便被砍倒在地。
>
> ……我们的士兵显然有着个体优势。他们巧妙地挥舞着阔剑，砍向法国人的脑袋……其实他们造成的恐慌远大于实际伤害，因为他们左肩摆动的斗篷让他们很难彻底挥动宽刃军刀给予敌人致命一击。不过，他们笔直锐利的长剑虽然在视觉上没有军刀那么可怕，却能造成更严重的伤口。[21]

关于什么是最有效的骑兵武器有两种观点。其中一派倾向于直刃长剑，剑尖朝前，手臂完全伸展，与中世纪长矛别无二致。武器的致命威力来自剑尖，正如一位法国骑兵专家格兰梅森（Grandmaison）在18世纪中叶时所强调的那样："单单一次剑尖直刺入身体就能杀死一个人，而刀刃就算连砍20次也常常无法达到

这种效果。"然而,也有另一派推崇沉重的弧形军刀。与格兰梅森同时期的一位匈牙利骑兵军官就反驳了刺击优势论:

> 我知道直剑的攻击更致命,但其杀伤效果在战斗中很难实现。如果你需要证据,我就解释一下这两种武器的杀伤机制。当一个骑兵在全速冲刺中使用剑发动攻击时,他只能刺击敌人,随后就必须停下来中断冲锋,才好拔出长剑。而在相同的时间内,一个手执弧形军刀的龙骑兵可能已经杀伤了三四个敌人,而不必勒马停下或者中断战斗。敌人可能不会受到致命伤,但会丧失战斗力,而这正是我们在战场上的目的。[22]

此外,马刀公认可以造成怪异的伤口。1780年5月,美国独立战争期间,南卡罗来纳州的沃克斯华(Waxhaws)战斗中,恶名昭彰的英军骑兵指挥官、趾高气扬的伯纳斯特·塔尔顿(Banastre Tarleton),出人意料地击溃了一支美国军队。罗伯特·布朗菲尔德(Robert Brownsfield)博士记录了这场战斗的结局:

> 陆军少尉皮尔森率领的后卫部队受到了猛烈攻击。无一人幸免。可怜的皮尔森仰躺在地,脸上满是毫无人性的砍伤。他的鼻子和上嘴唇被斜着砍成两半;上颚的牙齿被打落了好几个,下颚几乎与头部分离……
>
> 约翰·斯托克上尉……被一个龙骑兵数次击中头部,这些致命攻击都被他用短剑巧妙格挡开;这时另一个龙骑兵出现在他右侧,一刀砍断了他的右手掌骨。接下来他受

到了夹攻，他本能地想用左臂护住头部，直到食指被削断才放弃，而他的左臂从手腕到肩膀已被砍伤了8～10处。然后他的头部从头顶到眉毛几乎整个被劈开。即使在倒下之后，他的面部和肩膀依然遭到了数次砍击。[23]

尽管约翰·斯托克受到了这么严重的刀伤，还被一个不怎么有同情心的英国医生处理伤口，往他的头部伤口里塞"粗糙的麻纤，碎屑花了好几天才从头部伤口中分离出来"，但他还是奇迹般地活了下来。

如果说在面对骑兵时凝聚力崩溃对步兵来说意味着厄运，那么严密的阵形和顽强的抵抗则能扭转战局。默瑟描述了在滑铁卢战役中，法国骑兵面对英军步兵的坚固方阵是如何败下阵来的。他们蜂拥而至，填满了方阵间的空隙，像"巨大的海浪猛拍在搁浅的船只上，然后涌上沙滩，发出嘶声，泛起泡沫"。马是一种很敏感的生物，很容易被果决的刺刀刺击惊吓到。炮火会击倒许多前排的战马和骑兵，并留下痛得满地打滚、不停号叫的牲畜和士兵，使其变成后方部队的路障。此外，许多前排骑兵在冲锋时只是小跑甚至是步行速度。在滑铁卢战役中，英军第95步兵团的一名军官描述了被法国胸甲骑兵攻击的情形，他所在的军团受命结成方阵防御敌方骑兵的冲锋。首先，步兵们直到法国人逼近到30码左右的距离时才开始射击。"我跟随连队打出一轮齐射，加上第71团的火力，我们击倒了许多战马，让敌人无法继续冲锋。我确信那一刻有一半的敌人都倒在了地上；一些骑兵和战马死了，还有一些受了伤，但大多数人只是坠马倒地，与他们死亡和受伤的同伴一起掉在地上；这些人过了一会儿就重新站起来往回跑，只有少部分骑着马，大多数人则没再上马。"[24]

近代（约1850年之前，也可能被称为"高技术"时代）的士兵需要近距离直接面对战场中的死亡和杀戮，这是现代士兵鲜有经历的。很大程度上，这是由其所用武器的局限性导致的。滑铁卢战役中被第95步兵团击倒的法国骑兵和敌军的距离只有不到30码。因为骑兵主要用剑作战，所以他们必须抵近敌人；步兵也必须让这些骑兵靠近，因为他们用来防卫的滑膛步枪在50码之外就会失准。参战的主人公们被拉到极近的距离之内，死亡随时可能在咫尺间降临。

大规模工业生产时代到来（就枪支而言，大约在1825年）之前，战争是一项手工事业。当然有模板来规定枪械设计，但将标准化理念精确地转化成统一产品的手段却很匮乏。所以，虽然大多数士兵都默默无闻地死去，被战争的巨口咀嚼、吐出，但每一场战斗的死亡都是手工制作的。每把枪，每门加农炮，每把剑和刺刀都是独一无二的。在17世纪和18世纪，特殊和统一之间的紧张关系变得越来越尖锐。这个时代见证了一场急剧的变化，封建制度下良莠不齐的贵族军队，逐渐走向民族国家的整齐划一。

火药武器的设计也面临着同样的根本性变革：必须找到一种方法点燃火药来推出投射物，而火药带来的难题不断。14世纪、15世纪的早期枪械需要一根点燃的火绳来与药盘中的火药直接接触，继而点燃枪管中的主装火药。有时候火药只会闪光而不会引燃主装药——因此英语中的短语"a flash in the pan"（昙花一现）也用来形容一些华而不实的东西。在到处都是火药的环境中随身携带一根点燃的火绳不仅危险，也十分不便。比如如何应对雨天

第三章　可怖的惊雷：黑火药时代的战场致命性

环境便是一个显而易见的难题，而且点燃的火绳在夜间十分扎眼，让敌人对你的行动一目了然。17世纪的转轮点火装置采用了更复杂的方案（结果证明是过度设计）来解决点火问题。借助类似扳手的工具给转轮上紧发条，然后将装有黄铁矿石的击锤抵住转轮。

当扳机被扣下，底火盘的盘盖滑开露出火药，黄铁矿压在锯齿转轮上摩擦产生火花，以此点燃引火药。这种枪造价高昂，转轮锁定时间久了也容易卡住或断裂。一个17世纪的士兵认为，它"对于一个新手来说太古怪，太难驾驭"。[25]

相比之下，在长达150年的时间里（约1700~1850年）作为步兵制式枪械的燧发枪则是简洁的模范。顾名思义，燧发枪的点火装置是基于相对简单的锁定机制。该机制源于德国—荷兰的一种捕猎活动（用以形容击锤的动作）。击锤被弹簧拉回，弹簧又与击锤阻铁啮合。当士兵扣下扳机时，阻铁松开，击锤就会"啄"下去，同时药盘盖借助力自动打开，露出引火药。击锤上的燧石撞击在一块钢片，即火镰上，产生火星点燃药盘，然后通过传火孔点燃枪管底部的主发射药。燧发枪机的优势之一，就是给引火药盘增加了一个滑盖，在装填火药后需要手动关闭，但开火时会自动打开，这样就能避免引火药撒出或受潮。燧发枪的另一优势是引入了"半击发"（half-cock）保险结构，一定程度上降低了携带已装弹且处于全击发状态枪械时意外走火的危险。[26]但也并非就此完全无虞，意外走火造成伤亡依然不时出现。扣住击锤的阻铁可能因磨损而不再可靠。英国军人理查德·霍姆斯（Richard Holmes）曾提到："滑铁卢战役中，刚加入兵团急于参战的第73团中尉斯特拉坎（Strachan）走在一排手持步枪的士兵前面，士兵平端枪，枪口朝前。一支处于半击发状态的枪被一根玉米秆绊到了扳机，于是枪走火了，从背后射中斯特拉坎，让他当场死亡。"[27]

燧发枪相比转轮打火枪有了巨大改进，但在某些方面并没有超越弓箭的杀伤力（实际上，在美国独立战争中，本杰明·富兰克林强烈主张重新引入长弓）。然而与长弓不同的是，燧发枪几乎可以被任何士兵熟练使用。在我们看来，它的使用训练（他们称之为"演进"）极为复杂（尽管燧发枪已将火绳枪的44个步骤缩减至一半）。不过士兵在预备射击之前还是要完成许多准备工作：士兵需要将引火药倒进药盘，然后把颗粒更粗的火药和弹丸倒入枪管，再往里面塞入一团纸或布，好固定住填装物；最后再用通条将它们压实。进入18世纪后，弹丸和火药被混合装入纸质弹药筒，士兵可以直接撕开（通常是用嘴咬开一端）药筒，然后将火药和弹丸倒入枪管，最后再把空掉的弹药纸包塞入枪管固定填装物。

战场会自然淘汰掉所有华而不实，代之以简洁实用。战场上的士兵很少按照官方步骤一板一眼地装填弹药，而是在倒入火药和弹丸之后，把枪在地上猛地一捣，让火药在枪膛里沉降到弹丸下面。

所有这些动作都要求高度灵活，所以在激烈的战斗中，士兵们的笨拙和恐慌也就不奇怪了。反复装填弹药却无法开火（通常是因为慌乱间搞反了火药和弹丸的装填次序）；火药残渣堵塞枪管；通条弯了或折断。为了缩短装填时间，士兵们往往会随手将通条插在地上，而这会把泥土带进枪管，导致堵塞。还有些士兵忘记将通条从枪管中取出，一不留神把通条也发射了出去，给前排造成致命伤害。

为了方便快速填装，弹丸会做得明显小于枪管内径。弹丸和膛壁之间的空间被称为"游隙"（18世纪晚期的燧发枪游隙约为0.05

英寸）。游隙或许会让装弹变得更容易，但也需要付出代价——推动弹丸前进的气体（来自火药燃烧）有相当一部分会被白白浪费掉。还会导致弹丸从枪管中飞出时弹道不稳，从而影响精度。和线膛枪子弹一样，滑膛枪子弹也是旋转着离开枪管，但不论是其转轴还是转速都不受控制，当它在空中飞行时，空气阻力会进一步偏转其轨迹，就像打高尔夫球击出右曲球时那样。[28] 如果游隙被缩小，则会留下大量火药燃烧后的残留物，还会增加原本就已相当重的后坐力，可能导致士兵在射击一段时间后肩膀严重挫伤。强大的后坐力甚至能杀人。美国独立战争期间，大陆军中的一名中尉I.班斯（I. Bangs）曾记载，一位士兵在准备射击时却不小心走火，子弹过早发射，在后坐力作用下枪托猛地撞到他的胸膛上，"导致（该士兵）当场死亡"。[29]

对后坐力和引火药爆燃闪光的下意识防备都会让人不自觉地紧张退缩，这也会影响精度。[30] 而且用火枪瞄准时很容易上抬，所以很多射击都偏高。经验丰富的军官和军士会让他的士兵瞄准低处，比如敌人的膝盖附近，这样在开枪时，枪口上抬，反而可能打中躯干或头部。查尔斯·斯科特（Charles Scott）上校在第二次特伦顿战役（the second battle of Trenton）中这样指挥他的弗吉尼亚步枪兵："现在我想告诉你们一件事：你们都习惯性地射击偏高，你们在浪费火药和铅弹，我为此已经诅咒你们上百遍了。现在我得告诉你们，没有任何东西可以浪费，每次开枪都必须弹无虚发。所以，小子们，等敌人脚站到桥上了再开枪。谨慎点，向下瞄准。枪放低，朝他们的腿开枪。"[31]

燧发枪在50码之外的精度可谓臭名昭著。一位18世纪的官员写道："一支做工合乎标准的制式燧发枪（大多数达不到），可以击中80码外的目标……而如果一名士兵在150码开外被一把普通步枪击中，那么说明他运气实在差到家。至于200码之外，还不如直接对着月亮开枪。"[32] 在实验室环境下（即不由人开枪，而是用夹具固定，电控击发）进行的现代测试中，真实的18世纪步枪在75码距离上的命中率是60%；100码距离上的命中率就几乎只有五五开了。有些枪的弹道甚至偏到离谱，以至于出于安全考虑不得不中止实验。[33] 哑火也是个很大的问题。火药的吸湿性明显是主要原因，燧石磨损也是原因之一，每块燧石只够60次击发使用。[34] 多达四分之一的开火都是失败的。[35] 这些仅仅是武器自身技术缺陷的一部分，当然处于战场情况下的情绪压力会让这些问题更加复杂。

燧发枪精度不足的问题可以在一定程度上通过缩短开火距离来弥补。人们需要尽量抵近目标开火以使武器的杀伤力最大化。如果武器在80～100码的距离上开火，命中率就会大大降低，而每杀伤一名敌人所消耗的子弹数就会随之大大增加。例如，查图西茨（Chotusice）会战（1742年）中的普鲁士人耗费了约65万发弹药才杀死了2500个敌人，并伤及约同样数量的敌军。并且其中一些死亡（可能多达一半）是由火炮造成的，还有一些（可能仅是很少的数量，原因将在之后讨论）是由刺刀带来的。因此，假设有1200人是被火枪射杀，那杀死一名奥地利士兵就大约需要540发的子弹，约33磅重。[36] 据半岛战争期间维多利亚战役（1813年）的亲历者估计，英军每人发射了60发子弹（基本是一名单兵携带的弹药总量），总计350万发，也就是每杀掉一个法国士兵需耗费450发子弹。[37] 在现代，我们的杀伤效率早已远超近代。法国将军莫里斯·萨克斯（Maurice de Saxe）在其《战争艺术的遐想》（*Reveries on the Art of War*）中提出了他的判断："火药并不像人们认为的

第三章　可怕的惊雷：黑火药时代的战场致命性

那么可怕。前线战斗中很少有人死于迎面射来的子弹。我曾见过一次齐射过后，阵亡还不到四人。"[38]一些拿破仑时期的历史学家认为火枪命中率低至0.3%，[39]而另一些则认为命中率有5%～30%那么高。[40]

不过，简单以总参战人数来计算伤亡比，或者用弹药消耗总量来计算杀伤比，得出的数字往往难以反映战场的真实情况。战斗不会按照统计学的意愿平均分布，更多是在局部热点区域集中爆发。在这些热点区域，伤亡人数会显著增加。在1745年的丰特努瓦（Fontenoy）战役中，英军总阵亡人数为322人，其中威尔士燧发枪团（1920年更名为皇家威尔士燧发枪团）便占了200人（占比高达62%）。在1776年的布鲁克林战役中，马里兰州民兵有256人死亡、100人受伤，而美军的总伤亡也不过400人。[41]在1812年的萨拉曼卡（Salamanca）战役中，英军将领詹姆斯·莱斯的部队（约3000人）有367人在前线战斗中受伤，51人死亡（伤亡率14%，阵亡率1.7%），但这都是局部数据。像英国的1/4步兵营（"1/4"代表第4团第1营）伤亡率仅有3.9%，而其他营，比如3/1步兵营的伤亡率则高达21%。[42]"这并不奇怪，"B. P. 修斯（B. P. Hughes）少将写道："18世纪的近距离战斗中，一个作战单位的伤亡率可能达到30%。"[43]而其中大部分伤亡通常都出现在队伍前两排，距敌50码之内的地方，而且很可能就发生在首轮齐射的那几秒之内，士兵们射出的子弹是在此前的平静中从容装填的，因而伤亡也格外惨重，一名参战者称：齐射的那一刻是"烟雾弥漫、电闪雷鸣、痛苦不堪的风暴之眼"。[44]雨可能是致命的灾难。在阿尔布埃拉战役（battle of Albuera）中，科尔伯恩的部队的燧发枪因倾盆大雨无法开火，被法国骑兵趁机突入军中。导致英军319人死亡，460人受伤，伤亡率高达76%。[45]

为了弥补单支火枪命中率不佳的问题，士兵们需要密集列阵，排成射击阵形，使其理论上能在集中开火时形成密集火力。问题是这样的队形也给敌人提供了理想的攻击目标——不仅给敌方步兵提供了"便利"，也让对方的炮兵部队垂涎三尺。对于步兵而言，这将是一个一直持续到现代的魔鬼契约。人们容易在回顾过去时自命不凡，在我们看来，18世纪的对战双方在30码的距离上互相倾泻火力（就像1745年丰特努瓦战役中那样，双方在交战的最初便损失了约20%的战斗人员）既愚蠢又疯狂；但同时这种残忍牺牲——即战斗人员冒着巨大的风险，尝试用大规模轻型火器在近距离压倒敌人，是这一时期的战场所无法绕开的，并将在之后成为近代晚期步兵战争的一个标志，美国内战就是最好的例子。

时机是黑火药时代战场的关键因素。第一次齐射很关键，但对开火射击的一方来说如果齐射没有达到预期效果就会很危险。因为在他们重新装弹的时间里，敌人可能会送上一次毁灭性的反击。腓特烈大帝（Frederick the Great）宣称："强大的火力能让你赢得战争……在战场上永远都是装填速度快的一方获胜。"[46]在练兵场上，一支火枪一分钟内可以装填开火五次，但在"电闪雷鸣的风暴之眼"中，远远达不到这个速度。士兵有时会被身后的人杀死。1757年的科林战役（battle of Kolin）中，一位奥地利军官观察到："我第一次也是唯一一次见到，我们的部队井然有序地在紧凑的阵形中瞄准开火，然而很多勇敢的小伙子却因为来自背后的攻击受伤死亡，他们甚至没来得及转身到队伍后排重新装填……后来医生们被叫去检查战场，发现那些致命伤都来自后排战士，他们在激烈的交战中因粗心错误操作了他们的步枪。"[47]

第三章　可怖的惊雷：黑火药时代的战场致命性

一枚火枪弹丸重约1盎司①，在100码的距离命中可以造成骇人的伤口。现代的圆锥形子弹会轻松地射入，但会在进入人体时翻转，造成可怕的伤害，并形成一个较大的射出创口。沉重的圆形弹丸虽然不会翻转，但其初始冲击力会造成创伤弹道学中的"破碎伤"（crushing）。软组织如肌肉和皮肤都很擅长吸收射弹的动能。高速子弹未必会比低速、沉重的弹丸更有杀伤力，因为动能是关于速度和质量的函数。实际上，黑火药时期的枪口初速——每秒1200～1500英尺——完全可以和一些现代火器相提并论。例如，一把柯尔特.357口径手枪（Colt .357 Magnum）的枪口初速是每秒1200英尺，哪怕是现代的突击步枪，"（尽管）得益于三个多世纪技术进步，枪口初速也只是早期火枪的两倍"。[48]

步兵最容易受到来自左侧的攻击，因为这是最容易向敌人暴露的一侧（一个右利手的枪手会稍稍朝右转，暴露他的左侧）。[49]全速射出的子弹命中头部或腹部绝对会致命。士兵们尤其害怕腹部受伤（部分原因是一旦腹部中弹，即使没有当场死亡，在之后也几乎会不可避免地死于腹膜炎）。"火枪手哈里斯"在半岛战争中目睹了一位战友中枪后的惨状：

> 我附近有个男人发出一声痛苦的尖叫，他在我右边的29号床，此时正面向我这边尖叫着。他是我们的一个中士，名叫弗雷泽。他蜷缩成一团坐在那儿，前后摇晃着，好像他的肠子疼得厉害。
>
> 他一直不停地哀号，于是我起身走向他，因为他是我

---

① 1盎司约合28.35克。——编注

相当亲近的朋友。

"哦，哈里斯，"当我抱着他时，他说道，"我要死了！我会死！实在是太痛了，我受不了了。"

他的样子确实很吓人，口吐白沫，满脸是汗。好在上帝垂怜！他很快就解脱了，我放下他，回到了自己的床上。可怜的家伙！他临死前遭受的痛苦比我见过的任何濒死之人都要剧烈得多。[50]

被步枪弹丸击中的人并不一定会立刻倒地。拿破仑时期的一名士兵这样描述了可怕的"死亡之舞"："我曾看到一名受了致命伤的士兵——不知道伤在头部还是心脏，中弹后不仅没有立时倒地不起，反而双手举着他的燧发枪，在倒下之前来回地转圈，就像鸟儿中弹后盘旋坠落那样……人在严重受伤时，会在倒下之前寻找石头或灌木类的遮蔽物来依靠和御敌，鸟类或野兔在类似的情况下也是如此。"[51]

在相对近的距离内长时间交火可能会造成很大伤亡却收效甚微。一位见证了克洛斯特坎普激战（the Closter Kamp, 1760）的法国人回忆道："战场上满是尸体，但我们没有在己方阵地看到一件敌军制服，也没有在敌军阵地看到一件法军制服。"[52]这自然是指挥官们不希望看到的。他们所追求的战斗模式是齐射之后紧跟着刺刀冲锋。滑铁卢战役中第30步兵团的麦克雷迪少校（Major MacReady）的看法便充分反映了这一点：在冲锋无可避免的情况下，除第一轮齐射之外的任何射击都是多余的，只会带来无谓的伤亡交换，还会影响冲锋——在炮火连天的战场上，士兵本就很难听到军官的命令。（再忙于装弹，就更是雪上加霜。）"[53]

第三章 可怖的惊雷：黑火药时代的战场致命性

有时战斗甚至会一枪不发，完全依靠刺刀。在1814年的蒙米拉伊（Montmirail）战役中，内伊元帅（Marshal Ney）命令禁卫军清空步枪的引火药。在1777年的佩奥利（Paoli）战役中，英军在白刃突袭安东尼·韦恩（Anthony Wayne）酣睡中的部队之前，"所有士兵都不允许装弹，已事先装填无法取出子弹的也要卸掉燧石"。违抗命令可能面临致命的后果。1779年，当韦恩在斯托尼角（Stony Point）准备一雪佩奥利之战的前耻时，他下令用刺刀攻击，枪支不能装弹，但有一个不幸的士兵"坚持装弹——四周顿时陷入了寂静——他所在排的指挥官让他听令；士兵反驳说他不能理解为什么要空着枪膛去打仗；军官命令他继续向前，不许停下来装弹，否则后果自负；他仍然坚持己见，军官立刻处决了他"。[54]从被刺刀杀死的人数比例上来看，美军并没有从英国人手上占到便宜。佩奥利的1500名美国士兵中有200人（13.3%）死在英军的刺刀下；而在斯托尼角的600名英军中，只有63人（10.5%）死在美军的刺刀下。[55]

刺刀成了黑火药时代的一种思维定式，而且实际上还远不止于此。一直到20世纪它都在持续发挥着威力。但有确凿证据表明，它的威力更多在于观念而非实际使用，因为没有任何一种其他武器能让人如此恐惧。

枪口插入式刺刀在17世纪中叶被引入，但到了17世纪末就被套管式刺刀（与枪口插入式不同的是，这种刺刀固定在枪口外缘，所以不妨碍射击）取代了。套管式刺刀的引进从表面上看只是一次很小的创新，但实际上它让一整个阶层的战士——长矛兵——被遗忘了。步枪手不再需要长矛保护，因为刺刀给了他们自卫的手段。

这一时期的战争中，许多目击者称，刺刀很少被用到。拿破仑的首席外科医生多米尼克-让·拉雷（Dominique-Jean Larrey）在其职业生涯中也仅遇到过五例刺刀伤。尽管指挥官们一再鼓励士兵保留火力，用刺刀冲锋，但实际上刺刀战似乎很少见。据英军指挥官约翰·斯图尔特爵士的说法，在梅达（Maida，1806年）战役中，他的部队在一次交战的齐射之后，"在可怕的沉默中（朝着法国部队）移动……直到双方的刺刀撞在一起"。然而，另一名英方战斗人员的说法却截然不同："我听说……有人宣称在冲锋过程中，两军展开了刺刀战。战线某些地方可能有人确实这么做了——但就我所看到的情况而言，他们并没这么干，我也从未听到任何行动中的人说他们真的拼了刺刀。"[56]

戴夫·格罗斯曼（Dave Grossman）中校认为："刺刀战非常罕见……近两个世纪以来的伤口统计数据所揭示的，是对人性最为基本、深刻且普遍的理解。首先，士兵离敌人越近就越难杀死对方，双方逼近至刺刀战的距离时会更加困难。"[57]

一名接受西德尼·乔治·费雪（Sidney George Fisher）采访的美国南北战争的老兵也全然同意这一观点："在我看来战斗中最可怕的事就是刺刀冲锋，一场混乱的战斗中，数百名狂躁的士兵手持这样的武器刺向对方，在一片混乱中近身搏斗，这种事想想就骇人。"他说正因为太可怕了，所以面对面的刺刀战斗很少出现，总有一方会在正面接触之前退却或避让。"[58]

刺刀杀敌可能很罕见，但它总能唤起某种嗜血的好战欲望。纵观历史，溃逃的败军似乎总是会激起敌军对使用刺刀的病态渴望。在1776年的布鲁克林会战中，苏格兰兵和黑森兵在一次致命的夹击中包围了一支美国民兵部队。一个英国军官陶醉在用刺刀杀敌的酣畅快意之中："黑森人和我们勇敢的高地人毫不留情，他们包围了叛军,然后用刺刀迅速解决了已毫无反抗之力的敌人,那真是美妙的景象……一项光荣的成就。"[59]一名美国军官则在战役结束后记录道:"上尉朱厄特被俘后受了两处刺刀伤,衣袖和部分衣物撕裂,两处刀伤分别在胸口和腹部,其中腹部伤口尤为致命,给他带来了巨大的痛苦,直到星期四才死去;中士格拉夫被俘后也被刺刀伤了大腿。"[60]

每个军事领域都有其引人遐想的专业词汇。举例来说,炮兵有一个术语叫弹地(grazing)。从技术上来说,指的是炮弹在飞行途中擦地后弹跳前进。同时这个词也有动物进食的意思,用以形容滑膛火炮和受其杀伤的骑兵、步兵们简直再形象不过。在战术上,单支步枪的缺陷让步兵必须依赖密集的阵形,以形成足够的火力,同时格外强调缩短战斗距离。因此,这种步兵战术为火炮提供了非常理想的大型目标,此时的火炮虽然精准度不高,但也能给挤在一起的士兵带来浩劫。它就像一只不挑食的野兽,贪婪地吞噬着朝炮口走来的人群,炮口可以说就是这只野兽的嘴巴。

黑火药时期火炮使用的弹药主要有三种。第一种也是最重要的一种(占弹药总量的70%)是实心铁球。第二种是霰弹,有时也被称为罐子case或葡萄弹grape(虽然严格来说,葡萄弹是一种海军弹药),堪称那个时代的机关枪。霰弹的一般构造就是在白铁罐子里装满小铁球(通常每罐约60个),罐子在离开炮口时就会炸裂,将小铁球四下喷射出来,可在近距离内(200码之内的任何地方)造成可怕的屠杀。在1745年的丰特努瓦,法国炮手放英国步兵靠近后开火,用霰弹撕开了他们的队伍:"每一次射击都会造成可怕的屠杀,前两次开炮便让敌军陷入了巨大混乱,使他们迅速撤回后方。"[61] 1757年的科林战役中，普鲁士上校埃克哈特（Eckhart）亲眼看到了卡尔克施泰因兵团的毁灭："尤其是在敌人的霰弹击中了第二营后，排级的中尉指挥官们几乎无一幸存。"[62] 炮手默瑟上尉则在滑铁卢战役中遭到了法国骑兵的攻击："透过烟雾，我看到前进纵队的骑兵中队正小跑过来，已经只剩不到100码的距离……我立刻下令前线准备——霰弹发射！……造成了可怕的屠杀……战场上瞬间人仰马翻。"他们彼此叠在一起，"像一堆散乱的纸牌，有些甚至连人带马一起倒下"。一个目睹了同样行动的法国人说道："眼看这些炮手就要被骑兵撕成碎片了……但是没有，这些魔鬼不断发射霰弹，将骑兵们像草一样成片割倒。"[63]

第三种炮弹是开花弹，通常用短炮管的榴弹炮和臼炮发射。炮手需要巧妙地计算弹道和修剪引信（由火炮发射药引燃），以使开花弹在空中炸开，将弹丸和弹壳碎片高速抛向敌人，或者让球形实心弹在敌人阵中弹跳。虽然这一时期的炮兵部队整体的命中率不是很高，但有些炮手却技艺高超，如詹姆斯·撒切尔医生（Dr. James Thacher）在约克镇战役（1781年）所见到的某些美国和法国的炮手那样："一个经验丰富的炮手能够进行惊人精确的计算，尽管距离很远，他也能让炮弹落在指定地点的几英尺范围内，并在精确的时间点爆炸。炮弹落地后，会旋转着钻入地面，掀开一大片泥土，然后爆炸，给周围造成可怕的破坏。我不止一次看见英国士兵的残肢断臂被我们的炮弹炸向空中。"[64]

黑火药时代的火炮都是通过"直瞄"来打击目标。目标必须是可见的（依靠数学计算对不在目视范围内的目标进行"间接"射击的手段在19世纪才会出现）。一门6磅加农炮（发射6磅重炮弹的加农炮）——18世纪的主力火炮——射程约为1200码。英王德意志军

第三章 可怖的惊雷：黑火药时代的战场致命性

团（Kings German Legion）的威廉·穆勒（William Muller）曾做过大量射击实验，并发表在1811年的《战争的科学元素》(The Elements of the Science of War)上。通过向一块6英尺高、30英尺宽（大致相当于一个营的阵列的宽度）的布料射击，他发现一门6磅加农炮在520码内能100%命中目标，而在950码的距离上命中率骤降至31%，而在其最远射程1200码时，命中率就仅剩17%了。炮弹的杀伤力在其飞行轨迹的不同阶段也有所不同。零度仰角（与地面平行）下射出的炮弹，其第一次触地反弹在约400码外；第二次反弹在约800码外；第三次则在离炮口900码的地方。为了最大限度发挥其破坏力，炮手要设法让炮弹刚好在第一排敌人前方触地，使它弹跳升空，在反弹过程中击穿数排敌人，形成某位历史学家口中的"屠杀通道"。[65]不同的步兵阵形会形成不同的通道。对于排成一排的士兵，杀伤力最大的火炮布置是从侧翼发射实心弹，让炮弹顺势扫倒成排的士兵。正面射击呈纵队队形的士兵有相同的效果，炮弹在简单血腥的弹跳冲撞中可能一次就能冲撞（在石头地面上，炮弹弹跳砸起的碎片还会进一步增强其破坏力）杀死多人。

一枚6～9磅重的加农炮弹以高达每秒900英尺的速度击中士兵，显然会造成可怕的伤害。在1776年的邦克山（Bunker Hill）战役中，美国民兵在穿过海峡进入查尔斯顿半岛时被英国舰队发现，随即遭到炮击。亲历此战的一名民兵彼得·布朗（Peter Brown）曾记得有"一发炮弹（实心弹）把三名士兵劈成了两半"。炮弹也曾给半岛战争初期的英军指挥官约翰·摩尔爵士（Sir John Moore）留下了致命伤："炮弹的冲击将他瞬间掀落马背……这时大家才发现他受的伤有多严重——肩膀粉碎，胸口的肌肉被撕成条状，并因炮弹的撕扯和肌肉自身的收缩乱糟糟地交织在一起。"[66]

奇怪的是，有时即便侥幸没被击中的人也难逃一死。"我坐在战壕的一侧，"美国士兵约瑟夫·普拉姆·马丁（Joseph Plumb Martin）在约克镇写道："当纽约的部队进来时，其中一位中士爬上了防壁（breastwork）①环顾四周……瞬间，一枚炮弹从敌方射过来（毫无疑问这是瞄准他的，因为没有其他人在敌方的视野中）从他的脸旁飞过，完全没有碰到他，他却落入战壕死了。我把手放在他的额头上才发现他的颅骨全碎了，血从他的嘴和鼻子里流出来，但皮肤表面没有一丝损伤。"[67]这样的记录并不是孤例，确实有一些士兵被炮弹飞行时压缩空气形成的冲击波杀死了。

即使表面上看似是废弹的炮弹也会致命。许多士兵因试图阻止一个看上去毫无危险的滚动中的炮弹而致残甚至死掉。实际上，炮弹越重保留的动能就越多。1776年，约翰·特朗布尔（John Trumbull）见证了美国军队包围波士顿。军队悬赏回收英军炮弹。然而结果很不幸，"士兵们看到一枚炮弹落向地面并回弹几次之后开始缓慢地滚动，于是就跑过去把一只脚放在炮弹前方等着阻止它，根本没有意识到一枚沉重的炮弹在长时间的滚动中依然保留着足够的动能来克服这样的障碍。结果就是几个勇敢的小伙子被滚动的沉重炮弹压碎了脚"。[68]

1812年金凯德上尉在西班牙的记录表明，拿着废军火胡闹可能会引起爆炸："除了其他从罗德里戈城（Ciudad Rodrigo）拿走的东西之外，我们的一个士兵还因为错误的消遣方式，亲手送了自己的命。他认为那是一枚实心弹，就拿来玩九洞游戏，而那恰好是一枚未爆的开花弹。在滚动过程中，它滚过了一丛燃烧的灰烬，

---

① 临时筑起的矮防护墙。——译注

并在无人察觉的情况下重新点燃了。当时他正把它放在两腿之间，准备第二次击球，炮弹爆炸了……把他炸成了碎片。"[69]

装填滑膛炮是一项相当复杂的操作，至少需要五个人。每次开炮之后，都必须用浸湿的羊皮"拖把"擦拭炮膛，以在填装新的弹药筒（一个装有火药和炮弹的亚麻包裹）之前清除所有余烬。皇家高地兵团中尉约翰·皮伯斯（John Peebles）这样描述了他于1780年在美国作战时所见的险情："我们的一门火炮哑火了，炮手用手把通条的海绵头塞进炮口，火炮却炸响了，导致炮手失去了一条手臂，他的一个助手则命丧当场。"[70]鉴于材料的挥发性以及在战斗条件下装弹的巨大压力，灾难随时有可能发生。在滑铁卢，默瑟上尉回忆道：

> 我们之中有一个人被自己的火炮伤到了，这或许并不是第一个人。炮手巴特沃斯是部队里最会捣蛋的家伙，但同时也是最勇敢活跃的士兵，他是所在炮班的第7号（负责擦拭炮管等工作）。他把通条塞进炮管，夯实炮弹和发射药，刚要拔出通条向侧后方退避时，脚却陷进了泥地里，而火炮也在此时发射，将他猛地向前一拽。正如人在摔倒时的下意识反应，他本能地向前伸出双手，以致肘部以下的手臂全被出膛的炮弹炸掉。他用残肢勉强撑起身体，可怜巴巴地望着我。帮他是不可能的——所有人的安全，所有的一切，让我们无法放松火力，我不得不转过脸不瞧他。
>
> 持续一整天的紧张行动和随之而来的大量伤亡让我忘记了可怜的巴特沃斯，之后我才知道他成功站起来了，并被转移到后方。但当第二天我问起他时，我的手下……告

诉我他们看到了他倒在路边……流血而死。[71]

这一时期大炮的杀伤力，不仅现代历史学家们莫衷一是，在同时代的人眼中也是颇受争议。16世纪的野战炮十分笨拙，移动困难，射速也慢得可怜——每小时仅8发。正如17世纪上半叶的一名法国评论家所说，"它的恐吓力大于杀伤力"（Il fait plus de peur, que du mal，原文为法语）。[72]这一观点在150年后，也就是1813年的维多利亚之战中被再次提及："我们几位长官这么说，我也这么认为，比起它造成的伤害，火炮带来的更多是噪音和恐慌。朝我们飞过来的炮弹很多，却几乎没给我们造成伤害。一颗从头顶4码处飞掠而过的9磅炮弹，比一颗从几英寸外擦身而过的子弹更能唤起士兵的恐惧，尽管两者都无法造成真正的危险。"[73]

一些现代史学家查看了入住法国国家军事医院——巴黎荣军院（Les Invalides）的伤兵伤口类型记录。例如，1762年的记录显示大部分人（68%）都是被轻型武器击中的：剑伤占了14.7%；火炮导致的伤口占13.4%；刺刀伤仅占2.4%。[74]但由于这些数据仅代表了幸存人员的伤口情况，因此火炮造成的致命伤害可能被大大低估了（美国内战的伤亡统计中也出现了同样的数据偏差）。罗里·缪尔（Rory Muir）在《拿破仑时期战争的战术与经验》（*Tactics and the Experience of Battle in the Age of Napoleony*）中做出了如下评论：

> 即使我们为了纠正这种偏差，假设所有在战斗中丧生的人（很少超过伤亡总数的五分之一）中有一半死于火炮，也依然只有略高于20%的伤亡是火炮造成的。
>
> 可能有人会说拿破仑时期这个数字会更高。因为与

第三章 可怖的惊雷：黑火药时代的战场致命性

之前的七年战争时期相比，这一时期的大规模步兵交火减少了，战况也没有那么激烈；而与之后的美国南北战争相比，这一时期的部队（倒总是）在密集队形中作战而且没有掩护，这使他们很容易受到炮火攻击。尽管这些观点带有诡辩倾向，但我们依然可以全盘接受，将20%～25%视为火炮所能造成的伤亡比例的上限……我们能说的最多就是，我们可以根据找到弹药的消耗量和敌方的折损人数，得出平均杀伤一名敌军需要几发炮弹。[75]

另一些现代史学家则肯定了当时炮火的有效杀伤力："整体来看，瞄准准确和操作得当的火炮平均每次开火都能造成1～1.5人的伤亡。"[76]但与火枪一样，整体的统计数据可能掩盖了局部行动中火炮发挥的毁灭性作用。根据滑铁卢战役中金凯德上尉的记录，"第27团整团人牺牲在了阵地上"，他们大多是被火炮杀死的。此外，这一时期的统计数据的来源也不太可靠。当时的任何一支军队中都没有专职的法医和行政人员来鉴定和记录战斗死因。在战斗结束后，战死者通常被迅速抛入坟堆，不会有人去记录他们的个人命运。然而，火炮在拿破仑对抗整个欧洲的伟大战斗中变得越来越重要却似乎是事实——不再像半岛战争中那样更多依靠步兵去夺取胜利。火炮被大量集中使用，一场战斗可能调集多个炮兵连、上百门火炮，法国中士伯戈因（Burgoyne）在回忆录中提到博罗季诺（Borodino）战役时曾这样说道："似乎我们所有伟大的胜利都是依靠火炮赢得的。"[77]

战场上的军官，尤其是下级军官，往往被要求在战斗中身先士卒，这不可避免地增加了他们战死的风险；另一方面，他们也要指挥自己的士兵慷慨赴死。一名糟糕的军官可能让他的手下白白送死；一名优秀的军官则会在不影响任务的情况下，尽力将士兵的伤亡风险降到最低。但无能为力的时候，再优秀敬业的军官也无法阻止手下士兵的死亡。

军官受到荣誉准则的约束，以确保他愿意（常常是热情地）接受任务和可能随之而来的死亡。谁来领导士兵，以及他们应该如何战斗，如何赴死，依然是由社会阶层决定的。人们认为，普通士兵虽然也有不逊于军官的、野兽般的顽强勇猛，但缺少了军官那种世代传承的更高级的品质。法国贵族托宾·德·克里斯（Turpin de Crisse）概括了这一差异："勇敢（bravery）存在于血液，而胆魄（courage）存在于灵魂。勇敢是本能，几乎是一种下意识的反应。而胆魄是美德，是一种极为高尚的情操。"[78]

这种高尚传承的标志之一是对个人安危的漫不经心，且表现得越夸张越好。要对死亡嗤之以鼻，仿佛那是个粗鄙的事物。沉着镇静是一位绅士将生死置之度外的一种表现。1582年帕尔马公爵亚历山德罗·法尔内塞（Alessandro Farnese）在围攻奥德纳尔德（Oudenaarde）期间依然会悠闲地组织午宴：

> 宴会刚刚开始，便有一枚炮弹飞过餐桌，削掉了一位年轻的瓦隆（Walloon，比利时南部的一个地区）军官的脑袋，而他就坐在帕尔马公爵的旁边……他的部分颅骨击中了另一位绅士的眼睛。第二枚炮弹……又杀死了两名坐在宴席上的宾客……血和脑浆洒在宴席之上，人们都站了起来，没有胃口吃饭了。亚历山德罗却依然坐在椅子上……

第三章　可怖的惊雷：黑火药时代的战场致命性

平静地命侍从将死者抬走，换上干净的桌布，并坚持让宾客回到原位。[79]

帕尔马公爵的反应可能让我们觉得疯狂，但这在一定程度上展示了强大的自控力——贵族军官所独有的品质。乔治·纳皮尔（George Napier）带着令人惊讶的超脱回忆他在拿破仑战争期间被截肢的情形：“我必须承认，在截肢的时候我的表现并不像自己预想的那般勇敢，因为在刀划过我的皮肤和肉体时我发出了声音。我向你保证这不是开玩笑，我为自己开口感到羞愧……格思里医生帮我截肢。但是由于光线不足，再加上他此前已经做了很多截肢手术……他的器械不再锋利，所以手术持续了很长时间，至少有20分钟，给我带来了巨大的痛苦。事后我为他的善举道了谢。”[80]

乔治·华盛顿在约克镇展示了更多"得体的做法"：

在攻击中，英国人不停地在整条战线上用大炮和火枪开火。华盛顿将军阁下、林肯将军和诺克斯将军，连同他们的副官都下了马，站在一处毫无掩蔽的地方等待战斗结果。

华盛顿将军的一名副官科布上校挂念其安危，便对他说："长官，您的位置太暴露了，能不能向后退一步呢？"

"科布上校，"华盛顿答道，"如果你害怕的话，你有权利后退。"[81]

这些都是面对死亡时的夸张姿态，但绝不是空洞肤浅的模仿。这是令人振奋的戏剧，既强化了主演，也鼓舞了观众。炮兵上尉

默瑟在滑铁卢战役中用行动阐明了这种肆无忌惮,他也因此失去了一名部下:

> 约束他们(炮兵)停止射击不是件容易的事,因为他们越来越焦躁了……为达到这一目的需要一些言语之外的行动,尽管法国人就在不远处虎视眈眈,我还是骑着马跳到小浅滩上,开始在我们的前线来回走动(这绝不愉快),甚至没有拔剑。这让我的人安静了下来;然而,对面那些穿蓝色制服的高大绅士们见我如此挑衅,立马以我为目标发动他们刻苦练习过的攻击,向我们展示他们是多么糟糕的炮手,也验证了那句古老的炮兵格言——"离目标越近,你就越安全。"有一个家伙确实让我吓了一跳,但没有击中我,所以我朝他晃了晃手指……那个无赖重新装弹时咧嘴笑了笑,又开始瞄准。那一刻我已经意识到自己的行为很蠢,但又觉得虚张声势之后当众退缩令人不齿,所以我继续在那儿溜达。好像是要折磨我更久一样,他瞄了半天……任何时候我转过头,都能看到他那恶魔般的卡宾枪枪口紧跟着我。最后,我听到"砰"的一声,子弹伴随着嗖嗖声擦过了我的后颈,与此同时我的一名主炮手(米勒)倒下了,那该死的子弹穿透了他的额头。[82]

不仅要泰然自若地接受死亡,如果可能的话,最好再附上一句令人印象深刻的俏皮话。英国内战期间,两名保皇党军官,查尔斯·卢卡斯爵士和乔治·莱尔爵士因被莫须有地指控违背释放承诺(被俘的军官在被释放时须承诺不再参战)在科尔切斯特再次被

第三章 可怖的惊雷：黑火药时代的战场致命性

捕，被抓住他们的议会党人判处枪决。卢卡斯先被处决，在行刑队重新装弹时，莱尔站在同伴的尸体旁，让他们靠近一些，其中一名行刑者回答说："先生，我向您保证绝对会打中的。"莱尔微笑着一语双关地说："朋友，当你想念我（打偏）的时候，我就离你更近了。"[83]

年轻的英国军官约翰·安德烈少校（Major John Andre）在美国独立战争时期因从事间谍活动而被捕，由于他在煽动本尼迪克特·阿诺德将军（General Benedict Arnold）向英军倒戈一事中起到了重要作用，因此被判处绞刑。亚历山大·汉密尔顿描绘了这一幕：

> 在前往行刑地时，他向遇到的所有在监禁期间认识的人亲切地鞠躬致意。志得意满的微笑显示了他坚强无比的意志。到了行刑地，他带着些情绪问道，难道"我必须以这种方式死去"？因为他将像普通犯人一样被绞死，而不是处以符合他身份和地位的枪决，虽然他曾两次向华盛顿请愿，但判决依然如故。
>
> 他被告知处刑方式无法更改。"我甘心接受我的命运，"他说，"却不甘心接受这样的死法。"然而他很快又振作起精神，说道："这不过是瞬间的痛苦罢了。"接着他便跳上马车，泰然自若地迎接自己的死亡，这激起了旁观者的钦佩和同情。在被问及最后时刻即将到来是否还有话要说时，他回答道："没有，但请求你们向世人作证，我是像勇者一样死去的。"[84]

这种沉着冷静是每个高贵军官的理想，"他耐心、隐忍，遵从哲学原则；他接纳痛苦，因为它不可抵抗；他接受死亡，因为这是他的命运"。[85]

当人接受死亡时，甚至会升起一种愉悦，一种对生命的敏锐感悟。"死亡就像某种彩票，"布雷奥·德斯·马洛斯（Breaut des Marlots）上尉说，"这次不中，总有一天也会中，死亡终会到来。你是愿意耻辱地活还是光荣地死？"拿破仑最骁勇的一位骑兵指挥官，安托万·拉萨尔（Antoine Lasalle）将军曾对他的朋友们这样说道："生命的意义到底在哪儿？是为了赢得声誉，出人头地还是为了发财？我是第33师的将军，去年皇帝给了我50 000法郎的俸禄。"他的一个朋友回答道："那你得好好活着去享受。""完全不是，"拉萨尔回道，"实现它的过程就使我感到满足。我热爱战斗，喜欢战场的嘈杂、硝烟和不断地机动行军；只要你功成名就，并且知道你的妻儿不会缺衣少食，就足够了。于我而言，我随时准备赴死。"三个月后，他在1809年的瓦格拉姆（Wagram）战役中，被击中眉心而身亡。[86]

如果军官水平糟糕、傲慢自大，却执着于自恋式的荣誉感，他们的属下将为此付出沉重的代价。在1759年的明登（Minden）战役中，尽管圣·珀恩（Saint Pern）"看到他手下可怜的掷弹兵们伤亡惨重，却依然命令他们继续暴露在炮火中，而不是让他们矮身坐下或者后退几步，到山丘后方寻求掩蔽"。[87]

几个因素增加了军官战死的概率。首先是因为他们穿着醒目，容易引起狙击手的注意。苏尔特（Soult）元帅在半岛战争时曾抱怨他的军官被针对了："只要高级军官上前线，不管是去观察战况还是去鼓舞士气，几乎总会被击中。我们失去了太多军官，以至于连续两次行动过后，营里几乎都没有军官了。在我们的伤亡

第三章　可怖的惊雷：黑火药时代的战场致命性

统计里，军官和士兵的比例通常是1∶8。我曾见过只剩下两三名军官的战斗单位，虽然损失不到总人数的六分之一，却丧失了战斗力。"[88] 讽刺的是，有记录（可能是假的）表明苏尔特将军本人也曾在1812年11月的阿尔巴·德·托梅斯（Alba de Tormes）战役中被盯上，当时他正在侦察英军防线，所幸的是第92苏格兰高地步兵团的指挥官约翰·卡梅伦（John Cameron）中校命令他的人不要开枪。[89]

在军官阶层看来，狙杀军官是违反军事礼仪的恶劣行为。然而普通士兵却不这么认为，1808年葡萄牙的维梅罗（Vimeiro）战役中的一次行动就清晰地表明了这一点。一名英国军官命令一名士兵解决一个正盯着他（军官）的法军狙击手。这名士兵无视了他的命令，反而瞄准了一个法国军官：

> "你为什么想要杀死那个军官？"我喊道，"你这个无赖！"他显得很苦恼。"因为战利品更丰厚啊。"这个坏蛋咕哝着，眼睛依然牢牢盯着他的目标。我瞬间反应过来，由于我们很快就将打退敌人，这家伙觉得让法国狙击手干掉我，然后他再回敬法国军官才更加划算；如此一来他就可以抢先搜刮我的东西，而他也确信自己能在他的朋友们搜光那个法国军官的尸体之前赶过去。[90]

其次，不得人心的军官也有可能被己方人员盯上。1704年的布伦海姆（Blenheim）之战，一名被士兵憎恶的第15步兵团军官"面朝兵团，摘下帽子，才刚说了句'先生们，今天属于我们！'，就被一颗步枪子弹射中额头，瞬间毙命"。[91] 考虑到许多指挥军官都被要求站在队伍最前列，他们被击中的风险——无论是意外还是故作意外——都是很高的，某位军官证实道："我曾作为步兵上尉参加过一场战役，我承认那时我常因这种事感到焦虑。"[92]

最后，对荣誉的严格要求也导致军官阵亡的比例比非军官更高。例如，在滑铁卢战役中，军官只占总参战人数的5%，但死亡比例却远高于此。参与滑铁卢和夸特布拉斯战役的840名英国步兵军官中，几乎有50%的人死伤（相比之下，士兵的伤亡比例可能只有20%）。63名英军指挥官伤亡32人；36名皇家苏格兰团军官损失了31名，第73高地兵团的26名军官损失了22人。[93]如果将半岛战争的巴罗萨（Barrosa）、富恩特斯·德尔·奥诺罗（Fuentes del Onoro）、阿尔布埃拉和维多利亚四场战役合在一起看，就能发现法国军官人数占法军总人数的3.4%，但伤亡人数却占到了总伤亡人数的4.9%。换句话说，一名法国军官比他手下士兵的伤亡概率要高出44%。

讽刺的是，尽管军官在战场被杀的风险比手下的士兵要大得多，但如果受伤，其存活的机会也比士兵大得多。首先，他吃得更好，因此更加健康；其次，他可以享受反应更迅速、更具个性化的医疗看护，包括被送回家休养，这种奢侈的待遇普通士兵肯定是享受不到的。

人们对待同伴死亡的态度有时也很超然，即使死去的是十分亲密的战友。"步枪手哈里斯"描述了他的好友弗雷泽中士痛苦离世的情景，在结束时他写道："（弗雷泽中士去世）不到一个半小时，我就离开了他，事实上当时我完全忘记了他，就好像他已经死了上百年一样。周围随处可见的流血事件，不会让人长时间关注特定的伤亡，即使死亡发生在最亲密的朋友身上。"

第三章　可怖的惊雷：黑火药时代的战场致命性

一个法国士兵描述了他们是怎么看待同袍的死亡的，可以说那是一种近乎诙谐的方式："随时可能降临的危险使我们将死亡看作生命中最寻常的事情。战友受伤时我们会伤心，但如果他们死了，我们就会表现出冷漠甚至常常是讽刺的态度。当经过的士兵（从路旁的尸体中）认出一个战死的同伴时，他们会说'他现在总算无欲无求了，不会再虐待他的马，也不会酗酒了'，或者其他类似的话。这些话语流露出一种对生命坚忍的漠视，是他们对亡友仅有的哀悼。"[94]

但即使是死去的战友也依然能提供陪伴，虽然这种陪伴有点令人毛骨悚然。"詹姆斯·庞顿是我的另一个战友。"哈里斯说道。但在行动中，庞顿冲得太猛，"除了子弹没有任何东西能约束他。这一次他被打中了大腿，我猜伤到了大动脉所以他很快就死了。当时法国人的火力很猛。我爬向庞顿，躺在他身后寻求掩护，把枪架在他的尸体上。我突然想到，我这是在用他的尸体帮他报仇"。[95]

在1808年葡萄牙的罗里卡（Rolica）战役中，"步枪手哈里斯"看到了一名死去的士兵：

> 他侧躺在烧焦的灌木丛中，我无法断定是交火还是其他原因点燃了灌木，但可以确定的是……这个人（我们猜他应该是法国人）完全被烤焦了，好像是从厨房的熊熊火炉里出来的一样……他像只干瘪的青蛙一样浑身紧绷。我从附近叫来一两个人，一起检查了他，并好奇地用步枪挑着他的尸体翻了个身。现在想起来，我有些吃惊，这个可怜人的悲惨遭遇几乎没有唤起我们的丝毫同情，仅仅是我

们欢乐的主题。[96]

当一名军官阵亡后，他的物品会被卖给其他军官，而这些人的反应可能——在我们温柔的情感看来——冷酷得让人震惊。半岛战争中第85步兵团的中尉乔治·罗伯特·格莱格（George Robert Gleig）解释说："拍卖中伴随着一种爱恨交织的奇怪感受。在人群中，总有一些人的想法完全以自我为中心，视所有一切……为增添他们乐趣的事物……即使是卖掉死去军官的衣物和装备也给这些人提供欢乐的养料，而物品的原主可能在仅仅几周或几天前还活着，还是他们最喜欢的同伴。我很遗憾，在我所说的这些拍卖期间，我听到的更多的是欢笑声，而不是给参与者或'赞助者'的赞誉……可能没人比我笑得更痛快。"[97]

军官还可以通过其他方式获益。首先，侵吞阵亡士兵的工资是一项非常赚钱的外快。众所周知，美国独立战争期间，一名英国军官每年可以靠这种方式赚800英镑（相当于一名步兵上校的年薪）。[98]其次，每当有军官死亡就会形成职位空缺——而且这个空缺不需要花钱买，因为死者的家属无法出售死者的官职。死者的空缺将由资历老的人填补。威廉·斯科特（William Scott）中尉，一位在邦克山战役中被俘的美国军官，诚实地道明了军官阵亡和其可能产生的利益之间的关系，其看法让人瞠目结舌："我以中尉军衔应征入伍，并获得批准。我可以想到自己的晋升通道：如果我死在战场上，我就走到了头；但如果我的上尉死了，我应该就能晋升，可能还有机会升得更高。"[99]

讽刺的是，战死的人为活着的人带来了各种赏金——定期的丰收。普通士兵搜刮战场上的尸体，拿走钱包、衣服和靴子（第

第三章　可怖的惊雷：黑火药时代的战场致命性

二次搜刮往往还包含给幸存伤员补刀，通常是平民或随军人员干的）。被送往医院的伤员也会遭到洗劫。1759年第10龙骑兵团的理查德·达文波特（Richard Davenport）少校发表了一份悲惨的报告："很抱歉我只能告知莫斯太太她丈夫是在明斯特去世的，此外的情况我都不能说。至于他的遗物，他曾拥有的一切都遗失了。我们把人送去医院时，会将他的钱包和一切必需品也一起送过去，但从来没有任何东西被还回来。那些康复的士兵很少能拿回自己的东西，而那些死去的人则被剥夺了所有。我失去了9个下属，但从未听说有任何遗物留下来。当伤员有生命危险时，护士会给他换上一件干净的衬衫，他可能会穿着它死去，而这也给护士带来了额外的收入。"[100]18世纪时，医院中普通士兵的死亡率约为40%，在医院工作可以获得相当不错的收入。

特别高风险的行动，例如围攻城镇时攻破城墙的"敢死队"攻击，在进攻部队中出乎意料地普遍，因为它们提供了非常实在的收获前景，不管是掠夺，还是抓住机遇实现职业生涯的大跃迁。晋升来之不易，士兵们就像玩俄罗斯轮盘的赌徒们一样在碰运气。半岛战争期间，英国军官托马斯·布罗瑟爵士（Sir Thomas Brotherton）见识了许多这样的赌徒："军队里那些自愿的人（没有钱买官职的年轻人）……为了突出自己，总是不顾一切地暴露自己，因为他们的目标就是在不花钱的情况下获得官职。这些人中的大部分都死了，但幸存下来的那部分因其冒险精神获得了丰厚回报。"[101]上尉约翰·金凯德爵士描绘了半岛战争期间巴达霍斯（Badajoz）围攻战中那些敢死队员普遍强烈的欲望：

随着巨大危机的临近，士兵们的焦虑也在上升，不是对结果感到怀疑或担心，而是害怕这座城没有抵抗就投降。这看起来很怪异，虽然实际上每三个人中就有一个人会倒下，但宁愿敌人温驯投降而不是勇敢面对一切可能的战士，三个师加起来可能都没有三个。当时的情形，想要不朽的想法在我们营风靡一时，即使是军官的仆人也坚持参战。"[102]

金凯德本人却对敢死队的前景持悲观态度："人们认为加入敢死队的好处就是有优先求偿的权利来'安抚'他们，因为他们承受了第一波、通常也是最猛的一波火力，更不用说他们还会最早受到木梁、手榴弹和其他投掷武器的问候，守城部队早已准备好，随时将它们扔过墙头，迎接第一批访客。"[103]

对于普通士兵来说还有另一个危险需要面对：永远存在的威胁，终极制裁——处决。军官有当场处决逃兵的权力（不过很少有人用到），一些部队也依然保留着执法单位以防士兵泄气叛逃。处决被人描述成战斗潜在的危险，消极作战会让你丧命。在当时的大多数军队中，纪律是非常残忍的。"许多士兵，"腓特烈大帝说，"只能用严厉和偶尔的严酷来管理。如果纪律无法约束他们，他们就会犯下粗鲁荒淫的罪行。由于他们的数量远超过他们的上级，因此上级只能以威服人。"[104]

逃兵现象在任何军队都不少见，一旦被抓——尤其是那些在临战前逃脱的士兵，很有可能会被处决。一名苏格兰和爱尔兰混血的宾夕法尼亚民兵詹姆斯·弗格斯（James Fergus）在1778年5月12日佐治亚萨凡纳（Savannah）围城战时，写下了这样的日记："四个人，其中有两个白人，一个黑白混血儿还有一个黑人，因擅

第三章　可怖的惊雷：黑火药时代的战场致命性

自离队被抓了回来。他们被指控投敌。州长正好经过，在被问及如何处理他们时，他说：'把他们绞死在大门的横梁上。'当时他们正好就站在门边，随即被迅速处决，在那儿挂了一整天。"[105]

有时被指派执行死刑的可能是你的战友。"步枪手哈里斯"被选入行刑队时还是个小伙子：

> 第70团的一个列兵从部队中逃跑……他被带到朴次茅斯受审，被最高军事法庭判处枪决。
>
> ……就我自己来说，我觉得我愿意花一笔巨款（如果我有的话）来摆脱现在这个处境，让我在其他任何地方都行；当我看着同伴们的脸时，我能从他们苍白焦虑的面容中看到自己情绪的倒影。当一切就绪，我们被迫上前，犯人被带了上来。他向观刑的人做了一个简短的演讲，认可了对他的公正判决，愿意接受那些酗酒、行不义之事的同伴给他带来的惩罚。
>
> 他表现得非常坚定，丝毫没有退缩。在被蒙住双眼后，他被命令跪在一个棺材后面……我们立刻开始装弹。
>
> 这些都在最深的沉默中完成，下一刻我们已经准备就绪。一个令人不快的停顿之后……指挥再次看向我们，在我们同意之前就发出了信号（挥舞他的手杖），我们端平枪口射击……可怜的伙计被几发子弹穿透，重重地摔倒在地，双手被绑在腰间，我发现他的手掌动了几下，就像经历死亡痛苦的鱼摆动着鱼鳍。指挥也发现了这个动作，又发出一个信号，我们中的四人立刻走向那伏地的尸体，将枪口放在他头上，开枪，让他从痛苦中解脱出来。[106]

士兵之死：世界阵亡简史

围绕死刑犯经常会上演一幕非常复杂而又令人作呕的残酷戏剧。在经历过整套冗长可怕的宣读程序之后，他们被押往刑场（有人还带着他们自己的棺材），站在他们的坟墓旁，面对他们的行刑者，却又在最后一刻得到缓刑。如果没有缓刑，那么行刑的时候就要达到杀一儆百的目的——这是让死刑这种终极威慑发挥效果的重点，如果无人观刑，就起不到效果了。但有时整件事会适得其反。观众会感到厌恶，偶尔还会造反，正如美国独立战争时期的士兵约翰·普拉姆·马丁（John Plumb Martin）所描述的那样：

> 在皮克斯基尔（Peekskill）时，一个骑兵因投降被处决，依照当时的习惯，他所属的部队应前往观刑，但由于他们没在场，所以除了一小支卫队，没有部队观刑。竖起绞刑架的地面上全是鹅卵石。一名旅长参与了处决，他在这种场合的职责与民事事务中的高级警长一样。他找来了一个衣衫褴褛的家伙来当刽子手，以免自身清誉受到玷污。当犯人按法律或风俗在规定的时间被绞死后，刽子手开始剥光尸体的衣物，那是他的奖励。他开始试图扯掉死者的靴子，可没有脱靴器，他没法儿轻松地达成目的。他一直拽着靴子，就像一条狗咬着不放，直到数不清的旁观者（卫队已经离开）开始感到厌恶，并朝他宝贝的尸体扔石头。旅长为他的行刑官出面，却受到和刽子手登场同样的待遇，使他们不得不迅速"撤离现场"；当他们退开时，石头扔得更肆无忌惮了。他们不得不保持着适当的距离，直到围观的人群散去。[107]

第四章

无上荣耀，无间地狱：
美国南北战争

> 现在有许多小伙子把战争视为荣耀。但是孩子们，战争是彻头彻尾的地狱。你可以向未来世世代代的人发出这样的警告。我敬畏战争，但如果战争无可避免，我也不会退缩。
>
> ——威廉·T. 谢尔曼（William T. Sherman）

在纯粹的军事关系中，美国南北战争一只脚踏在过去，另一只脚踩着未来；既带着拿破仑时期的特色，又不乏一战的属性。这场为期四年的战争，前三年都根植于过去150多年来黑火药时期的战术传统。然而，这场战争的规模和武器技术的进步——线膛枪、圆锥状子弹、连发枪、后膛枪以及线膛炮，却对之后的战争产生了深远的影响。

在人们的传统印象里，相比于滑膛枪，射程和精确度都大幅提高的线膛枪无疑带来了更多死亡。实际上，这样的武器创新并未如最初想象中那样给战斗体验带来多大改变。更重要的创新则是，如何将一个强大的（并且很快也将成为卓越的）工业国的技术和力量，与商业要素——资本、组织、人力、自然资源结合起来，应用到战争这门生意上。正是这一点提前锁定了胜利——尽管看上去战争曾数次陷入胶着，胜负似乎仅差一线。

在某种程度上，美国内战是在英勇嗜血的剧场里上演的惊悚剧，而它的结果则取决于工业对农业的胜利。可再生资源、人力，以及勇气和决心，预先决定了结局，即北方的胜利。虽然在战争初期被无能的军事领导拖了后腿，但北方能承受更大的人力和物资损失——不管是按绝对值还是按比例——而南方不行，因为人口更少，制造能力也远不如北方发达。虽然在很多战斗中，邦联军士兵的伤亡比联邦军少，但占作战总人数的比例却更高。这个精算得出的现实就像无情的子弹和炮弹碎片一样击中了南方联盟的软肋。南方被迫进行消耗战，最终不可避免地精疲力竭。下一个世纪的世界大战，其战略架构便是在这场战争中初现端倪。资源成为战争的舞台，勇敢刚毅、敢于牺牲、坚决果敢的战士们大显身手。南方并不缺少军事美德，但仍因失血过多而亡。其士兵的死亡比例比北方高出三分之一。这是格兰特（Grant）将军在战争末期的斯波齐尔韦尼亚（Spotsylvania）和冷港（Cold Harbor）两场战役中遭受惨痛损失后得到的血腥数据。

数字是这一时代的标志：阵亡数字、预算开支，分门别类记录耗费的生命和获得的收益。但即使是在这样一个已开始陶醉于官僚机制和专业技术的时代，记录（特别是在邦联方）可能还是不太准确（这还是委婉的说法）。此外，随着战争接近尾声，大量南方作战部队的记录被销毁，数字也被篡改。罗伯特·E.李（Robert E. Lee）对他的某些指挥官这种自愿——甚至是自讨苦吃地宣扬他们承受高伤亡率的行为感到震惊，仿佛这是他们的荣誉徽章一样。李被迫于1863年5月发布一项命令制止这种行为,因为他担心这会助长敌人的信心,而且在葛底斯堡遭到毁灭性损失后,他"系统性地有意低估己方的伤亡人数"。[1]操纵"人数"并不是到越南战争时才有的。安布罗斯·比尔斯(Ambrose Bierce)为联邦军而战,并撰写了一些相关的哥特式幽灵故事,其中《恩赐解脱》(*The Coup de Grace*)一篇描述了一场战斗后的场景:"胜方的战死者名字都已统计完毕。敌方的死者只是数字。但这对他们来说就够了,他们中的许多人被计了好几次数,之后出现在胜方指挥官的官方报告中的总数,展示的也更多是意愿而不是结果。"[2]

北方的统计情况好些,反映了工业化社会的组织优势,这种优势看似平淡无奇,却是克敌制胜的关键。即便如此,联邦军军官威廉·F. 福克斯(William F. Fox)——他编纂的《美国南北战争中的兵团损失:1861～1865》(*Regimental Losses in the American Civil War*, 1889)堪称最为出色的南北战争统计报告之一——在回忆从军时作战记录的反复无常时曾说:"一场艰难的战斗之后,兵团指挥可能会给他的妻子写一封家书,详细描述兵团的作战行动,他的一些部下也会写信给自己家乡的报纸说明战斗情况,但没有报告会送到总部。许多上校认为报告是一项令人厌烦且不必要的工作。"[3]荒唐的是,即便是保存记录这件事本身也可能让人丧命。1893年,当时用来存放南北战争资料的华盛顿特区福特剧院的地板坍塌,砸死了22名职员。[4]

与之前所有战争一样,疾病于士兵而言是比战斗更可怕的杀手(造成了内战中66%的死亡)。[5]为北方而战的近210万人[6]中,有36万人(占总人数的17%)死亡,但只有约11万人(5.2%)是因战斗直接阵亡(67 058人)或受伤后死亡(43 012人)。[7]疾病致死比例虽然高到令人震惊，但相比1846年~1848年的墨西哥战争，已大为改善，在墨西哥战争中病死和战死的人比例是7∶1。[8]在为南军作战的近88万人中，约有25万人（28%）死亡。[9]福克斯估计其中94 000人（10.6%）是在战斗中直接死亡或随后因伤死亡。托马斯·L.利弗莫尔（Thomas L. Livermore）在其出版于1900年的经典研究著作《美国南北战争中的数字与损失》（Numbers & Losses in the Civil War in America）中总结："所有（邦联军）的伤亡报告都是不完整的，而且……统计到福克斯上校那里的数据，也只能视作最保守的估计。"[10]这些数字可能参考性有限，但它们还是显示出南方约有11%的士兵死于战斗或创伤，与北方刚过7%的比例相比——南军的战士死亡率高出了30%以上。

我们还需要记住，战死或死于致命伤的人数比例是基于"拿起武器"的人来计算的，而如果考虑到并非所有穿灰胡桃色军服（南军）和蓝色军服（北军）的人都参与了战斗，这一比例还会稀释不少。很明显，当我们只考虑作战人员时，死亡率会明显增加：这是一项十分复杂的计算。

对于战争中的死亡人数，人们总是态度暧昧。一方面，我们为所付出的代价感到悲伤甚至恐惧；但另一方面，牺牲总是与我们的民族神话有着密切联系，又让我们无比自豪。他们用鲜血承托着我们的民族价值感。惨痛的伤亡在某种意义上是荣誉的象征，正如福克斯所说，"充满英雄气概"。

一些南北战争历史学家指出，南北战争的死亡率是"前所未有的"。"数字——通过它所展现出来的灾难规模和人力损失——似乎是捕捉这场战争全新之处的唯一方式。"[11]福克斯断言其伤亡是"战争史上从未有过的"。

第四章 无上荣耀,无间地狱:美国南北战争

福克斯曾抱怨内战中有太多指挥官"所宣称的兵团损失与记录(兵团的官兵总名册)不相符",他还说,"对于思维严谨的人来说真相很震撼,真实的数字极为壮烈"。福克斯援引了1870年至1871年的普法战争作为对比,在这场战争中,"德国派了797 950人进入法国。其中28 277人战死或死于创伤——死亡率达3.1%。在克里米亚战争(Crimean War)中,联军战死和因伤死亡的比例是3.2%。在1866年的战争中,奥地利军队由于同样的原因损失了2.6%的兵力。即使是拿破仑时期的战争,也没有出现过更高死亡比例的记录"。[12]

福克斯估算,在1812年的博罗季诺(Borodino)战役("引入火药以来最血腥的战斗")中,133 000名参战的法国官兵死亡28 085人;而拥有132 000名官兵的俄国一方,则"没有任何证据表明它的损失比敌人更大。虽然博罗季诺战役中的绝对伤亡人数比滑铁卢和葛底斯堡战役中更多,但损失比例要小得多"。[13]福克斯似乎是下定决心要通过与旧世界的对比,来铸就美国本土的红色英勇勋章。

然而,福克斯的观点是有根据的。参战人员的死亡比例确实定义了战斗的激烈程度,从而决定了单个士兵的死亡风险。纵观战争历史(尤其是民族国家时期的战争,而非王朝的冲突),我们看到在第一线的人员(那些真正参与战斗的人)占总人数的比例趋于变小。而与之相对的是,行政和供应支持的"后方人员"占比却逐渐增大(讽刺的是,这种"发展"反而增加了战斗士兵的死亡风险)。

很明显,平均值没有反映出我们所说的"局部风险",某些部队可能会承受格外严重的伤亡。步兵的伤亡率预计在14%左右(取自25场主要战斗的平均数),炮兵的伤亡率则为5%~10%。[14]但

参与前线作战的步兵部队伤亡能达到50%～60%，这并非个例。

例如在葛底斯堡战役的第二天，当南军在桃树园地区突破联邦军防线之后，明尼苏达第1志愿步兵团受命发起一场自杀式反击。在一些记录中，262名明尼苏达人在卡德摩斯·威尔科克斯将军（General Cadmus Wilcox）的带领下对1600名亚拉巴马士兵发动攻击，最终225名联邦军人死亡（占总人数的85.8%）[15]——根据研究该兵团的历史学家的说法，那是"整场战争中，联邦军遭受伤亡比例最高的一场行动"。他还补充道："在战争历史中简直找不到能与之相比的记载。其不顾一切的勇气、一丝不苟的执行力、成功的结果（联邦军战线的裂口被堵上），以及其牺牲人数与作战人数之比，都是历史上前所未有的。"[16]

其他联邦军部队同样损失惨重。在弗雷德里克斯堡（Fredericksburg）战役中，爱尔兰旅袭击玛莉高地（Marye's Heights）的1400名官兵中伤亡1150人（占总人数的82%）。[17]900人的缅因第1重炮团（First Maine Heavy Artillery Regiment）在彼得斯堡战役中充当步兵攻击敌方防御部队，损失了632人（占总人数的70.2%）。[18]整场战争中，新罕布什尔第5志愿步兵团（Fifth New Hampshire）的死亡人数超过了其他任何联邦步兵团——295人——福克斯说，它们"全部发生在进攻性的、艰难的近身战斗中，没有一例是发生在溃败中或因莽撞引起"。[19]

邦联军方面，第1得克萨斯步兵团（First Texas）在安提塔姆（Antietam，夏普斯堡[Sharpsburg]）会战中伤亡达82%，其战斗死亡率（20%）也是邦联军在内战所有单场战斗中最高的；在第二次布尔溪（Bull Run，马纳萨斯[Manassas]）战役中，第21佐治亚步兵团的242名士兵损失了198人——略少于82%——战斗中的死亡率达

16%，在邦联军的单场战斗死亡率排名中位列第二。

一些书中描写了邦联军攻击成瘾的情况，他们像旅鼠一样，寻找战术上的悬崖，一旦越过就能让他们陷入拥抱死亡的狂喜。正如某些观点所说的，他们在响应凯尔特祖先流传下来的狂暴战士基因的感召。[20] 这种理论受到了诸多嘲讽（北方同样没有回避正面攻击中超乎寻常的伤亡，如玛莉高地、肯尼索山、冷港等战役都证明了这一点。而且穿蓝色军服的凯尔特后裔也不少），但其源于一个有趣的观点：士兵可能会被文化传承的强力暗流卷入死亡。正面攻击不仅是一种战术的选择，也是在英勇的男子气概和民族自豪感驱使下的选择。D. H. 希尔（D. H. Hill）曾评论邦联军在战争早期阶段的战术："在那些日子里，我们肆意挥霍鲜血，冲击火炮部队或土木防御工事中的步兵部队被认为是非常伟大的事……这是南方根本无福消受的壮阔。"[21]

对正面进攻的痴迷由来已久，但对美国南北战争中的军官阶层来说，其最近的源头是大革命和拿破仑时期的法国。那些在联邦军和邦联军中颇有影响力的军官都曾在西点军校求学，那里的亲法情绪很强，很多人还受到如亨利·约米尼（Henri Jomini，为法军作战的瑞士人，曾是内伊和拿破仑的下属）之类的军事理论家的影响，他们崇尚伦理道德（勇气、服从、为国牺牲），重视快速作战和正面攻击的战术利益（快速通过杀戮区并采取刺刀战将敌人驱逐出战场）。这种军事哲学中隐含着对18世纪早期有限战争中出现的花式步法的否定，倾向于强调集中力量和对抗，这体现了维克托·戴维斯·汉森所说的"西方战争模式"。

这种哲学思想强调为国家牺牲的勇气，是对古罗马时期英雄传统的致敬。这是一种全面战争的理念，为意识形态目标而战——无论是为革命的法国还是拿破仑帝国的法国——充满活力，毫不妥协。虽然它是从过去汲取灵感，但同样能激励后来的士兵，比如那些邦联军、联邦军，或者更糟糕的典型——一战中的军事理论家和将军（尤其是法国人）。

然而，我们需要记住的是，战术正统在某种程度上需要建立在成功经验的基础上。并不是所有正面攻击的结局都如1862年莫尔文山（Malvern Hill）之战中的邦联军、葛底斯堡战役中的皮克特冲锋（Pickett's charge）和玛莉高地的爱尔兰旅一样，还是有不少获胜战例的，比如第一次布尔溪（马纳萨斯）战役中的杰克逊刺刀冲锋，1863年传教士岭战役中联邦军的攻击，以及夏伊洛（Shiloh）战役首日邦联军发动的攻击。

正如以往的经验告诉我们的那样，强调正面攻击在很大程度上反映了武器上的不足，无法远距离克敌制胜。人们坚信，只有把敌人切实地驱逐出战场才能赢得战斗的胜利。杀敌必须近距离进行。但传统观点认为，内战"史无前例的"高伤亡率是由武器技术的创新导致的，尤其是线膛步枪的发明，扩大了杀伤范围，能在比之前更远的距离上杀死攻击者——拿破仑时期的战术被甩在了现代武器之后。然而大量证据表明，线膛步枪的杀伤力没有我们预想的那样出类拔萃。

战争双方都有英国产的恩菲尔德（Enfield）或美国产的斯普林菲尔德（Springfield）线膛前装式步枪（虽然直到1863年邦联军才宣称全面停用滑膛枪炮，实际上战争开始时即使是联邦军也重度依赖滑膛枪炮，线膛步枪对普通士兵来说是不可能拥有的）。[22]南军有更多恩菲尔德步枪（他们从英国人手上买了30万支），其相对较弱的制造力让它更依赖进口。[23]这种步枪口径比斯普林菲尔德步枪稍小，重量也更轻，但总体来看两种步枪性能相差不大。

跟滑膛枪相比，线膛步枪有了很大进步。一个经过训练的步兵，在瞄准后射出的条件下射出的圆锥形子弹，有五成概率击中500码外真人大小的目标。[24]如果在300码处瞄准，线膛枪子弹会呈抛物线飞行。弹道中有两个杀伤域，第一个是最初的75码，子弹处在上升轨道中，能击中一个中等身高的人。在75～250码之间子弹会高过人头部的高度。在250～350码的距离上，子弹下行至第二个杀伤域，在250码处能击中一个士兵的头部，300码处可击中躯干，350码处可击中下肢。[25]

作战状态下的射击则可以说完全是另外一回事。处于压力下的人即使经过良好训练也无法达到靶场上那样的命中率和射速。内战中"许多士兵在没试射过一发子弹的情况下上了战场……且不说前膛装填的斯普林菲尔德1863式步枪，就算几十年后出现的M1加兰德半自动步枪，未经训练的平民一样打不中任何目标"。[26]然而，有一种感性的看法坚持认为，美国人对枪支有天然的熟悉，因为与他们的欧洲远亲不同，他们从小被作为猎手养大，早早就用惯枪械，这与某些独立战争史学家的观点如出一辙。[27]确实，南方大部分地区是乡村，而北方部队的士兵也多是农民出身（约48%）[28]，所以人们可能会认为他们熟悉猎枪。但即便是那些有狩猎经验的人，战斗中的混乱和心理压力也很难让他们有效地将其技巧应用到战场上。"猎人小心地装弹，然后接近无害的目标，这跟士兵所处的状态完全不同，士兵必须以两倍于猎人的速度向敌军发射40发子弹，而此时敌人也在忙于回击。密集交火状态的情况……和射击游戏中的斯文假设根本不在同一个世界。"[29]

重复射击的体力消耗，剧烈的后坐力，相对复杂的装弹过程，以及训练的缺乏都降低了线膛步枪的杀伤力。第26北卡罗来纳步兵团的一名士兵描述了在葛底斯堡战役中第一天使用前装式线膛枪作战时的困难情形："士兵们很难压实子弹，因为手中的推弹杆完全被汗水沾湿所以变得很滑。所有的应急办法都用上了，不过用得最多的还是把推弹杆抵在地上或石头上。"[30]1862年的夏伊洛战役，作为迪克西·格雷（Dixie Grays）部队的绅士志愿军参战的英国人亨利·M.斯坦利（Henry M. Stanley，后成为著名的记者和探险家），描述了在推进中进行精确射击有多么困难，"因为我们紧张疲惫的心境，以及当时（在行进过程中受到）的震动和刺激"。第2马里兰步兵团的医生发现，战士们"装弹时，药包掉了都不知道，甚至忘记装火帽，以至于连续往枪膛塞进半打子弹，以为自己将它们全发射出去了——绝大多数人只是装弹、开火，而没有注意到自己是否真正在射击"。[31]

在战争开始前，由于线膛枪的射程和命中率在理论上的提升，有些军事理论家预测步兵战术将出现一场革命。战斗将更快打响并覆盖到更大的范围——对20世纪战场"空荡荡"的预测——不过，虽然技术进步使得线膛枪能够在1000码的距离上保持精度，以及600码内的有效威力，但人们对它的使用还是和早前时代的滑膛枪一样，抵到相当近的距离之后才会开火。"在战斗中，普通士兵是否真正从这些技术进步中得到了好处还尚未可知，因为在拿破仑时代影响射程和命中率的因素在内战中依然存在。交火距离通常很近，士兵们不熟悉他们的武器，军官们不愿意进行不确定的远程交火……战术理论仍停留在近距离交战的理念上。"[32]

在目击者提到交战距离的113场战斗样本中，其中62%的交战距离小于等于100码，没有一场战斗的双方距离超过500码。[33]

第四章　无上荣耀，无间地狱：美国南北战争

总之，士兵被步枪射杀的原因并不是线膛步枪可以在更远的距离上更精确地命中目标，而是他们身处狭窄的杀伤域，距离敌人很近。例如，在1864年5月27日的新希望教堂（New Hope Church）战役中，谢尔曼派出哈森旅冲击一条坚固的邦联军防线。双方在狭窄的范围内发生交火，尽管哈森旅很努力，但还是无法突破。他们有约三分之一的人在那片区域——就在离叛军防线不超过15英尺的地方——或死或伤，就是没人能越过那10英尺。[34]

如果线膛步枪的射程扩大不是一个决定性因素，那么射速是不是呢？与滑膛枪相比，线膛步枪并不能以更快的速度发射子弹。将子弹沿着膛线凹槽压实需要花更长时间。一个经验丰富的士兵在战斗条件下能够用滑膛枪每分钟发射4枪，而同样情况下线膛枪可能只能射出3枪。[35]夏普斯步枪（Sharps）等后装式步枪可以将这个频率提高3倍左右。连发步枪就更多了：斯宾塞步枪（Spencer）每分钟能射20发子弹，亨利步枪（Henry）每分钟能射约50发。这些射速更快的步枪虽然对战争的未来具有重大意义，但对内战的影响有限。南军的这些武器很少（且多是缴获的，不是制造的），北军主要将它们配备给骑兵部队，在骑兵下马徒步作战时效用巨大，布福德骑兵部队在葛底斯堡战役初期的表现证明了这一点。

不管怎样，军事机构反对速射步枪的主要原因之一就是它们会增加弹药的消耗，光单发步枪造成的弹药压力就已经够大了。枪械制造商奥利弗·温彻斯特（Oliver Winchester）为连发步枪设计了一套利己但有先见之明的辩护之辞，成为之后所有美国参与的战争的一个战术现象——"弹药消耗量越大，士兵越开心"。

如果，正如我们所想，对力量的感知让人勇敢，对危险降临的察觉"使我们变成懦夫"……那么是不是可以合理地假设，这样的武器能给士兵带来足够的勇气和冷静，让他可以毫无偏差地射出他的15发子弹，远比他战栗中的对手射出的单发子弹更精准？如果为了节省弹药，导致一个士兵必须花费60秒来重新装填，让他在这60秒中成为一个无助的靶子承受来自对手的1～15发子弹——如果这是合理的，我们干吗不进一步，干脆逆技术潮流而动，让发明家们发挥他们的聪明才智用来发明一种需要双倍或更长时间才能装填的枪，然后节省双倍的弹药？在所谓节约弹药的逻辑里，减少伤亡似乎并不是一个值得考虑的因素。起码在西点军校是如此。[36]

讽刺的是，战场指挥官的任务通常是制止士兵们射击，至少在他们抵达近距离射程之前。1862年邦联军对盖恩斯工厂（Gaines's Mill）的攻击就是一个典型的例子。上级下达了一项非常危险且可能造成高伤亡的攻击任务，要求士兵"将冲锋时间缩短一半，过程中水平持握武器，不许射击。如果这些命令没有被严格执行，这次攻击可能就会失败"。队伍遭到对面的猛烈火力打击（伤亡已达1000人），但没有一个人停下回击，"也没有一步迟疑……每一刻，节奏都变得更快；当士兵们进入30码范围内……一阵疯狂的喊声伴着邦联军步枪部队的轰鸣，他们急切地展开了攻击"。[37]速度是突击战术的基石，不管是在盖恩斯工厂、帕斯尚尔（Passchendaele）还是硫黄岛（Iwo Jima），或者奥马哈海滩（Omaha Beach）。大规模正面攻击会导致许多人死亡，但如果速度足够快，那么牺牲的人数会比士兵在中途停下交火要少一些。中途停下只会让进攻方在杀伤域待的时间更长，而且无论一个掩体看起来多诱人，依然可能是致命的，正如亨利·斯坦利在夏伊洛战役中迪克西·格雷部队的攻击行动中所发现的那样：

> 继续前进……一长列北军朝我们倾泻了一场激烈的弹雨……在这场可怕的弹雨中暴露几秒钟后，我们听到了"趴下，继续射击！"的命令。在我面前是一棵倒在地上的树，直径大约15英寸，树和地面之间有一条狭长的缝隙。我们12个人冲到这个掩体后，它提供的安全感让我可以重新镇定下来。我们可以在这里战斗、思考和观察，比暴露在外好得多。但那是一段可怕的经历！加农炮咆哮着，炮弹砸在地上弹起，然后尖啸着从我们头上越过！……听着子弹不间断的砰砰、啪啪和嗡嗡声，我不得不惊恐地去想谁能在这场枪林弹雨中活下来。我可以听到子弹一下一下无情地击中树干……偶尔有某一处的子弹从树干下方穿过，钻进了战友的身体中。有个人像打哈欠一样挺起了胸，推了推我。我转向他，看到一颗子弹刺穿了他的脸，然后穿透了他的胸口。另一颗击中了一个男人的头部，他转过身，惨白的脸孔朝着天空。
>
> "太热了兄弟们！"一个士兵喊道，他大声咒骂着，让大家紧紧贴着地面，勇气渐渐丧失。他头稍抬高了一点，一颗子弹掠过树干上沿，直接正中他的额头，他脸朝地重重摔倒。但他的想法瞬间传递出去，军官们异口同声，下令冲锋。"前进！前进！"的喊声让我们爬了起

来……也改变了我们的心理状态。进攻的脉搏再次狂热地跳动起来；虽然头顶笼罩着危险，我们却没有趴在地上时那么在意了。[38]

正面攻击是件绝望的事。内战时期，对无法避免的死亡悲观的逆来顺受贯穿于许多战斗之中："每个人都看着同伴，坚定步伐，维持队形，军官们低声下达劝诫命令，很多人都知道这是他们在世上的最后一小时，但都毫不犹豫地迎向他们注定的死亡和失败。"1862年12月31日的默夫里斯伯勒战役（Murfreesboro，石河会战），肯塔基第4步兵团的L. D.杨中尉在接到布雷斯顿·布瑞格（Braxton Bragg）将军下达的自杀式攻击命令后，写下如上描述。毫无疑问，最令人心碎的坚忍画面莫过于莽原（Wilderness）之役时，一群缅因州第20步兵团的老兵看着"喷涌的烟尘……就像尘土飞扬的道路上即将降下阵雨雨滴一样"，他们拉下帽檐遮住眼睛，好像这样的遮掩能在他们即将奔赴的凶残风暴中奇迹般地庇佑他们。在弗雷德里克斯堡战役中，爱尔兰旅前往玛莉高地时因激动、狂怒而低下头颅的画面也同样令人心碎。

排成一线攻击也有自我强化的致命性，人们"肘挨着肘"移动——这终究增加了他们被击中的可能性。聚在一起的人受到同僚的强烈影响，因而更加可控，不太可能做出事关命运的自我决定："没有夸大其词，你可以确保战士们站在那儿战斗——死去——如果你把他们圈在密集的阵形中。"[39]第13印第安纳步兵团的威廉·A. 凯查姆（William A. Ketcham）描述了战斗中同伴的观点如何引导他接受死亡：

第四章 无上荣耀,无间地狱:美国南北战争

> 当我适应了战斗,将自己从血液中流窜的巨大刺激和战场的气味中解放出来,开始鉴别周围的环境,我就一直非常清楚,如果一个炮弹落点合适就能杀人或致人伤残……我知道它很可能命中我,但我总会前往指定的地点,其他人也一样,当我接到冲锋的命令,其他人开始奔跑时,我也跟着奔跑。我害怕受重伤,但更害怕我的恐惧被看穿,这在非常时刻是一股强大的支撑力量。[40]

邦联军将军约翰·戈登(John Gordon)描述了如何让敌人进入"几杆的距离内(一杆等于16.5英尺)",然后"我们的弹药在联邦军的脸上燃烧、咆哮……效果很惊人。整个交火线,除了极少数人以外,都倒在这场猛烈的攻击中"。[41]弗兰克·霍尔辛格(Frank Holsinger)回忆了安提塔姆战役中第6佐治亚步兵团是如何从围栏后起身,"在30英尺内"以"一场齐射摧毁了我们一半的队伍,兵团士气低迷"。[42]

密集射击也会给纵队行进的士兵带来毁灭性的后果,尤其是敌人排成一线攻击时。第63俄亥俄志愿步兵团的一位年轻连长记述了发生在1862年10月4日,哥林多(Corinth)战斗第二天的一场行动:

> 敌军必须经过我身前几码之外陡峭的岸边,当我看见他们仍在缓慢移动的脑袋,我跳起来说:"H连,起立。"敌人整条队列已经一览无遗,仅有30码距离了……在我前面就是三四英尺高的灌木丛,上面还剩些干枯的叶子。我拿剑砍了一下,说:"小伙子们,给他们来一次比这个

稍微高点儿的齐射。准备！瞄准！（我跳到连队中，避开他们的枪口）开火！"几秒钟内，整条战线都处于持续开火状态。

一眼看过去，连队火力摧毁了敌军纵队的正面，打击纵深几乎与我们连队的长度一样。硝烟散去后，有至少10码的混乱区域，大量身穿白色制服的敌军在地上挣扎。他们的纵队像一根卷起的绳子，末端在战栗。[43]

实际上，就像当时西点军校的重要理论家丹尼斯·哈特·马汉（Dennis Hart Mahan）在1836年表达的观点那样——战术正统观念谴责用纵队作战，因为比起线列式攻击，它为敌人提供了一个更集中的目标："在纵深很大的队列中，部队很容易由于行动不一致挤成一团；只有排头兵可以作战……火炮会带来最可怕的破坏。"[44]纵队还有其他缺点，比如在拿破仑战争中，法军纵队发觉它只能为步枪展开很小的"攻击面"，大部分士兵都被困在队伍里无法射击。

在大规模牺牲的阵线中，正面攻击的自杀式血拼是与大多数士兵的"软弱无能"对立的。杀死一个人需要很多子弹。战争双方的士兵大多没有经验，而这些士兵会下意识地挥霍子弹，不管有没有达到效果。美国第19有色人种步兵团（Nineteenth US Colored Infantry）的弗兰克·霍尔辛格上尉观察到：

一旦有人开枪，人们自然就认为有人被打中了。然而他们很快发现，100次中有99次都打偏了，唯一被干掉的就是火药！战斗中的整条阵线（无经验的部队）都朝着推进的攻击线开火却没造成任何明显伤害，这并不罕见。他

第四章　无上荣耀，无间地狱：美国南北战争

们好奇人们是如何忍受这样的遭遇的，除了开枪时的巨大噪声，他们确实没有造成任何破坏。意图指明在战斗中杀死一个士兵需要多少火力或许有些狂妄，但我经常听说这样一句话，杀死一个人需要跟他体重等量的子弹。[45]

默夫里斯伯勒战役的一名联邦军官，W. F. 辛曼（W. F. Hinman）上尉叙述了一次远距离的遭遇战：

不过半小时，我们就招来了敌人的骑兵。双方立刻开始交火，并持续了一整天。散兵线上的连队一直很忙，但由于很少有人受伤，他们觉得这是一个不错的行动……虽然射击就像独立纪念日的齐射一样无害，但它产生了很大的噪声。我们的散兵在不停地连续射击，并从一名被杀死的叛军尸体上跨过。当天射出的子弹足以摧毁布瑞格的半数部队。[46]

邦联军军官 I. 赫尔曼（I. Herman）发现大部分步兵在任何距离的遭遇战中都会耗光他们分配的弹药。5000人可以在数小时内轻松消耗掉20万发子弹（平均每人40发），而以他的经验，杀死一个敌人需要400发子弹。罗森克兰斯（Rosencrans）将军估计，默夫里斯伯勒战役中，每145次射击只能造成一人伤亡（还并不一定致命）。[47] 难怪詹姆斯·朗斯特里特（James Longstreet）对他经验不足的部队说，虽然"战斗中激烈的噪声很可怕，好像会造成全面破坏，但它其实并没有看上去那么厉害，几乎少有士兵死亡……即使在最强大的火力下，官兵们也要保持镇定的举止，控制自己的脾气"。[48]

邦联军步兵乔治·尼斯（George Neese）震惊地发现这么多人能够毫发无损地走出风暴，而他"无法理解像今天这样，战线上的人在几个小时内朝对方不停地开火，（居然）仅有少数几人伤亡，因为当杰克逊的步兵团从战线前方硝烟弥漫、地狱般的浅滩上出现时，整个团看上去跟战斗前一样完整"。[49]透过"玫瑰色"（乐观）的望远镜看伤亡，我们发现在葛底斯堡，这场就死伤总人数而言最血腥的内战战役，81%的联邦军和76%的邦联军毫发无损地度过了这三天。但通过其他更有"血色"的镜头来看，我们发现战斗中五分之一的联邦军和四分之一的邦联军或死或伤，而联邦军和邦联军的死亡率分别是三十分之一和十五分之一。[50]

尽管步枪射击不太精准，但它是导致南北战争绝大多数死亡的主因。联邦军军医查尔斯·约翰逊（Charles Johnson）声称："我认为枪伤的出现频率是其他所有伤口的五倍。接下来是榴弹（shell）伤，再然后是葡萄弹和榴霰弹。我从未见过刺刀造成的伤口，仅有一例是由刀剑造成的。"[51]在美国陆军军医处处长（surgeon general of the US Army）的主持下完成，并于1870年至1888年间陆续出版的6卷本《叛乱战争的医疗外科史》(The Medical and Surgical History of the War of the Rebellion)一书中收录了邦联军和联邦军双方的数据。在战争期间接受治疗的246 712起伤患中，绝大部分（超过231 000起）是由小型武器造成的。接下来是火炮带来的伤口（13 518起），紧跟着是极少的（922起）刺刀伤。显然这一统计无法涵盖那些直接死于战场的情况，但其中的比例至少从某种程度上反映出士兵最可能的死因。伤口的部位也说明了一个问题。《医疗外科史》中记录的大部分伤口（超过70%）都位于手臂和腿部。这并不难理解，这些部位受伤不像其他部位那么致命，因此大量出现在伤口数据中，尽管后面的截肢很可能引起死亡。一组54人的截肢者中，32人（60%）在术后死亡。[52]

出现在面部、头部和颈部的伤口比例（10.7%）较小，躯干部位的伤口也仅有18.4%，这不奇怪，因为被击中这些部位的人往往当场毙命，因此不会被记录在伤口的统计数据中。正如查尔斯·约翰逊观察到的那样：

> 当米尼弹击中骨头时，几乎都会引起附近相连的骨骼结构的断裂和粉碎，不太可能只留下子弹大小的圆形贯穿伤口。当子弹击中的是关节部位时，后果尤其严重……腹部和头部的伤口也是如此，当然后果更加严重。事实上，腹部和头部受伤后恢复的例子鲜有发生。内战医生的一个主要任务就是清除子弹，在这个过程中会不可避免地因为双手和器械不干净引发伤口感染。
>
> 当我们连队的威廉·M.考尔比（William M. Colby）上尉从前线被送到分部的医院时，已经处于昏迷状态，一颗子弹从枕骨（头骨的底部）上半部穿进了他的头部。我们的外科医生干的第一件事就是把整根食指插进伤口，连普通的清洗都没有做。然后他又用一根不干净的检弹探针伸进伤口。患者在一两天后便死去了。[53]

然而，有些人还是奇迹般地活了下来。第12马萨诸塞步兵团（Twelfth Massachusetts Infantry）的下士埃德森·D.比米斯（Edson D. Bemis）在安提塔姆被击中左肘，在莽原之役再次中弹，然后在战争快要结束时，又被子弹射穿左侧太阳穴，当他被送到医院时，脑部组织已经从伤口渗出。但在子弹被移除后，他开始恢复，到了1870年，他异常平静地写道："我依然活在世上……（尽管）我的记忆受到了影响，我的听力也没有受伤之前那么好了。"[54]

头部中弹通常是致命的，而身体上的伤口却可能出乎意料地无害。美国密歇根第7骑兵团（US Seventh Michigan cavalryman）的A. B. 艾沙姆（A. B. Isham）记录道："枪伤的第一感觉不是疼痛。而是单纯的一击，没有不适，只有一种特殊的麻刺感，就像伤口周围轻微触电。很快就会有明显的麻木感，覆盖了伤口周围大块区域。"另一名士兵则记得："没有剧烈疼痛，甚至没有明显的冲击，只是在那一瞬间就意识到自己被击中了；然后我开始呼吸困难，带着像咆哮一样的声音。"[55]有一名士兵回忆道，目睹受致命伤的伙伴脸上的表情——"一脸悲痛的惊愕"——是一种可怕的经历。还有一名士兵描述了同伴被击中头部的感受："（他）以一种受到致命伤害后特殊的、难以形容的方式痉挛着。我永远忘不了那个恳求的表情，无言却满脸哀求。"[56]

纵观历史，部队及其战场军官都陷入了一种糟糕的两难之境：一方面，他们需要遵从残酷的宏观战术（尤其是对准备充分的防御工事发起正面攻击），这样做十有八九会造成大量死亡；另一方面，临时修改局部战术，对任务做出妥协或许可以挽救他们的生命，却不能被领导们看到。正面攻击的可怕经历催生出了一些将在一战中反复出现的补偿策略，比如众所周知的战壕，随着战争的持续，攻击部队也从大规模作战变得更灵活、分散，并成为一战战斗的主要特征。持续不断的小冲突和快速攻击变得越来越频繁。1864年5月的斯波齐尔韦尼亚，新罕布什尔第20步兵团开战前补充的549人中有338人伤亡（其中阵亡者比例达到惊人的30%）。一位观察员注意到，"最后一个半小时的可怕经历给他们上了一课，每个人都开始躲在树后面射击"。[57] 此战中的联邦军士兵查尔斯·W. 巴丁（Charles W. Bardeen）解释了战术问题："我所在的重炮旅首次参加战斗便被命令夺回一辆辎重列车。之前将军让他的人排成了坚实的正面阵形，穿过树林发起冲锋……邦联军的子弹百发百中，死去的人在地上铺了厚厚一层；我帮着埋了……超过100人。那5000人甚至没能夺取列车。然后我们可怜的、一共不到1200人的重炮旅急速行军，借着茂密森林的掩护迅速登上了火车，几乎没有损失一个人。"[58]

邦联军的战术不能仅从英勇且自杀式的正面攻击这个角度去看待。如果任其自行发展，只要能增加存活的希望，人就会随机应变，尤其是在还能同时减少对手存活机会的情况下。约翰·W. 德福雷斯特（John W. DeForest）上尉在一段忠实但偏小说化的叙述中，记录了他的叛军对手如何"比我们的人更会瞄准，他们更加谨慎、有效地掩护自己（有需要的话）；他们可以一窝蜂地移动，不关心队形或肘部接触（'肘部接触'是刺刀攻击前进时所规定的严格标准）。简言之，比起我们，他们战斗时更像印第安人或猎人"。[59]

南北战争时期的炮兵和其主要攻击对象——步兵之间存在着一种寄生关系。虽然器械技术上有许多创新——尤其是线膛炮和爆炸弹——但主要杀伤方式还是和黑火药时期一样，主要靠实心弹，不管是多发霰弹还是单个巨型加农炮弹。火炮要发挥威力，还需要步兵们的配合。枪支尽情收割着那些在正面攻击中因战术传统排成间隔紧密的大规模作战阵形的肘挨着肘的士兵，而火炮则尽情地在近距离吞噬着生命。第一次布尔溪（马纳萨斯）战役时，第2威斯康星步兵团（Second Wisconsin Infantry）的查尔斯·切尼（Charles Cheney）尝试描述了近距离遭遇炮击的感受："除了那些目击者没人能知道……在我视野所及之内有几百人被杀；有些人的脑袋被炮弹从肩膀上击落，有人被炸成两半……有人被射穿了腿和手臂……炮弹像冰雹一样（落下来）。"[60]

"被子弹打死是可怕的，"一个第14印第安纳步兵团的士兵写道，"但目睹有人在你身边被葡萄弹击中，脑浆迸出，还有人被尖啸的炮弹切断身体也是真的很骇人。"霰弹的小弹丸肯定比普通实心弹或爆炸弹造成了更多死亡，但它们没有炮弹那种骇人的气势："人或野兽被那些可怕的东西击中的样子很可怜。"[61]雷鸣般的轰响会强化实心弹的"震慑效应"，打击士气与杀伤力同样重要："死人不会跑向后方散布恐惧并打击士气。"[62]

双方的大多数火炮都是老式的滑膛炮——它被巧妙地命名为"12磅拿破仑"，是1857年的型号，可发射直径4.62英寸的炮弹，是战争中的主力。北方有更多线膛炮，如帕洛特炮（Parrott），这些武器的射击精度更高，让它们在反炮兵战中有了一定优势。曾经有个关于火炮狙击的极佳例子，在1864年6月14日的派恩芒廷（Pine Mountain）战役中，邦联军将军利奥尼达斯·波克（Leonidas Polk）被一枚精确瞄准的哈奇开斯（hotchkiss）线膛炮炮弹击中，几乎被劈成两半。跟步枪一样，炮弹的杀伤力更多取决于发射数量和距离，而不是命中率。简单朴实的滑膛加农炮才是内战战场上的杂食野兽。比起线膛炮，滑膛炮可以更快速地进行装填，并且可以更方便地将实心弹替换成霰弹。

攻击方步兵需要穿过三个明显的火炮杀伤域。

第四章　无上荣耀，无间地狱：美国南北战争

区域一：如果他们在距离敌人加农炮1500码（发起进攻时常见的距离）处发起冲锋，在最初的850码里（正常速度下需要10分钟时间），可能受到碰炸引信炮弹或类似榴霰弹的球形炮弹的攻击，前者会在地面爆炸（也可能不会，这取决于引信的可靠性和地面的柔软度），后者会在进攻部队的上空爆炸，射出弹壳碎片以及70多个铁球。在这段时间里，敌方火炮可以齐射15～20次。第一批伤亡开始出现，虽然数量不是很多。炮兵们的难题是引信太粗糙，爆炸不一定如预测的那样准确，当目标高速前进时技术难度就更大了。为了最大化杀伤效果，球形炮弹需要在目标前方75码、上空15～20英尺处爆炸，这对当时的技术来说是个挑战。

区域二：步兵会以更快的速度穿过接下来的300码，而在这差不多三分半的时间里，防守方的火炮可以齐射七次，在接近的部队里犁出一道道沟壑。在进攻方距防线350码时，炮兵迅速将实心弹换成霰弹。在接下来的250码中进攻方以双倍速度前进，其间将承受对方火炮的九次齐射（对实心弹来说，每分钟射出2发是合理的，相比之下霰弹可以每分钟射出3发）。[63]

区域三：对那些徒步的进攻者来说，全面冲锋还剩下最后可怕的100码，需要30秒时间，这段时间足够炮手在直瞄距离上发射一次霰弹。[64]如果当时情况对防守方来说特别棘手，火炮可能会发动"双倍装填"——一次发射两枚霰弹。

死于火炮的内战士兵最有可能在近距离被击杀，即被霰弹击中。而远距离射击的杀伤力相对弱一些，尽管在葛底斯堡战役第三天，从联邦军阵中心射向邦联军的炮火也造成了大量的伤亡。英国观察员亚瑟·弗里曼特尔（Arthur Fremantle）当时与李的部队在一起，他注意到有大量士兵在神学院岭（Seminary Ridge）的树林

中受到联邦军从一英里外墓园岭（Cemetery Ridge）上发动的炮击。"我骑马穿过树林……越深入就看到越多的伤兵。最后我来到了伤兵聚集的地方……数量和中午时刻牛津街的路人一样多。"[65]相比之下，邦联军在葛底斯堡战役第三天时朝联邦军阵中心发起的火力准备虽然动用了超过150多门大炮，但仍然失败了。它对联邦军步兵并没有产生多大影响，因为墓园岭上的壁垒和地形为他们提供了掩蔽。另外，由于联邦军炮兵灵活熟练的操纵，炮轰也没能压制联邦军的大炮，这些大炮很快就被重新装填好并将对攻击方造成可怕的伤亡。一名联邦军炮兵嘲讽了邦联军的炮轰："如果把它看成一场烟火表演，叛军的实践倒挺成功的；但如果这是一场军事行动，那它就成了本季度最大的骗局。"[66]

在某些方面，葛底斯堡战役第三天的战斗进程是对一战战斗的一次令人心寒的预演：攻击方用火炮掩护来压制防御方，但是失败了；大规模的攻击方部队井然有序地穿过无人区幽深的杀戮之地，在这里他们很容易受到榴霰弹攻击，还有密集的防御火力在近距离摧毁他们。一位联邦军的目击者描述了攻击者们是如何被卷入毁灭旋涡的："我们的散兵在前线开火，战斗后撤回主线部队……然后是我们的炮声，首先是阿诺德部队的，接着是库欣和伍德拉夫还有其他部队的，在空中回响，他们轰鸣的炮弹重击了敌军……我们所有宝贵的火炮都派上了用场，而且随着射程越来越近，他们换上了榴霰弹，又换上了霰弹，但敌人顽强的战线仍然继续推进，没有丝毫犹豫和踌躇。"[67]第8弗吉尼亚步兵团的一个二等兵回想起炮轰的可怕强度，那场反击是从山脊之间的山谷半路开始的："当领头的纵队穿过了半个山谷，便出现了一股仿佛要让人窒息的葡萄弹和霰弹风暴，让整个兵团弯腰低下身子，就像在狂暴冰雹中奔跑的人。"[68]第1纽约独立炮兵部队（First New York Independent Battery）的上尉安德鲁·考恩（Andrew Cowan）记述了在20码距离上用霰弹击中邦联军的情形："我的最后一次攻击（双倍装填）直接清空了我前方的敌军。"[69]

南北战争中第一位和最后一位战死的将级军官都来自南方阵营，分别是于1861年7月13日的克里克浅滩战中被一颗米尼弹头击中的准将罗伯特·S.加内特，以及在1865年4月16日的佐治亚州泰勒堡被一名神枪手射杀的准将罗伯特·C.泰勒。无论普通士兵还是军官，南方军的死亡比例都更高于北军。一种解释是，与北方相比，邦联军军官与士兵的比例更高。托马斯·利弗莫尔分析的48场战斗中，邦联军部队中的军官比例在6.5%～11%之间；而联邦军方面这个比例在4%～7%之间。[70]

其他解释则可以追溯到南北方之间的文化差异。南方军军官阶层中，存在着多种文化血脉的交融。受到沃尔特·斯科特爵士（Sir Walter Scott）等人的中世纪浪漫主义的启发，南方绅士军官身上颇有"骑士"精神，这种精神又极为受欢迎。[71]劲头十足的南方青年们拥护骑士的骄傲，急于求成，为了赢得荣耀，可以毫不犹豫地让自己置身险境或夺走他人性命。一个南方的旅者记录道："残暴的卑鄙和残酷的舆论（注定）使年轻人在受到挑战时必须迎战。他们必须战斗，不是你死就是我亡，而这种罪行在法律上几乎轻到不值一提。"[72]

相反，北方军官被南方人视作机会主义者、战争生意人。正如一位邦联方的日记作者所说："这是一场清教徒和骑士之间的战争"——如火的凯尔特人对阵无趣的盎格鲁–撒克逊人。[73]

虽然这番言论大部分都是胡说八道，但对过去和当下仍陶醉于迪克西情结（Dixiephilia）的南方怀旧主义者来说，这种胡说让人沉迷。归根结底，这些论点都是为了解释邦联军军官更高的死亡率。

然而基本事实是，南北方军官享有同一套准则，使他们高度遵守承诺，承担了极大的风险。联邦军队中军官与士兵的比例是1∶28，而战斗中死亡军官与士兵的比例是1∶17。在夏伊洛战役中，21.3%的联邦军军官伤亡，而伤亡士兵的比例是17.9%，葛底斯堡战役的官兵伤亡比例分别是27%和21%。[74]

任何人，即便是最高级别的军官，也无法避免死亡的风险——战争双方有大量将官在战斗中被杀。联邦军方面有67名将官（包括11名少将）死在战场上或因伤致死。55%（425人中的235人）的邦联军将官伤亡，其中73名[*]死亡，包括3名中将、6名少将，还有1名军团司令——死在夏伊洛的A.S.约翰斯顿（A. S. Johnston）。而这73人中又有54人（74%）死于率军攻击的时候。[75]仅在1863年4月田纳西富兰克林的一场战斗中，就有5名邦联军将官死于战场，1名之后因伤而亡。[76]在葛底斯堡战役中，7名联邦军将官（包括那些名誉晋升的）和5名邦联军将官战死或因在战场受伤而丧命。[77]

认为牺牲精神仅仅是邦联军军官团的特性，则对北军有失公允。"邦联国的忠诚准则，就像过去凯尔特人的信仰一样，它要求

---

[*] 根据威廉·F. 福克斯《美国南北战争中的兵团损失：1861～1865》。格雷迪·麦克威尼（Grady MacWhiney）和佩里·D. 贾米森（Perry D. Jamieson）《进攻与死亡：南北战争中的军事策略和南方遗产》(*Attack and Die: Civil War Military Tactics and the Southern Heritage*, Tuscaloosa: University of Alabama Press, 1982, 14)。杰拉尔德·F. 林德曼（Gerald F. Linderman）《四面楚歌的勇气：美国南北战争中的战斗经验》(*Embattled Courage: The Experience of Combat in the American Civil War*, New York: Free Press, 1987, 22)。

军官们带领属下进入战斗……邦联军上校乔治·葛林费尔（George Grenfell）告诉一个外国人，'军官在邦联军士兵中赢得影响力的唯一方法不惧就是他自己在战火中的一举一动。在行动中为士兵们树立临危不惧的榜样，就能让他们非常尊重你'。"[78]同样的特性其实也适用于北方军。

面对死亡漫不经心的态度不管在哪一方的军官阶层中都受到高度尊崇，且都有许多临危不惧的事迹。实际上，乔治·卡斯特（George Custer）等人喜欢通过带着部属在炮火下散步来测试他们，以"近乎虐待的方式将领导者的勇气强加给他人"。任何畏缩的人都会受到他无情的嘲讽。联邦军骑兵将军阿尔弗雷德·托伯特（Alfred Torbert）也坚持拖着他的下属上前线巡视（他的首席医官就是在这样的一次外出行程中丧生）。邦联军方面，D. H.希尔则喜欢用吸引敌方的注意来"款待"部下。[79]格兰特（虽然没有卡斯特、托伯特和希尔这么夸张）也和手下一起在夏伊洛的战火中表现得异常镇定。利安德·史迪威（Leander Stillwell）看见他"骑着马，当然是在下属的陪同下，正在亲自巡视部队。他骑马疾驰，带领着下属从我们和炮兵之间穿过。炮兵非常忙碌，各种炮弹飕飕飞过头顶上空，切断树枝，但格兰特骑马穿过，完全无动于衷，似乎一点儿也不在意那些炮弹，就好像它们是纸糊的一样"。[80]

这样的展示虽然有时被自负和炫耀抹了黑，却有一个实际用途——不管是让人们心甘情愿地效仿还是通过羞辱迫使人们勉强去模仿——它能让人们去战斗。邦联军少将理查德·泰勒（Richard Taylor，总统扎卡里·泰勒之子，一位极具天赋的战术家），曾指挥过一支新兵部队，他们当时试图解救被围困的维克斯堡（Vicksburg），却被炮弹轰得缩在临时胸墙中。他意识到"必须给这些人鼓舞一些士气。于是我爬上防壁，卷了根烟，用打火机点燃它后，我便吸着烟来回走动。前线附近有一棵枝杈横生的矮树，一名叫布拉德福德的年轻军官打算爬上去，寻找视野更开阔的地点。我把望远镜递给他，尽管子弹打掉了树枝，这个勇敢的年轻人仍然安安静静地坐在树上，好像坐在炉角一样。这些举动……给了新兵信心，他们开始不再瑟缩"。[81]

但这往往需要付出代价。在奇克莫加（Chickamauga）战败之后，一名联邦军军官拼命试图阻止撤退，便"故意站上钢轨桩，站得笔直，暴露无遗，直到他的人聚集在他周围。他这样站了好几个小时"，直到被杀。[82] 与下属相比，一名军官面临着更大的死亡风险，他必须接受——以这样或那样的方式。宿命论可能对此有些帮助。第8亚拉巴马步兵团上校希拉里·A.赫伯特（Hilary A. Herbert，在莽原之役中受伤，战后任海军部长），曾被人问到是否考虑过在战场上太显眼会导致自己被杀的风险大增：

> 当然会经常想。但你为什么这么问？
> 呃，因为你从未提起过，而且你暴露自己的方式……很不顾一切，所以我猜你可能觉得自己没有死亡的危险。
> 哦，不……我知道步兵上校的这个（死亡的）概率……一个尽职尽责的上校，很可能被杀死或受到重创。我……只是下决心抓住机会……这就是一切。[83]

还有一种动力完全（与前面提到的）不同，那就是单纯的野心。整部战争历史中，战争之神一直在抛他的硬币：反面是死亡，正面是升迁。在斯波齐尔韦尼亚战役期间，缪尔舒突出部（Mule

Shoe salient）发生了可怕的"血腥之角"（Bloody Angle）战斗，朱巴尔·厄尔利（Jubal Early）部队的准将艾伯纳·M.佩兰（Abner M. Perrin）严肃地宣布："在这场战斗之后，我要么活着成为少将，要么以准将身份死去。"他被一阵弹雨射杀。[84]姿态很重要。很多关于面对死亡的描述都修辞华丽，比如一位路易斯安那上尉的表现——炮兵罗伯特·斯泰尔斯（Robert Stiles）记述了一名被炮弹炸断整条左臂的军官，如何调转马头让手下看到那可怕的伤口，还得意地说："伙计们坚持住，我去去就回。"走出众人视线之后，他才"善解人意"地从马上摔下死去。[85]

然而对有些人来说，无论是斯多葛主义还是军衔带来的责任都无法让他们克服死亡的恐惧。在斯波齐尔韦尼亚战役中，一位联邦军军官被发现藏在了树干后面。他"从背心口袋里取出一个弹药盒，用强健的大白牙撕开纸盒，将火药粉倒在右掌中，吐了口口水，然后先是快速环视四周看有没有人看到他，接下来把润湿的火药擦在脸上和手上，为自己炮制了一套征尘满面的战争油彩。一转眼，他就从一个躲在树后畏缩的懦夫变成了一位精疲力竭、正稍事休息的勇士"。[86]

"人们上战场不是杀人就是被杀……不该指望流露任何慈悲。"威廉·特库姆塞·谢尔曼（William Tecumseh Sherman）将军这样说。在战斗中高级军官与死亡还有另一层亲密关系——他们是死亡的发起人。有些人对于自己促成的屠杀显得很坚定（至少表面如此）。例如，谢尔曼能够以一种超然的姿态认识战争的恐怖。在第一次布尔溪（马纳萨斯）战役后，他曾说："当我第一次看到战斗中的大屠杀，士兵以各种可能的姿势躺在地上，带着累累伤痕；但这些并未给我留下深刻印象，"因为他知道，"战争就是通过死亡和屠杀来达到目的的。"[87]亚特兰大战役（Atlanta campaign）期间，他甚至做出一副自得的冷酷姿态，说道："我开始把成千上万的死伤看淡，只将其当作急急忙忙的早晨一般。"[88]

尤里塞斯·格兰特（Ulysses Grant）对于自己精心策划的死亡并非麻木不仁，但他压抑了自己的怜悯之心，或许是出于自我保护。在维克斯堡战役期间冠军山（Champion's Hill）的血腥战斗之后，他写道："在激烈的战斗中，人们可以十分镇定地看着千千万万的敌人被击倒；但战斗结束之后，这些场景就会让人痛苦，而且人们会自然而然地想要缓解敌人的苦难，就像对待朋友那样。"[89]但他必须坚定内心，明白"从未计较死亡"的那一方将夺取最终胜利。在邦联方面，李可能会为自己造成的人员伤亡而深受影响，正如他得知皮克特（Pickett）-佩蒂格鲁（Pettigrew）-特伦布尔（Trimball）在葛底斯堡第三天袭击失败后表现出的痛苦一样。而"石墙"杰克逊（Stonewall Jackson）在看待其下属的死亡方面则采用了克伦威尔式的严厉态度。他正在做上帝的工作，这免除了他的一切责任。"他丝毫不看重人命，"乔治·皮克特（George Pickett）这样描述杰克逊，"除了祈祷之外，他对任何事都不会有对战斗那么上心。"[90]杰克逊曾经十分冷静地审视了自己的死亡，丝毫不受影响。"他连一块肌肉都没有颤抖，"邦联军炮兵罗伯特·斯泰尔斯记述道，"可谓专注的典范——泰然自若而又令人无法抗拒。"[91]一名军官曾反抗杰克逊的命令，认为这等同自杀："我的团会被彻底歼灭。"杰克逊反击道："上校，尽你应尽的职责。照顾伤员、安葬死者的事情我已经安排好了。"[92]

有些将领则会对自己的慈悲之心无可奈何。乔治·麦克莱伦（George McClellan）深受谴责的折磨："我厌倦了战场那令人作呕的景象，残肢断臂，可怜的痛苦的伤员！以如此代价换取的胜利对我来说没有任何吸引力。当一切结束时，我会非常高兴。"[93]他还说过："每一个死亡或受伤的可怜人都困扰着我！……我已竭尽全力去挽救尽可能多的生命。"[94]他最大限度减少伤亡的态度让他赢得了下属的喜爱。只是官场上的领导或许不太喜欢他，因为他们需要赢得战争的胜利，也需要性格更坚强的部下去实现它。

那么普通士兵又如何看待战场上的死亡？有两种观念在互相较量。一方面，死亡是高尚、英勇的，被牺牲所救赎，肉体的安息就如存在的证据；另一方面，死亡又存在无法挽回、毫无意义的浪费，肉体上的残缺远远超出了情绪能修复的范围。当然那是一个信仰宗教的年代，而且南方（其军队会定期被狂热的复古主义席卷）比北方更甚。对双方而言，宗教都提供了绝大部分慰藉——尽管不是全部——用于抵抗恐惧。还有很多人发现，酒精比宗教更能使他们与死亡达成和解。与死亡的第一次接触就像脸上挨了一巴掌。在夏伊洛战役的第二天，一个联邦军士兵记录下了这种冲击：

> 我们看到的一个战死的士兵倒在了路边，我们的大炮碾碎了他的四肢，使他陷入了泥潭。他躺在地上鲜血淋漓、令人作呕，他的蓝色制服碎片是现场留下的唯一证据，证明这里曾有一名英雄死去。面对这副惨状，我身边那些强壮的同伴也不禁心中恻然……他旁边躺着一个清瘦的叛军男孩——他的脸埋在泥里，他棕色的头发漂在泥水中。然后是一个死去的少校，再接着是一个上校，然后是

让人遗憾的华莱士（W. H. L.华莱士将军，三天后因伤死亡），虽然还活着，但不久就凄惨地死去了。早晨灰色的薄雾给死者的脸上笼罩了一层幽灵般的青白色。夜雨中垂下的乱发，曾充满激情的扭曲面孔，无情瞪视的双眼，发紫的嘴唇，白花花的牙齿……对新兵来说，也许再没有比在这种环境下进入战场更能让人失去勇气的了。所有的一切都令人沮丧，全无振奋之处，虽然决心还写在他们苍白的脸上。[95]

死亡来临的速度之快可能令人吃惊。利安德·史迪威永远不会忘记："第一次在战斗中看见人被杀的感觉太糟糕了……我盯着他的尸体，惊恐万分！几秒钟前那个男人还好好地活着，现在他倒在地上，永远起不来了！"[96]看到一个人如此迅速地变得毫无生气，史迪威呆住了。作家威廉·迪恩·豪威尔斯（William Dean Howells）也曾描写过这种被称为战场的"绝对"死亡所带来的存在主义冲击。这是一种精神上的摧毁："看到这些被其他人所杀死的人，某种东西从他身上消失了，永远也找不回来了，这本是他一直以来习惯的一切：生命的神圣感，（本该）没有什么能摧毁它。"[97]联邦军骑兵查尔斯·韦勒（Charles Weller）回想奇克莫加战役时带着绝望："现在一个人的命值多少钱！基本什么也不是！他倒下了，除了与他最亲近的朋友，大家都不会记住他。"第6艾奥瓦步兵团的一名士兵反映了和韦勒一样的情绪：战争迫使他"以真正的价值来衡量生命——那真是一文不值"。[98]

对抗这种虚无的办法主要有两种。一种是给死亡赋予宗教和爱国意义，它将终结和无意义的行为转化为被爱国主义的高贵精神和基督徒的牺牲精神神圣化的行为。死者逝世后会前往一个更美好的世界,不但从现世生命的庸俗中解脱出来,而且获得了神圣的来世福报。"石墙"杰克逊的遗言便是对上述观点的动情呼唤:"让我们穿过河流,在树荫下休憩。"[99]一个忠诚的邦联军军人在葛底斯堡战役的最后一搏中被击中,他的一位战友描述了"一场可怕的交火如何爆发,轰鸣声、火光、撞击……(以及)躺在那里的同伴……四肢被折成三段,伤势沉重,天灵盖被炸掉了,脑仁掉了出来"。但不管这有多可怕,都能获得救赎,因为"一辆战车和火焰战马将他送上了天堂"。[100]一位护士写信给阵亡战士的母亲,说他"已经意识到自己的死亡……他并不害怕反而愿意赴死……他会过得更好"。[101]那个时代对体面的死亡——死亡的艺术——有着狂热的崇拜。许多流行文学和艺术都致力于这一主题,不可避免地产生了很多黄丝带(亲人离散后求助的标志)题材的作品。联邦军士兵约瑟夫·霍普金斯·特威切尔(Joseph Hopkins Twichell)不是待在家里(远离战场)的心软之人。在1862年的半岛战役期间,他见过"一场可怕的梦魇……说起来实在太可怜……仿佛世界都会因为它的惨状而停止",他将这些(记忆)转化为了这一时期的多愁善感:

他们被抛下!
我们转身走了。
我们朝前迈进,而他们永远停留,
直到最后一天的号角声响起。
再见!再见!
他们被抛下!

那些强壮、勇敢的年轻人，

叹息的松树在他们的墓地上温柔地哀悼，

静默，夏日的枝条挥动着哀伤，

再见！亲爱的朋友！

他们被抛下！

安慰！我们沉重的灵魂！

他们的战斗呼声永远向前，

直到上帝的自由集聚在天极！

再见！永别了！[102]

处理战斗中死亡的另一种方式是拥抱和陶醉于虚无主义，通过桀骜地拒绝神圣化死亡来消解它。源于经验的犬儒主义成为向命运竖中指的一种方式。邦联军上校查尔斯·温莱特（Charles Wainwright）报告说，当一个受致命伤的男子绊倒他时，他"毫无触动，和因为绊到一个树桩而摔倒没什么两样。即便他是我的兄弟，我也不觉得会有什么不同"。[103]一个邦联军士兵描述了"我们如何在敌人尸体的环绕中下厨，吃饭，交谈，大笑，仿佛他们只是一群肥猪"。[104]一个联邦军士兵有同样的感受："我们并不介意视线中的死人，他们就像是死猪一样……叛军躺在战场，肿胀得像马一样大，又像黑鬼一样乌黑，小伙们越过他们，搜他们的口袋……全不在意……我遇到一个胀大的邦联士兵，黑得像黑人的屁股一样，一开始吓了我一跳，但我停了下来看看他剩下什么，但他也被'照顾'过了，于是我继续高兴地走在路上。"[105]人类的灵魂在不断接触死亡中被淬炼："在习惯了那些可能让其他普通人都心生不适的场景后，我们的人很快变得心硬了，很少给那些不幸被击中的人一丝怜悯。人类可以习惯一切。每天看到的鲜血和破败的尸体麻痹了他们的感官，也几乎抹去了他们心中所有的爱和同情。"[106]

对于许多"心硬如铁"的士兵来说，牧师就是军队机构受人鄙视的代表，他们的任务是让人们相信战斗中死亡的高尚。艾伯纳·斯莫尔（Abner Small）记述了联邦军牧师是如何在钱斯勒斯维尔（Chancellorsville）战役前"在呼吁中大谈爱国主义，用灼热的词采描绘死者获得的荣耀，并授予幸存英雄们晋升纹章"。突然，敌人的炮弹开始轰炸："战马的喧腾和军官们大声喊出的命令几乎都被人们的喊声和大笑声淹没了，因为勇敢的牧师们疯了一样地逃向后方的石墙、篱笆和壕沟，帽子和书都没了，大衣后摆在风中飘荡，人们在他们身后嬉笑着大声劝告：'挺住！相信主！'"[107] 对于那些在安逸的平民世界中摇旗呐喊的人，被战争淬炼过的士兵会非常愿意刺破他们的爱国主义泡沫："我们现在做的不多，"联邦军士兵弗朗西斯·阿马萨·沃克（Francis Amasa Walker）写道，他预测会有下一次攻击，"不过希望在几天之后我们如往常一样的沦陷场景能满足公众的口味——我们中40%的人将被击倒。"[108]

被杀死的风险一直存在，不可避免地使一些人精神错乱，在绝望之中寻求有图腾力量的世俗之物，想获得另一种魔法的保护。C.欧文·沃克（C. Irvine Walker）上校叙述了一个曾因怯懦表现受到训斥的邦联军二等兵如何重拾勇气，"他把步枪扛在肩上，又在身前举着一口平底锅"。他往前进，仿佛从平底锅走向火焰一样，直至最后牺牲。[109]

但对其他人而言，死亡风险增强了生命力，让感官变得更加敏锐、反应更加激烈。恐惧被兴奋引起的肾上腺素激增取代。联邦军步兵莱斯·C.布尔（Rice C. Bull）描述了钱斯勒斯维尔战役中，当邦联军攻击者终于进入射程时发生的转变："我们大多数人……都没有开枪，直到看见了烟雾——表明他们已经来到山脊上，然后每一支枪都开火了。我们都尽可能迅速地装填、开火。很快，开战时的紧张和恐惧消失了，取而代之的是一种无畏和愤怒的情绪。"[110]在安提塔姆（夏普斯堡）时，上尉弗兰克·霍尔辛格也感受到了类似的兴奋："我们往前冲。我们欢呼，陷入狂喜之中。虽然炮弹依然在轰鸣，米尼弹依然在凶狠地嘶嘶作响，但我却觉得这是我生命中的巅峰时刻之一。"[111]少校詹姆斯·A.康诺利（James A. Connolly）描述了挑战死亡的纯粹喜悦。在琼斯伯勒（Jonesboro）战役期间，他的部队成功攻陷了邦联军防御工事，这是1864年亚特兰大战役中的最后一次此类行动。行动过后的他说："我本可以躺在血迹斑斑的草地上，在垂死和已死的人中间喜极而泣。我无法用言语表达胜利时刻的狂喜，但我知道那一刻人会觉得这种喜悦值得上百个人冒着生命危险去实现。在家里的人会读到关于这场战斗的消息，并为我们的胜利感到高兴，但他们永远也无法和我们感同身受，在战场的硝烟、鲜血、活生生的恐惧和巨大的胜利中间站立着，兴奋到颤抖。"[112]

获得感官上的愉悦——在死人堆中吃吃喝喝、抽烟睡觉虽然看上去很奇怪，但确实是一种对生存的确认。安提塔姆（夏普斯堡）战役过后，联邦军部队露宿在邦联军死者中间。"很多尸体发乌，跟黑人一样，"大卫·亨特·斯特罗瑟（David Hunter Strother）记述道，"头脸胀得吓人，身上蒙着尘土，看上去像土块。他们在进攻和逃跑中被杀，姿势疯狂而可怕……到处都是令人厌恶的被泥土玷污的人体残骸……而我们的部队就坐在这些腐尸中间，做

第四章 无上荣耀，无间地狱：美国南北战争

饭、吃饭、唠嗑、抽烟，睡在尸体中间，除了看皮肤的颜色之外几乎很难区分谁是活人谁是死人。"[113]

对于某些人来说，杀戮是另一层面上的喜悦，仿佛夺取人命后的杀手能重焕生机。邦联军士兵伯德·威利斯（Byrd Willis）曾看到战友"蹦蹦跳跳，好像非常痛苦。我立刻跑过去确认他什么时候受了伤，以及我是否能帮他做点什么——但到了他面前我就发现他没有受伤，而是在绕着一个可怜的北方佬（仰面躺在地上正在经历死亡最后的痛苦）跳一种印第安人的战斗舞蹈，大喊着'我杀了他！我杀了他！'，显然陷入了不可自抑的兴奋和喜悦"。[114]

被俘的黑人士兵和他们的白人长官有很大的风险被立即处决。1864年4月发生的恶名昭彰的皮洛堡（Fort Pillow）大屠杀中，由邦联军将军内森·贝德福德·弗瑞斯特（Nathan Bedford Forrest）监督，实施了一场有条不紊的、对已经投降的黑人士兵和他们部分白人长官的杀戮。得克萨斯的乔治·戈蒂埃（George Gautier）描述了他的兵团在路易斯安那州的门罗（Monroe）击败黑人部队之后的行动："我一生中从未见过这么多被杀死的黑人。我们不留俘虏的活口，14名白人军官，在黑人被处理完后，也被排成一排枪杀。尸体在第二天被扔上一辆货车，拉去倾倒在欧其塔河（Ouchita）里。有些人在被丢弃的时候还没死，但也没什么区别。"[115]

战争双方战败的白人军官除非极端不走运，否则一般不会被立刻处死。但是参与了皮洛堡事件的那些邦联军军人被处死了。尽管联邦军方面也有许多白人士兵和南方的同行们一样有种族歧视，但皮洛堡事件是对北方事业的侮辱，必须用鲜血来偿还："1864年5月的瑞斯卡（Resaca）战役中，第105伊利诺伊步兵团俘虏了一个邦联军炮兵连。从其中一个炮架下，钻出了一个一脸

惊恐，没穿衬衫的大个子红发男人。他有一只胳膊上文着'皮洛堡'。抓住他的人念了出来。他在被刺了几刀后立刻被枪杀。另一支谢尔曼手下的步兵团被报道杀了23个叛军俘虏，杀俘之前还问他们是否记得皮洛堡。记录这一事件的威斯康星士兵直截了当地声称，'如果没有军官在旁边，我们就不会留下任何活口'。"[116]

（战争这枚）硬币的正面，是战士间的友谊，不管他们属于哪一方，都可能会拯救一个俘虏的性命。第123纽约步兵团的莱斯·C.布尔（Rice C. Bull）在钱斯勒斯维尔被俘，当一个平民威胁他和俘虏他的人时，一个邦联军士兵站了出来，提醒那个平民："这些是受伤的人。你没有权利也不需要去伤害他们。"[117]重点在于，士兵们存在于自己独立的世界，只有他们自己可以仲裁其规则，其他人则无权调解。这些规则往往是尊重他人和有慈悲心的。一个联邦军士兵注意到，1863年7月在哈得孙港（Port Hudson）被俘的邦联军士兵都是勇敢的战士："在那一刻我们之间没有了敌我之分……叛军们大多是高大英俊的男人。他们和我们一样缺少衣服……他们尽可能地善待俘虏（之前抓住的联邦军士兵），让他们和自己吃一样的食物。"[118]

1863年5月16日，联邦军第47印第安纳步兵团的士兵威廉·阿斯皮诺尔（William Aspinall）在维克斯堡附近的冠军山受伤：

> 傍晚时，战友们给我送来了他们自己都没有的毯子，还给我在医院外的栅栏角落做了一张床。不久，一个邦联军士兵过来了。他的某处内脏中弹，非常痛苦。我说："伙计，过来吧，我分点儿床给你。"他在我身边躺下，并告诉我他来自佐治亚州的萨凡纳，他的伤没办法康复了。

第四章　无上荣耀，无间地狱：美国南北战争

他想让我写信给他的妻儿，并给了我一张有他们地址的卡片。我会告诉他们，我见过他们的丈夫和父亲，以及他身上发生的事情。由于失血的虚弱和疲惫，我在他和我说话的时候打了瞌睡。过了一会儿我醒了，叫了他两三次，他没有回应我。我把手放在他脸上，发现他已经死去，身体都冷了。我的敌人和朋友已经涉过了那条河流。[119]

问题往往在于战争这枚硬币正反两面的分界在哪里。可怜的战士发现他们某一刻会享受到他们意料之外的权利："每当我们落在那些曾在战场上跟我们英勇作战的老兵手里，我们就会受到一个战俘所有可能得到的善良和悉心照料；然而每当落到民兵或其他被征召进民兵队伍的懦弱不敢上阵的人手中，我们会被以最粗暴的方式对待。"[120]

荣耀与可耻之间的差别延伸到了杀戮的范畴。例如杀哨兵就被认为是一种暗杀，大概因为他们的角色本质上很被动，而且很容易成为目标。双方达成共识，均有义务熟悉对方的哨兵以提供保护，而在没有其他全体行动时杀掉他们会被指责为"卑鄙且无用的谋杀"。一个明知自己身在敌人射程之内的南方军并不会觉得危险，因为"我们现在两边都是士兵，并且知道仅仅射杀哨兵对双方都毫无益处，那仅仅是谋杀"。[121]

狙击也被认为是"不光彩的"，且被指控为"凶残的恶行"，但它却让双方都沉迷其中。正如一个联邦军二等兵所严厉谴责的那样：

狙击在北安娜（North Anna，1864年）战场上的发生频

率极高,带来的伤亡也很惨重。我们都对它很恼火,杀掉几百个士兵不可能决定一场战役——在极不公平的环境下,趁他们不得不暴露自己的时候杀掉他们……我们的神枪手和邦联军的一样恶劣……他们可以潜入树林或埋伏在树桩后面,或者蜷缩在水井和地窖里面,躲在安全的藏身之处杀死几个人。让神枪手们上前线,他们也不会比战线上的步兵表现得更好更有战绩,而且他们还没有步兵一半的体面。在步兵中有一个不成文的光荣准则,即禁止朝解决生理需求的人开枪,而那些狙击的禽兽则在不停地违反这条准则。在那些日子里我讨厌神枪手,不管是邦联的还是联邦的,而且很乐意看到他们被杀。[122]

正如在两次世界大战中所见的那样,"解决生理需求可能是士兵们会做的最危险的事之一。

死者能够给还活着的人带来实实在在的好处。1862年12月13日的玛莉高地攻击中,后来成为葛底斯堡小圆顶(Little Round Top)之战英雄的约书亚·张伯伦(Joshua Chamberlain)发现自己被困在弗雷德里克斯堡成堆的尸体中:"夜晚的凉意已经给战场罩上了一层朦胧的面纱……最后,荒凉的景象让我又沮丧又精疲力竭,我的意志消沉了……我稍微挪动了两个死人,躺在他们中间,拿第三具尸体当枕头。他大衣的下摆遮住了我的脸,也为我挡住了冷风。即使是这样的陪伴也带给了我一些安慰。"[123]

当然,剥夺尸体财物的情况一直都存在——"剥皮"(peeling)是他们的说法。有时即便死后很久,死者们依然在继续他们的

"善行"。邦联军士兵R. H.佩克（R. H. Peck）碰巧路过九个月前发生过一场恶战的地方："他永远不会忘记，穿过这个北方佬发起顽强进攻的地方。对他来说，不踩着那些仍然裹着蓝色军服碎片的骨头行进都很困难……当穿过这一小片可怕的地方时，佩克注意到他们兵团里的一个在战争前做过牙医的人，正忙着仔细检查头骨，看看有没有镶金的牙，他已经拔出来很多颗，他的挎包里放满了牙齿。"[124]

在其他方面，也有死者带来的一系列经济效益。他们为精力充沛的企业家们提供了丰富的捕食场地。有一些寻人机构，比如听起来很官方的美国军队代理公司（U. S. Army Agency，实际上是一家位于曼哈顿布利克街的私人公司），会将补发给阵亡者的薪水或遗孀妇的抚恤金的一部分作为报酬，帮忙寻找亲人的尸体。[125]而像托马斯·霍姆斯（Thomas Holmes，他在战争时以每具100美元的价格处理了4000具尸体）等从事尸体防腐的人，以及"保证气密性"的金属棺材——这些棺材（50美元一具）可以"被放在客厅而不用担心会泄漏任何异味"——的制造商们，都从中对这些尸体（无论是在字面意义上还是在比喻意义上）"搜刮净尽"。[126]

尸体还有尸体本身之外的利用价值——充当宣传工具。邦联军军医约翰·怀斯（John Wyeth）描述了奇克莫加战役后，"大部分邦联方的死者被集中在长长的壕沟里掩埋；但死去的联邦军军人仍然躺在他们倒下的地方。因为这些尸体会影响幸存下来的人，所以这是胜利方的策略，将自己的损失藏起来，让对方的损失公之于众"。[127]联邦军士兵丹尼尔·克罗蒂（Daniel Crotty）形容了一个人如何"读取"死者脸上的表情，拿来作为战争原因的正义辩护："死去的敌人和同伴并肩躺着，但所有人都注意到，爱国者脸上愉快的笑容，与死去叛军恐怖的瞪视形成了鲜明对比。"[128]然而，另一个联邦军士兵弗兰克·威克逊（Frank Wilkeson）反驳了这种完全出自幻想且自私自利的观念："我不相信一个倒在战场上死去的士兵，他的脸能真实地反映他死前遭受的精神上或身体上的痛苦，或是享受到的心灵的平静。"威克逊毫不客气地总结道："它不能说明任何事情。一个死者和其他死者一样没有痛觉。"[129]

战争结束很久之后，这些"光荣的死者"又有了另一个有价值的功能。死亡的冷酷现实被一些更怡人、更激动人心的东西取代……更适合成为下一代战士的动力。在战后升迁至最高法院的小奥利弗·温德尔·霍姆斯（Oliver Wendell Holmes Jr.）身上，就体现了这种戏剧化转变。作为一名年轻的军官，他曾身受重伤，差点死掉。他经过了磨砺，在此过程中失去了对爱国主义言论的兴趣："他已经厌倦了'怯懦''勇敢'和'骑士精神'之类的词语。"幻想破灭后，他最终辞去了被委任的职务。但到了1885年，他彻底变了。像某些美国武士一样，他找到了狂热的信仰，发现战士对死亡的绝对服从有一种神秘的重要性："产生怀疑，信念崩溃时，唯有一件事我从未质疑……那就是信仰是真实且值得崇敬的，它让士兵盲目地为履行职责而抛弃生命，为了一项他不太理解的事业，为了一个他毫无概念的战役计划，为了他没有看到价值的策略……只有当时间过去之后，你才会看到它传递的信息是神圣的……我们的心触碰到了火焰。"[130]

第五章

鲜血投资：
殖民战争中的杀戮与报偿

如果士兵们必须赴死，那也不应该死于毫不高尚的战争。如果命运决定了他们的死亡，他们也希望自己能在历史的高地中献出生命，而不是被随意丢弃在杂草丛生的荒野。但在许多殖民战争中，侵略者的死亡与高尚无缘。赛勒斯·汤森德·布雷迪（Cyrus Townsend Brady）在1904年写下19世纪后半叶美国和平原印第安人之间的战争，其中提到了诸如此类的恶劣行径：

> 一个国家最吃力不讨好的任务就是对未开化或半开化民族开战。这几乎没有荣耀可言。除了能意识到很好地完成了令人讨厌的任务之外，完全没有回报。士兵们要冒的风险也比普通战争中高，因为野蛮人经常会折磨伤兵和俘虏。只有艰苦、持久的消耗战才能换来胜利，基本没有科学作战的余地，却需要最高级的战争智慧。
>
> 几乎所有人都能理解激战中的战略和战术，双方投入巨大的兵力，伤亡惨重，结果至关重要；但很少有非专业的评论家会欣赏一场不屈不挠的追踪战，一小伙各处移动

的敌军，抓捕一小队人，时而杀掉一些俘虏或使其伤残，直到最后一战时，敌军可能只剩下不到20人方才罢休投降。这样的战绩一点儿也不惊人，每个人都只会奇怪为什么会持续这么长时间。[1]

印第安战争（Indian Wars）中，一个怒火中烧的美军士兵这样写道："我不关心是谁在战斗，我不想再继续下去了……在这里大伙儿都得出了同样的结论，与印第安人的战斗并不像人们吹嘘的那样，是在开阔的草原上以五比一的优势作战，我们总是在不利的情况下战斗，朝着不断移动的敌人射击，才不会像白人那样，站在原地，任人朝他开枪。"[2]

布雷迪把战术视为道德价值的反映。他认为，如果土著敌人不按白人的方式战斗，白人士兵便失去了战争荣誉——这种荣誉往往与特定的对战方式有关。一方面，在北美殖民时代早期，一些白人就谴责了土著"偷偷摸摸的战斗行径"，认为这是卑劣的、不公平的。另一方面，印第安人对白人愿意在激烈的对抗中牺牲性命感到惊讶。最终，他们相互学习。殖民者们开始吸纳更多松散的战斗技巧，印第安人也明白了"原始战争中的避免伤亡的传统在与英国殖民者的任何严重冲突中都只不过是负累"。[3]

殖民冲突的中心，是武器技术的不平等。它让征服与获胜成为可能。征服者们的火绳枪和加农炮在远距离上比阿兹特克人的掷给矛器、弓和矛更有效果；马蒂尼–亨利步枪（Martini-Henry）能在800码之外杀死一个祖鲁战士（而土著用的长矛的最远杀伤距离可能仅25码），加特林机枪（Gatling）和马克沁重机枪（Maxim）可以成排地收割土著军队。

第五章　鲜血投资：殖民战争中的杀戮与报偿

这并不是说土著的武器无法有效对抗欧洲侵略者。掷矛器用来投射短矛的"杆子"起源于史前，被广泛运用在阿兹特克族抵御征服者的战争中，西班牙有消息称它的有效射程达50码，投掷的短矛顶端嵌有黑曜石、燧石、铜尖或鱼骨，可以刺穿盔甲。装有倒刺的标枪尤其致命，拔出时必须将伤口切开，从而大大增加死于失血过多和伤口感染的概率。[4] 贝尔纳·迪亚斯·德尔·卡斯蒂略（Bernal Diaz del Castillo）尤其害怕阿兹特克人的箭术，因为他们箭头上嵌着的玻璃似的黑曜石比钢制箭头更能穿透组织。他还畏惧阿兹特克族的投石兵，他们装备有一种由龙舌兰纤维制成、名为"tematlatl"的投石索，它投出的石头在200码开外都能致命。阿兹特克族战士会投掷长矛或直接突刺，也会使用棍棒。不过阿兹特克战士们还会装备一种可怕的剑，即黑曜石锯剑（Macuahuitl），它又分为单手剑和双手剑，这算是独此一家。西班牙人满怀敬畏地说，这种以黑曜石为刃的阔剑一次重击就能将战马斩首。

然而最终，石器时代的武器无法战胜钢铁盔甲、托莱多刀（Toledo blade）、火药和马背上的枪骑兵。"那些被托莱多刀剑切成碎块，被葡萄弹炸成碎片，被链甲骑兵踩躏，被马士提夫犬（被训练用于作战的大型犬）撕扯，四肢被步枪子弹和弩箭撕裂的人们——他们脑海中的那种极端恐惧，大概是埋首故纸堆的现代学者们很难理解的……在当时纳瓦特人（Nahuatl）的口述和西班牙人的书面记录中，提到的西班牙冷兵器和枪械造成的肢解与开膛破肚的恐怖场面不下十几处，还记录了这些暴行在土著居民中引发了怎样的恐惧。"[5]

然而，绝大部分成功的殖民战争（至少从入侵者的角度来看）

都是通过消耗战赢得的。例如,最终在19世纪末征服美洲原住民的不是部署严密的光荣战斗(虽然也有许多流血冲突),而纯粹是一个强大侵略者的坚持不懈与其深厚优势。侵略者不仅投入了军备物资,还有士兵的牺牲,拖垮了基础实力更薄弱的敌人。正如1877年初,战败的苏族(Sioux)酋长对获胜的纳尔逊·迈尔斯(Nelson Miles)将军所说的那样:"跟你和你的军事力量相比,我们很穷困。我们造不出一条枪,一发子弹,甚至一把刀。实际上,我们任由那些占领我们国家的人摆布。你的条件苛刻而残忍,但我们准备接受,听凭你的处置。"[6]

土著居民的胜利往往也是代价惨重。伊散德尔瓦纳(Isandlwana)战役中,祖鲁国王塞奇瓦约(Cetshwayo)大败强大的英国军队,消灭了沃里克郡团第2营(Second Warwickshires)的6个连队、第24团的一整个营、其他英军作战部队(总计约670人)以及约500人的本地附属人员,这是英军遭受的最惨痛的失败之一,但祖鲁族为此付出的死亡代价极高(超过2000人),以至于塞奇瓦约将此役比作"刺入国家腹地的长矛"。[7]而英军在不久之后的乌伦迪(Ulundi)战役中(英军首次使用加特林机枪的战斗)[8]投入了更多军事力量,杀死了1500名祖鲁战士(与之相比英军仅损失15人)。一名来自英军第58团的下士描述了祖鲁战士倒下时的情景,就像"从手推车上倾泻而下"。[9]这是祖鲁民族作为军事强国的终结。

建立在英雄模式上的军事文化,强调在激战中平等的(或多或少)近身对抗(维克托·戴维斯·汉森称其为"西方战争模式"),其问题在于若与没有这样传统的敌人战斗,就会丧失高贵和荣耀的光环。这并非小事,因为英雄主义不是空洞的柏拉图式概念,游离在血腥暴力的人类经历之外。相反,它是人类历经数千年战斗,

第五章 鲜血投资：殖民战争中的杀戮与报偿

为了一个非常明确的实际目标而发展出来的。它提供了一个鼓励人们去战斗的叙事，让他们接受战斗中可能的死亡。与不遵守西方规则的野蛮人之间的殖民战争给早已被广泛接受的英雄主义带来了压力。

原住民文化倾向于设计能够减少战士损失的战术（虽然这并非普遍真理。19世纪的祖鲁人尤其爱恣意挥霍战士的生命，战场上和战场之外都是如此）。殖民时期的欧洲人将这种"间接"的战争方式视为野蛮人道德沦丧的证明。"潜伏式的作战方式"基于避免大规模对抗的策略，利用诡计、伏击来分割消灭敌人，袭击落单的敌方士兵，与正面对抗的英雄模式相比完全是另外一个极端。

对原住民来说，殖民战争是面对必然性时的可能性：在最终战败的必然环境下，争取局部获胜的可能性。不过，原住民的胜利也可以很惊人，如1520年7月1日阿兹特克人屠杀西班牙军队的"悲痛之夜"（La Noche Triste）、1876年的小大角（Little Big Horn）战役、1879年祖鲁人击败英军的伊散德尔瓦纳战役、1883年马赫迪起义军（Dervish）消灭英—埃联军的苏丹奥贝德（El Obeid）战役、1896年埃塞俄比亚重创意大利军队的阿杜瓦（Adowa）战役，还有1921年里夫非正规军在摩洛哥安努瓦（Annual）大败西班牙军的战役。

这些精心策划的非凡胜利都源自原住民相对入侵者的优势。利用对当地地形的了如指掌，他们能以智取胜，奇袭和伏击敌军。1883年，英国军官希克斯"帕夏"（威廉·希克斯，William Hicks）是印度军队中的一名将军（虽然希克斯本质上是英国任命的），派出一支万人部队（主要是印度人，但有小部分英国军官）进军苏丹沙漠地区，对垒马赫迪领导的马赫迪起义军。马赫迪的部队藏在奥贝德河谷和圆丘的沟壑中，等印军靠近之后对这些毫无准备的入侵者发动攻击，全歼敌军，不幸的希克斯也被杀了，他的首级被呈给了马赫迪（多年后已经完全木乃伊化，成为一个强有力的图腾——或许有人会说这是个更聪明的脑袋）。"英格兰十分震惊，也被吓坏了。菲茨莫里斯勋爵（Lord Fitzmaurice）告知上议院，自从'法老王殒命红海'之后再也没有如此大规模的军队被摧毁。"[10]

各个击破是当地人另一个可选的战术，同样相当成功。美国陆军上校理查德·道奇（Richard Dodge）颇为恼怒地指出：

> 他（印第安人）的战术总是一成不变——从来不迎面抗击冲锋，而是通过不断地阻断，将敌军分割成块，然后突然集中兵力逐个击破。不讲究陈列，也没有无谓的顾虑，只要地形或时机不合适，就会避免作战。入侵者部队庞大、行动缓慢，被随行补给拖累，必须在可能的时候发动进攻，因此总处于不利地位……在任何公开战斗中，我都没发现哪怕一例我们部队比起印第安人部队有显著优势的情况，这是因为只要部队有丝毫优势，印第安人就会以无法追赶的速度消失。反之，如果印第安人获得了优势，他们就会熟练地抓住优势，展开一场屠杀。[11]

游击战中"声东击西"的引诱战术成功的前提是有人愿意上钩。敌人需要被怂恿，被诱惑，被引至死亡。而这种意愿本身也建立在一系列因素的基础之上，其一是对这些"未开化"敌人的蔑视；其二是对荣誉的渴望，而这种荣誉被敌人的"怯懦"战术剥夺了。正如美国骑兵上尉W. J. 费特曼（W. J. Fetterman）发现的那样，这种进取精神反过来导致了冒进者的死亡。

第五章 鲜血投资：殖民战争中的杀戮与报偿

费特曼驻扎在怀俄明州东北部的菲尔·卡尼堡（Fort Phil Kearny），1866年下半年，敌对的苏族给要塞带来一连串令人沮丧的打击，其形式通常是伏击要塞的伐木部队。费特曼的上级亨利·B.卡林顿（Henry B. Carrington）上校是个谨慎的防御型军人，他拒绝落入敌人圈套，这让费特曼等下级军官很恼火。据传费特曼曾"带着80人横穿苏族领地"！费特曼对土著的蔑视得到了当时的一名军人J. E. 韦尔奇（J. E. Welch）的呼应，他记述了1869年的战事："我从未见过印第安人像白人那样直面困难……我认为把印第安人变成文明人是不可能的，就像牧羊犬不可能变成狼，纨绔子弟也不可能有男子气概。在我看来，他们没有丝毫能让人凌驾于动物之上的特质。"[12]

1866年12月21日，要塞的另一个伐木小分队被伏击了，费特曼请求指挥救援部队。他的请求获得了批准，出击的兵力也颇具讽刺意味——81人——几乎和他之前吹嘘的人数一样。他们骑马出发，可他没有如军令所严格要求的那样，直接援救伐木小队。可能迫切想要赢得决定性胜利，又或者是被那些站在马上对他露出屁股、嘲弄他的敌人激怒，费特曼越追越远，被引诱到一处山谷中，被一股更强大的印第安武装伏击了。费特曼的部队大多都装备了前装式步枪，都死于被称为"极端仇恨"的方式。这是被侵略者"劝退"侵略者的强力方式：留下残缺的尸体作为威慑性名片。费特曼的士兵被"挖出眼珠，放在石头上；割掉了鼻子；割掉了耳朵；砍断下巴；砸碎牙齿……取出大脑和身体其他部位一起放在石头上；砍下双手；砍下双脚"。[13]据称其中一具尸体上有超过一百支箭矢（讽刺的是，这个人叫詹姆斯·惠特利，他是为了演示新式亨利连珠枪的杀伤力而加入费特曼部队的两个平民之一）。

显然，尽管虐待尸体、折磨俘虏不是殖民战争的专属特征，但在帝国背景下为殖民战争提供了特殊的证据。它为殖民国家提供了铁证，证实原住民敌人居于文明战争规则之外的野蛮之境。土著战士们立马变得十分可怕又格外卑劣。他们不过是猎食的野兽，征服之战现在可以被重新塑造成道德上必要的战争——光明与理性对抗血腥与黑暗之心的神圣之战。

由于文化的亲近性，我们对自己的野蛮习以为常，而对他人的"野蛮"则惊骇莫名。远离道德相对主义的迷宫，就可以认识到这种观点背后的虚伪。例如，征服者们"都有一种现如今我们看来不平等的道德：在战斗中屠杀手无寸铁的印第安人不会引起憎恶，将被征服的整个民族变为契约农奴也不会。相反，活人献祭、同类相食、异装癖和鸡奸癖会引起道德上的愤怒"。[14]征服者的战俘和其他俘虏遭受了同样的仪式化死亡。但这并不能起到什么安慰作用。那些在"悲痛之夜"不幸被俘的西班牙士兵在公众场合被处决——古罗马人想必十分欣赏这些场面。贝尔纳尔·迪亚斯·德尔·卡斯蒂略记下了他从土著目击者那里听到的一段描述：

> 他们把俘虏们带到礼拜堂前面的一个小广场上，那里立着他们被诅咒的圣像，我们看见他们在许多俘虏头上插上羽毛，让他们手上拿着扇子样的东西，然后强迫他们在"Huichilobos"圣像面前跳舞，跳完之后俘虏们立刻被按在窄石板上，这是他们为献祭准备的地方。他们用石刀锯开俘虏的胸膛，取出他们还在跳动的心脏，将其献给圣像，然后将尸体踢下台阶，印第安屠夫们正在台阶下等着

第五章 鲜血投资：殖民战争中的杀戮与报偿

砍掉尸体的手脚，剥掉脸上的皮，准备日后再制成带着胡子的皮手套……尸体的肉则被他们吃掉。[15]

西班牙人同样会利用他们杀掉的敌人尸体。他们发现，刚被杀掉不久的印第安人身上的脂肪"是一种极好的舒缓和疗伤的药膏"。[16]

被杀死的战士依然存有一种潜在影响力，所以有时候不得不通过损毁尸体的方式在精神上再次杀死他们，确保他们无法在死后享乐，更重要的是，当杀死他们的人最终也魂归九泉时，让他们无力为自己报仇。[17]例如，剥掉一个北美印第安人的头皮就是惩罚他游荡在冥府幸福的狩猎地之外，出于这个原因，在同伴的尸体被剥掉头皮之前将其寻回是一件至关重要的事。白人在很早之前就有了这种剥人头皮的嗜好。彼得·奥利弗（Peter Oliver）在1778年的夏天写道："在过去的一个多世纪中，这种剥人头皮的行为在殖民地会受到鼓励。马萨诸塞州议会就经常对剥掉印第安人头皮的行为进行额外奖励。"[18]

有时候阻止美国士兵剥下印第安人的头皮对军官们来说也是件棘手的苦差事。1866年时，R.J.史密斯（R.J. Smith）是卡林顿上校麾下的保德河（Powder River）远征军中的一名马夫，亲身经历了历史上有名的货车厢战斗。1904年他在与塞勒斯·布雷迪（Cyrus Brady）——《印第安人的战斗与战士》（*Indian Fights and Fighters*）一书作者——的通信中写道："有一件事你弄错了，印第安人没有夺回全部死伤的同伴，因为我们许多士兵从那些死去的印第安人身上拿走了头皮等战利品……印第安人确实带走了所有他们能够夺回的尸体，但他们并没有为了夺回环形车阵附近的死者而太过

169

暴露自己。"[19]西格蒙德·施莱辛格（Sigmund Schlesinger）在1868年9月17日的比彻岛（Beecher's Island）战役中是乔治·福赛斯（George Forsyth）少校的侦察员，他描述了战后一个令人毛骨悚然的事件：

> 当我到那里的时候，印第安人正被除去装备，剥掉头皮，其中有一个头部中枪的，他的头发被血凝结成了块。我握住他的一条辫子，把刀放在耳朵上面的皮肤上准备剥下他的头皮，但我的手碰到了血，于是我厌恶地放开了他的头发。
>
> 老吉姆·莱恩看到我犹豫了，拿起辫子对我说："我的孩子，这让你恶心吗？"然后把刀尖扎进皮肤绕切，又拿起另一条辫子，猛地从脑袋上扯下了头皮。[20]

在小大角一战中与卡斯特一同死去的人被彻底肢解。几乎所有人（除了乔治·卡斯特）都被剥去头皮；一些人被斩首，他们的头颅被带去了印第安营地（印第安人坚持说没有人被虐待），而其他尸体在战后庆祝仪式中被烧掉并进一步肢解。[21]伤者被战士或者战后清理战场的女人和小孩杀死——直到拿破仑战争结束之前，这在欧洲战场上都是司空见惯的事。可以想象，脸和阴茎得到了重点关照——脸部会被重击，阴茎或被切掉或被毁掉。

士兵乔治·海伦丁（George Herendeen）亲眼看到了战争结束后的惨状——从一名名叫以赛亚·多尔曼（Isaiah Dorman）的翻译身上，当时"他的胸口满是箭头，一根铁桩穿透他的睾丸扎入地面，让他无法动弹……多尔曼的阴茎被切下塞进他的嘴里，这在印第安人中被视为最深的侮辱"。[22]在费特曼经历的那场大屠杀中，许多

第五章 鲜血投资：殖民战争中的杀戮与报偿

死去的美国士兵在被发现时生殖器都被切下塞进嘴里，伊散德尔瓦纳一战中被杀的第24团鼓手也受到了这般待遇。[23] 所有战死的英国人都被掏出了内脏。

看到死去的战友被像猪一样屠戮令人感到沮丧，这是一种很轻描淡写的说法。留下最后一颗子弹用来自尽成为帝国神圣叙事的一部分。正如吉卜林（Kipling）建议的那样，用一颗子弹让自己"像一个士兵一样去见上帝"，比落到野蛮人的手中（或更加匪夷所思，落在他们姘妇手上）要好得多。当一小队英国骑兵被祖鲁人围困在南非的西劳班山（Hlobane Mountain），他们面临的选择难言令人羡慕——要么死在长矛和战棍之下，要么从悬崖上跳下去。"排骨"乔治·莫索普（George "Chops" Mossop）"下了马，一路挤到通道最前面，那里满是挣扎的士兵。他推了推旁边的人，问他觉得他们能不能下山。'完全没指望！'那人回答道，莫索普惊恐地看到他把枪口塞进嘴里，扣动了扳机。他的脑浆溅在了'排骨'身上"。[24]

在费特曼大屠杀后，据说费特曼和他的副手弗雷德里克·布朗（Frederick Brown）上尉——他像费特曼一样，一直渴望并鼓吹"一次教训印第安人的机会"——一起自杀了。据塞勒斯·布雷迪称："布朗和费特曼被发现时并排躺着，两人的左侧太阳穴上都有枪伤（推测他们都是右利手）。伤口周围的头部皮肤被烧伤，满是火药残余。显然，两人看到一切都完了，于是面对面站着，用自己的左轮手枪给了对方一枪。他们都发誓宁愿赴死，也不愿被印第安人生擒，而在最后的绝境中，他们都贯彻了自己的誓言。"[25]

布雷迪的描述中有两个部分与殖民神话相关。首先，布朗和费特曼不肯活着落入野蛮人手上的决心标志着他们是文明的战士，他们宁愿选择死亡而不是承受可能的折辱。虽然他们放弃了下属（布雷迪猜测），但我们也无法将其归为懦夫行径，因为毕竟他们选择了高尚的罗马式的结局，而不是接受野蛮的敌人可能给予他们的令人恶心的死亡。他们创造了自己的英雄故事，同时夺走了野蛮人的胜利。其次，这件事加强了一个强有力的概念，即军官阶层血脉相连的兄弟情谊，而军官阶层正是驱动殖民扩张的中坚力量。牺牲的正面形象在19世纪的殖民故事中是个极为重要的部分。看起来，卡斯特不是抵住了诱惑就是在他想自杀之前就被杀死了（头部的枪伤并没有发现意味着自杀的火药灼伤痕迹，他身侧的伤口也如头部伤口一般致命）。印第安人的描述坚持称美国士兵在蒙大拿的山坡上结束了自己的生命，但几乎没有法医学证据支持这一观点。[26]

"自主选择的死亡"——"自杀"一词似乎太过单薄——也为即将被帝国的胜利大潮冲走的土著人留下了一些英勇事迹。直到1889年，夏安族（Cheyenne）战败，其逃走的族人也被穷追猛打。两个年轻的战士——酋长和哈特·穆莱（Heart Mule）决定把死亡的方式掌握在自己手中。一篇刊登在1890年9月27日的《陆军与海军期刊》上的目击者报道，描述了这一场景。

> 战士们（穿着他们华丽的服饰）骑马走出树木茂密的孤山，穿过山谷来到临近山冈的最高处，绕着他们的小马唱起死亡之歌。唱完歌后他们朝山下的骑兵（美国第一骑兵师）开枪。几分钟的时间内，他们的侧翼就受到攻击，被从山顶的岩石上赶了下来，虽然其他方向还有很多可以逃走的空间，但他们冲下了陡坡，一个骑在马上，另一个在战马被射杀后在地面行走。在50支卡宾枪倾泻的弹雨

第五章 鲜血投资：殖民战争中的杀戮与报偿

下，他们穿过山谷，朝刚刚占领了对面山峰的生力军战线前进……其中一个故意骑马从中尉皮彻的队列旁驰过，开枪射中了三匹战马，而他本人则被七发子弹打穿……另一个……被逼进山谷中，战斗至死。[27]

虽然武器的优越性是杀死大量原住民战士的一个主要原因，但偶尔的技术故障也会导致灾难性的命运大逆转。1879年1月22日的伊散德尔瓦纳，英国守军的马蒂尼-亨利步枪过热，导致黄铜子弹膨胀，卡在枪膛里（同时可能也有弹药补给的原因，这仍是一个被争论的问题）。马蒂尼-亨利步枪大体上是一款优秀的武器，曾经让阿富汗人和卡菲尔人无法越雷池一步，但在一月的那一天，这些步枪热得让人端不住，子弹也过早受热；0.45英寸口径子弹薄薄的黄铜外壳受热膨胀后堵住了枪膛；人们疯狂地试图用小刀和刺刀尖疏通。

小大角战役中，卡斯特部队使用的斯普林菲尔德1873式后装单发步枪的退弹结构也遇到了同样的问题。虽然有些吹牛的成分，不过后来一位印第安参战者，拉科塔郭落酋长[①]坚持认为"我们有比长剑更好的武器，他们的枪只能开一次，而且没办法把空弹壳清理出去。当我们发现他们无法开枪，我们就用战棍将他们的长剑打落在地（还能节省子弹）——就像宰羊一样"。[28]尽管看起来是有些像吹牛，但塞勒斯·布雷迪说吉本（Gibbon）将军两天后的命令证实了酋长的这番描述，当时"战场上发现了几十条枪……弹壳还卡在里面，说明退弹结构失效了"。[29]对战场的现代考古调查

[①] 这位酋长的绰号是"Rain in the Face"，即打在脸上的雨。——编注

显示出弹壳寻回率相对较低,意味着当时很多弹壳是强行被从枪膛清理掉的。

当原住民战士坚持分散、伏击和诡计等"非常规"战术时,他们不仅能有更多机会给入侵者造成伤害,同时也将自身损失降至最小。虽然有时纯粹的人数优势也能压倒敌人,尤其是当入侵者失去了让他们最大化集中火力的凝聚力时。1880年7月27日,第二次阿富汗战争期间的迈万德(Maiwand),乔治·巴罗斯(George Burrows)准将犯下了与伊散德尔瓦纳战役中邓福德上校同样的错误。由于未能集中火力,再加上约有2500名英国和印度士兵在开阔战场上被将近25 000名阿富汗士兵咬住,巴罗斯的部队惨遭蹂躏。在压倒性的优势面前,第66步兵团绝望地想要撤退,但他们被打散了。全团只剩下200人的残部,连同他们身受重伤的少校,最终在团旗周围全部阵亡。巴罗斯部队中有超过三分之一的士兵(962人)在战斗和撤退中被杀。[30]

虽然从战术上来说,土著军队最好的选择就是分散攻击,但有时他们也会像飞蛾扑火那样被吸引,来进行一场英勇的正面攻击。反之,当敌人能够结成紧密的防御阵形,最大化他们的火力密度时,攻击者们的死亡人数就会相当惊人。在1898年9月2日的恩图曼(Omdurman)战役中,马赫迪军对基纳奇(Kitchener)将军的英—埃联军防御阵地发起的大规模袭击极其英勇,却是一场灾难性的自我毁灭。基纳奇命8200名英国士兵和17 000名埃及士兵在一排扎利巴(zariba,一种由荆棘丛构成的围栏,发挥类似带刺铁丝网的作用)后面排成半圆形。他的身后,是停泊在尼罗河中、装备了100门大炮的炮艇。拂晓时分,一支约5万人的马赫迪部队发动了正面攻击,这本是一件可怕的事,但基纳奇部队中有六挺马

第五章 鲜血投资：殖民战争中的杀戮与报偿

克沁重机枪，还有野战炮兵部队及炮艇的舰炮，加上步枪兵们训练有素的齐射（达姆弹提升了杀伤力），攻击者成批倒下。没有一名攻击者能抵近防线。这片地区的沙漠中散落了10 000具马赫迪士兵的尸体（还有说法是高达15 000具）。正如一位英国战地记者的描述，"这不是一场战斗，而是一场处刑"。第21枪骑兵部队在一次近乎灾难性的冲锋中伤亡48人——这是英—埃联军士兵伤亡的主要来源——年轻的温斯顿·丘吉尔也在其中——这一激动人心但误入歧途的英雄壮举在维多利亚时代的英国极受欢迎。

欧洲人取得优势的一个关键因素就是他们在19世纪60年代大量装备了后装式步枪。这种力量增幅使得土著进攻者原有的战术机会不复存在——等待敌人开始进行长时间装弹时，抓住机会突入他们的防御阵地（费特曼大屠杀就是个很好的例子）。几乎就在费特曼事件发生七个月后，詹姆斯·鲍威尔（James Powell）上尉指挥的第27步兵团C连——一支由28人组成的支队——在1867年7月的最后一天离开了菲尔·卡尼堡，监督松岛（Piney Island）附近的平民伐木工。用来搬运木材的马车被部分拆卸（箱子一样的车厢部分被拆掉，让伐木工用车轮框架拖运木材）。印第安人袭击伐木队的情况很常见，鲍威尔谨慎地将十几个车厢布成车阵，并用成袋的谷物、木材和其他可以提供保护的东西塞满箱子间的空隙。马车上的步枪枪眼可以让人趴在马车厢地板上朝袭击者开火。他的部队装备的并非印第安人熟悉的前装式步枪，而是厄斯金·阿林[a]改

---

① 厄斯金·阿林（Erskine Allin），时任斯普林菲尔德兵工厂总设计师，他在斯普林菲尔德1861式步枪的基础上，改制出斯1866式后膛步枪，因其机械结构又称斯普林菲尔德活门式步枪。——校注

进的斯普林菲尔德1866式步枪（将斯普林菲尔德1863式前装步枪改为后装式步枪，发射1866款的0.5英寸口径中央底火式子弹——当时金属壳定装弹药的最新成果）。鲍威尔有足够的步枪和弹药供给他的士兵和平民承包商。

鲍威尔到达松岛没几天，大批印第安人（据估计高达3000人）在苏族战争首领"红云"（Red Cloud）的带领下举行大起义。印第安起义军分出一批部队前去摧毁鲍威尔临时搭建的要塞。第一阶段是由约500名战士发起的规模宏大的骑马冲锋。如果他们面对的是前装枪，印第安人完全有希望扛过首次齐射，然后在敌人重新装弹时冲到敌方阵前。然而接近之后，斯普林菲尔德步枪掀起了一场毁灭性的持续火力攻击，让印第安人惊愕不已。

进攻被血腥地击退了，在附近一座山丘上指挥进攻的红云只能寄希望于通过步枪和弓箭的小规模战斗打开局面。但子弹基本都打在了马车上，打不中人，箭矢则落在了马车盖着的厚毯上。第三阶段即最后阶段是印第安主力部队雄壮的大规模冲锋。再一次，鲍威尔直到双方距离接近才下令开火，他的连续齐射太过密集，造成了"一场活着的印第安人从未经历或听说过的杀戮"。[31] 战斗最终在美国增援部队抵达后结束了，士气低迷的苏族和夏安族被迫撤走。鲍威尔的32名战斗人员仅损失5人。红云在战后接受采访时称，攻击鲍威尔的3000名勇士损失过半。当问及是否1500人都被杀死了，红云简短地答道："我失去了他们。他们再也没战斗过。"[32]

19世纪60年代后期，英国人和阿比西尼亚人的战争被证实是后装枪令人满意的测试场地。1868年4月9日的法哈拉（Fahla），集结的阿比西尼亚人沿着高地冲下，攻击了一支英—印联军的辎

第五章　鲜血投资：殖民战争中的杀戮与报偿

重部队，该部队由将军罗伯特·纳皮尔爵士（Sir Robert Napier）指挥。装备了施耐德－恩菲尔德步枪（Snider-Enfield）的侵略者让阿比西尼亚人留下了700具尸体和1700名伤员。纳皮尔手下仅死了两个人。*两天后，阿罗季（Arogi）平原上，血腥一幕再次上演。战地记者G. A.亨蒂（G. A. Henty，后来成为一名高产作家，给维多利亚时期的年轻人写出了许多冒险小说，为帝国主义理念的浪漫化作了许多贡献）把阿比西尼亚人的冲锋描述成："现代战争中前所未见的美景……希欧多尔（Theodore，阿比西尼亚君主）麾下有5000多名勇士（从马格拉达皇家堡垒）冲出来；回到堡垒时仅剩数百人，超过500人死亡。我们的战士诚挚地希望不要去攻打堡垒，因为和这些装备不良的本地人战斗简直就是屠杀。"[33]纳皮尔手下则无一人死亡。

除了后装步枪之外，19世纪60年代还涌现出了许多武器的创新，使殖民战争的天平越发向殖民侵略者一方倾斜。如果说后装发射的金属壳定装弹极大提高了武器射速，那么1860年被首次引入美国军队的弹匣供弹、可装七发子弹的杠杆式斯宾塞步枪**，则将射击速率抬升到了另一个层次。1862年，美国的理查德·加特林（Richard Gatling）获得了一项专利，他发明了一种用曲柄操控，每分钟可发射200发子弹的枪。"它之于其他枪炮，"加特林吹嘘

---

* 虽然后膛装弹技术早在17世纪就已为人所知，但后膛装弹枪机直到美国独立战争期间，才以"弗格森步枪"（Ferguson rifle）的名义，以非常有限的规模出现在英国军队中。

** 1868年9月，在科罗拉多州阿里卡里河的比彻岛（Beecher's Island）上，乔治·福赛斯（George Forsyth）少校率领的50名美国陆军侦察兵遭到数百名由"鹰钩鼻"（Roman Nose，一位著名的印第安战士）指挥的夏安人的袭击。在斯宾塞连发枪的火力下，侦察兵杀死了超过100名夏安人（包括"鹰钩鼻"），己方仅有2人死亡。

道,"就像麦克马克(McCormack)的收割机(19世纪彻底改变美国农业传统运作方式的机械收割机)之于镰刀。"[34] 有趣的是,加特林认为他那残忍而有效(虽然有时候会卡壳)的杀戮机器在某种程度上能减少牺牲。他于1877年写道:

> 你可能想知道我是如何发明出以我名字命名的枪械的……1861年,美国(内战)刚刚开始……我几乎每天都看到部队出发前往前线,而伤员、生病的人和死者被不断送回来。被送回来的这些人大部分都丢掉了性命,不是战斗中牺牲,而是死于疾病和并发症。我突然想到如果我能发明一种机器——一种枪械——让一个人能借助它的发射速率在战场上以一顶百,那么在很大程度上就能取代数量庞大的军队,这样卷入战争和疾病的人就会大大减少。[35]

在殖民战争中,自动武器的杀伤效率尤其受到重视,因为在远离本土的地方维持军队的成本十分沉重。讽刺的是,机枪高效低成本地杀伤土著人却让它们在欧洲受到歧视。尤其是军官阶层,认为自动化武器将使战争成为绞肉机之间的竞赛。这毫无英雄主义可言却势不可当的发展曲线始于第一名骑士被火绳枪射落马鞍之时,机枪不过是其中的一部分。直到第一次世界大战造成如此灾难,才得以消除英勇战斗这种根深蒂固的古老理念。这种模棱两可的理念——机枪可怕又可憎——在《英国陆军与海军公报》(*British Army and Navy Gazette*)的一篇报道中非常明显,该报道记述了1884年苏丹战争期间的泰勒凯比尔(Tel-el-Kebir)之战:

第五章　鲜血投资：殖民战争中的杀戮与报偿

"海军的机枪组有六挺加特林……到达指定位置……接到前进命令后他们很快抵达泰勒凯比尔的土木工事……子弹飞快地从加特林机枪中射出，嗒嗒嗒，嗒嗒嗒，嗒嗒嗒！这仿佛来自地狱的声音让行动中的士兵非常厌恶，不是因为它做了什么，而是因为它能做什么。"[36]

19世纪80年代早期，美国发明家和军火商海勒姆·马克沁（Hiram Maxim）发明了一种依靠火药燃气自动装弹的机枪，不需要再用手摇了。他回顾了这场自动化枪械军备竞赛的共同弱点：

这些枪械（加特林、加德纳、诺顿菲尔德以及哈奇开斯）的工艺都十分精湛。所以它们的弱点不在于此（工艺），而在于其他原因，也就是对它们来说很难补救的地方。一些军人曾说，任何被带入战场的机枪在关键时刻没有不"卡壳"的。（1885年6月16日，在苏丹的阿布克里（Abu Klea），休伯特·斯图尔特爵士（Sir Hubert Stewart）带领的一支纵队被马赫迪麾下一股更强的部队袭击。一挺加德纳机枪被架在方阵外，在发射了70发子弹之后卡壳了。在机枪哑火的这段时间里，牺牲了8名英国士兵。）即使这种说法不一定准确，因此导致的后果却是极其严重的。一定比例的子弹在被撞针撞击的瞬间不能立即发射，用专业术语来解释它们是"延迟发射"。假设当枪柄正以最高速度运转，一发如上所述迟钝的子弹进入了枪管。它卡住了，在它点火前，后膛被打开，它被从枪管中退出。这时爆炸发生了，弹壳裂成两半，弹头在后膛中被炸飞，有时甚至弹匣也会被炸毁。所以无论如何，我们都要确保弹头被牢牢推进枪管；

但这样一来，如果弹匣正常工作，再次转动曲柄时就会让一枚新的子弹上膛；然后枪就被堵住了，再也无法继续使用。[37]

相比之下，马克沁重机枪能够自行调整。"如果一枚子弹没有被发射出去，它会阻止机枪继续运转……机枪手能手工取出这颗坏弹……然后继续像之前一样射击。所以子弹击发失败的情况不会造成卡壳，也不会导致枪械报废。"[38]

到了19世纪80年代，马克沁重机枪能"像九柱戏那样击倒横七竖八的一大片"（用英国评论员们喜欢的体育类比），数量众多的土著勇士因为某些古老的英勇冲动发起大规模正面冲击，把自己送进杀戮机器的口中。一位在恩图曼的观察员唾沫横飞地描述："马赫迪军士兵们充分利用可用的遮蔽物，像是从地面升起一样。有那么一会儿，他们似乎压制住了基纳奇的军队，以密集的阵形向前奔赴他们的血肉盛宴，但他们的队伍（很快）被凶残的机枪火力撕裂了。一旦机枪手们发现敌人进入射程，敌军就开始成堆倒下，很显然，在击退马赫迪军队猛攻的过程中，马克沁重机枪有很大功劳。官方统计显示它们造成了四分之三的伤亡。"[39]

1890年，英国政府和一家叫作塞西尔·罗兹特许英国南非公司（Cecil Rhodes's Chartered British South Africa Company）的私营公司联合发动了对马塔贝列人（Matabele）的战争，而马克沁重机枪在其中展现出巨大的说服力。约4000名恩德贝勒人（Ndebele，马塔贝列中的强势部落）袭击了一支约700人的英国军队，该部队除了步枪和两门小型火炮之外还装备了五挺马克沁机枪。机枪的火力网杀死了1500名战士。《伦敦每日新闻》（Daily News of London）评论道:"绝大多数的马塔贝列人可能一生中从未见过机枪。他们相信他们的长矛,因为他们从不知道有敌人能抵御这样的武器。即使他们发觉自己错了,他们的英雄气概也让他们将其视为计算中的一个短暂性失误。他们保持着完美的阵形后退,为再次冲锋重整旗鼓。再一次,马克沁机枪扫射了他们密集的阵形。令人难以置信的是,他们竟然振作起来再次发动攻击——而这确实发生了。他们就像注定走向失败的人。"[40]

这是一笔辉煌的投资。殖民者们损失了50个白人的生命,花费了约5万英镑,却赢得了40万英亩的土地。

然而,尽管机枪在大规模屠杀黑人上取得了引人注目的成功,英国本土的军事机构却拒绝接纳它。由于机枪一直被用于对落后的敌人发动的殖民战争,军官阶层认为这种武器有损荣誉。不知是何原因,机枪在欧洲的战争传统中得不到认可。

英国对布尔人发动的战争(第一次在1880~1881年;第二次是1899~1902年)与其他殖民战争不同,因为布尔人是白人种族,装备了相对先进的武器,并且使用得很熟练。如果西方战争的英勇传统以正面攻击为基础,那么英军与布尔人的战斗,尤其是第二次布尔战争,就预示了这个传统是如何被棘铁丝网构成的可靠防御阵形以及对现代步枪和火炮的熟练运用摧毁的。

尽管通过血淋淋的朗峡(Laing's Nek)战役(举个例子,这次正面攻击战导致480人的第58步兵团死伤160人,其中包括该团所有军官)和马朱巴山(Majuba Hill)之战(此役中英军93人死亡,包括他们的指挥官乔治·科利爵士,另有133人受伤,布尔人仅有1人死亡5人受伤),英国人早就在第一次布尔战争中领教到了布尔步兵的战斗力,但他们依然对这群乡巴佬不屑一顾。一星期之内——1899年12月10

日至15日的"黑色一周"——英军在行动中伤亡了7000人，行动包括在马格斯方丹（Magersfontein）和科伦索（Colenso）两次灾难性的正面冲锋。他们不能抱怨自己没受到明确警告。1899年11月，英军总司令梅森勋爵（Lord Methuen）在贝尔蒙特（Belmont）、格拉斯攀（Graspan）和莫德尔河（Modder River）发动了三次正面攻击。面对一次次攻击，盘踞在阵地上的布尔人不断用德国制造精良的弹匣供弹毛瑟枪冷静地击倒了攻击者，用几乎可以忽略的损失造成了英军远超1000人的伤亡。无独有偶，梅森指派高地旅在马格斯方丹发动了一次正面攻击，在此他们不仅遭遇了可怕的步枪火力攻击，还有3挺重型机关枪、克虏伯（Krupp）大炮和棘铁丝网。接下来就是全面且令人震惊的溃败。英军有800人伤亡，其中战死120人。4天后，另一名英军指挥官，将军雷夫德斯·布勒爵士（Sir Redvers Buller）在科伦索战败，143人死亡，755人受伤，还有10门火炮被缴——这是不可原谅的耻辱。布尔人仅有6人死亡，21人受伤。[41]整场战争导致英军死亡22 000人，其中5832人在战斗中死亡，其他人则死于创伤和疾病。[42]

这一切之中有一种令人胆寒的预兆。带刺的铁丝网，机枪，对依托阵地的步枪兵发动大规模攻击——正如吉卜林于1903年所写的那样，是"一场阅兵典礼"。

第六章

献祭的高台：
第一次世界大战中的"西进"

  我方军官用激昂的哨声回应德国人的军号，步兵部队……开始行动了。步枪的轰鸣声响彻云霄，随着连队不断交火又停火，枪声时而激烈时而稍缓。
  我们的急速射击令人震惊（的致命），即使对我们自己而言也是如此。即便是最糟糕的射手也不会失手，因为他只需要朝着一大群黑压压的可怜的敌人随意开枪，敌人在我们两个连队前方300码的近距离上不断地做着无用的增援。这样的战术让我们惊讶，一开始我们看见遭到机枪扫射的人无助地慢慢倒下，感到备受冲击，而之后我们便从中获得了极大的力量和愉悦感。这一切都来得太轻而易举了。

——约翰·路西（John Lucy）下士，
爱尔兰皇家步枪团，于1914年的蒙斯战役[1]

  先头部队已到无人区中央。"预备！"命令沿着前线传递……每个弹坑边缘都探出了脑袋，最后机枪被牢牢架在了视野最佳的地方。过了一会儿，当英军进入100码距离内时，（我方）所有的弹坑中都爆发出机枪的嗒嗒声……前进中的部队在枪林弹雨中迅速被摧毁。交火线上随处可见人们扬起手臂，倒下后便一动不动……现在，敌人进攻的散兵线虽被严重撼动且出现了很多缺口，但移动得更快了。他们没有悠闲地漫步，而是加速冲锋，几分钟后先头部队已经到达了距我们前方战壕数步之遥的地方……一次又一次，英军步兵冲击着德军防线，就像浪花拍打悬崖，却一次又一次被击退。这是一个惊人的壮观场面，展示了双方无可比拟的勇气、胆魄和斗牛犬一般的决心。

——一位德国目击者，
于1916年索姆河战役的第一天[2]

蒙斯战场上的路西下士和索姆河战役中的德国目击者都描述了一战核心战略战术的真相：防御能力通常胜过进攻的雄心，即便是相对成功的进攻也会付出非常高昂的代价。进攻突破的可能性带来的诱惑，冲刺、勇气和纪律带来的胜利，人数的集中，对火力准备的信心，所有这些都是进攻战事中的"塞壬（会诱惑人的海妖）歌声"的一部分。主角们越是安全地藏在他们的防御之中，战略家们越是疯狂地寻找攻击的法门。讽刺的是，推动一战并让无数人丧生的力量，正是对机动性战术的盲目信任。尽管这种决心令人讶异，但在杀伤效率上，暴露在冷酷的无人区和战壕等杀戮之地的血肉之躯，往往无法与有组织的步枪射击、协同作战的机枪和大炮相匹敌，这些武器数量庞大、种类众多、命中率高，而且还有深深的棘铁丝网作为帮凶，这些铁丝网顽强地粉碎

第六章 献祭的高台：第一次世界大战中的"西进"

了对方炮兵想要摧毁它的企图。正如一位军事史学家言简意赅地指出的那样，攻击方"无法前进，也不愿后退，于是成了炮火的猎物"。[3]

一战中的死亡率数据就像西线的泥沼一样晦涩模糊。没有人系统地收集数据；评论员们有时也会混淆整体伤亡人数和死亡率，或者把因病死亡和非战斗相关的死亡也加入其中。然而有一种共识是，战争期间，在所有战区和战斗人员中，总计约有860万人在战斗中死亡或重伤致死。主要交战国中，德国损失180万人；俄国170万；法国130万；奥匈帝国92.2万；英国65万（大英帝国［殖民地］另有22.6万人）；意大利46万。[4]美国因各种原因死亡的总人数将近11.6万，其中5.34万是战斗死亡人数。[5]换句话说，法国每1000人中就有34人死亡；德国的这个数字是30；英国是16。[6]整个一战的受伤与死亡比例是3∶1。[7]但在有些战役中这一比例要惨烈得多。1916年索姆河战役的第一天，进攻的英国部队伤亡38 230人，其中19 240人死亡，受伤与死亡人数之比不足1∶1。当天参与进攻的英国步兵每五人中可能就有一人阵亡。[8]

索姆河战役不仅让英法军队大出血（这场从7月持续到11月的战役为英国和法国分别带来42万人和20.4万人的"官方"伤亡），对德国来说它也是一场不折不扣的灾难，造成了65万~68万人的伤亡。索姆河战役令人警醒——如果说消耗战有什么正面影响的话，这便是其中之一。战后德意志帝国档案馆（德语，Reichsarchiv）发现："严重的流血损失对德国的影响远超其对协约国的影响……消耗战狠狠噬咬着防御者的内脏……其结果是导致最优秀、最训练有素的士兵死伤惨重，他们是无法替代的。战斗悲剧的根源就根植于此……索姆河是德国野战军泥泞的坟墓。"[9]当埃里希·冯·法金汉将军

（Erich von Falkenhayn，以及后来的兴登堡和鲁登道夫）将消耗战应用于历时10个月、荒唐又激烈的1916年凡尔登战役时，他发现了消耗战的核心真相：想让你的敌人流血，你也必须流血。据《法国官方战争史》（French Official War History）记载，法国的伤亡人数为377 231，其中162 308人死亡或失踪。德国方面死伤约337 000人，其中死亡和失踪人数约有10万。[10]

军官战死的概率是其手下士兵的两倍。[11]一位佚名的英国低级军官在1917年写道："我肯定与一年前的我不一样了……毕竟，想想我在这里的生活：我们这些野战排指挥官在下一场战斗中的生存概率大概只有四分之一！"[12]德军中步兵的整体伤亡率是13.9%，但军官的伤亡率是惊人的75.5%。[13]1915年，阿盖尔和萨瑟兰高地人团在拉巴西（La Bassee）发动灾难性的进攻，16名军官战死14人（87.5%）。[14]1918年4月至11月，皇家燧发枪手团（Royal Fusiliers）霍奇斯下士的5名连级上司中有4人战死。他回忆道，其中一个"和我们在一起的时间太短，我连他的名字都还不知道，他便受了伤，在转运途中死于敌人的袭击，连抬担架的也跟着送了命"。[15]

那么士兵是如何被杀死的？什么样的武器以前所未有的庞大数量走下生产线，它们进入战场了吗？什么样的战略和战术——被精巧地编入了由政治目的、百姓期望、武器能力、现有人力和地形组成的巨大网络中——带着人走向死亡？死亡可能有多种形式，正如二等兵伯纳德·利弗莫尔（Bernard Livermore）记忆中的那样："狙击手的子弹造成的死亡，枪榴弹带来的死亡，'米尼'（有时被称为'哀号的米尼'——一种可以将100～200磅重的炮弹投向敌方战壕的德国迫击炮）或'太妃苹果'（木柄式手榴弹）带来的死亡，

第六章 献祭的高台：第一次世界大战中的"西进"

榴霰弹造成的死亡（可能来自己方炮弹），又或者乘风而来的毒气带来的死亡。如果袭击我们战线的是德国兵，那死亡也可能来自刺刀或镶了钉子的短棍。"[16]

然而最有效的"杀手"是火炮，所以那些尸骨无存者和死无葬身之地者的比例惊人的高。不列颠和大英帝国在西线死亡人员中有超过30万人——死亡人数的40%——一直没被找到。[17] 仅伊普尔（Ypres）的门宁门（Menin Gate）纪念碑上就记录着54 896个未找到尸体的英国本土和英帝国士兵的名字。事实证明，这座1921年设计的巨大的拱形纪念碑还是太小了，无法记录下所有尸骨无存的死者的名字，于是那些1917年8月15日之后的死难者被记录在了泰恩科特（Tyne Cot）公墓的失踪人员纪念碑上。蒂耶普瓦勒（Thiepval）的纪念碑上有73 367位死者的名字，他们没有已知墓地，其中包括战死在索姆河（1915年~1918年）的那些人。他们在无情的炮火下或被完全摧毁，尸骨无存，或被埋入泥土之下。

皇家威尔士燧发枪团第2营声誉卓著的医务官 J. C. 邓恩（J. C. Dunn）上尉描述了杀伤性武器的转变，战争前期由小型武器造成的死亡占了大多数，而随着战争的进行，火炮成了造成士兵死亡的主要原因。他在1914年10月记录道："绝大多数死亡由步枪造成，炮弹造成的相对较少。"然而一年后，他发现，"前线的大部分伤员都有许多可怕的伤口，几乎全是由爆破筒、迫击炮弹和手榴弹造成的"。[18] 相比步兵而言，炮兵是更有效率的杀手。据裴迪·格里菲斯（Paddy Griffith）的计算，英国步兵每损失1人（受伤和死亡）可造成敌方0.5人伤亡，而炮兵每损失1人可换来敌方10人伤亡。[19]

总体来看，小型武器，尤其是机枪，是战场上第二大杀人凶手。英国军队中，58%的伤亡来自火炮，37%来自小型武器，5%属于其他原因（如炸弹、毒气和刺刀）。[20]那些被子弹杀死的人中，有一半人倒在了机枪火力下，占伤亡总人数的25%。[21]虽然机枪杀死的人没有火炮那么多，但它却成了大规模工业生产造成杀伤的典范。到1914年的时候，英国和德国都已开始使用海勒姆·马克沁的专利制造机枪。维克斯公司（Vickers）在1892年获得许可，次年克虏伯公司也拿到了许可。在战争爆发前，英军的机枪供应量非常少（从1904年开始一年仅11挺）。[22]

欧洲的军官阶层主要来自地主乡绅，深深扎根于前工业时代。相对于步枪尤其是刺刀，工业化的战争显然缺乏英雄主义的气概，所以这些老顽固们"坚持他们过时的信念，信奉人的核心作用，推崇个人勇气和个人行动的决断力"。[23]虽然这种冲突贯穿了战争始终，但没有什么可以阻止战场杀戮的大规模工业化。在1914年时，德国装备了4900挺机枪（其中近4000挺部署在西线）；法国有2500挺，而英国远征军（British Expeditionary Force，简称BEF）只有108挺。然而到战争结束时，维克斯不仅制造了71 350挺马克沁式重机枪，还生产了133 000挺刘易斯式轻机枪（重30磅，配有一个47发弹鼓，这是第一款真正有效的轻机枪）。[24]

操作机枪不需要多么高超的技巧。大规模征集的平民士兵取代了小部分专业精锐（他们大部分在1915年前就战死了）。但公民士兵并不具备那些需要多年苦练和汗水才能练就的步枪操作技巧（对精锐而言一分钟射出30发子弹，并在300码的距离上全中目标并不罕见），于是"力量……从战斗专家手上传到了工匠手上"。[25]

这并非说那些机枪的"操作员"不以自己的武器为傲。乔治·科帕德（George Coppard）几乎温柔地怀念着他的维克斯重机

第六章 献祭的高台：第一次世界大战中的"西进"

枪："这种武器被证明是非常成功的，它高效、可靠、结构紧凑，而且重量合理。三脚架是最重的部分，约50磅重；除去冷却水（水冷可延长机枪射击时间）机枪本身重28磅。调校好的机枪每分钟可发射超过600发子弹。一个机枪小组通常有6人。1号是指挥者，负责开枪；2号负责将弹药带送入机枪；3号协助2号维持弹药供应；4~6号是预备人员和运输人员。"[26]如果这6人被派去做步枪兵，每人每分钟可能发射约12发子弹，即一共72发——若与他们操控步枪发挥的作用相比，这是个非常糟糕的交换。1914年时，每个师的机枪（英军中每个营两挺，一个师有12个营）可输出相当于9120支步枪的火力。而到战争结束时，它们能输出相当于38 000支步枪的火力。[27]

战争爆发时，德国军队机枪的平均装备数量与英国远征军大致相当，但德国人倾向于将机枪集中在专门的机枪连中，而不是像英国人那样将机枪分散配属到各个步兵营——一直到1915年10月，英军才成立专门的机枪部队。在德国人手上，英国人学到了惨痛的一课，即：将机枪集中起来由受过专门训练的部队操控是多么有效。如1915年3月的讷沃沙佩勒（Neuve-Chapelle）之战，在发动一轮密集的炮火准备之后，苏格兰第2来复枪团发动了进攻：

> 费勒斯（Ferrers）从B连第一个站出来，他戴着单片眼镜，拿着他的剑。枪声停止后是一阵寂静。然后枪声又响了，从德军战线发出……几乎在同一时间出现了另一种声音，敌军机枪转动和射击的致命声音。很明显，从他们火力的强度和准确度来看，炮击并没有达到预期的效果……随着进攻的继续，德军最大的杀伤力来自他们架在

米德尔塞克斯（Middlesex）——米德尔塞克斯团第2营位于进攻线的延长线上，而苏格兰第2来复枪团正是进攻线的组成部分——前方的两挺机枪。他们不仅通过正面射击几乎歼灭了米德尔塞克斯团第2营（营的规模不一样，但平均是600人），而且还利用致命的纵向射击和侧翼攻击（即不是正面朝进攻者开火，而是朝着攻击部队的侧面攻击，因此能打击到更多敌人）给苏格兰第2来复枪团造成了大量损失。[28]

即便是一挺机枪也能发挥可怕的效果，这在罗伯特·格雷夫斯（Robert Graves）的经典作品《向一切告别》（Good-bye to All That，1929）中便有记录。1915年9月25日，在拉巴西附近的一场战斗中，皇家威尔士燧发枪团（格雷夫斯便是该军队中的一名勇敢的军官）发现米德尔塞克斯团的遭遇仿佛在他们身上重演了：

当时军队已经获批在火力支援下以排为单位快速推进。当他（一名皇家威尔士军官）指挥的排行进了20码时，他示意他们卧倒开始进行火力掩护。密集的枪声震耳欲聋。他看到左边的排也趴下了，于是吹哨示意继续前进。似乎没人听到命令。他从弹坑中跳起来，挥手示意："前进！"

没有一个人起身。

他大喊："你们这些懦夫，你们是不是想让我一个人冲出去？"

他的排副肩膀受伤了，呻吟着喘息道："不是懦夫，

第六章 献祭的高台：第一次世界大战中的"西进"

长官。大家都愿意听令。但他们都——死了。"从制高点上的机枪中喷射而出的子弹，穿过战场，在他们听着哨声起身时把他们逮了个正着。[29]

武器有着自己的语言，在婉转魅惑的低语中点缀着残忍的尖啸。索姆河战役中的二等兵弗里德里克·曼宁（Frederic Manning），战后写下的《命运的私隐》(*Her Privates We*，1930）一书，堪称关于这场战争的最好的小说之一，书中如此描绘道："炮弹从头顶划过，发出嗜血的叹息和哀号；空气也随它们颤抖……随着咆哮声越来越大，另一枚炮弹又朝他们飞过来，他们在火炮的怒吼中瑟缩着。炮弹爆炸时发出的巨大声响，如同竖琴滑奏，战壕壁向内倾塌，埋葬了数名士兵。"[30]邓恩上尉记得："大型榴弹炮时不时发出沙哑的喀喀声，头顶上方繁星点点的寂静之中，炮弹发出怪异的嘶嘶和飒飒声，爆炸地点太远，连爆炸声也含混不清，声音传了很远也没有回声。"[31]

"描述这些声音比忍受它们要容易得多。"恩斯特·荣格尔（Ernst Junger）在他的经典回忆录《钢铁风暴》(*Storm of Steel*，1920）中写道："因为人们无法不把飞来的铁片与死亡联系在一起……想象一下你被牢牢绑在一根柱子上，被一个挥动重铁锤的人威胁。现在那把锤子被举过他的头顶，准备挥出去了，现在它正划破空气挥向你，眼看要碰到你的头，然后撞到了柱子上，碎片飞溅——这就像是身处炮弹爆炸之处的体验。"[32]若你仔细倾听，你会发现炮弹的语言就是这样的。这是性命攸关的。西线上一个年轻的炮兵军官 P. J. 坎贝尔（P. J. Campbell）幸运地得到了一个经验丰富的同僚指点："他教我如何通过声音来区分炮弹并判断它们是否会在安全距离外爆炸。'当你听到一种缓慢拖沓的声音,'他说,'就不用担心,这枚炮弹不会伤着你。但如果炮声像这样,'他模仿着发出小孩子一个人在火车上玩耍时会发出的声音,'那你就要朝着最近的坑道跑过去。如果你突然听到一阵尖厉的哨声,越来越大,直直地朝你过来,那你就躺倒在地上祈祷吧,你没时间做其他动作了。'" [33]

士兵们对各类军械的特性有着近乎着迷的熟悉。杀戮已经成为他们的专业,他们讨论这些的方式与他们谈论汽车的优缺点没什么两样。法国军人、小说家亨利·巴比塞曾回忆起这样一段狂热爱好者之间的对话:

> 他突然弯下腰。我们也一样。
>
> 嘶……嘶……
>
> "是引信!刚飞过去。"
>
> 榴弹引信一般会向上飞起,再垂直落下,而碰撞引信则会在炮弹爆炸后被炸飞出去,钻进炸点附近的土里;但有时它会像一块巨大的闪光鹅卵石一样飞向任何地方。你必须小心。它可以在爆炸发生很久之后,以意想不到的方式击中你,穿透护墙,钻入洞中。
>
> "没有什么比引信更讨厌了。刚才飞过去的是……"
>
> "还有比这更糟的,"11队的巴格思打断了他,"奥地利炮弹:130毫米的和74毫米的。现在,它们确实让我害怕……"
>
> "那就像德国105毫米炮弹——你没有时间趴下,让胸口贴近地面……"

第六章 献祭的高台：第一次世界大战中的"西进"

"我来给你说说那些海军炮弹，你连听到它们的时间都没有，在此之前你就被干掉了。"

"还有一种新炮弹，王八蛋，在地上反弹一两次以后才会爆炸……当我知道面前有一枚这样的货色，我都吓尿了。"

"刚刚那些算什么，兄弟们，"新来的中士说道，"你们应该看看他们在凡尔登扔给我们的东西……甭提多大了，380毫米和420毫米——两种44倍口径的巨炮。只有在那种地方被炮轰过，你才能说，'我被炮击过'！"[34]

士兵们几乎是用打趣的方式来缓解这些武器带来的恐怖，这是他们唯一的方法。于是士兵们给这些不同的炮弹起了绰号："懒惰的伊莉莎是一种远程炮弹，它的目标是远处的炮兵，从头上嘶嘶飞过，不会造成伤害。撒尿的珍妮和吹口哨的珀西来自德军9英寸口径的舰炮，维伯斯专送是在第二次伊普尔战役中特别使用的重型火炮。嗖嗖弹和小不点是由德国77毫米野战炮发射出的，通常开炮距离很近，所以炮弹的啸声和爆炸声几乎同时发出……煤炭盒子和杰克·约翰逊是重型炮弹，爆炸时会有云团状黑烟。"[35]

人们对杀伤力的等级也有详细认识："单个的嗖嗖弹他们不会在意，但如果同时出现了十几个那就会让人恐慌了。嗖嗖弹是最小的德国炮弹……稍大一点的是4-2弹。它们更让人讨厌，但除非在20～30码之内爆炸，否则不太可能伤到你，有证据表明，一个有效的掩体甚至可以抵挡一枚4-2弹的直接攻击。但只有最强的防护才能抵御一枚在100码之外落下的5-9弹……还有更大的家伙，8英寸、11英寸的。这些都很可怕。"[36]

19世纪后期的技术进步让火炮比早期火炮更加致命。19世纪80年代开始，苦味酸炸药和立德炸药（也含苦味酸）等先进爆炸物的发展让火炮在射程和杀伤力方面都达到了另一个境界。美国南北战争中，2000码是绝大多数火炮的极限射程，极少数后装加农炮能达到4000码的射程。[37]而在一战中，英国的主力火炮英式18磅炮能将一枚18磅重的炮弹发射到7000码（约合4英里）之外的地方，而德军的77毫米火炮能将15磅重的炮弹发射到11 700码（约合6.6英里）之外。[38]体积最大的火炮，如法国520毫米（20.8英寸）施耐德榴弹炮（Schneider howitzer）能将巨型炮弹发射到很远的地方。施耐德榴弹炮可以把一枚3130磅的炮弹射出11英里；美式和英式14英寸加农炮能将重1400～1560磅的炮弹发射到20～30英里的地方，而德军著名的"巴黎"大炮可以将其264磅的炮弹射出约80英里，是这场战争中射程最远的大炮。而如此长距离的弹道也让不幸的巴黎市民认为他们是被看不见的齐柏林飞艇给轰炸了。[39]

其他改进增强了火炮的杀伤力。液压制退系统让大炮在每次发射后能更快瞄准，并且提升了它在经验丰富的炮兵手中的发射速度（著名的法国75毫米野战炮能达到每分钟25～30枚）。[40]目标定位方法越来越复杂，包括地图索引、航空拍摄和用塔克传声器进行声波测距，它能通过监听飞过来的炮弹频率来精确定位敌军炮兵位置，让炮手们能够更准确地找到远离视线的目标。碰炸引信，如英国106式或德国同等级的引信，能确保高爆弹在受到撞击时立刻爆炸，在水平方向上发出毁灭性的冲击波，而不是像从前那样，炮弹在爆炸前常常钻到地下，只能产生纵向的冲击波，伤害较小。

第六章 献祭的高台：第一次世界大战中的"西进"

除了这些创新之外，还有惊人的军械消耗。举例来说，在同盟国袭击梅西讷（Messines，1917年5月26日至6月6日）之前，英国发射了超过350万枚炮弹，[41] 而"翻阅阿拉斯（Arras）、梅西讷和第三次伊普尔战役中详细的火炮安排，单就其绝对的规模和力量来说就令人颤抖"。[42] 德国人估计，在战争的头一年，炮兵和步兵造成的伤亡人数比例是2∶1，炮兵领先；而在战争的最后一年，这一比例上升到了14∶1。[43]

火炮固然堪称是战争中的第一杀手，但自其诞生开始，消灭一个敌人所需的弹药数量高得惊人。J. C. 邓恩上尉曾在1915年11月17日评论道（诚然是在上述提到的许多创新技术应用之前）："事实上，有大量弹药在没有造成太大伤害的情况下被扔到战壕里。在一片活跃战区的前线我们的伤亡情况是……一人死于步枪子弹，两人被炮弹碎片击伤。"[44] 杀死一个敌人所需的炮弹数量据估计从30枚到1400枚不等[45]（比这还严重的肆意挥霍只出现在越南战争中），主要是因为许多弹药被用于其他目的，如炸开铁丝网防御，不过这个目的时常无法实现。[46]

这样的统计数据，对于冷静的观察者来说似乎相当令人安慰，而对于那些前线指挥者而言，他们得到了和俄罗斯轮盘赌一样的精算保证。忍受猛烈的炮火就像生活在充满喧嚣和尖叫并散发着恶臭的疯狂世界，随时可能被抹除掉。这是一种与之前任何战斗都不一样的战争经历。对一些人来说，死亡是幸福的安慰："有时候，"克利福德·莱恩（Clifford Lane）下士回忆道，"在索姆河战役后期，特别是在被炮弹连续轰炸了几个小时以后，我只想被炸成碎片。"[47]

置身这样的漩涡中就像在暴乱中窒息，感受太过深刻以至于时间本身都被改变了。"黑色的火焰突然迸发在我们面前，横跨整个山丘，"亨利·巴比塞回忆道，"骇人的爆炸直冲云霄。整条战线从左到右，延时引信炮弹从天而降，爆炸从地面升起。它们形成了一块恐怖的帷幕，将我们与世界分离，将我们割离在过去和未来之外。"[48]

英国炮手P.J.坎贝尔叙述了遭受猛烈炮击的情形：

> 然后我便不再关注哀号声。我只意识到自己的痛苦。我没办法计算炮弹的数量，也无法计算时间。没有回忆过去也不会思考未来。只有现在。当下等待的痛苦，等待一枚毁灭我们的炮弹，等待死亡……我们没人说话。我闭上了眼睛，看不到任何东西。但我关不上耳朵，我可以听到一切，炮弹的尖啸、痛苦的惨叫、骇人的爆炸，罪恶的弹片冲下来，深深扎进我们周围的地面。
>
> 我不能动，四肢完全失去力量。我的心脏在抽动，脸在发热，喉咙干裂。[49]

在1916年的索姆河战役中，德军第99预备役步兵团一名20岁的年轻下士熬过了蒂耶普瓦勒附近英军在火力准备阶段发动的炮击："每一个人都像疯了一样，因为恐惧而噤若寒蝉。五天五夜，炮轰一直在持续，我们不吃不喝，几乎没睡过觉。这种情况还要持续多久？"对这位下士来说，这样的日子第二天就结束了，他被杀了。[50]

高爆炸药的可怕破坏力可以导致死伤惨重，但其破坏力不总是通过摧毁身体来表现。在邓恩上尉的记录中，他的连队在多边森林（Polygon Wood）中遭到了"轻微炮轰"，但"一枚4.2英寸炮弹击中了一个坐着三个人的弹坑，三人都死了，除了一些烧焦的布料没有留下任何可见的伤痕"。[51]爆炸产生的冲击波摧毁了他们的要害器官，但他们的外表却完好无损，这一点十分诡异。恩斯特·荣格尔描绘了一颗巨大炮弹在人群中间爆炸带来的惊人影响："我只能给出无力的安慰，情况可能比这更糟。例如，列兵拉斯特站得离爆炸地点太近，弹药箱的背带着了火。军士普列高两旁的战友被炮弹撕成了碎片，他却毫发无损——尽管第二天他还是阵亡了。"[52]

但这是非常罕见的。更常见的情况是，高爆炸弹将人撕裂。亨利·巴比塞描写过一段两个法国士兵关于毒气和高爆弹哪个更恶心的争论：

"那看起来像是芥子气。快把脸蒙上。"
"猪！"
"这真够卑鄙的。"法费代特骂道。
"怎么卑鄙了？"巴尔克嘲笑他。
"就是不体面，我是说，毒气……"
"别逗我了，"巴尔克说，"你还有你那所谓的卑鄙不卑鄙的武器。当你看过人被切开，被切成两段或者从上到下劈开，被普通炸弹炸成碎块撒得到处都是，肚子破开了，内脏漏出来，脑袋直接被塞进肺里，就像被木槌打进去的一样，脑袋的地方还留着一小截脖子，黑加仑果酱似的脑浆淋在周围、胸膛和背上……等你看过这些你再来告诉我战争里什么是体面干净的武器！"[53]

他们的争论是一战中战斗经历的核心。他们死亡的方式往往没有给他们留下一丝英雄尊严。他们是数量庞大的死亡战士中苍白普通、没有特征的无名氏，被如此远程、强力的武器毁灭，没有任何个人左右的余地。他们的死亡怪不得人类行动，而是拜工业化进程所赐。一个反映了这种毁灭的现象是，士兵们最大的恐惧不是被杀死而是被炸成碎片。查尔斯·威尔逊（Charles Wilson，后来的莫兰勋爵，温斯顿·丘吉尔的私人医生）是皇家燧发枪团的一名医官，他发现：

> 有些法国士兵已有了赴死的准备，但无法接受那种情状的死亡。如果死亡是干脆迅速的，他们已做好了准备。但被大炮击中，那样破碎、残暴、血腥的终结对他们来说就太过分了。这不仅仅是死亡，他们计划中体面而荣耀的死亡也受到了突如其来的打击；与其说是生命遭遇危险，不如说是尊严从他们手中流失。他们处于死亡环伺的环境中，衣衫褴褛，浑身沾满了淤泥、尘土和鲜血；他们的行为受他人摆布，也无法预测对方的下一步行动。这种惧怕的经历是压死骆驼的最后一根稻草。[54]

那些被高爆弹炸死的人可能会扭曲成奇怪可怖的形状，甚至有种令人毛骨悚然的美感。邓恩上尉曾见过炮弹爆炸的影响："在路上，两个人突然被直直地抛向空中，可能有15英尺高，在一团泥土中……他们上升落下的姿态轻松优雅，就像杂技演员。一支步枪被抛得比他们更高，慢慢旋转着落下。即使在那样的环境下，这样的景象也让人回想起童年的记忆：在圣安德鲁的一个巡回马

第六章 献祭的高台：第一次世界大战中的"西进"

戏团里，一个旋转动作让我莫名兴奋。"[55]亨利·巴比塞也描述了一个被高爆弹打中的同伴："我看见他被垂直炸到天上，已经被炸黑了，他的两只手完全伸开，脑袋上是一团火焰！"[56]

炮弹把防御工事——战壕和防炮洞——变成了坟墓，在一瞬间轻而易举地杀掉并埋葬了受害者："没人看见他们走，人就这么消失了。一枚烦人的汤米会在战壕底部挖出一个洞，免得（你被炸死了还）受人践踏。迫击炮弹会爆炸，使人上方的泥土无声地塌陷到人身上。就算人们知道他被埋在那儿，把他挖出来又有什么用呢？他在那一瞬间就已经死了，也顺便被埋了。"[57]

爆炸当然也不总这么温和："第二天早上他死了……在被炮弹击中的防炮洞里。他躺在地上，胸口凹陷。他们跟你说过弗朗哥吗，就在蒙丹旁边？塌下来的屋顶折断了他的脊椎。当他们把他挖出来放到地上后，他说话了。他把头偏向一边，说：'我要死了。'然后他就死了。维吉尔也和他们在一起。他的身体没有损伤，但他的头部完全被压平了，像一张煎饼一样又大又宽。看到他躺在地上漆黑、变形的身体，你可以把那看成他的影子。"[58]

榴霰弹（"长毛熊"）会在部队上空爆炸（最佳高度是20英尺）并射出弹丸（每发炮弹约270个）和弹壳碎片："一个年轻的中尉机枪手正要去寻找架设机枪的地方，就在他走出我房门的时候，一枚榴霰弹在他面前爆炸了。可怜的家伙被带到我这儿，一身窟窿。他躺在我怀里直到去世，因痛苦而尖叫，还说他希望我能原谅他发出这样的声音，他实在忍不住。可怜的人，我们什么也做不了，只能帮他打支吗啡。"[59]

然而有时候，榴霰弹造成的死亡十分特别，令人不安且带有歧视性："朱利安·廷代尔–布里斯科（Julian Tyndale-Briscoe）中尉认为，60英尺外的爆炸就像是谈话中的标点符号，但他发现这次爆炸让一名军官和一个炮兵受到了致命伤：'他们都在一分钟内死去——真伤心——只有一个（榴霰弹的）弹丸击中了他们。'"杰拉德·伯格恩（Gerald Burgoyne）回忆了一起意外事件，当时一名威尔特郡营队的医官正在一个拥挤的救护站中弯腰处理伤口："一块（榴霰弹）碎片穿进房间，瞬间杀死了医生。当时房间里挤满了人，但唯独他被击中了。"[60]

火炮有着贪婪且反复无常的胃口，吞噬着人的身体和精神。莫兰勋爵描绘了一个差点被"杰克·约翰逊"（以伟大的美国拳击手命名，可能因为它包裹了一个邪恶的拳头）击中的人如何失去了他的灵魂：

> "是特纳中士，长官……你看，长官，炮弹几乎就在他头顶爆炸……他居然还完整地站在这儿，真是奇迹。"
> 我看到那个中士站在战壕里。他看着我像是要说什么话，却什么也没说。他的嘴唇在颤抖，他努力地想让自己镇定下来。他看起来对刚发生的一切感到恍惚，而这一切都结束了……我很清楚游戏结束了，他完蛋了。当这种事发生在一个优秀的战士身上，就意味着结束。[61]

那些没有被炮火命中而死的人，也可能死于炮火的"疏忽"。步兵们一直都在抱怨友军火炮在预备进攻时没能摧毁敌人的铁丝网。乔治·科帕德调查了索姆河战役第一天中所有发生在拉布瓦塞勒（La Boiselle）附近的失败的进攻：

第六章 献祭的高台：第一次世界大战中的"西进"

数百名死者，有许多是第37旅的士兵，他们连成一串，像被冲刷到涨潮线上的船只残骸。死在敌军铁丝网上的士兵和倒在地上的一样多，像被网捞住的鱼。他们以奇怪的姿势挂在那里。有些人看上去像在祈祷，他们是跪着死去的，铁丝网让他们没有倒地。尸体均匀地铺散开来，不管是挂在铁丝网上还是躺在铁丝网前，很明显进攻的时候铁丝网上没有空隙。数量充足的机枪带来的集中火力让每一寸铁丝网都发挥了可怕的效果……士兵们完全没想到，被炮弹炸飞后又落下的铁丝网会比之前缠得更紧。[62]

回到1915年的卢斯（Loos）战役，女王皇家西萨里郡团（Queen's Royal West Surreys）的查尔斯中士经历了一模一样的事情："靠近铁丝网时，我能看见挂在上面的人，他们很明显是死了或是受了重伤，而铁丝网上没有任何空隙。我们的炮火没有破开铁丝网，即使发射的是18磅炮弹。炮弹可以落在准确的位置，但没有利落地切断铁丝网，而是掀起了大片铁丝网让情况变得更糟……我甚至看不到敌人的战壕，铁丝网太厚太深了。"[63]

P. J. 坎贝尔很清楚问题所在："最让人紧张的是战壕前面的铁丝网，铁丝网太多了而且很难被破坏。而我们这些野战炮兵的任务就是摧毁它们。我们要用碰炸引信炮弹来切断铁丝网，同时不能在地上留下太深的弹坑，重型的炮弹可以更有效地摧毁它，但如果留下了太大的弹坑，就会给后续推进的步兵造成麻烦。"[64]1917年投入使用的106式碰炸引信炮弹在某种程度上改善了这一窘况。它的横向冲击波不仅能切断铁丝网，而且留下的弹坑也更小。对那些重伤的人来说，太深的弹坑本身就很致命，他们很可能会被淹死在灌满雨水的弹坑中。

皇家沃里克团（Royal Warwicks）的艾德文·坎皮恩·沃恩（Edwin Campion Vaughan）中尉在1917年的帕斯尚尔战役中曾听闻这样的事："黑暗中四面八方传来伤员的呻吟和哀号；痛苦的哭泣呻吟和绝望的尖叫微弱且久久不息。数十个重伤的人为了安全必须爬到弹坑里去，现在水已经漫过了他们，而他们却无力移动，只能慢慢被淹死。这对我来说太可怕了。"[65]

亨利·巴比塞在阿图瓦（Artois）也见过这样的人：

> 他们的头和胳膊在水下，但你能看到他们的背部和背上装备的皮带漂浮在浑浊的水面，而他们的蓝色裤子也鼓胀起来，脚和肿胀的双腿交叠，就像圆圆的、漆黑的脚粘在小丑和木偶难看的腿上。一个沉下去的脑袋上，头发像水草一样直立着。有一张快要浮出水面的脸，头搭在水边，身体则消失在晦暗的深处。这张脸朝上望着，眼珠泛白，嘴巴张成一个黑洞。脸上黄色的皮肤像一层面罩，看上去软软的、皱巴巴的，像冷盘糕点一样。[66]

而就算敌军火力没有那么致命，也总会出现荒诞的"友军误射"。法国将军亚历山大·佩尔辛（Alexandre Percin）估计有75 000名法国士兵死于他们自己的火炮。[67]粗制滥造的炮弹的凸缘（炮弹腹部的一圈软金属带，发射时会产生形变，嵌入膛线以确保推进力）经常达不到标准，这在早年很常见。1915年2月27日，皇家威尔士团的医官颇为嘲讽地记录道："我们的掩护炮火发射了四次，某种程度上像下面这样——落到没人的地方，落到我们自己的工事上，

第六章 献祭的高台：第一次世界大战中的"西进"

落到我们的防线后面，命中了我们的一个连队指挥部，然后还问："够了吗？'"[68]

1916年8月10日，莫兰勋爵记录下了一个典型事件：

> 我遇见了博德特（Burdett），他接管了B连……"我们那些见了鬼的大炮。我不知道它们到底要干什么！"他愤怒地大喊。我努力下到战壕里，猛然看到这样的场景……炮弹在四周爆炸，人们正在黑烟中刨土。沉闷的呼救声从地下传来，非常微弱而遥远，人们更疯狂地挖土，有些人扔掉了铁锹，像狼犬一样用手疯狂地刨着……我们也怕铁锹会弄伤那些埋在地下的人的脑袋，而且脑子里一直有一个声音回响：可能来不及了。然后，突然一阵巨响，一切都消失了，当我恢复视力的时候，戴森和他旁边干活的两个人已经不见了。他们被埋了。然后，就好像他们已经完成了吞噬这些男孩的任务一样，炮火突然间就停了。[69]

那些在西线战场上见证了第一次毒气攻击的人——1915年4月22日[*]德军在伊普尔突出部的北部地区释放了毒气——一开始认为这只是用来干扰注意力的，这完全可以原谅："在朗厄马克（Langemarck）战场上，德军防线前的地面两侧出现了两团古怪的黄绿色云团（氯气）。这些云团向侧面伸展，连成一片，随着微风飘

---

[*] 第一次是德国对俄国使用，1915年1月，在华沙以西的波利莫夫。参见Philip Haythornthwaite, *The World War One Source Book*, London: Arms and Armour Press, 1992, 90。

动,形成一层蓝白色薄雾,就像霜冻的夜里,在渍水草甸上看到的那样。"[70]然而它的效果却并不引人注目,虽然它造成的死亡相对其他武器来说较少(约6000名英军,9000名德军和8000名法军;俄国军队损失了56 000人,但大部分是因为缺乏防毒面具),[71]依然被视作一种肮脏、卑劣的战争手段,令人恐惧,遭人蔑视。

毒气一共有四大类:催泪瓦斯(lachrymator,或tear gas)会强烈刺激眼睛,但本身并不致命;催嚏毒剂(sternutator,或sneeze gas)会强烈刺激鼻腔,但同样不会致命;窒息性毒气(suffocant)会侵蚀肺部,非常危险,其中最臭名昭著的就是氯气和光气;最后是糜烂性毒气(vesicant),主要是芥子气,它能让皮肤长水疱,如果吸入则会让呼吸道起疱糜烂。

在战争早期,毒气是从安装在战壕前的管道中释放出来的,由于它的释放要看风向情况,其不可预测性让人不安。1915年4月德军对毫无防备的法军发动的氯气攻击虽然当时取得了成功,但并没有一鼓作气一战到底。1915年9月25日英军在卢斯战役中首次发动的毒气攻击则几乎是场灾难,毒气被吹回了英军战壕,但幸运地只造成了7名"友军"死亡。[72]

随着战争的持续,人们发明了更复杂的排放系统,如迫击炮式的利文斯发射器(Livens projector,1917),它能把一大桶毒气(其发明者W. H. 利文斯上尉"展示了他的勃勃雄心,要将杀死德国人的成本缩减至微不足道的16先令")高高地抛射出去,[73]还有能够由普通大炮发射的毒气弹。与之相呼应,防毒面具也被发明出来,从最早的浸过尿液的毛巾口罩变成连接了空气过滤器的橡胶面罩,但防毒面具通常都很笨重,而且让人不适。同时,毒气弹里也往往加入刺激性气体,让戴着面具的人吸入后非常难受,而如果士兵取

第六章 献祭的高台：第一次世界大战中的"西进"

下了面具想要缓解不适，就会丧命。

光气和芥子气尤其致命，因为一旦进入肺部，它们会迅速渗透细胞并水解成盐酸，受害者基本是被自己过量的体液淹死的。芥子气还会导致大面积灼伤，引发严重的并发症。对芥子气中毒死难者的尸检描述了这种惊人的损伤：

> 案例9——C. H. W., 101135, Pvt., R. A. F., 热气球3区。死于1918年10月23日早上7点05分，2号基地医院。尸检于死后两小时开始，由军医B. F. 威姆斯上尉实施。
>
> 解剖学诊断：大面积的一级和二级烧伤；急性结膜炎；膜性溃疡性咽炎和支气管炎；喉头炎；膜性支气管炎；小叶性肺炎；肺部充血和水肿（积液）；肺间质性肺气肿；急性纤维性胸膜炎，右上叶慢性纤维性胸膜炎；腹腔内脏充血；两大腿上都有毒气弹伤口。
>
> 外观：躯干和四肢大面积烧伤，大腿前表面、左膝、双前臂、颈部和面部都有大块淡黄色疱疹（积液的水疱，也被称为大疱）。除开明显的大疱之外，在大多数情况下还有大面积的暗粉色皮肤分布在大疱周围。尸体面部肿胀，被疤痕渗出物（体液）遮盖了胡须部位；双眼眼睑皮肤肿胀变色；有化脓性结膜炎。黏脓性分泌液（从肺部冒着气泡上涌的液体）从鼻孔流出。大面积牙龈炎。阴囊和阴茎处皮肤水肿，部分起疱。[74]

难怪毒气受害者有时会恳求给他一个痛快。轻工兵乔治·佐贝尔（Georg Zobel）目睹了一次英军毒气攻击带来的影响："到处都是其他部队受到毒气突袭的人。他们或站或躺，呕吐出腐烂的肺部。这种死亡太可怕了！而尽管他们恳求我们，但没人敢给他们慈悲的一击。"[75]

战士们厌恨毒气不仅是因为它可能造成的巨大痛苦，还因为它夺走了士兵反击的机会。1915年5月1日，军士长欧内斯特·谢泼德（Ernest Shephard）在伊普尔外的60号高地上（有过这样的经历）："接下来的场面让人心碎。遭受烟雾攻击的人极端痛苦，咳嗽、呕吐，在地上痛得打滚……我来回跑动，堵上很多人的嘴，把他们摆成坐立姿势，让同伴帮助他们……当我们发现我们的人正死于毒雾时，我们想冲锋，但我们没法这么做……如果我们是在战斗中损失如此惨重，我们不会这么介意，但我们这些棒小伙像掉进陷阱的老鼠一样死掉，没有了曾经的英勇。"[76]

即便是防毒面具也令人窒息，十分不人道。这也是为什么有着凸目镜和外部导气管的面罩被艺术家们视为战争的象征。就像一个陷入橡胶头骨的人在尖叫着要离开："防毒面具让你觉得自己只能算半个人。"皇家伯克郡团（Royal Berkshire Regiment）第1营的艾伦·汉伯里-史派罗（Alan Hanbury-Sparrow）写道："你无法想象，除了空气都被过滤掉了。一个人靠这些过滤过的东西无法生活下去，仅可谋求生存。"[77]

1915年封锁西线的行动不仅开创了堑壕战，还有它的"近亲"——地下战。自有墙体需要破坏开始，人们就开始挖坑道了，在火药时代之前，进攻方会用人力破坏墙壁，在墙体下挖出小洞导致其坍塌。火药的出现提供了性质更活跃的爆炸拆除材料，一战之前最高效的一次爆破发生在1864年7月30日的弗吉尼亚，

第六章 献祭的高台：第一次世界大战中的"西进"

8000磅火药在邦联军的彼得斯堡防御工事下爆炸，炸出了一个170英尺、深30英尺的弹坑，杀死了约300名邦联军士兵。

阿芒拿（ammonal）等高性能炸药的发明让更大的破坏力成为可能，特别是英国人在西线的挖坑道行动上又投入了巨资。然而，这项工作不适合胆小的人：

> 首先，你要连下三四段梯子……这是条可怕又漫长的路，当然你得一个人走下去……我并没有走到地道深处，因为他们工作的地方你无法轻易通过。但皇家工兵部队（Royal Engineers，简称RE，负责为英军挖坑道）的军官带我走进了一条没有人工作的地道，那条地道的尽头，孤独地坐着一个人。他只是坐在那儿听着声音。然后我拿过他的听筒听了一下[*]……我能清楚地听到德军的任何工作……当我们离开时，他瞪着眼睛朝我们张望，像一只被追猎的动物……当然，当你能听到他们在工作时，自然一切平安无事，他们不会设置爆炸。但如果你听不到了！上帝，我不会想当RE。这是场可怕的游戏。[78]

这是一种特别邪恶的战斗形式。坑道工兵和反坑道工兵可能会闯入对方的地道，用短棒、锋利的铁锹、手枪或锯掉枪管并缩

---

[*] 法国诗人、冒险家、军人布莱兹·桑德拉尔（Blaise Cendrars）站在布满德国地雷的战线上。他发现他的宠物刺猬，尽管贪图士兵的葡萄酒，但有着灵敏的听觉，它可以正确地定位德军工兵，"指出每一个恐怖的迹象，如果它觉得还有时间的话，会朝相反的方向跑；而如果敌人很近，它就滚成一个球缩在战壕底部。我们会立即采取预防措施，防范爆破，随时迅速躲开，因为我们知道没有误判的可能性"。

短枪托的步枪近身搏斗。反地道工兵会不断寻找机会使用小型地雷，通过地下爆炸炸飞对手，让他们即使不死于冲击波也会被埋在地下，迎接更可怕的死亡。

对抗的关键其实就是在敌人战壕下埋下足够的炸药，把他们炸上天国。1914年12月20日，德军在吉旺希（Givenchy）引爆了埋在印度兵团脚下的10枚地雷，造成多人死亡；[79]1915年4月17日，英军在伊普尔突出部炸毁了60高地，打败对手德军坑道工兵；不过第一次真正算得上威力巨大的爆炸发生在1916年7月1日早上7点20分，索姆河战役的第一天，英军埋在山楂岭（Hawthorn Ridge）下的装有4万磅阿芒拿炸药的地雷被引爆。爆炸声连伦敦都能听得到。德军第119预备役团的官方战史记载："轰炸期间发生了一场可怕的爆炸，那一瞬间，爆炸声完全盖过了火炮的轰鸣……第9连至少有3个小队被炸上天空，周围的防空壕不是被炸裂就是被堵住了……一个巨大的弹坑……像山坡侧面裸露的伤口一样张开。"[80]

然而，次年的1917年6月7日，梅西讷发生了一起更大的爆炸。分布在10英里前线上的23条地雷坑道中的100万磅炸药被同时引爆。沃尔特·克兰兹（Walter Kranz）少校当时正在德军前线后不远处察看，目睹了"19朵洋红色的巨型玫瑰、无数巨型蘑菇从地面缓缓升起，威严雄伟，而后在巨大的轰鸣声中分裂成碎片，混合着大量泥土和碎片的多色火焰直射向高空"。[81]从英军战壕望过去，那里有"一块绿色的草地，慢慢地，慢慢地，变成一个圆顶，它缓缓升起，就像一块蛋糕；然后也像蛋糕一样裂开，布满棕黄色的裂缝；圆顶继续上升，10英尺，20英尺……然后伴随着一声巨响，黑烟冲上云霄，大量粉色火焰紧跟其后"。[82]差不多有

第六章 献祭的高台：第一次世界大战中的"西进"

一万名德国人阵亡，还有"许多人再也没回到地面，只落下一阵血雨"。[83]

巨大的弹坑本身也成为战斗中独特的地形——战场中的战场。正如美国南北战争中彼得斯堡的弹坑一样，为争取弹坑控制权的斗争是激烈而残酷的，因为它们能提供有利位置，尤其是对狙击手而言，同时还能给陷入困境的步兵提供避难所。1915年9月末，在卢斯战役的最后阶段，乔治·科帕德目睹了德军霍亨佐林堡垒（Hohenzollern Redoubt）地下的爆炸。一旦碎片掉落（"对朋友和敌人都有风险"）。

> 突击队前去占领还冒着烟的滚烫弹坑。德军在侧翼上密集部署了机枪，他们肯定会在小伙子们抵达弹坑前伤害他们。那些成功占领弹坑的人，真是要用脚趾紧紧扣住地面，以免让自己滑倒，栽进身后的陡坡。他们面向敌人排成一线，做好了为捍卫可怜的利益拼命牺牲的准备……一场激烈的炮弹交火即将爆发。许多炮弹飞过了弹坑边缘，落进坑底，爆炸碎片冲上侧边的土坡……双方都在侧翼的有利位置布置了狙击手，他们带来的死亡威胁更让人恐惧……伤亡率在夺取弹坑的第一个小时内急剧上升，警报传到了附近的弹坑和战壕。仇恨和绝望的刺激让近距离交火大增，担架手的数量几乎无法满足需求。人们普遍认为，争夺弹坑的战士生存机会很一般，12小时就是极限了。[84]

随着机动作战受到扼制，堑壕战陷入僵局，创新的头脑转向了被称为"缩小版开放式战争"的战壕突袭战。战术目标通常是捕获敌军进行审讯，或者仅仅是杀伤敌军以打击对方士气。在没有全面激烈的战斗之时，它也被用来给没有经验的菜鸟部队浴血"洗礼"，让他们证明战斗能力，同时让经验丰富却怠惰的部队保持警惕。但对于许多人来说，这不过又是一种让他们丧命的无耻方法。

埃塞克斯团（Essex Regiment）的西德尼·阿马特（Sidney Amatt）下士解释了战壕突袭战的含义：

> 他们从不征求志愿者的意见，他们会说："你，你，你，还有你。"然后你就突然发现自己成了突击队的一员。夜色中，他们在寂静中行动，突击队的安排也如出一辙。1号是步枪兵，携带一支步枪、一柄刺刀和50发子弹，其他什么也没有。下一个是掷弹兵，背着一个装满米尔斯（Mills）手榴弹的背包。
>
> 接下来这个也是掷弹兵，他在第一个人的弹药耗尽时为其补充弹药。最后一个也带着步枪和刺刀……
>
> 他们的目标是爬过德军的铁丝网，跳进他们前线的战壕。然后你得解决掉守卫战壕的人，可能的话尽量用刺刀，这样不会发出任何声音；或者用枪托砸向对方的脑袋。一旦在战壕里稳住了阵脚，你得去每个通路走一圈。步兵会走在最前面，他会在下一个通路停下……然后掷弹兵会向通行处扔一个手榴弹，爆炸后排头的步兵会冲进战壕解决里面的所有人……
>
> ……但突击队很少能成功，因为当我们行进到无人区

中途碰到铁丝网时,德军通常会意识到有情况,于是让他们的机枪朝着那片区域开火。所以我们不得不在全体阵亡之前逃回己方阵地。[85]

邓恩上尉记录了1916年4月25日屈安希（Cuinchy）的一次危险奇袭,执行这次任务的是皇家威尔士团的两个连队:

> 另一次奇袭由指挥官策划……B连和C连的55人预备前往道路左侧一个小突出部的凹角……从一开始就出了状况。"叔叔"（其中一名军官）第一时间派出了他的特遣队,由于指令下得太过仓促,他们差点儿没及时赶上大部队。然后他们中大多数人都跟着乔·威廉姆斯（Joe Williams）走了,而他在半路转向右侧,喊着:"继续领路,B连!继续领路,B连!"他们遇到了未被切断的铁丝网,并受到来自机枪的纵向射击,乔死了。那挺机枪本来应该由两门新的战壕,迫击炮压制的,它们的任务就是保护右翼,然而在开火时都坏掉了。B连少数人跟着他们的长官进入了敌军战壕,却发现里面空空如也。C连的两名军官和25个战士也进来了,但他们的收获就只有一个防毒设备。两支突击队的背后都遭受了猛烈炮火……一个二级军士被落在了后面,死了。另一个死去的是恩肖（Earnshaw）……四名军官全部负伤……事后大家一致认为前一天和当天早上破坏铁丝网的行动让他们（德军）变聪明了,所以他们在第二条战线上做足了充分准备。[86]

R. C. 谢里夫（R. C. Sheriff）曾是东萨里团（East Surreys）的一名军官，于1917年的帕斯尚尔战役中负伤，他的戏剧《旅程尽头》（*Journey's End*）中有一个情节，说的是在敌人已经收到预警的情况下，总部依然坚持突袭，导致了灾难性的后果。连队的指挥官斯坦霍普（Stanhope）试图劝阻他的上校：

> 斯坦霍普：这时候德军就坐在那儿，架着十几挺机枪对准缺口（在他们的铁丝网上）——等着我们部队上去。
> 上校：唔，但我不能违背军令。
> 斯坦霍普：为什么不让战壕迫击炮先在不同的地方轰开十几个缺口——这样德国人就没法知道我们会从哪个缺口进攻了？
> 上校：破开那家伙得花三个小时。要开十几个缺口时间哪来得及。现在担心这个也没用了。太晚了。[87]

前往敌军战壕是很危险的，但退回己方阵地也同样危险，因为神经紧绷的哨兵可能跟敌人一样致命。H. 布莱尔（H. Blair）上尉描述了他在侦察返回时受到的"接待"：

> 接近我们的铁丝网了，我和下士换了位置，他领头我殿后，因为我想通知监听站，六个小时没收到我们的消息他们可能都不抱期望了。我们换完位置不到一分钟，就有两枪打到了那个位置。下士的胸部和腹部被击中了，那可怜的家伙，在返回战壕后不久就死去了。哨兵告诉我，他接到的通知是说只有两个人出去侦察，但他看到了三个

第六章 献祭的高台：第一次世界大战中的"西进"

人，所以他猜我们被跟踪了就开了枪。

这是个悲剧性的失误，在40码的距离上，他借着月光，以匍匐姿势发出的两次急射都命中了。[88]

英国的战士诗人西格弗里德·萨松曾参与过一次战壕突袭，让他如此强烈地"感觉自己活着"，当时他下了一个荒谬的决定："要偷偷观察一下四周。这是个错误，本该终结我在人间的冒险，因为当我刚从坑道中探出头，就感到后背两肩中间受到了巨大冲击……令人惊讶的是我居然没死。"[89]

萨松的同伴皇家威尔士团军官，同为诗人的罗伯特·格雷夫斯觉得夜间行动，不管是战壕突袭还是无人区巡逻，至少说明友军的火力有点儿漫无目标。如果一个人在夜间行动中受伤，其存活的可能性也会增加，因为那时的战地医院并不会被全面战争的伤员淹没。但格雷夫斯也提到："巡逻有特殊的危险。如果一个德军巡逻兵发现一个伤员，他们很有可能会直接割断他的喉咙。鲍伊猎刀（bowie-knife）是德军中最受欢迎的巡逻武器，因为它断命无声。而我们更喜欢金属短棒。侦察兵能带回来的最重要的信息是对方的部队隶属哪个团哪个师。因此，如果不能在保证自己安全的情况下带回一个受伤的敌人，他就必须撕掉敌人的胸章。为了迅速、悄无声息地做到这一点，首先就得割喉或者重击其头部。"[90]

堑壕战的僵持不下催生了一种特殊的杀手。正如美国南北战争中在彼得斯堡周围的战壕一样，狙击手利用了敌人由于厌烦和没有经验导致的粗心大意。例如，在1915年12月一段为期两周的时间内，英军伤亡3285人，其中25%的人头部和颈部受到了狙击。[91]

乔治·科帕德写下了同伴的死亡：

> 有些人被安静的环境迷惑，会粗心大意，傻傻地把脑袋伸出护墙张望。然后，就像提线突然绷断的木偶一样，摔回战壕底下。这时不存在缓缓倒下的情况，都是突然间倒地。步枪上带有望远镜式瞄准具的德军狙击手躺在装甲钢板后的绝佳位置上，耐心地等了可能几个小时，观察着我方护墙处最细微的动静。他狙击成功了，一名英国大兵奄奄一息，虽然还没死透，但生命正在流失。颅骨的后半部分已经不见了，沾着点点血迹的灰色脑组织溅得到处都是。我有一个叫比尔·贝利的朋友……就是这么死的。[92]

即使在前线，令人安心的家常便饭的生活也会被某些惊人的血腥方式即刻粉碎。科帕德接着写道："战壕的一条短道里有我们四个，贝利、马歇尔、我和另一个人。此时已是凌晨，备战状态结束了。烤肉的火候不错，培根被烤得嘶嘶作响。我坐在射击踏台上，正准备痛痛快快地吃个饭，比尔突然摔倒在地。我永远忘不掉那个子弹击中（他）的声音。"把比尔送去急救站后（他很快就死了），科帕德和同伴"饥肠辘辘"地返回了战壕。他们希望一切如常，可"培根和面包在射击踏台上，已经蒙了土，那上面还有比尔的脑浆"。恩斯特·荣格尔认为科帕德这令人不安的经历并不真实，正如他描述的：

> 一个哨兵倒地，鲜血横流。头部中枪。他的同伴撕开

他的外衣用作绷带,给他包扎。"没用的,比尔。""拜托,他还有呼吸,不是吗?"然后担架手来了,把他送到包扎所。担架杆撞上了射击通路的拐角。那个人刚死,一切又恢复到往常的状态。有人铲了几锹土盖住了血泊,每个人都回到自己的岗位。只有一名新兵靠着墙面,看起来脸色发白。他正努力保持镇定。这样突如其来而又蛮不讲理的攻击,没有丝毫警告。这不可能,不可能是真的。可怜的家伙,要是你知道你将面对什么就好了。[93]

狙击是一件令人陷入自我矛盾的事。一方面它是一种个人技能,但另一方面,其隐匿性剥夺了常与个人战斗绑在一起的荣誉。它有价值但又备受谴责,在受人敬佩的同时也被人憎恶:

> 德军狙击手在屋檐下观察、射击,所以很难被定位。当一面护墙被炮弹击中,或是被人们挖来当避难所的战壕被雨水淹没,狙击手就会搜寻维修或救护队员。由于时间限制,缺少相互连通的坑道,而且战壕的某些部分挖得不够远无法相互连接,这些都是造成许多人员伤亡的原因。狙击手掩护了他们的行动队,更糟的是还掩护了攻击,妨碍了我们的人在敌人靠近之前在护墙上列队防守。只有在黑暗中,食物和弹药才能被带上来,伤员和死者才能被送下去。[94]

虽然协约国谴责德军狙击手"卑鄙",但他们也意识到对方比自己的狙击手强,不仅是望远镜式瞄准具等装备上的优势,还有训练上的，尤其是隐蔽训练：

> 德军有特定的兵团狙击手，接受过伪装训练。我见过一个在屈安希（法国）被杀的狙击手，他在战线之间的同一个射击位置上射击了一整天（一个致命错误）。他穿着一种仿制草皮的斗篷，脸上画着绿色和棕色的油彩，他的步枪也有绿色的伪装。他身边掉落了一些空弹壳（另一个暴露位置的致命错误），帽子上戴着特殊的橡树叶徽章。我们的部队中很少有人尝试狙击这种作战方式。德军的优势在于有倍数更高的瞄准具和钢制的射击护盾。同时他们还有一套作战制度，允许狙击手在同一区域待好几个月，直到他们摸清了我们战壕里所有的射击位置和比较浅的地方，我们的输送补给部队在夜间使用的地面路径，以及我们的土护墙，等等，甚至比我们大多数人都清楚。英军狙击手只会跟着他们的部队每周或每两周改变一次战壕，从来没有时间研究德军战壕地形。但至少我们可以想办法摆脱那些不专业的狙击手。后来我们找到了一种能打穿敌军射击护盾的厉害家伙。而如果我们找不到那个执着的狙击手所在的位置，我们会尝试用枪榴弹齐射，甚至是火炮，来迫使他离开原位置。[95]

有些狙击手会画出道德底线（或者至少意识到它的存在）。一名加拿大狙击手向军事史学家菲利普·哈桑思威特（Philip Haythornthwaite）坦白，在射杀了一名正在如厕的德国士兵后，他觉得自己比刺客好不到哪儿去。[96]在屈安希沉迷于业余狙击的罗伯特·格雷夫斯，因为一股突如其来的厌恶放下了武器："我们在进行火力支援的小丘上狙击，那儿有个非常隐蔽的射击位置，通过瞄准镜我发现了一个德国人，大概在700码外。他正在德军第三战线上洗澡。我不想狙杀一个浑身赤裸的男人，于是我把枪递给了跟我一起的军士：'喏，拿着。你枪法比我好。'他击毙了那个德国人，但我没有留下来看。"[97]

战士的行为准则还剩下什么？是对个人战斗的强调，还是对死亡方式的选择？当然，堑壕战中有许多英勇高贵又伟大的自我牺牲，也有个人战斗。但战争的主旋律已经变成了远程、机械、无名的过程。然而在这样的过程中还是需要重申战士个体的力量——自枪炮问世之后，刀锋就成了英雄决斗的时代遗风。在一战中，刺刀就是英勇刀锋的化身。

刺刀在比喻和字面意义上都指向了正面进攻。只有将敌人从其前线战壕中驱逐出去，才能突破防御，夺得其储备物资，赢得胜利。刺刀攻击同样代表了士兵的道德品质，只有冷兵器所体现出的咄咄逼人的锐气才能打破僵局。

例如，在战争前夕，陆军元帅斐迪南·福煦宣称："回归传统的法国军队只知道进攻……所有攻击都将被推到极致，以坚定的决心用刺刀冲向敌人，将其摧毁……这个结果只能用血腥的牺牲换取。任何其他与战争本质相悖的理念都应该被驳回。"[98]这是对法国大革命和拿破仑时期军队进攻原则的强烈重申，也回应了丹东（Danton）对进攻至上（attaque a l'outrance）至高无上的赞美："我们必须大胆，再大胆，一直大胆，才能让法国安全。"[99]德军也坚持着同样华丽的英雄信条："从后方指挥处传来进攻的决定，而接收到的指令是'装上刺刀'……一旦攻击的最前线形成，所有号兵都会发出指令：'前进！跑步前进！'所有鼓手击鼓，所有人都带着最坚定的决心冲向敌军……当来到敌人近前，战士们应该用刺刀冲锋，欢呼着冲破敌阵。"[100]（《德国步兵管理条例》，German Infantry Regulations，1899）

事实证明，首要的问题是如何进入战壕。在许多人眼中，总指挥们不懈追求突破的正面攻击是失败的，像一场蓄意谋杀。讽刺的是，当一场战争不管怎么看都是陷入了僵持的时候，所有总指挥共有的战术上的迷思都与运动性和流动性有关。西格弗里德·萨松回忆了限制流动战的战术现实与坚持流动战的官方立场之间的碰撞："第4陆军学校在弗利克斯库尔（Flixecourt）……弗利克斯库尔和战争之间……有超过30英里的距离。在精神上，这段距离无法测量……比如说，虽然我非常熟悉弗里库尔（Fricourt）地区的弹坑，但我也想得到一些实用的提示，告诉我如何在这些被上帝遗弃的弹坑中间巡逻。陆军学校中的教官们都支持开放式战争，他们认为它必将到来。他们在和平时期学到过这些开放式战争的知识："我们应该学会'从流动性的角度思考问题'。这非常重要。"[101]

到头来，各方灾难性的损失让旧时的英勇再无重现之机。令人印象深刻的长期正面攻击是战争早期的一大特征，可在无法让人接受的伤亡面前，这必须改变。所有西线上的战斗部队都组建了小规模攻击部队，在视觉上没有那么有冲击性，但更实用。对峙杀戮，尤其是通过火炮和机枪进行的杀戮，降低了近身肉搏的可能性，其中一个事实是，刺刀造成的伤亡微乎其微。例如，在一个20万英军伤亡的样本中，它仅占0.32%。[102]莫兰勋爵指出：

第六章 献祭的高台：第一次世界大战中的"西进"

"战争中的近身肉搏正在消失，即便是老兵也从未遇到过冷兵器，这是前人的死亡方式。有一次，一柄刺刀距离我的肚子只有几英寸，我感受到的恐惧比面对任何炮弹时更甚，但它并没有留下什么影响。我忘了这件事，它也永远不会再次发生。"[103]

然而，为了让刺刀战的"精神"得以留存，人们在正常战争期间进行了艰苦尝试。英国的《刺刀训练手册》（*Manual of Bayonet Training*）提醒士兵们："刺刀本质上就是攻击武器。在刺刀攻击中，所有级别的军人都得前进，杀敌或被杀，而只有那些通过持续训练得力量和技巧的人才能杀死敌人。刺刀精神必须灌输给各个级别的军人，如此才能让他们带着持续训练得来的积极性、决心和信心一往无前。"[104]

罗伯特·格雷夫斯描述了亚眠（Amiens）教官在教授使用刺刀时的疯狂场面："在刺刀训练中，人们必须做出可怕的怪相，并在冲锋时发出恐怖的喊叫声。教官们永远咧着嘴笑得令人毛骨悚然。'动手，就现在！对准肚子！把他内脏掏出来！'他们会尖叫，就像冲锋的对象是傀儡一样。'刚刚枪托向上挥向他私处的那一下。会要了他的命！别再犯这些小错误！……像你那样又拍又摸的，任何人都会觉得你喜欢这只见鬼的'生猪'！要我说，咬他！把牙咬进他肉里，让他恐惧！把他的心掏出来！'"[105]

按英军的说法，绝大部分教官自己都是"光说不练"。在征兵时负责英军刺刀训练的军官承认，很少有人亲身经历过真正的刺刀战。"但我们并不要求他们在被询问时严格实事求是。"[106]

刺刀战可能很罕见，但确实残忍而有效。*炮兵军官P. J.坎贝尔记得他曾下到一条刚被占领的德军战壕："我前方的地区看起来非常平静，但仅仅50码外就是那条战壕，堆满死掉的德国人……灰色的脸，可怜的扭曲的身体。他们在早上的时候受到加拿大人的刺刀攻击，你不可能在一场前线战壕的攻击行动中俘虏敌人。"[107]二等兵史蒂芬·格拉汉姆（Stephen Graham）记得在清扫敌军战壕时必须坚定执行这样的残忍行为："二号刺刀兵负责解决受伤的敌人……你不能让他躺在你脚边，否则受伤的敌人会成为你的阻碍。"[108]

和绝大多数近身搏斗一样，刺刀战往往是凌乱的，不像练兵场上那么干脆："我看到一个男人选中了我，举着刺刀冲向了我的胸口。当我防守时，他的刺刀与我擦身而过，伤到了我的屁股；但我一刀刺中了他的左臂，把他弄倒在地，然后用步枪枪托狠狠砸向他的头。"[109]

即便是相对干脆利落的杀戮，也有着令人恐惧的近距离身体接触。史蒂芬·韦斯特曼（Stefan Westmann）中士讲述了与一个法国士兵的刺刀战经历：

---

* 虽然有很多证据支持刺刀战斗是罕见的这一观点，但我曾读到过一个相反的观点也很有吸引力，它来自一个身处战斗前线的人。约翰·拉菲恩（John Laffin）是二战时期的一名澳大利亚步兵，在他的《战场外科医生》(Combat Surgeons, London: J. M. Dent, 1970, 152)一书中，他写道："我认为外科医生们的假设可能是错误的，他们认为用刺刀造成的伤口很少。这种假设忽略了刺刀伤口致死的快速和高发性：喉咙、胃部或胸部有刺刀伤口的人无法活着到达外科医生处。同样，刺刀伤通常是二次伤口。也就是说，先向敌人开火再近身攻击的士兵通常会用刺刀杀死那些仍在使用步枪或机枪的士兵。我只能根据经验来谈……刺刀战发生的频率比外科医生想象的要高，尽管如果他们的枪里还有一颗子弹的话，很少有士兵会使用刺刀作战。"

第六章 献祭的高台：第一次世界大战中的"西进"

我遇到了一名法国下士，他的刺刀跟我的一样，都装好了。当我意识到他想杀掉我——就像我也想杀了他那样——在那一秒我感受到了死亡的恐惧。但我比他动作快，我推开他的步枪，然后把我的刺刀扎进了他的胸口。他倒下了，手放在我刺中的地方，然后我继续用刺刀扎了他。血从他嘴里冒出来，他死了。

我差点吐了……

我面前有一个死掉的法国士兵，而我多么希望他能举手投降！我会跟他握手，我们会成为最好的朋友，因为他跟我一样，都不过是个可怜人。[110]

然而，刺刀战通常的模式正如曼彻斯特营的准下士 F. 赫德曼（F. Heardman）所说的那样："我正面碰上了一个高大的德国人，他出其不意地从一个弹坑里爬出来。他有杆步枪，刺刀'已经就位'。我也是，但我突然觉得我的武器跟小孩子的玩具手枪一样大小，而我的钢盔缩成了一个小小的锡盖。然后，就当我还没反应过来发生了什么时，那个德国人扔掉了他的枪，举起双手喊道：'我投降。'我简直不敢相信自己的眼睛。"[111]

正如战斗中的杀戮和死亡就是硬币的两面，杀戮中的庆祝和悲痛也是如此。韦斯特曼中士可能因为杀了法国士兵而崩溃，而他的同伴似乎完全没有对杀人感到不安：

我的膝盖在颤抖，他们问我："你怎么了？"我记得从前我们被教导过，一个优秀的士兵杀敌是不会把对手当作一个人的——当他把他看作同类的那一刻,他就不再是一名好士兵了。我的战友们完全没有被刚刚发生的事困扰到。有一个在吹嘘他用枪托杀了一个法国兵;另一个勒死了一名法国上尉;还有一个用铁锹砸中了别人的脑袋。他们跟我一样,都曾经是普通人。一个曾经是电车售票员,另一个是旅行推销员,还有两个人是学生,其他人是农场工人——都是一些从来不曾想过会伤害别人的普通人。[112]

杀戮可能是一种不会被罪恶感干扰的喜悦——仅仅醉心于个人技巧。作为炮兵观察员的 H. M. 斯坦福(H. M. Stanford)曾写信给朋友:"第二天是我这一生最风光的时候。我近距离碰上了德国炮兵,几乎在他们刚露面的时候就用榴霰弹把他们炸上了天……我觉得我一发炮弹能拿下 20 个野人……有一次我发现一队德国炮兵从护墙上冒头,便用高爆弹击中一个人,炸得他还有他旁边的同伴四分五裂。还有一次我钻进在护墙上开火的六七人中间,然后整个护墙都倒下来了……总之,那天我运气都很旺。"[113]

斯坦福引用了打猎的说法("我一次能拿下 20 个野人"),这不仅是一种庆祝和炫耀,也是通过将杀戮变成运动来抵消罪恶感。炮兵观察员朱利安·廷代尔-比斯科(Julian Tyndale-Biscoe)描述了德国步兵"像兔子一样左躲右闪……(我)拿起步枪随意乱射……就看见有几人被击倒了"。[114]

正如在所有战争中一样,杀死战俘有时以一种几近嬉闹轻浮的方式完成。一个英国军官目睹了同伴等同于谋杀投降德国军官的行径后,试图向一个同僚阐述他的不安:"昨天早上我们在那些战壕里俘获了许多人。当我们走进他们的队伍时,一名军官从战

第六章 献祭的高台：第一次世界大战中的"西进"

壕里走了出来。他一只手放在头上，另一只手拿着望远镜。他把望远镜递给S，说：'中士给你，我投降。'S回道：'谢谢你，长官。'然后用左手接过了望远镜。与此同时，他把步枪枪托收在胳膊下，对着那个军官的脑袋开了一枪。我他妈能怎么做？"[115]

J. C.邓恩上尉记录了对四个战俘的随意杀戮："下一个战壕里也有四个人。他们举着双手走出来'投降'……紧接着，我们之中有一个左臂受伤的人出来了。有人给了他一把左轮手枪，又被要求带着这四名俘虏返回连队战壕，把他们交给正在一个战壕深处等着接收战俘的军需士官（company quartermaster sergeant, C. Q. M. S）……但那四人没有被送到士官手上。护送的士兵从医院中写了封信给他连队的同伴，说自己当时以为他们想逃，所以他朝他们开枪了，但他'很抱歉弄丢了军士长的左轮手枪'。"[116]

如果远距离杀人能让场面更干净，那人们可能会因此扬扬得意。但如果越过了舒适距离靠得太近，杀敌就会变得困难。恩斯特·荣格尔刚从战壕爬出来，便开枪射杀了一个士兵，过了一会儿他又回到战壕查看那具尸体："我杀死的那个英国大兵躺在战壕外面，他还是个孩子，太阳穴被击中了。他躺在那儿，看起来很放松。我强迫自己仔细看着他。现在的情况已经不分彼此了。我常常想起他，而且时间越久越常想起。国家免除了我们的责任，但不能带走我们的悔意。这是我们必须经历的。悲伤，后悔，一直追到我的梦中。"[117]

在莫兰勋爵漫长的战地医生生涯中，他只见过一个在恐惧中死亡的人：

跟他同连队的人愿意为他赴汤蹈火，这也从侧面说明了他不是懦夫。一天早上，他被带到不远处一个破旧的农场，我一直在他身边，直到几个小时后他离世。虽然他受了很严重的伤，且承受着巨大的痛苦，他依然保持乐观和耐心，不曾抱怨。他对自己能好起来这件事很有信心——他常这样说——但几个小时后，情况开始变糟……他害怕地拉着我的手，低声问："我会死吗？"我站起来，把一箱沉重的医用敷料放到门口。

我们这些从医的人被迫见证了本不该让人面对的事。包扎伤口并不算什么，可当一个人身上的零件少了，才是真正的残忍时刻。[118]

莫兰觉得，通常"垂死的人很少体验到痛苦或恐惧，当他们的生命燃尽走向终结，'生命的死亡和诞生没什么不同——都是沉睡和遗忘'。当死亡临近，一个受伤的士兵平静地躺在担架上……自然以一种安详的姿态麻木了人的感官，死亡就像麻醉剂一样在睡梦中偷走人的性命。"[119] 恩斯特·荣格尔也感受到了类似的安详："那个腹部受伤的人是个非常年轻的小伙子，他躺在我们中间，像只在温暖的阳光下舒展身体的猫。他沉入了死亡，脸上还带着近乎孩子般的笑容。这一场面并不使我压抑，而是给我留下了对那个将死之人情同手足的美好情结。"[120]

暴力死亡偶尔会露出让人安心的微笑，以温柔的姿态让人化为乌有，但更多是恐惧扭曲的面孔、愤怒不甘的尖叫，还有无可奈何的叹息。战场上，受了致命伤的人大声呼唤着母亲，好像即将到来的死亡和痛苦把他们再次变成了孩子。罗伯特·格雷夫斯

第六章 献祭的高台：第一次世界大战中的"西进"

记录下了一次失败的进攻中，米德尔塞克斯的一名军官在无人区被击中："他的副排长就在旁边，腹部的伤口让他嘶吼，恳求人给他些吗啡；希尔答应了，给了他五颗吗啡（足以让这个受伤的人安乐死）。"[121]

艾德文·坎皮恩·沃恩中尉和同伴布雷兹（Breeze）下士曾被一枚炮弹击中："当时我被爆炸的冲击力向后推去，我看见他被炸上了天，然后摔倒在我脚边，像一叠皱巴巴的肉块……他的残肢挪动了一两英寸……他的身体严重残缺，双脚和一只胳膊都没了，他的腿和躯干被撕成了碎片，脸也非常可怕。但他还有意识，当我朝他弯下腰，我看见他剩下还在的眼睛认出了我，目光里还夹杂着恐惧。他无力的手抓住我的装备，然后眼里的亮光消失了。"[122]

恩斯特·荣格尔曾两次身受重伤，且每一次都感受到了死亡的降临。第一次是这样的："我左侧胸口感受到一阵剧烈的震动。夜晚在我身上降临！我完了……我以为我被打中了心脏，但这股死亡袭来的预感并没让我痛苦，也没吓到我。当我跌倒时，我在泥泞的路上看见了白色光滑的鹅卵石——它们的排列蕴藏深意，就像星星的分布一样有道理，里面肯定隐藏着大智慧。"

第二次则像是天启：

> 我被抛向空中……感到胸口一阵穿刺般的震动，仿佛我是一只被打中的鸟。一声尖叫耗尽了我体内所有的空气，旋转着身体，颓然倒地。
>
> 它终于抓住我了。在感觉自己被击中的同时，我也感受到了子弹正在带走我的生命。我曾经体验过死亡之

手……但这一次它更加坚定牢固地将我紧握。当我重重地倒在壕沟底，我确信一切都结束了。奇怪的是，那一刻是我生命中为数不多的快乐的时刻之一。脑海中似有一道闪电划过，我终于明白了生命真正的内在目的和形式。我感到惊讶和难以置信——生命竟要这样戛然而止，但这种惊讶中没有烦恼，甚至近乎愉快。然后我听见射击渐渐变少，我就像一块沉在水底的石头，水面汹涌却与我无关。不管我去往何处，那里既不会有战争也不会有敌意。[123]

正如莫兰勋爵所说，只有咬牙迎难而上，才能摆脱对死亡的恐惧。军士长理查德·托宾（Richard Tobin）描述了他在等待行动的过程中这种转变是如何发生的：

> 我们站在那儿，如死一般沉寂，你不能发出声音，旁边的伙伴就像你最好的朋友，你爱他，尽管可能在一天前还不认识他。这是我生命中最漫长和最短暂的时光。前线的步兵能感受到最深最冷的恐惧。
>
> 然后，离行动只剩5分钟了——行动开始——地狱的帷幕拉开。我方发动密集火炮攻击，然后德军火炮也开始齐射，我们越过了山顶，恐惧仿佛瞬间被抛在了身后。你能看到一切，听到一切，却留意不到任何东西。你的鼻腔里全是硝烟和死亡，你却只能感觉到舌头贴着上颚。你只是一个拿着武器的人，所有文明的虚饰都已剥离。[124]

对有些人来说，被杀死的可能性就像生活的兴奋剂。对西格

第六章 献祭的高台：第一次世界大战中的"西进"

弗里德·萨松来说，"死亡的意识让一切看起来鲜活而充满价值"。对他来说，这并非生在相对安全环境中的无聊见解。在一次重要攻击的前一天，他参与了一次极其危险的任务——在白天切断敌人的铁丝网，他并没有被吓坏，相反，他发现："这就像恶作剧，而且这种兴奋完全不会让人不快。这就像去一个荒废的花园里除草，而之前还被警告醋栗灌木丛里有老虎一样……我要在天黑前切掉铁丝网，我知道这项任务的成败关乎几百名士兵的性命。行动的时候我很兴奋，也对自己很满意。"如雨点般落在战壕上的炸弹也让他"如此强烈地感到自己活着"。[125]

沃里克团的查尔斯·卡林顿（Charles Carrington）上尉参与了1916年7月1日的重大行动，人们猜他可能会十分忧虑。但情况恰恰相反："我在黎明时分起床。我是本团的代理副官……去了战壕里的指挥所，在这里能观察戈默库尔（Gommecourt）和塞尔（Serre）之间的地区……我只能说在我一生中从未如此兴奋过，就像一个参加人生第一场比赛的男孩儿。这就是我的感受。爆炸声逐渐增强，我从没听过这样嘈杂的声音。它让我们在前一天听到的所有轰炸变得微不足道。轰炸给人一种歇斯底里的感觉。"[126]

在弗里德里克·曼宁的小说《命运的私隐》中，主角博尔内（Bourne）根据自己的经验，讲述了肾上腺素激增带来的兴奋感，能把死亡恐惧转变为让他感到光荣的事：

> 他们崩溃过，内讧过（英国军队从博尔内的部队中撤走），但当陶泽（Tozer）中士叫骂着让他们扔下那堆烂糟事继续前进时，他们又重新挣扎着前进。在黏稠的烂泥中挣扎的博尔内，是上帝最卑贱却又最崇高的造物。内

心的挣扎和愤怒，被其他人抛弃的感觉，让他气喘、啜泣，但其中也有些毒药般的喜悦，他所有的思绪似乎都集中在行动中一个明亮的点上。痛苦与快乐的极致也同时发生，在此相遇。[127]

当死亡天使与你擦肩而过，选中了其他人的时候，幸存的喜悦可能让人感到震惊：

"……巴尔比耶被杀了。……

"他的后背被炸没了……就像被剃刀割掉了一样。贝斯的肚子被一块弹片穿透。巴泰勒米和鲍勃克斯的头和脖子被击中了……你还记得小戈德弗罗伊吗？他的身子被从中间炸开，血溅当场，转眼间就像倾倒的木桶一样倒下了……古尼亚尔的双腿被炸掉了……"

"我亲爱的老马查尔，少了那么多好朋友。"

"是啊。"马查尔回道。

但他被一群同伴簇拥着走开了，他们对他大喊大叫，拿他开玩笑……他们互相取笑、推搡。

我看着他们的脸。他们很开心，透过饱经风霜的身形和泥垢，他们看起来得意扬扬……

我从中挑出一个正哼着曲往前走的幸存者。

"嗨，范德伯恩，你看起来对自己很满意！"

曾经很安静的范德伯恩则朝我喊道：

"没看到吗？这次完蛋的不是我。我在这儿！"

他拍着我的肩膀，像疯子一样挥着手。

第六章 献祭的高台：第一次世界大战中的"西进"

于是我明白了。

他们如同从地狱中爬出来一样——这也是他们出现在这里的原因，尽管如此，这些人是开心的。他们回来了，他们活下来了。再一次，死亡就在那里，而他们幸免于难……

这就是为什么，虽然他们都被疲惫压垮了，虽然还带着厮杀后的血迹，虽然兄弟被夺走了……虽然一切一切……

但他们因幸存而感到喜悦，享受着脚踏实地的狂喜。[128]

这种逃脱死亡的罕见幸运需要用感官享受来庆祝，以确认生命的存在感：

"迪克森在哪儿？"

"归西了。我们一出战壕他就被炸飞了，那个可怜的混蛋。年轻的威廉也是，几乎整条胳膊都炸没了……"

他们说话的声音很低，带着焦虑，有些颤抖，随时可能崩溃，但正在逐渐冷静下来。所有说话人的怜悯中都带着松了一口气的感觉，不知何故，但自己总算活下来了。

早餐时间，他们一开始似乎没什么胃口，但一旦开始吃起来，他们就像饥肠辘辘的群狼，不会放过最后一点培根渣和锅底烤焦的面包碎末。[129]

在一场伟大战斗中幸存下来意味着蜕变为精英。他们没有推卸和逃避（责任），但幸运的是死亡绕过了他们。从可怕的火堆中走出的人，都会有一种重获新生的感觉：

> 我周围都是一些可能已经一星期没睡觉的人……
> ……索姆河战役结束了，我们这一小部分人干得不错，眼看就可以休整了……正是这些时刻支撑我们在战争中苦熬下去……
> ……毫无疑问，通过一场表演来结束它是值得的。虽然那里曾有过一场战斗，但在这一刻我们能以平静的心感受世界。[130]

死去的人可能既让人震惊又十分熟悉；令人毛骨悚然，偶尔也有诡异的滑稽。一场又一场的战斗让尸体沉积成了考古学上的"地层"，人们不得不像刨开堆肥的土壤一样挖掘："场面混乱，可怕阴森。还活着的守军中躺着死去的人。当我们挖散兵坑时，我们发现死者是层层叠叠的。一个接一个的连队，在连续的猛烈炮轰中被挤到一块儿，最后全部阵亡，然后尸体被炮弹掀起的漫天泥土埋葬，接着赶来支援的连队又站上了他们'前辈'的位置。而现在轮到我们了。"[131]

挖掘和持续的轰炸产生了可怕的场景重现，仿佛死去的人以一种令人不安的方式复活了：

> 地上到处都是尸体，山体滑坡露出了一段陡峭的断面，满是死者的脚、半裸的尸骸和堆积的头骨，一个挨着一个，像瓷罐一样。
>
> 地下有好几层尸体，在那些被炮弹击中的地方，最早

第六章　献祭的高台：第一次世界大战中的"西进"

的尸体被翻了出来，分散在新近死亡的成员中。[132]

泥土成为死亡过度饱和的解决方案。据约翰·格拉布（John Glubb）中尉回忆，在1916年年初，"上个月的战斗中部队受到沉重打击，累到无法埋葬死亡的同伴。许多死去的人纯粹是被踩进了战壕的地下，然后快速被泥土和水淹没。我们不断地再次挖掘战壕，所以不断地碰到尸体。他们已经充分腐烂，鹤嘴锄会带出骨头碎片和破布片，以及腐烂的脑浆子"。[133]

甚至在1914年，堑壕战早期就有一名德国士兵抱怨过：

> 尸体和伤者都没办法撤走。只要你把手指这么长的东西伸出战壕，子弹的嗖嗖声立马就会在你周围响起。所以尸体只能被留在战壕里，也就是说，死掉的人只能在战壕里被挖坑埋掉。几天前……一个士兵被炮弹伤得很重，几乎被切成两半。（然而）幸存者无法在保证安全的情况下转移他，所以他被留在了战壕里。但现在他发出了一种可怕的恶臭，而不论他们怎么做也没法摆脱这残缺不全、发黑的尸体……人会随着时间变得坚强。[134]

"人会随着时间变得坚强"，而司空见惯也会让满是尸体的战壕热闹起来。克利福德·莱恩（Clifford Lane）下士描述了1916年夏天在蒂耶普瓦勒附近的一条德军战壕中发生的事：

> 天很热……战壕里到处都是死去的德国士兵，他们在这里有一段时间了。有些坐在战壕的台阶上……另一些

则躺在战壕里。我们以前见过不少死人，但我们从没见过这样的情景。他们颜色各异，暗淡的灰色、绿色、黑色都有。而且都很肿胀——尸体随着时间推移都会变成这样，被体内的气体鼓胀。我们觉得很有趣，真的，这也说明了一个人的思维是如何适应环境的。我们开始布置战壕，不得不踩到一个被埋了半截的家伙。每次我们踩到他，他的舌头就会伸出来，这给我们带来了很大的乐子。[135]

罗伯特·格雷夫斯曾遇到一具尸体，就躺在射击踏台上，等着在今夜被送往墓地。那个人是一名卫生兵，他是在战壕之间的露天场所掩埋卫生用品时被杀的。当他们把他带过来放在射击踏台上时，他的手臂僵硬地伸着，直直地横过战壕。他的同伴在推开手臂通过时总会开玩笑。"别挡着，你这老混蛋！这战壕是你家的吗？"又或者他们会和他亲昵地握手。"把它放在那儿，小子。"[136]

死者在死后还有各种用处。邓恩上尉回忆起了1914年的10月23日："整晚，前线上或多或少遭到了攻击……我们有，让我想想，有19个人要埋。我们挖了一个很大的墓坑，在惯常的夜间攻击开始时，有几个可怜的家伙已经被放进去了。我们所在的地方没有任何掩护，除了墓坑。于是我们跳了下去——迅速和死人挤在一起。"[137]

在1917年的帕斯尚尔战役期间，炮手奥布里·韦德（Aubrey Wade）在穿过斯汀贝克（Steenbeek）溪时，"从一道由紧凑的尸体组成的人桥上，小心翼翼地走过。我一点儿也没觉得恶心，对我来说死人早就不再可怕，但用尸体——即便是敌人的尸体——来搭桥，也似乎有些太过麻木不仁。少校什么都没说，只是在远处的岸边停了下来,点燃了他的烟斗"。[138]

从死者身上也可能获得很大收益。炮手伦纳德·奥斯沃思（Leonard Ounsworth）解释了死者如何给幸存者增加补给："当有人死去,可能需要一两天的时间才能终止配给他们的口粮。你可能已经损失了一半人,但陆军服务团（Army Service Corps）仍然按之前的数量提供补给。那么那些食物到底去哪儿了呢?在那一两天内剩下的东西能让你活得像斗鸡。"[139] "供应的面包多了,"弗里德里克·霍奇（Frederic Hodges）下士解释道,"当我们接收新增援时,四五个人才能分到一条面包,而如果我们遭遇伤亡,但供给还没变时,三个人就能分一条面包。补给部队来的时候,我们问的第一个问题就是'多少人分一条面包'?"[140]

即便是战后那些被雇去挖掘尸体的退役兵也可能中大奖。1920年在伊普尔就有这样一例："这是份苦差事。但它也有好的一面。前几天,一些伐木工在一个战壕里发现了三名军官的尸体,从他们身上找出了5000法郎。"[141]

讽刺得令人费解的是,宣传可以利用残忍的德国人从英军尸体上压榨好处（完全虚构）这一点来造势。乔治·科帕德这样回忆道:

> 陆军部的人炮制了一份心理战宣传单,没给我们这些英国大头兵带来半点鼓舞,反而起了反效果。这个故事席卷了全世界,颇具斯骗性,我们这些在战壕里的也曾被骗了一段时间。它有几个略有不同的版本,大意都是有情报显示德国的军事工业情况不佳,而且没有足够的脂肪来制造甘油。为了克服这种短缺局面,他们在黑森林里大量建造秘密工厂,将英军的尸体送到那里。成捆的尸体被叉到传送

带上,然后送进工厂炼成脂肪……如果这个故事的目的是让英国大头兵们红着眼睛去战斗,那它可以说完全彻底地失败了。[142]

如果说那些死去已久的尸体散发的是战争遥远的腐朽气味,那些刚刚死去的尸体围成的则是令人心碎的墓碑——如果有人像诗人约翰·梅斯菲尔德(John Masefield)一样睁眼去看:

> 戈默库尔(1916年索姆河)的土地上堆满了伦敦士兵的尸体;伦敦苏格兰团的人躺在十六波普勒(Sixteen Poplars)的地上;约克郡的人在塞尔河外,沃里克郡在塞尔河里;山楂岭的所有高坡上都散落着米德尔塞克斯的战士;爱尔兰人在哈梅尔(Hamel),肯特郡人在施瓦本(Schwaben),威尔特郡和多塞特郡的人则散落在莱比锡;从奥维勒(Ovillers)到马里孔特(Maricourt)的山坡上,散落着来自英格兰、威尔士和苏格兰的战士。英格兰人的尸体铺出了一条前往拉布瓦塞勒的路,威尔士人和苏格兰人则在马梅(Mametz)。伤员被转运到相对安全的山壑和掩体中,每一处伤员转运点,尸体都堆积如山。[143]

另一位诗人西格弗里德·萨松,在同样的战场上,看到了一种兄弟般的友爱:"走了没多远,我们第一次停下来的时候,我看到路边排着大约50名英国人的尸体。其中许多是戈登高地人。他们之中还有德文郡和南斯塔福德郡的人,但现在他们已经超越了对抗关系——他们血迹斑斑的手交叠在一起,仿佛认可彼此就是

第六章 献祭的高台:第一次世界大战中的"西进"

死亡路上的伙伴。"[144]

这种"活着的和死去的"人之间强制性的亲密可能是很深刻的。恩斯特·荣格尔将它视为一种复活:"当天的哨兵已经就位,而战壕还没被清理干净。各处的哨所都躺着尸体,而在他们中间,是握着步枪来接替他们任务的哨兵。这种组合有一种诡异的感觉——仿佛生存与死亡之间的区别暂时消失了。"[145]

对意大利的战士诗人朱塞培·翁加雷蒂(Giuseppe Ungaretti)来说,这种与死亡的亲近是理想化的:

守夜

奇马·夸特罗,于 1915 年 12 月 23 日

整整一夜,

被扔在

一名被屠杀的同伴身边。

他牙关紧咬,

面向满月,

他紧握的双手,

闯入了

我的沉默。

我写下了,

充满爱的书信。

我从未如此,

眷恋生命。[146]

死者会说话,关键是如何理解他们的语言。对萨松而言,任

何令人振奋的消息中都有激烈的批判:

> 无论何处,我们所见的死者残骸都是死亡的象征。被炮弹炸死的德国人的尸体扭曲怪异、残缺不全,显示出其死亡方式的残酷暴烈。英国人大多死在子弹和炮弹之下,或许他们看起来比德国人更加认命。但我记得一双手(国籍未知)从湿透的灰土中伸出,像一棵被倒置的树根,其中一只手似乎带着指责的意味指着天空。每当我经过此地,这些手指表达的抗议就越发鲜活,这是对上帝的祈求,对那些战争的始作俑者的蔑视。是谁制造了战争?当这个念头在我沾满泥点的头颅中闪过,我歇斯底里地大笑。但我只在心里笑,因为我背上沉重的斯托克斯迫击炮弹压得我喘不过气来。死了就是死了,现在我没有时间怜悯他们,也没时间对他们的生命发出愚蠢的质疑。[147]

然而,对亨利·巴比塞来说,死者"讲述"的是完全不同的另一种语言:"不,你无法想象。所有这些死亡顷刻摧毁了灵魂。我们剩下的人不多。但我们对这些死者的伟大有一个模糊的概念。他们付出了一切,他们一点一点,倾尽全力,最终付出了自己的全部,毫无保留。他们超越了生活,他们的所作所为中有着超人的和完美的东西。[148]

人们用一系列技巧来应对恐惧,其中之一是公然嘲笑恐惧的来源。25岁的德国士兵艾尔弗雷德·利希腾施泰因(Alfred Lichtenstein)在1914年奔赴战场时写了一首滑稽的"死亡之诗":

第六章 献祭的高台：第一次世界大战中的"西进"

在死前我必须写一首我的诗。
安静些，伙计们，别打扰我。
我们要启程去战场了——死亡是我们的契约。
哦，多希望我的女朋友能别再哭哭啼啼！
我在乎什么？我很高兴。
母亲的哭泣，一个人得是铁打的（才能无动于衷）。
太阳落到了地平线上。
很快他们就会把我扔进一个不错的乱葬岗。
天空中，一如往昔的太阳发出美好的红光；
我大概会在13天内死去。[149]

他在写下这首诗的同年便死在了战场上。

黑色幽默是一种保护盾：

> 当面对死亡之时，我们会轻柔地触碰这位共同的朋友。一个吃不饱饭的男人普莱斯（Price）提供了他带着嘲讽的建议："你最好把饭吃掉，这很可能是你的最后一顿。"另一个人在朋友死后说："振作起来，宝贝儿，下次就轮到你了。"我记得，在把伤员送到霍格（Hooge）时，我听到一个人说："你要是下去了，今晚就不会再担心了！"说完，这人就把一个死去的人抛进了一个大弹坑……我们只是不愿死亡这个终极谜题一直在我们周围徘徊，我们必须把它带回现实，再用嬉笑怒骂消除它令人不安的影响。如果你能像咬牙握住荆棘一样直面死亡，刺痛很快也就没那么可怕了。[150]

面对自身死亡当机立断是一回事,但可能失去朋友的令人作呕的预感则是任何一种颜色的幽默都无法缓解的痛苦。莫兰勋爵在他的战时日记中写道:

> 我已经不再困扰于可能性,阻止某事发生的可能性,但我现在又有了另一个弱点——我一直在担心那些我真正喜欢的人。德军炮手有一些固定的位置,但天黑以后我开始不安。每天晚上,巴蒂·普莱斯(Barty Price)都会有条不紊地巡视梅宁路的战壕,而直到听见他回来了我才能定下心。我总觉得他会突然被炮弹击中,然后被担架抬回来,我常常劝他白天去,尽管会引起炮手的注意,但还是比晚上去更安全。
>
> 但他只会笑。我躺在烛火下看书,每当听到远处机枪声响起,他就会出现在我的脑海中,我随时都在准备看到他被抬进来。头顶街道传来的脚步声让我的心又跳了回去,我烦躁地说:"他为什么要这样戏弄我呢?"[151]

战友情谊也伴随着风险:"当你得知或者亲眼看到一个曾与你并肩战斗、过着一样生活的人死去时,(这件事)会在你反应过来之前就对你造成直接冲击。你仿佛是突然意识到,一个人自此不复存在了。"[152]

杀人的怒气是一种处理悲伤的方式。在弗里德里克·曼宁的《命运的私隐》一书中,博尔内的小徒弟马特洛(Martlow)被杀了:

> 马特洛大概在博尔内面前几码的距离外,他稍微晃

第六章 献祭的高台：第一次世界大战中的"西进"

了晃，跪在了地上，脸朝前扑倒在地，踢了踢脚，全身抽搐了一会儿。博尔内扑倒在徒弟旁边，搂着他的身体喊他的名字。

"小子！你没事吧，小子？"他急切地呼唤着……当博尔内抬起他柔软的身体时，男孩的帽子掉了下来，露出了他被子弹穿过打碎的半边后脑勺，有一点儿血流到了博尔内的袖子上和裤子膝盖处……博尔内把他重新放回地上……痛苦变成一种强烈的仇恨，让他满脑子都是残忍的念头……"杀了那些混蛋！杀了那些畜生！杀了他们！"

他听过的所有污言秽语都从他紧咬的牙关中冒出来……一个德国人朝明顿冲过去，博尔内用刺刀扎中了他肋骨靠近脾脏的地方，却一时拔不出来，只能扣下扳机，这回刺刀很轻松便拔了出来。

"杀了这些混蛋！"他粗声嘟囔着。[153]

一个英国士兵要押运 6 名德国战俘去后方：

"听着，迪克，大约一小时前我失去了我最好的朋友，他比这六个德国兵绑在一块儿都强。我不打算把他们带走。"

过了一会儿我就看见他回来了……当他再次经过我身边时，他说："就像我说的，我把他们做了，在后面大概 200 码的地方。两枚炸弹就解决了。"[154]

在情绪判断标准的另一端，失去朋友的情绪可能表现为一种令人不安的无动于衷："我们接管了戴尔维尔伍德（Delville Wood）

到水田农场（Waterlot Farm）的战壕……刚进去我们就失去了一个连队指挥帕特。我去告知托比时——帕特总是和他形影不离——我发现他正在整理伤亡报告。当我告诉他时，他没有抬头，只是一言不发地坐着，用笔在一张吸墨纸上戳洞。然后他开口了：'谢谢你，老兄。'然后继续写报告。"[155]

酒是最伟大而又最通用的麻醉剂，但也许对屠杀最常见的心理防御是认命——莫兰称之为"一种普遍的麻木……为应对当时的暴力自然而然建立起来的一堵墙"。一名叫奥斯文·克赖顿（Oswin Creighton）的随军牧师在跟随的部队发起对加利波利（Gallipoli）的攻击前，写下了他的恐惧，"屠杀看来似乎不可避免，"但他又补充道，"人们已做好了充分准备。"[156]这也是阿克林顿营（Accrington Pals）的准下士马歇尔在索姆河第一天的大屠杀中所经历的："我看见很多人在试图爬出战壕时又掉了下去。我们这些成功爬出来的人不得不再挪开两码，非常慢，然后停下，再走……我们不得不排成一线。机枪的子弹来回扫射……炮弹在各处炸开。我没有感到特别的恐惧，我知道我们必须向前，直到受伤或死亡。"[157]

但在这种坚忍之中也有某种让面临屠杀的人超脱"动物式麻木状态"的可能性，那就是几乎难以想象的光荣抗争的胜利："然后我看到了，正如我现在所见的——一个可怕的地方，一个可怖荒凉、想象不出来的地方。但同样在那里，一个精神强大的人即便知道自己完全无力抵御死亡和毁灭，却依然会站起来反抗深沉的黑暗和令人窒息的炮火，并发现自身具备一种动物本能无法战胜的抵抗力，以及一种连他自己都可能在几天之后，忘记或不敢相信的忍耐力。[158]

第七章

幽灵公会：
第二次世界大战中的死亡

> 现在我的玻璃表盘上，倒映着奄奄一息的战士。
> 他的微笑，他的动作，都是他母亲知晓的习惯。
> 终点临近，我大喊：快！死亡，就像熟悉的声音。
> 瞧，它将血肉之躯化为尘土。这样的巫术，我做到了。
>
> ——出自基思·道格拉斯
> （Keith Douglas，1944年6月9日死于诺曼底的迫击炮弹），
> 《杀戮》（*How to Kill*）

当基思·道格拉斯扣下扳机时，他经历了两种画面、两种人性观念的冲突，它们随后又在十字准星处淡去：一种独特、独立且珍贵，另一种无名、泛化且可消耗。他知道那是他瞄准的目标，但他并不认识那个人。

在一个致力于计算、测量和精确的世纪，还有许多人并未被算入其中，下落不明。在被屠杀的受害者的海洋中，太多的灵魂轻易迷失在汹涌的浪潮中。他们只能随波逐流进入历史的深海。我们没有准确的计算。约有1600万（可能有100万的误差）参战人

员死亡——几乎是一战的两倍。[1] "对军事损耗的估计竟然相差几百万,这也证明了战争造成的人员损失的规模之大。"[2]

俄罗斯就是巨大的杀戮场。正是在这里,德国失血过多而亡。为此,苏联牺牲的战斗人员数量是它的西方盟友们所完全无法承受的。尽管东部战线上牺牲的苏联人和德国人数量相近,但即便与西方同盟国的死亡人数粗略比较,也是非常惊人的。仅在战斗死亡这一项上,苏联就损失了650万人。[3]此外,还有超过570万的苏联红军被俘,其中可能有过半人数因为饥饿、过劳致死,还有约60万人在被俘时或囚禁中被枪杀。[4]仅战争的前6个月,苏联红军就损失了超过300万人,相当于三分之二的初始兵力。[5]

据东部战线的研究权威戴维·M.格兰茨(David M. Glantz)统计,战争期间德国所有战区的伤亡人数为1350万人,其中1080万损失在东线,包括阵亡、受伤和被俘。[6]即便诺曼底登陆开辟了第二战场,依然有65%的德军伤亡来自东部。至1945年1月,盟军在欧洲战区给德国造成了约62万人"不可替代的损失"(死亡或重伤无法返回战场),与此同时约有120万德军倒在了东部战线。[7]整个战争期间,德国在所有战区的战斗行动中损失了约350万人。[8]

苏联和德国的损失规模也可以换个角度来看待,据一份美国国会研究服务部(US Congressional Research Service)的报告显示,战争期间美国地面部队(陆军和海军陆战队)在所有战区中共有291 557人战死或死于创伤。[9]英国约有26万军事人员死亡,加上约10万名英国殖民地和自治领作战人员死亡(澳大利亚和英属印度各死亡24 000人;新西兰死亡10 000人;南非死亡近7000人)。[10]换句话说,苏联的损失大约是其他同盟阵营加起来的十倍之多。在苏联看来,伟大的卫国战争才是二战。西方盟国是有助益的,尤其是在军需供应方面，但在死亡和杀敌方面，是苏联承担了迄今为止最血腥的重担。

太平洋战场的情况与苏德战场形成鲜明的反差，同时也不乏相似之处。与苏联战胜敌人所需要消耗的大量人力相比，美国人（作为盟军对抗日本的主要伙伴）作战效率极高。仅考虑地面部队，日本在太平洋战场与美国的作战中死亡685 000人。美国陆军和海军陆战队的死亡人数大约维持在55 000人。因此，日本步兵的死亡人数约是美军的12倍。[11]而在个别战斗中，这个比例可能上升至15倍。

日本人在瓜达尔卡纳尔岛（Guadalcanal）、塞班岛（Saipan）、提尼亚岛（Tinian）、佩莱利乌岛（Peleliu）、硫黄岛（Iwo Jima）、塔拉瓦岛（Tarawa）、冲绳岛（Okinawa）等一系列岛屿上都建立了稳固的防御要塞——寄希望于旧的战争模式能发挥作用。在过去，攻击这种要塞代价高昂，防御方有三倍于攻击方的人数优势；也就是说，每消耗防御方一个人力需要损失攻击方的三个有生力量。然而，攻击方通常可以持续补充有生力量，而受困的防御方则会因为持续损耗而被击倒。当然也并不总是这样（比如，疾病和伤亡可能会比攻击方更快地侵蚀防御方），但总体来说，如果攻击方愿意付出代价，总会得到回报。只不过在太平洋战区，这个公式被颠覆了。

美国相对较低的死亡人数与日本巨大的损耗之间的差异反映出了攻防战的新形式。一些有代表性的例子说明了这一点。在瓜达尔卡纳尔岛战役中（1942年8月7日至1943年2月7日），美国共牺牲1600人，而防守的日本损失了14 000人（加上9000名因病死亡者）。[12]在关岛战役中（Guam，1944年7月21日至8月10日）美国陆军和海军陆战队以损失1023～1400人的代价全歼日军（18 000～20 000人）。[13]在佩莱利乌岛战役中（1944年9月15日至11月28日），美军付出1460人的代价歼灭了13 600名日军。提尼亚岛上，328名海军陆战队员牺牲，但9000名日本防守部队也全部阵亡。最后一场大战——冲绳岛战役（1945年4月1日至6月22日）中——美军用7374名美国陆军士兵和海军陆战队员的性命，带走了至少107 500名日军（许多人被埋在了他们自己加固的洞穴系统中）。[14]由于各种原因——战略和后勤，战术和文化——日本人在所有他们选择防御的岛屿堡垒中被歼灭——"致死率……在战争史中可谓罕见"。[15]

种族主义加剧了战场的惨烈程度，这是苏德和太平洋战场的共通之处。在苏联作战的德国人，太平洋上的美国人（包括他们的盟友）和日本人都从种族主义的角度看待敌人，在他们看来敌人已被剥夺了人权和任何高贵的权利，杀戮是被允许甚至受到支持的。德国人认为俄国人是"亚洲的"劣等人，是那群来自草原的、劫掠中世纪基督欧洲的野蛮游牧民族的转世。1941年11月25日，第17军指挥官赫尔曼·霍特（Hermann Hoth）上将教导他的部队：

> 我们越来越清楚了……在这里，东方，精神上不可逾越的理念互相争斗。这种争斗主要由少数犹太知识分子引起，体现在日耳曼民族的荣誉感和种族意识，以及数百年来的军人传统上，这与亚洲人的思维模式和原始本能背道而驰——"亚洲人"（俄国人）害怕铁皮鞭（knout），无视道德价值，堕落，浪费着他们毫无价值的生命。

第七章　幽灵公会：第二次世界大战中的死亡

我们比以往任何时候都充满了对新时代的思考，在这个时代，日耳曼种族的优越性和成就赋予的力量让它成为欧洲的领袖。我们清楚地意识到我们的使命是从发展中的亚洲野蛮人手里拯救欧洲文化。[16]

通常盟军战斗人员也是带着同样凶狠的蔑视看待他们的日本对手。1944年10月攻克佩莱利乌岛后，海军上将"蛮牛"威廉·哈尔西（William Halsey）为步兵送上了他的贺词："我对全体第三舰队炸山毁洞，消灭了11 000只'斜眼地鼠'（即日本人）表示由衷的钦佩。"他兴高采烈地补充道，"我们在整个太平洋上淹死、烧死（它们），这两者都令人开心"。[17]恩尼·派尔（Ernie Pyle）是与普通作战部队距离最近的战地记者，他说："在欧洲，虽然我们觉得敌人恐怖致命，但好歹是人。但在这里，我发现日本人被视为非人类，是令人厌恶的东西。我们对待他们的态度就像某些人对蟑螂或老鼠一样。"看到被俘的日本人时，派尔承认他们"让我毛骨悚然，看到他们之后，我实在想再接受一次精神洗礼"。[18]

E. B. 斯莱奇（E. B. Sledge）是一名海军陆战队员，也是经典回忆录《佩莱利乌岛和冲绳岛的战争》（*With the Old Breed at Peleliu and Okinawa*，1981）的作者，他发现：

不光非战斗人员，就连水手和飞行员都不像海军陆战队员那样对日本人怀有仿佛不共戴天的仇恨。战后写就的官方历史和陆战队士兵回忆录中也很少反映出这种仇恨。但在战斗中，海军陆战队员们对此有着深刻而苦涩的体会，并且像能感知到危险那样确定。否认或轻视这种仇恨就是撒谎，等同于否认或轻视团队精神以及与我一起在太平洋上服役的海军陆战队员们所感受到的强烈的爱国主义。

我在佩莱利乌岛和冲绳岛的经历使我相信，日本人对我们怀有同样的情绪。他们是一群狂热的敌人；换句话说，他们对自己的事业深信不疑，这是许多战后美国人难以理解的——或许很多日本人也是如此。

海军陆战队和日本人的这种集体态度，导致了野蛮、凶残、没有约束的战斗。这不是在其他战线或战争中能看到的冷静杀戮。这是一种残忍、原始的仇恨。[19]

乔治·麦克唐纳·弗雷泽（George MacDonald Fraser）是驻缅甸英军的一名士官——之后凭《费莱什曼》（*Flashman*）系列小说名利双收——以一种愚弄、毫无悔意的态度承认他的战争是基于种族主义的，这可能反映了当时他绝大多数的同伴和平民同胞的观点：

现在很多人在战后谈论负罪感——杀死敌人的罪恶感……这很大程度上取决于具体情境，不过我很怀疑第14军是否会有许多人因为死去的日本人而失眠。一方面，他们是不会投降的敌人，如果我们不杀了他们，就会被他们杀掉；但另一方面——这可能会让那些被灌输种族主义是终极罪恶的一代人惊恐——我相信存在这样一种态度（在我身上就有），认为在人类进化程度上，日本人是远不如欧洲人的。

……毫无疑问，我们对他们的看法与对欧洲敌人完全

第七章 幽灵公会：第二次世界大战中的死亡

不同……只有死掉的日本人才是好的。综上所述，我们没有罪恶感，我们觉得自己是对的。[20]

太平洋战争期间的一项研究发现，平均有43%的美国士兵表达了对杀死日本士兵的热情。相比之下，仅有10%在欧洲战场的美国士兵"真正想要杀死德国士兵"。[21]

种族主义也是当时日本民族主义的重要组成部分。它同样创造了"其他"的形象（"野蛮的"美国人或"落后的"中国人），使杀戮更加容易。和德国人一样，日本人用他们古老的过去精心编造了一个令人沉醉的、鼓舞人心的神话剧场——一种根植于英雄主义和武士精神的军国主义的集体虚构。这是一个战争旗帜英勇飘扬，阳光在华丽的盔甲上闪闪发光的世界。它的目的是鼓舞蓬勃发展的民族主义，在战败和屈辱时期复兴民族和国家。日本和德国都被深厚的怀旧情绪和多愁善感所束缚，从传说和被随意杜撰的伪历史形成的混合物中提炼出来了一种超标的调配物，为非常致命的战争形式提供了高辛烷值的意识形态燃料。

当同盟国和轴心国在北非、意大利和西欧作战时，种族因素几乎不存在。北非英军步兵军官尼尔·麦卡勒姆（Neil McCallum）反思了仇恨在战斗中的地位：

> 我们中的一员最近收到了一封信，信上说："你怎么会恨那些杂种？"我们并没有……我们愤怒，但没有人特别愤怒。战争这件事太大了，并非仇恨这样私人的情绪所能概括。某种意义上，你越是身陷战争中，越是无法带着个人情绪去看待它。这可能是一种与生俱来的谨慎：仇恨

这样的过分情绪是非常不平衡的。任何情况下，都有其他很多东西要去恨——苍蝇、炎热、寒冷、蛆虫，或是缺乏足够的睡眠，以及所有这些。但我们不会去恨敌人，或者很少这么做。

仇恨属于在家中的平民……士兵在战场上的感受必然是稳定而雷同的，除非受到刺激——比如在目睹集中营或其他蓄意虐待的行为之后……这些事不会对我们即刻产生影响，理论上也得不到什么正向的仇恨……你无法去恨一个试图杀死你同时你也试图干掉他的混蛋。（尽管短暂的战斗中可能会产生纯粹面对面的仇恨）……我们是在恐惧和自我保护的立场上向敌人开枪的。如果你不先开枪，他就会开枪打你。[22]

当激烈的战斗耗尽了意识形态的燃料之后，士兵们所依靠的便只有求生欲和战友情谊的互相依存，从古至今它们一直是士兵在战场上的依靠。"当你在前线度过一段时间后，"苏德战场上的德国国防军机枪手金持·科朔雷克（Günther Koschorrek）这样写道，"你便不再是为领袖、民众或祖国战斗。这些理想早已不复存在……我们战斗……是为了生存以及帮助我们前线的战友活下去。"[23]

有时候战士会在崇高意识形态的鼓舞下杀戮，但更多的时候他们杀人是因为他们不得不这么做。"为了回家，"历史学家保罗·福塞尔（Paul Fussell，当时他还是驻欧洲的年轻美国陆军军官）写道，"你必须结束这场战争。终结战争才是你战斗的初衷"。[24]战争那些政治的、民意的原因在激烈的战斗中变得微不足道，战争变

第七章　幽灵公会：第二次世界大战中的死亡

成一个由自己的法律统治和裁判的独立世界——与遥远的祖国所奉行的价值观相去甚远。战争本身成为战争的意义和目的，那些身处前线的人会看到"另一个"世界消失在遥远的地平线上。"如果我们杀人，"安齐奥（Anzio）战场上幸存的美军士兵吉姆·阿尔科克（Jim Alcock）说，"我们就能活下去。于是无论我们为什么而战似乎都无关紧要了。"[25]在意大利的英国步兵亚历克斯·鲍尔比（Alex Bowlby）很清楚他是为谁而战："在我们的反击中混合着一种强烈的自豪感。我从未像当时那样感受到团队意识，它会让一个人甘愿冒生命危险，它无关国王和国家——它只是（为）兵团（而存在）。我也不愿与任何人交换处境。"[26]

太平洋战争时期的海军陆战队员威廉·曼彻斯特（William Manchester），后来成为非常成功的通俗史作家——形容了这种联系有多紧密："那些前线上的战友是我的家人……比以往任何朋友都更亲近……我现在知道，人不是为旗帜或国家，为部队或荣誉或其他任何抽象的意识而战，而是为彼此战斗。"[27]美军第7师士兵约翰·霍根（John Hogan）曾被安排到一个比他当时服役的步枪连更安全的地方。他曾写信给父母解释他为何要坚持与连队在一起："我逐渐爱上了这个排的战士精神，我想守护它。"他将他们共同经历的危险形容为"圣礼"。霍根死在了冲绳岛的我谢岭（Gaja Ridge），并在牺牲后被授予一颗银星勋章。[28]

对于任何出身背景的盟军士兵来说，个人生存都是终极动力（在这种动机中人们能看到一种人性。不过德国和日本军队中的狂热分子似乎完全没有[人性]，对这些人来说死亡似乎是麻醉剂）。与日军作战的美军第32步兵师的一名步兵非常清楚这其中的轻重缓急："从我跟其他成千上万的士兵所处的情境来看，自身的生存是迄今为止的首要任务。而其次重要的是你旁边战友和他旁边战友的性命。所以，是非、爱国以及部队的自豪感……都是排在这些事之后的。"[29]

死亡是战斗的常态，这一点以令人折服的向心力创造了这个非凡的世界。当一个人不得不离开亲如手足的战友时，即便等待他的是相对的安全，对他而言，也依然是一种折磨。在欧洲第99师的哈利·阿诺德（Harry Arnold）描述了当他和他的兄弟被允许撤回后方时的那种失落：

> 在人行道和大街上穿行的都是驻守部队，他们穿着光鲜的制服，昂首阔步，英姿飒爽。他们基本不关心我们的离开。有些人冷漠地看着我们……反感地摇头……一个战士可能要经过一段时间才能意识到他是一个与众不同的异类，并意识到与其和后方部队在一起，还不如与对面的敌军在一起……不安在我们的归属感中弥漫开来。不知何故我们感到被排斥了，被挤到一边，就像是给后方部队的一种难堪。虽然我们害怕面对施潘道（Spandau，德国柏林的一所监狱）、88炮、迫击炮，也害怕装甲车，但不知为何我们的直觉告诉我们，我们属于那里……我们都在迈着疲惫的双脚走向地狱。[30]

死者们仿佛是为了加入一个高级俱乐部而付出了终极的代价——一个向生者发出公开邀请的俱乐部，只有经历过死亡考验的幸存者才能得到会员资格，受到承认。正如第36步兵师的战士记忆中的那样："一个人如果没有见证过突然的死亡，受过致命的重创、感受过极度的高温/寒冷或者感染过气性坏疽，就永远不会成为够资格的战士。"[31] 一名苏联红军军官在1944年2月的家信中写道："我的很多朋友都死了。事实就是，我们一起战斗，每个人的死亡对大家而言都是重创。有时甚至会有紧张到让生者嫉妒死者的瞬间。死亡并不像我们过去想象的那么可怕。"[32]

士兵的死亡方式往往可以反映出他们在哪里作战。死亡可能会摆出一副残忍的地产经纪人的脸孔，凄惨地吟咏："位置、位置、位置。"超过109 000名美国步兵死在欧洲西北部，30 000人在意大利死去，近55 000人留在了太平洋。在太平洋战区，一个美国人当步兵可能更安全，只有2.5%的死亡概率（7.3%的概率受伤）。与之相比，在欧洲战区，美国兵死亡的可能性是3.5%（有11.3%的可能受伤）。[33] 但对一名伤兵来说，在欧洲战场幸存的概率远高于在太平洋战场，因为在太平洋上，伤员更难被转移到有充足医疗设施的地方。就所有战区的美国人而言，大约每29个伤员中有1人死亡（即：599 724人中，有20 810人死亡），相比一战这是个显著进步，当时伤员的死亡率是十二分之一。[34]

与俄罗斯草原、北非或西欧上演的战争类型相比，太平洋岛屿争夺战所涉及的问题显然大不相同。地理位置决定了战略后勤的可能性，而这又决定了士兵的死亡环境。

武器装备也会反映出战略战术上的差异。太平洋地区的士兵更多死在小型武器之下。与其他战区的士兵相比，日本士兵更多死于火焰喷射器之下。火焰喷射器尤其适合用来对付狙击手掩体、洞穴和地道里的敌人，而躲在掩体中攻击是日本守军喜欢的作战方式。对身处西欧、北非和俄罗斯这些开阔战场的士兵来说，坦克发挥了重要作用，而它在太平洋战区这种同等规模的战场上却默默无闻，太平洋战区的地形——崎岖且常被密林覆盖——并不适合大规模坦克战。

和身处西欧、北非的步兵相比，太平洋上的盟军少有死于炮火之下的，因为日军的这些武器相对缺乏。在某些战术环境下，日军的火炮无法造成可怕的杀伤。虽然在两栖登陆作战时的火力准备也会给突击部队造成大量死伤，但在整个战术情境中，日军无法实现像美军那样的大规模轰炸，比如在1945年3月24日至6月22日的冲绳岛战役期间，日军承受了来自美军地面和海军部队的240万枚炮弹的轰击。[35]

与太平洋战区的同僚相比，欧洲战区美国步兵的死伤风险更大，其主要原因是德国火炮造成了约60%的战场伤亡。[36]总体上来说，火炮是二战中最大的步兵杀手，被炮弹或手榴弹弹片击中致死的概率，在欧洲战区是25%，在太平洋战区是16%。

还有部分风险更大的原因在于劣质弹药以及日本炮兵需要隐藏而受到的限制，美军海陆空三军在反炮兵战方面具有压倒性的优势，日军炮兵需要尽量避免暴露在其反击之下。通常日军炮兵的战斗模式是，把炮架在他们藏身的洞口发射几轮后，赶在被GR-6声波定位器、观察机或者视觉探测器发现之前撤回。如何在弹药供应有限的情况下维持火力输出也是个问题。前线步兵和支援炮手之间缺乏沟通也降低了日军炮兵的杀伤力。由于几乎没有无线电，指令要么通过电话线路发送——常被美军切断；要么通过传令员来传达——他们经常暴露在敌方火力下，死亡率很高。

地理因素促成了苏联、北非和欧洲战场上军事力量的大规模碰撞，也决定了太平洋战区总体上更碎片化、小范围的对抗。讽刺的是，大规模对抗的战场时常被描述为"空旷"，因为现代高射炮、坦克、迫击炮和机枪都有相对较远的杀伤距离。这种战斗形式与传统的个体间的"英勇"战斗截然不同。人们可能认为丛林战争中针锋相对的肉搏战更贴合古代一对一的英雄战斗模式。但事实恰恰相反。太平洋上的战争提醒我们，战斗是血腥的阴沟：肮脏、野蛮、唐突——不过是个后来被清理干净，被历史的桂冠修饰了的屠宰场。

二战给陆地战斗带来了三大创新：两栖登陆作战、坦克战和空降战。两栖登陆作战和坦克战的创新更多是在规模上。两栖登陆作战有古老的先例，坦克战已经在一战中有过极为戏剧性的登场。空降战略有不同。早在1914年，伞降便已初见雏形，虽然一战中的机组人员没法用降落伞，但西线上众所周知容易受到攻击的对象——坐在热气球上的观察员——倒用上了，即便当时的降落伞如某位历史学家委婉而恰当的评价那样，"在某些方面设计不够完美"。[37]

在这三者中，两栖登陆作战可以说是二战的主要战略和战术元素——它踢开了二战的大门。对于盟军来说——不管敌人是日军还是德军，都抢占了先机控制了他们内部的供应和通信线路——攻击敌军的前提是需要逼近他们。想要吃到"肉"，就得先破开它的"壳"。海路攻击是在得到后勤支持的情况下，向敌人开战最有效的方式。

空降战也能逼近敌人，但几乎不可能维持后勤供应。1941年德军降落在克里特岛，虽然最终成功了，却差点引发灾难，以致让希特勒彻底放弃了整个空降作战的设想。1943年9月在基辅附近的大布克林（Velikii Bukrin），苏军的两个旅几乎是正好落在了德国第19装甲师的头顶上，这对伞兵来说，是可以预见的可怕结果，（于是）此后斯大林对空降战也是同样反感。[38]诺曼底登陆和1944年阿纳姆（Arnhem）战场上的空降战无论多么勇敢，都显示出了其惨不忍睹的脆弱一面。

对于参加两栖登陆作战的士兵来说，他们所面临的风险，与一种消失已久的战斗场景惊人的相似——可怕的要塞攻坚。虽然规模早已不可同日而语，装备也日新月异，但两栖登陆作战的理念却根植于对防守严密的要塞的正面强攻，这是一战战斗的一个主要特征。这些战斗中总有一些"孤注一掷"的精神：极其危险，暴露，赤裸裸。为赢取桥头堡，需要铤而走险，需要冷酷的锐气，还需要接受伤亡惨重的代价。

两栖登陆作战另一个与一战步兵攻击的类似之处是火力准备的作用，以及和一战中同样对预备轰炸的压制能力不切实际的预估。诺曼底登陆日，美军第8和第9陆军航空队（Army Air Forces）的沙滩火力准备没起到什么效果，部分是因为当时恶劣的天气限制了能见度，另一部分原因则是担心会误伤友军。第8陆军航空队的领航员兼投弹手哈里·雷诺兹（Harry Reynolds）回忆："该地区上空约13 000英尺的高度覆盖着阴云。我们不想扔下炸弹，因为我们害怕会伤到自己正从滩头行进过来的部队。"[39]奥马哈海滩——后来被证明是诺曼底登陆中最致命的一个登陆点——的德军炮兵几乎没有受到轰炸机的袭击。329架B-24轰炸机被迫透过阴云投弹，13 000枚炸弹散落在离滩头3英里的内陆。[40]

对于攻击方的步兵来说，这就是个灾难。第29步兵师的理查德·J.福特（Richard J. Ford）记得："空军本该轰炸沙滩，炸出弹坑

第七章 幽灵公会：第二次世界大战中的死亡

来让我们使用。但他们偏离了海滩3英里。他们的解释是他们担心可能会击中登陆艇，因为水里全是船只。然而，这轮火力准备应该早在我们登陆沙滩之前就执行。结果，那片沙滩像条大道一样平坦，看起来大约有两英里长。于是德国人就像在'打靶场'一样，而我们就成了'鸭子'。"[41]诺曼底登陆日所有区域加起来伤亡达到了10 000人，保守估计其中奥马哈海滩的伤亡约有2000人。如今已很难找出精确的数字，只能估计在这10 000名伤亡士兵中约有4400人死亡。[42]

海军炮轰比空军轰炸更加精准，但即便密集炮轰也无法保证能够充分压制敌军火力。在太平洋上，事实证明许多两栖突击行动对突击队员来说十分残忍，因为火力准备并没有瓦解日军的防守。在塔拉瓦，吨位"惊人"的海军炮弹落在环礁上，甚至让一位海军陆战队员疑惑为什么"整个岛还没有分崩离析沉下去"。但不知是何原因，当登陆艇到达3000码开外时，活下来的日本人开始倾泻炮火；到达2000码距离时，日本人的重机枪开始射击；登陆艇距离更近时，"所有敌军的武器，包括狙击步枪和重型迫击炮"，都开始开火了。[43]塞班岛上的日军躲在互相连通的石灰岩洞里——就像德国人在一战时进入他们深深的战壕一样——大部分幸免于初期的轰炸，然后突然出现并用凶猛的火力扫射暗礁，以至于那些美军船只上的观察员以为他们是触到了布在暗礁上的水雷，而事实上爆炸完全是由大炮和迫击炮造成的。在硫黄岛，美军战舰倾泻了22 000枚炮弹，B-24轰炸机往岛上持续投弹六个星期，但都没能阻止日军在海军陆战队接近海滩和登陆时给予他们沉重的打击。

两栖突击部队的致命危险甚至在他们接近杀戮场之前就开始

了。仅仅是登上希金斯艇（Higgins boat，由新奥尔良的希金斯工业公司设计的特制登陆艇，到1943年年中之前被广泛使用）都可能致命。[44] 背着沉重装备的人必须翻过母舰的船舷，然后摇摇晃晃、险之又险地沿着攀爬网往下爬，再匆忙跳上登陆艇。瓜达尔卡纳尔的一名海军陆战队员罗伯特·莱基（Robert Leckie）讲述了一段让他心提到嗓子眼儿的经历："乔治·F. 艾略特号在海面起伏，吊货网在它钢制的船舷上晃荡，撞向我们……吊货网的尽头距离起伏的希金斯艇还有3英尺。你必须跳下去，背着50磅甚至更重的装备跳下去。没有时间犹豫，因为从网上往下爬的人会踩住你的手指。所以只能这样——跳——祈祷希金斯艇不会晃开，让你落到蓝色的海面上。"[45]

另一位瓜达尔卡纳尔的老兵威廉·曼彻斯特记得：

> 登船是个棘手的问题……两栖登陆作战中的海军陆战队员是负重的驮兽。平均负重84.3磅让他们成为战争史上负载最重的步兵。有些人负重更多：20磅重的BAR自动步枪，45磅的81毫米迫击炮底座，47磅的迫击炮双脚架，36磅的轻机枪……还有超过53磅的重机枪三脚架。一个背着这么沉重包袱的人在绳索上像人猿泰山一样晃来晃去。这很危险，因为一旦松手，人就会哐当掉进船和登陆艇之间，直接沉到锡拉克海峡（Sealark Channel）的海底，这是发生在一些人身上的真实情况。还有一种更常出现的情况是从货网跳到登陆艇上时判断错误。判断的要点在于计算时间，以便在船起伏的最高点落地。如果计算错误，那么最熟练的舵手也帮不上忙。撞上甲板的猛烈冲击会让

第七章　幽灵公会：第二次世界大战中的死亡

人直接撞晕，甚至致残。[46]

1944年10月前往法国的美国大兵雷蒙德·甘特（Raymond Gantter）回忆道："当我们乘船穿过英吉利海峡，并小心翼翼地转移到登陆艇上时出现了首次伤亡。我们的一名军官，一个总是笑嘻嘻、讨人喜欢的家伙被登陆艇和大船生生碾死了。登陆网悬挂在大船的一侧，他在跳向登陆艇时犹豫了一会儿。这真是个不祥的征兆。"[47]

一旦上了登陆艇，前进的危险会因为强烈的痛苦而加剧，让战士比抵达海滩时还要脆弱。美军第116步兵团的中士约翰·R.斯劳特（John R. Slaughter）描述了进军奥马哈海滩的场景：

> 船里有一英尺深的水，所以我们不得不使用抽水泵，但它们排水的速度不够快，结果我们最后只能用头盔往外舀水。每个人都晕船了。我以前从未晕过船，一些朋友的呕吐袋早装满了，所以我把自己的袋子和茶苯海明给了他们。然后我也晕船了。因为实在太冷了。当时可能才华氏40多度［约合4摄氏度］，又吹着风，而且我们全身都湿透了。我都打冷战了。我穿上了突击夹克，钻进了为防芥子气而准备的防毒斗篷，防风防水，可躲在不透气的防毒斗篷下又让人气闷，这让我很难受，于是我又把它掀开了。我开始呕吐，扯下头盔吐在里面，然后把它里面的脏东西泼出去洗一洗，再继续吐，我们就是这样前进的。[48]

和所有正面攻击一样，两栖登陆作战也需要向敌人严阵以待的防御阵地发起冲锋，从无人的杀伤域中胆战心惊地穿过（不管是曾经的皮克特冲锋，还是冷港或帕斯尚尔战都是如此）。抵达海滩的路程对攻击方来说或多或少都是强制、被动的，给了防御方为对手制造痛苦的绝佳机会。

莫蒂门·维勒（Mortimer Wheeler，后来成为知名的考古学家）回顾了1943年9月9日登陆意大利萨勒诺（Salerno）的那段旅程："与此同时，当我们缓慢靠近，等着登陆海滩时，一个装备了4门88毫米高射炮的德国炮兵连在开阔的视野下发现了我们的登陆艇。旁边那艘登陆艇直接撞到了桥上，艇长死了……接下来就轮到我们了。炮弹带着尖啸声，精准地朝我们飞来，把我们包围，在我们笨拙地改变航向时倾泻而下。"[49]

除了即将来袭的炮火和机枪火力带来的危险之外，负载沉重的士兵在被迫撤离失事的登陆艇时还可能被淹死。诺曼底登陆日的英军突击队员，二等兵比尔·彼得米德（Bill Bidmead）"看见有人在浅水区溺水，而90磅的背包把那些伤兵压沉在水里"。[50]盟军登陆北非（"火炬行动"）期间士兵负重132磅，包里的"110磅对士兵来说过于沉重，足以让任何人完全失去战斗力"，发给他们的救生衣也承载不起这个重量，美军第2兵团的军需官如是说。[51]

威廉·曼彻斯特断言，当他们在塔拉瓦试图绕过礁石时，舵手被密集的炮火和机枪干扰得焦躁不安，"失去了理智（然后）……尖叫道：'我只能到这儿了！'他放下了梯板，于是20名被沉甸甸的装备和弹药压弯了腰的海军陆战队员一下船就被淹死在了15英尺深的水中"。[52]

在海浪中穿行是一种被放慢的痛苦。加拿大军队的二等兵吉姆·威尔金斯（Jim Wilkins）回忆了他在诺曼底战中登陆朱诺滩

第七章 幽灵公会：第二次世界大战中的死亡

(Juno Beach）的情形：

> 距离海滩只有500码了，这时我们接到了下船的命令。几分钟后船停了，开始随海浪漂流。梯板放了下来，我们分队的负责人约翰·吉布森（John Gibson）毫不犹豫跳进了水里，水深过腰。他只游出了几码就被淹死了。我们正好登上一座碉堡，一挺机枪扫向我们。我们没有犹豫，跳入了水中……大伙儿在哪儿？我们分队只有一半人在这里——有些人穿着救生背心漂在海面……肯尼一直在喊："快来！快来！"
>
> "我来了，来了！"我对他喊道。现在我们的膝盖都浸在水里，你能听到周围的嗡嗡声，以及机枪本身的声音。突然有东西拍到我的右腿侧，然后一枚子弹正中我右腿中央，造成了复合骨折。我脸朝下趴在了水里——我的步枪丢了，头盔也不见了……（我）翻过身仰面躺在水里，开始漂向岸边，在这里我遇到了五名步枪兵，他们的情况都很糟糕。我身边的那个人甚至在几分钟内就死了。[53]

穿过塔拉瓦的暗礁和海浪，大批移动缓慢的士兵就成为暴露在日军炮手眼皮底下的目标。许多海军陆战队员乘坐的希金斯艇撞上暗礁，士兵们不得不在离海岸线很远的地方弃船。为《时代》（Time）杂志供稿的罗伯特·谢罗德（Robert Sherrod）看见他们跳进齐胸深的水里："在如此深的水中跋涉得缓慢而痛苦。我们需要在敌人机枪的扫射下缓慢走过700码，在逐渐上岸时，我们就成了更大的目标。"[54]海军陆战队第2师的哈利·史密斯（Harry Smith）

在给女朋友的信中写道:"我是前十个跳下船的人,这十人中有很多都被击中了。在我前面那个就被爆了头,他向前扑进水里的冲击力扯下了他的头盔,我能看见他的脑袋顶已经被炸没了,脑组织漂在水里。直到今天,我还不知道我是如何在机枪和小型武器那样疯狂的火力中登岸的。我周围的人都中枪了。"[55]

当人暴露在这样危险的环境中,到达他们认为相对安全的海滩后,第一反应就是贴近地面,找到任何能挡住他们的掩护。但如果防御者的枪炮已经提前上膛扫过滩头,攻击者则需要违背直觉采取行动——穿越火力网需要非凡的训练和勇气,因为这样做很可能会付出生命的代价。

诺曼底登陆中登陆剑海滩(Sword Beach)的英国军官道格拉斯·格兰特(Douglas Grant)看见"背着物资的士兵头重脚轻,在松散的沙滩上挣扎……我在队伍里跑来跑去,用我记得的所有咒骂朝他们咆哮……其他胆小的士兵愚蠢地沿着铁网开挖——他们压根儿没有意识到,敌人可能像例行训练一样轻松炸掉他们费力挖出的坑壕"。不管怎么说,他让手下站了起来,"我们跑了……我们的心竭尽全力地配合着我们的意志"。[56]

乔治·格林(George Green)中尉是一名英国海军军官,他带着泰勒·费勒斯(Taylor Fellers)上尉麾下命运多舛的美军第116步兵团A连(宾夕法尼亚国民警卫队,格林评价他们是"乐天友好的乡下小伙,但不是好突击队员")登陆奥马哈海滩:"登陆艇在巨浪中起伏,加上碍手碍脚的装备,部队花了好一会儿才下船……到达海滩后,部队就地卧倒,没有试图朝50码外的障碍物或250码外的险峻断崖前进,藏在那里的德军正在用迫击炮朝我们开火……我听说泰勒·费勒斯和910突击登陆艇上的所有人都被杀了。实际

第七章 幽灵公会：第二次世界大战中的死亡

上，其他所有在六点三十分第一波登陆的人在登陆后不久都被消灭了。"[57]

奥马哈海滩的第116步兵团遭遇了所有盟军突击队中最沉重的伤亡（"他们[德军]简直就是在谋杀。"一位观察员说）。美国陆军部官方历史中描述了第1营在突击D区绿段（Dog Green）区时发生的事：

> 所有船只都遭到了纵横交错的机枪火力扫射……随着第一个人跳船，他们都扑通扑通跳下了水。然后秩序就崩溃了。在这些人看来，上岸的唯一方法就是潜入水中，避开攻向船只的火力。但当他们入水后，沉重的装备会让他们往下沉，很快他们就会为浮在水面而挣扎。有些人入水时还受了伤。到处都有人淹死……但有些人安全穿过了火线抵达沙滩，却发现那里待不下去，只能回到水里，靠水掩护，仅仅把头伸出来。那些活下来的人只能继续顺流前进……梯板降下不到10分钟，A连就失去了战斗力，没有指挥，也几乎没有行动能力。所有军官和军士或死或伤……水里的人把受伤的人推到身前，朝岸边前进。那些登上沙滩的人又爬回水里，把其他人拉上岸，以免他们溺水，很多时候最终被搭救的伤员会再次负伤，甚至连营救人员自己也受了伤。抢滩后不到20分钟，A连不再是一个突击连队，而成了一个绝望的救援小队，只顾得上生存和挽救生命。[58]

在某些情况下，挖洞是个致命错误——它违反了尽快通过杀伤区这一基本原则。硫黄岛上柔软的黑色火山灰在掩护方面起到的作用和滑石粉差不多。火力扫向滩头,"海浪从陡峭的海滩回流时吞没了数百人。地雷炸毁了谢尔曼坦克(Sherman tank)……进攻方遭受了迫击炮和大炮的猛烈轰击。炮火像沙漠风暴一样冲击到他们身上……硫黄岛上的死亡出奇的暴力。看不到干净的伤口,只有残肢碎片。这让一位营医官想起了贝尔维尤(Bellevue,纽约市的一家医院)的解剖室……成串的内脏连起来有15英尺长,尸体被腰斩成两半,人在行走中常被绊倒。地上散落着腿和胳膊,还有只剩下脖子还连着的脑袋,离最近的躯干大概有50英尺远"。[59]

海上攻击几乎成为太平洋战争的标志性战术,这同样是由战区岛屿遍布的特殊地理环境决定的。虽然美国陆军比美国海军陆战队(在总共43场攻击中海军陆战队发动了14起),[60]发动了更多两栖突击,而那些由海军陆战队参与的通常更加血腥,令人难忘。瓜达尔卡纳尔岛、塔拉瓦岛、塞班岛、佩莱利乌岛和硫黄岛的战斗都在大众想象中打上了自己的烙印,没有受到军队在公关方面的倾向的影响(这在某种程度上深深激怒了在自我宣传上总是非常积极的巴顿将军,他看到自己在欧洲第3军的功绩在媒体上被太平洋海军陆战队引人注目的伤亡率所掩盖。仿佛海军陆战队激发了大部分公众对英雄主义的认同,当海军陆战队大摇大摆时,陆军举步维艰,不受重视)。

海军陆战队珍惜且积极承担其在太平洋战场上突破者的角色,也接受了这种角色带来的伤亡。当陆军看到门还在努力找钥匙的时候,海军陆战队员们更喜欢直接把门破坏掉。没有什么比两栖登陆作战更契合这种精神了。[61]海军陆战队承认他们在海滩上留下了很多尸体,但他们狂热地相信总体收益会大于短期的痛苦。而且海军陆战队毫不掩饰其对陆军保守主义的蔑视,因为后者对战术局势的评估和利用更加缓慢。佩莱利乌岛战役中的海军陆战队

第七章　幽灵公会：第二次世界大战中的死亡

员理查德·C.肯纳德（Richard C. Kennard）在家信中直言不讳地写道："为什么海军陆战队承担了最艰巨的任务？我唯一的答案就是，我们是更好的战士。我们更有勇气、胆魄，而且拥有更好的军官……我并不是说那些陆军是懦夫。然而他们通常年纪更大，勇气和顽强远逊于任何一个普通的海军陆战队员。这些小伙子都为海军陆战队而自豪，并且会不惜一切代价战斗到底。"[62]

肯纳德暗示的是，海军陆战队员是死亡和荣誉的志愿者，而陆军仅仅是应征入伍。

当登陆受阻，陆战队必须扛住打击维持立足之地。塔拉瓦战役（1943年11月20日）是海军陆战第2师最早的突击行动之一，并造成了约20%的伤亡。作为增援出发的陆战6团的800人中只有450人成功登陆。[63]一共有990名陆战队员战死或死于创伤——这一伤亡数字震惊了美国民众，迫使陆战队重新审视其两栖作战的原则。[64]

不管是有意还是无意，并非所有攻击对抗都发生在海岸线。在意大利西海岸的安齐奥（1944年1月22日），盟军享受了出人意料的好处，可惜这点好处也因指挥上的怯懦而被浪费了，没有利用他们最初的好运抓住主动权进攻——这是一次紧张造成的失策，后来为此付出了非常惨痛的代价。当海军陆战队和陆军在1945年4月1日登陆冲绳岛时，日军的反应并不激烈，他们想把美国人引向深处，在精心准备的防御中发起血腥战斗。

罗伯特·莱基还记得1942年8月7日在登陆艇靠近瓜达尔卡纳尔岛的红海滩（Red Beach）时他心中的恐惧："除了知道我们将要登陆海岸线，我脑子里一片空白。我们前方还有几船的陆战队员。我想象着从他们卧倒的身体后方开火，用血淋淋的残肢断臂筑起一道保护墙。我可以想象在椰子树中间会发生怎样一场大屠杀。"但"日本人跑了",有"那么10分钟的时间里我们好像有了天赐的运气,幸福感涌入心中,随之而来的是难以言喻的安慰"。[65]

没有人对死亡心存侥幸。第101空降师的新兵唐纳德·R.伯格特（Donald R. Burgett）记得"有一位教员……告诉我们,我们志愿参军可不是来参加什么野餐聚会的,我们之中的大多数人都会战死。'事实上,'他说道,'如果一个人活过了三次任务,政府就会让那人飞回家,免除他的兵役。你我都知道,山姆大叔在战争时期不可能放走任何人,所以现在你该知道从战场上活下来的机会有多少了。你没有机会!'"。[66]

在坚实地面上空的一英里或几英里处跳入稀薄的空气中,还有敌军步兵和高射炮沿着你缓慢下降的轨迹射击你脆弱的下身,再怎么委婉修辞,也无法让人不焦虑。1943年7月进攻西西里时,一名英军伞兵感受到了每一名伞兵都会自然而然感受到的那种强烈的焦虑:"突然我们听到了前面的枪炮声——快速射击的噼啪声（他不知道,但其实他们正被己方战舰射击）以及间或来自大口径炮弹的更深沉的爆裂声。当我做好准备迎接从地面发射过来的红色火雨时,恐惧瞬间笼罩了我。我没有对付高射炮的经历,那些像喷泉一样的红的橙的追踪物看起来相当可怕。从下方被击中总有一种令人特别不安的感觉——当一个人受到那个方向的攻击,身体就变得重要很多。"[67]

空降这件事从开始到结束都处于让人疯狂的危险中。训练中存在着相当大的风险,伞兵作战的实践本身就是新近发展出来的,而且在执行中还有很多需要学习的东西。这对会计之类的工作来

第七章　幽灵公会：第二次世界大战中的死亡

说无伤大雅，但如果是伞兵，那就不怎么美妙了。

伞降早在18世纪时便已出现。拿破仑在后来流产的入侵英国的战争计划中，也曾设想用热气球输送突击部队。1918年，具有非凡军事远见的比利·米切尔（Billy Mitchell）强烈建议将美国伞兵部队部署到德军战线后方，但未能实施，伞降在军事应用上真正取得进展（而不是作为逃离失事飞机或观测气球的一种手段）则要到20世纪30年代才开始，苏联、意大利和德国完成了许多开创性工作。

虽然英美在开发空降部队方面有些落后（他们需要受到二战的刺激），但真正使降落伞得到长足发展的却是英国人埃弗拉德·卡斯罗普（Everard Calthrop）和美国人莱斯利·勒鲁瓦·欧文（Leslie Leroy Irvin）。卡斯罗普的降落伞——"守护天使"这个名字可谓恰如其分——被配备在飞机上，让人在飞机失事时能够逃离：跳伞飞行员的重量能使降落伞自动展开。欧文的降落伞则是一个真正的自由落体设计，伞盖由跳伞的人拉开伞索打开——最大的优点就是驾驶人员不需要在飞机上某个固定的地方才能使用降落伞。1919年4月19日，欧文怀着对自己设计的无限信心，完成了第一次开伞索跳伞。这是一次历史性的成功（除了笨拙的着陆导致的踝关节受伤）。[68]

设备故障——包括令人恐惧的"开伞失灵"（Roman candle），形容降落伞无法打开——以及新手伞兵的失误，都会无可避免地导致训练和战斗中出现伤亡。年轻的唐纳德·伯格特看见了这样的景象：

> 一架飞机沿着查特胡奇河（Chattahoochee River）飞行，

盘旋在降落区上空约1000英尺的高度。那些小小的人影迅速地一个接一个跳下，一切看上去似乎很顺利，直到两个降落伞在半空中撞到一起，伞兵被绳索缠住。一个降落伞坏了，但另一个还能用，有一段时间看上去他们还能撑住……但挂在下面的那个人扯开了他的备用伞。这是我们被专门提醒过不能做的事。备用伞唯一能派上用场的时候就是主伞完全打不开或有严重故障的时候。当两个伞兵缠在一起时，备用伞会掀起主伞，让它瘪下去……现在，就像我们看到的那样，较小的伞在上方伞兵的主伞里面打开了，弄瘪了主伞。

他们坠向地面，降落伞就像床单一样在身后摆动。那两人没有一个发出喊叫或任何声音——他们一定是忙着解开纠缠的绳索，为他们的生命奋斗，没有意识到地面已近在咫尺。整个混乱的过程只有几秒钟……他们向空中反弹了几英尺……有个军士从一辆吉普中跳了下来，在他们尸体旁边处理了几分钟，然后回到车里朝我们开来。从车上下来后，他拿出那两人沾满鲜血的靴子。"现在还有人想退出吗？"……没有人站出来。[69]

当身体撞上地面，听起来"就像又大又熟的南瓜被扔下来砸到地上"，或者一张"巨大的空气垫'跌到地上'"。

设计缺陷和装备重量对跳伞的人来说都是非常危险的。德国伞兵使用的RZ-1降落伞会使人前倾，这样人在着陆时必须做一个漂亮的前滚翻——这需要很高的运动能力，且常常会使膝盖、手掌和脸部受伤。这种设计还严重限制了可携带的武器——只能是一把手枪或者冲锋枪。背带的松紧度、伞盖打开时的张力以及前倾的步态都意味着伞兵身上的任何固体都可能让他受伤，所以他的武器必须装在金属箱子里与他分开伞降。在战场上找回这些东西让伞兵面临潜在的致命劣势："德军一个排需要14个箱子来装他们的武器和弹药，这意味着降落区有很多人在跑来跑去……在克里特岛（1941年5月），英国和英联邦军队早已知道，在伞兵成为有战斗力的作战力量之前，他们需要集结在补给箱周围，所以只要观察运输箱子的彩色伞盖，然后在降落伞落地后将机枪对准着陆点就行。"[70]

德国伞兵在他们最著名的行动克里特岛战役中遭受了极为可怕的伤亡。22 000名伞兵中有5000人被杀，"绝大部分是下级指挥官——下士、中士和年轻军官。此外，还有2500人受伤"。[71]在克里特岛战役之后，德军空降兵部队再也没有发起任何大规模攻击，转而作为精锐的轻步兵使用。

盟军伞兵面临着相反的问题。他们裹得"像一棵军用圣诞树"。他们的降落伞让他们保持垂直，着陆时（理论上）脚先着地，所以"身体几乎每个部分都覆盖了装备或武器"。美军第101空降师的一名士兵列举了他携带的东西：

> 跳伞服……头盔、靴子、手套、主伞、备用伞、救生背心、步枪、0.45英寸自动手枪、双刃短刀、跳刀、猎刀、弯刀、一条子弹带、两条弹药带、两罐机枪弹药、66发0.45英寸子弹、一枚能炸飞坦克履带的霍金斯雷、四块TNT炸药、一个外侧钢制零件上贴有两个雷管的挖掘工具、三个急救包、两支吗啡针剂、一个毒气面具、一壶

水、三天的K口粮和两天的D口粮……六枚手榴弹、一枚反坦克手榴弹（Gammon grenade）、橙色和红色烟幕弹各一枚、一块橙色仪表板、一张毯子、一件雨衣、一双袜子、一件内衣、两盒烟和其他一些零碎。[72]

此外，他们常常还带着一个重达80磅的野战背包，用绳子束在腿上。负担如此沉重以致他们常常需要帮助才能登机。在很多方面，他们就相当于现代战场上的中世纪骑士。一名骑士和一个伞兵所佩戴和携带的装备数量都预示着他们的威力。然而，这也同样是他们脆弱性的一个标志。骑士可能受到各式武器从多个角度的攻击，他们必须成为自己的移动堡垒。伞兵最大的战术弱点则是，在必要的情况下他们会被投放到远离主力部队的地方，凭借主力部队所提供的有限后勤支援，自食其力。伞兵也是一个单人堡垒。当骑士与他们的弓箭手和步兵分开时，他就会死；而空降兵最大的失败也同样发生在他们与炮兵和增援部队相隔太远的时候。比如阿纳姆战场上的英国第1空降师和西西里普里莫索尔（Primosole）战役中的英国第1伞兵旅，都是因为遭到火力压制而最终崩溃。

当然，骑士和伞兵的另一个类似之处是都热衷于他们作为主力突击部队的角色，并爱赞颂自己在战斗中精锐地位的英雄本色。有趣的是，在上面所列的第101空降师伞兵的装备中有四把锋利的冷兵器。在对伞兵的训导中非常强调刀锋带来的恐惧性心理冲击。这不是在空荡荡的技术战场上发生的战斗，而是古老的、激烈的、个人性质的对抗。像骑士和武士那样，伞兵也要求这种特别的勇武得到宣扬。例如，在诺曼底登陆战中美国伞兵的莫西干

第七章　幽灵公会：第二次世界大战中的死亡

发型宣示着他们决心给敌人带来可怕的损伤——用一种更古老、更个人化的杀戮方式。

就像下马的骑士会被旨在保护他的东西——他的盔甲——背叛一样，伞兵也是如此。伞兵有时跟负担过重的两栖部队战士一样，如果落在水里（水不用很深），他就很可能会被（负重）拖到水下淹死，这种事发生的频率令人厌恶的高。在诺曼底登陆日那天，第82空降师的伞兵们降落在杜沃河（Douve）和梅德雷特河（Merderet）周围，德军故意在这片区域蓄了水，于是伞兵们溺水了，部分原因在于他们的背带很难解开。[73]

旨在保护伞兵的降落伞也可能成为杀死他的工具，它让伞兵悬空的能力也增加了他暴露在敌军地面火力中的时间。这对所有人来说都是一种无可避免的煎熬，对有些人来说则是一种血腥的提前终结。和第1空降师一起空降阿纳姆的将军约翰·哈克特爵士（Sir John Hackett）目睹了"大群人行动迟缓（飘在空中下不来）……我身边的降落伞背带里绑着一个人，内脏从身体里掉了出来，还在跟着节奏晃动"。[74]降落伞还可能把跳伞者困在树上或杆子上，使后者成为敌军步兵手下任人宰割的悬空靶子；而在地上，降落伞也可能把跳伞者拖到天知道有什么危险的地方。

美军第505团的二等兵肯·罗素（Ken Russell）回忆诺曼底登陆日时说："我不记得我们飞机上所有的伞兵组（作战单位），但我认识二等兵H. T. 布莱恩特、'小伙子'拉迪斯罗·特拉帕和卡迪什中尉。他们都是因为落地时降落伞挂在了电线杆上而成了活靶子。我的密友上等兵查尔斯·布兰肯希普的降落伞挂在了树上，然后他就被击中了。"另外，他还记得：

当我们跳下去时，城镇中的一处建筑发生了大火。我不知道热量会吸引降落伞飞向火源……有一个伞兵落在了火场……我则降落在屋顶的右边。另一个士兵落下来时和尖顶缠在了一起……立刻就有一名纳粹士兵从教堂后面跑出来向四处扫射。约翰·雷中士就在此时落在了教堂院子里……他还没来得及解开降落伞，那个纳粹兵就开枪打中了他的肚子。雷濒死的时候，拼命掏出了他的0.45手枪打中了纳粹兵的后脑勺，杀死了他。雷救了我一命……这是我所见过的最勇敢的事情之一。[75]

伞兵的命运很大程度上还取决于运输方式——飞机还是滑翔机，以及驾驶员。两种交通工具各有各的风险，但都面临着导航、天气和敌军火力的威胁，它们通常还会不合时宜地同时出现。1943年盟军对西西里的空降突袭采用了滑翔机和飞机输送，这次行动可能是最能说明这种致命联系的战例之一。

英国第1空降旅首先在1943年7月10日空降。其想法是采用滑翔机悄悄潜入，就像德军在1940年袭击比利时的埃本-埃梅尔（Eben-Emael）堡垒时采取的隐秘行动一样。但行动失败了。强风吹起了巨大的沙尘暴，彻底破坏了着陆点；战斗机掩护不足，训练也不充分；60%的拖航飞机（牵引滑翔机的飞机）过早和滑翔机分离，而一旦军用滑翔机（不同于轻量级休闲版）和拖航飞机分离，高度就会快速下降。许多滑翔机坠入大海，252名战士被淹死。离开北非海岸的52架滑翔机中，只有12架在目标附近降落。参加第一空降的2000名士兵损失490人，145名滑翔机飞行员损失88人。[76]

英军突击后不久，由空降作战先驱、传奇上校詹姆斯·加文

第七章 幽灵公会：第二次世界大战中的死亡

(James Gavin)领导的美国第505团的飞机受到大风袭击，并因为缺乏堪用的导航设备而迷失方向，迫降在离目标60英里的地方，士兵们落在"山脊、橄榄树丛、铁丝网、沙滩上……还有一些在海里"。[77]他们的兄弟团第504团作为援军被送过来，但他们还没到达敌人面前就被"传染病"一样蔓延开的友军炮火击中，炮火从滩头一直传到停泊的盟军舰队。用越南战争中的一个描述性短语来说，这是"一群混蛋"。因为通讯堵塞，舰队没有及时收到第504团将从他们上方低空飞越的预警：

> "我回过头，"其中一架引航机的机长记录道，"看见整条海岸线都迸发出火焰。"飞行员要么朝向甲板俯冲，要么突然转向大海，把伞兵都摔在机舱地板上，固定拉绳缠在了一起。人们祈祷着，端着头盔呕吐。子弹掠过机翼和机身，海湾上变得鲜血斑斑……
>
> 编队解体了。有些飞行员关掉机腹灯，试图沿着海岸在战舰和海滩的炮火中间找到一条穿行路线。其他人则朝非洲方向逃去，足足飞出30英里才摆脱炮火追击。有6架飞机在伞兵挣扎着跳出机舱时被击中。飞机像燃烧的十字架从空中坠落……其他飞机像在空中被击中的鸟一样停了下来……有人死在了飞机上，有人死在下降的降落伞上，至少有四个人是着陆后被友军误认为德军杀死的。[78]

对飞机和滑翔机的飞行员来说，把伞兵送到目的地是一项非常复杂的工作。速度和高度显然至关重要，但说得委婉些，导航也是个挑战（尤其是在夜间、雾天，或像诺曼底登陆日那样云层极低的时候）。由于这些飞机必须进入相对较低的飞行航道，所以很容易受到攻击。在诺曼底登陆日那天，美军昆西号（Quincy）军舰上的一名观察员记录了当时的恐怖场景："一堆红色的曳光弹中间出现一个黄色光球。它慢慢坠下，划过一道轨迹。最终，它撞向黑沉沉的大地，发出一大片光照在低低的云层上。有时候黄色的球体会在半空中爆炸，喷出一条燃烧的汽油带。我们这些天空观测员对这副景象的反应总是一模一样——一阵急促的吸气声和一声咕哝：'可怜的混蛋。'"[79]

很多人指责飞行员为了保命牺牲了伞兵，第101空降师的唐纳德·伯格特亦为此怒气冲冲：

> 我看到士兵模糊朦胧的身影急速下坠。他们把降落伞从背包中拉出来，但直到他们撞向地面的时候伞才刚刚打开。17名战士在降落伞打开之前就坠地了。他们发出的声音就像成熟的南瓜被扔到地上爆开。
>
> "那个肮脏的婊子养的飞行员，我敢说，他为了自己的性命掠地飞行，杀了一群士兵。希望他在英吉利海峡被打中，然后慢慢淹死在海里。"
>
> 去找那些人兴师问罪没有任何意义……如果奇迹发生，他们中有人活了下来，对他们置之不理，任其自生自灭可能更好。[80]

很多历史学家都认同这一观点，指责运兵指挥部的飞行员不但投放高度太低，而且为了躲开高射炮而提高了飞行速度，让被投掷的士兵在开伞时承受了可怕的冲击和震动。然而，事实是飞

第七章　幽灵公会：第二次世界大战中的死亡

机本身已经严重超载，迫使飞机提升投放时的速度以防失速。低云层和高达30节（海里/小时）的风速（降落区的安全上限是13节）也增加了人员伤亡。[81]

或许情况有异，但滑翔机运输空降兵同样危险。乘坐不堪一击的飞机（英军滑翔机几乎就是个衣橱——实际上它们就是用木头在家具厂里造出来的），再故意撞毁飞机，这样的理念太违反直觉了，简直像是精神错乱——滑翔机士兵没有忽略掉这一点，他们拒绝志愿参加。实际上，这种像是蓄意自我毁灭的做法，毫无前景也毫无吸引力，所以即便每月有额外津贴，他们也都是被强征入伍的。[82]

如果降落之前，滑翔机没能高于或低于拖航飞机（"高拖"或"低拖"）飞行，它很可能被拖航飞机的气流震坏。[83]在如此拥挤、机动手段又如此有限的情况下，降落是一种令人神经紧张的高危操作，导致机组人员和士兵死亡的一个主要原因就是和其他滑翔机相撞。第82空降师的克林顿·利德尔（Clinton Riddle）在诺曼底见过一架坠毁的滑翔机残骸，他记得："到处都是尸体，几乎无从下脚。"[84]

导致士兵死亡的方式有很多。美国士兵雷蒙德·甘特仔细考虑了他在散兵坑里突然消失得无影无踪的伙伴可能的命运："我不知道他后来怎么样了。可能他那天晚上在前线徘徊然后被杀了，由于面目全非而且军牌也丢了，没被人认出来；可能一个德军狙击手或者掉队的士兵杀了他，把他的尸体藏在了赫特根森林（Hurtgen Forest）……可能他踩中了地雷或坠入陷阱……还可能，他在一个战壕里过夜，战壕塌陷把他活埋了。"[85]

尽管人们兴奋地强调机械化战争中闪电战的速度和结局，但大部分战斗依然遵循了更无聊的传统，"步兵带着他们的步枪、手榴弹、机枪和迫击炮，运用着和一战甚至是南北战争一样的战术进行战斗"。[86]欧洲战场的战斗经常推进得很慢且遭遇顽强的抵抗。诺曼底战线在登陆日后停滞了两个月，卡西诺山（Monte Cassino）战役则持续了六个月，列宁格勒围攻战拖了两年半。阿拉曼（El Alamein）战役被描述为典型的一战式战斗，狂暴的火力准备，令人毛骨悚然的齐射，旨在粉碎敌人防线的步兵突击。[87]在太平洋上，大部分战斗都是在步兵与盘踞孤岛的防御者之间展开的经典激战："人们普遍认为二战的战斗是轻松、迅速、决定性的，可事实恰恰相反，我们发现它们实际上旷日持久、艰苦、伤神且代价高昂。与1/4个世纪前的战争相比，二战需要面对更多危险，克服它们则需要更高水平的训练和士气。前线士兵面临的处境更加紧张多变，这反映在更高的意外事故率、'精神创伤'以及对生命和财产的普遍破坏。战争变得更加冷酷无情。"[88]

对步兵来说，战争是暴露在无休止的危险之中。奥马尔·布拉德利（Omar Bradley）将军描述过它非同寻常的暴行："步兵在没有任何奖励或救济承诺的情况下战斗。每一条河流后面都有一座山——而在那座山后还有另一条河。在前线上度过几周或几个月之后，只有伤口能给他带来安全、庇护和一张床的安慰。那些留下来继续战斗的人，即便逃过了死亡，也深知每一天都是侥幸，他们又消耗了一次生存的机会。除非获胜，否则这场追逐迟早会以担架或坟墓结束。"[89]正如一名美国陆军老兵所说："没人能离开步兵连。这扇门只能朝里单向开启，你只能被他们抬出来。如果不走运，你就死了，如果走运，那就是受伤。但没人能（自己）走着离开。这是不成文的规定。"[90]

第七章 幽灵公会：第二次世界大战中的死亡

没有撤离战区的机会，坟墓就成了可能的终点。对美国人来说，战争最后14个月的伤亡最为惨重。1942年10月，每1000名美军中只有一人死亡。11月的时候，这个比例上升到了4∶1000，反映了在北非、瓜达尔卡纳尔岛和新几内亚的战斗。到1944年6月时，它飙升到了50∶1000，并在1945年1月升到顶峰的56∶1000。[91]

伤亡数字的概况颇值得玩味，其背后隐藏了更严峻的事实。这个每一千人的比例是基于整个军队的。二战不同于一战——一战时总的武装部队中有更多人暴露在战斗中——而二战时的后勤部队更加庞大且相对安全。战斗人员只相当于箭矢上那小小的箭头，他们被杀和受伤的概率当然要大得多。在战争结束时，约1000万美军中，只有约200万，或者说1/5属于90个师的作战部队（其中68个是步兵师），其中约有70万人属于步兵，约占全军人数的1/14，承受了70%的伤亡。[92] 弗兰克·尼西（Frank Nisi）是第3步兵师的一名步兵，在写给父亲的信中描述了真正的作战部队：

> 我敢说，只有极少数人知道战争是什么样的。我指的是那数百万人中的……只有步兵和某些作战装备，如坦克和坦克歼击车（tank destroyer）车组成员才在近距离听到过愤怒的枪声。然后还可以进一步细分，排除司令部、勤务连队等。最后就剩下那个端着步枪的人了，他必须住在地下或者任何能住的地方，他连续几天不眠不休，起来战斗、跋涉、奔跑、匍匐25英里或者更远。在这段时间中，他后面编队的人会坐在车上随着他前进，晚上可以睡上一觉，然后等着他再次出发。[93]

在1944年的最后六个月里，战斗损失远超美军指挥方的预期，每个月都有12 000～18 000名美国士兵死亡，40 000～60 000人受伤。最终，那些原本凭借着智力测试的高分进入后勤部门，承担相对安全的行政职责的年轻人，发现自己也来到了战争的第一线。战斗中的死亡突然变得更加民主了。

是什么装备在二战中杀死了士兵？虽然自一战以来所有类型的武器都有了改进，但没有出现根本性的创新。武器装备应用了很多复杂的技术，但武器装备的基础结构与第一次世界大战相差无几。高射炮和其他类型的步兵用爆炸装置，如迫击炮、手榴弹和地雷（与机载或舰载弹药相比）造成的伤亡最多。美军中约有5万人死于某种爆炸装置，而只有3万多人被小型武器或机枪杀死。[94]尽管总体情况是准确的，但有时个别的死因却难以捉摸。

分析士兵在战场中死亡原因的研究不多，其中之一（1944年4月至11月，该研究检查了埋葬在意大利蒙特贝尼美军公墓的1000具美军尸体）是一个医疗小组报告：

> 只有同伴才会看到战斗中死掉的人倒下，但同伴也无法确定到底是什么类型的武器杀了他。他们可能知道这个人是被机枪或步枪击中，或者他遇到了地雷，但他们不能准确地指出朝他们飞来的高爆弹的口径。在任何情况下，即便这个人的同伴知道了武器的准确信息，这些东西也不会出现在医疗急救卡（emergency medical tag，EMT）上，它们由连队的救护兵或其他在行动发生后才抵达现场的医疗人员填写。那些亲眼看见了死亡的人在伤亡人员被附上标

第七章 幽灵公会：第二次世界大战中的死亡

签时很少在场。所以，急救卡上的弹道数据不可信赖，因为你不知道哪些才是准确的。收集此类准确数据的最佳方法是尸检，（但）很明显的是，对每具尸体都进行解剖是不切实际的，因为这个过程很耗费时间。研究项目中的第一具尸体会被彻底解剖以寻找弹片。3个小时后，如果仍然没有发现，就会被放弃。[95]

然而，样本中大部分的人（87.1%）都能被发现是死于"产生碎片的武器"（大炮或迫击炮），10.9%的人是被小型武器击中。仅有很少一部分人死于手榴弹（0.1%）或地雷（1.9%）。[96]

所以，炮火成为笼罩士兵最深的恐惧就不足为奇了。诗人路易斯·辛普森（Louis Simpson）曾是第101空降师的一名士兵，他解释道："步兵真正的工作就是应对炮击，但很少有人指出这一点。每个人都有自己的行事方式。一般来说，这意味着脸朝下趴倒，把身体收缩到尽可能小的空间。你也许会在小说里读到，士兵在这种时候会吓得屁滚尿流。但事实却相反。当你全身缩成一团，你只可能会便秘。"[97]从欧洲西北部给家人写信的雷蒙德·甘特，描述了德军88毫米高射炮极度恶毒的一面：

你问哪个更吓人……步枪、机枪还是大炮？如果我必须做出选择，我选择承受小型武器的火力。步枪和机枪是致命毒药，但它们穿着小糖衣：地上的一个洞、一处凹陷，甚至是一个小土丘都能提供合理的保护来防御它们射来的子弹。只要你老实躺在那儿就不会受伤，也就是说，不会被小型武器（枪械）击中。而地面的坑洞、凹陷或小

> 土堆是防不住炮弹的。你听到炮弹在空中尖啸,估算它会在哪里落地,紧张不已。然后它落在了地上,你身下的土地在颤动,试图把你往上推,空气中全是发狂的大黄蜂一般的嗡嗡声。对于那些想要像天鹅一样优雅的女士,我推荐她们在火炮的轰击下待几个小时,效果绝对比黑麦脆面包或者什么生菜柠檬减肥餐好得多。[98]

戴维·凯尼恩·韦伯斯特(David Kenyon Webster)记得炮弹是如何找到他的:

> 又有三枚炮弹飞来了,低沉而狂暴,在果园里爆炸。"它们正朝我们飞来。"我低声说。
> 我觉得仿佛有一个巨人在用他会引发爆炸的金属手指找我,而且在来的路上撕裂了地面。我想打他、杀了他,在他冲我来之前阻止他,但我什么也做不了,只能坐下来等着他来。巨人掠过果园,毁掉了道路,怒气冲冲、跌跌撞撞地朝我们走来,我们坐在洞里,头夹在两腿间,嘴里咒骂着。[99]

对英国士兵来说,在某种程度上,炮弹似乎是由上苍的恶意操纵着:

> 我们"砰"的一声落在原地。我能感觉到在我毫无防护的背部某个位置(我真希望上帝保佑我们背了背包……不是因为它们有任何作用,只是感觉好受些),炮弹碎片的尖端会刺破皮肤、软骨和骨头,爆炸的冲击力让我感觉头

第七章 幽灵公会：第二次世界大战中的死亡

痛欲裂，整个过程在1/50秒内发生，然后我被扔在地上，挂在树上。我屏住呼吸，试图更用力地紧贴地面，收紧每一块肌肉，仿佛我能靠纯粹的意志力减轻瓦解身体的力量，欺骗死神，藐视上帝（啊，求求上帝怜悯我，求求亲爱的上帝，别让我死）。[100]

留在原地还是逃跑？任何决定都可能带来死亡或救赎：

"反坦克炮！"多尔卡吼道，他吓坏了，在胸口画着十字。

同一时间，第二枚炮弹击中了土墩……多尔卡大叫起来，掐着自己的喉咙。他目瞪口呆地看着自己血淋淋的手，用它压住伤口。他惊恐万分，跳出了洞穴，朝着村子跑去。另一枚炸弹就在他身后爆炸了，扯断了他的双腿。他后背朝上被抛向空中，然后浑身是血地倒在地上。仅仅过了几秒钟，当我再次朝前看时，炮管中又出现了火光。炮弹正面击中了我身前的土墩，泥土把地洞盖住了一半。我把腿从土里拔出来，然后将身体紧贴在上面。接着又一轮爆炸在我面前发生，一块灼热的碎片朝我飞来。我感到右上臂受到了巨大冲击，还有些轻一点的碎片击中了我的胸口。温热的血液立刻沿着手臂流淌，从袖子上滴下来。那一瞬间我有点麻木，随后便感受到烧灼感和疼痛。

你会在这个洞里流血至死！我想着，然后被一种可怕的恐惧感笼罩。离开这里！害怕让我离开了地洞。我用左手压着伤口冲了出去。出于本能，我没有跑向显眼的房子，但在恐惧的推动下我跑向了右边……我知道直瞄火炮的炮手（比如韦伯斯特，他被一门用来对抗步兵的反坦克炮击中）必须先调转他们的瞄准方向才能找到新的目标——在当时的情况下就是我。在我跑开一会儿后，炮弹才落到我周围的地上。他们像打兔子一样朝我开火——所以我表现得也像只兔子，不断地走Z字。我一直这么做，迫使炮手不断地调整瞄准方向。

但我快精疲力竭了。我的肺部像风箱一样起伏，而且有了轻微的眩晕感。我的手已无法为伤口止血……我喘息着继续按Z字跑动，拼命地跑，我怕下一个炮弹会把我炸成碎片……我上气不接下气地跑进森林，然后瘫在地上。

我安全了。[101]

神灵可能在故意开着玩笑：

我们营排成一长列松散的纵队，以平稳的速度向山上行进。凯斯勒上尉和他手下的长官跪在地上，研究了一会儿地图，挥手让其余连队继续前进。

"继续往前，"他用嘶哑的声音说道，"继续走。"

他在我前面20英尺的地方，在我们行走的那条窄道的左边。突然他哼了一声，向左边翻倒……一个之前跪在他旁边的人看了看他的眼睛。他死了。一枚敌人的炮弹在下方的山谷中爆炸，其中一个小弹片击中了他的头部右侧，就在他头盔边缘的下方……一块小弹片能飞这么远的概率不到百万分之一，然而它确实发生了，一名优秀的连

第七章 幽灵公会：第二次世界大战中的死亡

队指挥官因此死掉了。[102]

死亡也可能伴随着可怕的逻辑："第一枚炮弹落在安全距离之外，但第二枚离我们只有150码，两名工程师、一个排长、另一个军士还有我正在这里工作。我们立刻倒地——我们害怕炮弹会呈阶梯式地落下来，那是一种炮兵战术，即用连续的炮弹'搜索'目标，就像在爬梯子一样。"[103]

弹片可以粉碎步兵任何试图掩饰的冷静情绪：

> 一开始我试着对炮火漫不经心。炮弹会先落在远处，然后逐步推进。急于寻找掩护似乎很令人羞耻，所以我慢慢退开，直到感受到爆炸的温度才跳进了狭长的战壕。没多久我就发现了弹片的杀伤力，然后我总是尽快地卧倒，不再关心是不是看上去显得很傻。
>
> 一块炮弹碎片能钻洞，能穿透、切开、压碎人体，就像子弹、匕首、劈刀和棍棒一样。它能像外科手术那样精确，也能暴虐得让人无法想象。[104]

空中爆炸的炮弹尤其让人害怕（威廉·曼彻斯特说这是"最糟糕的"），因为它们产生的爆炸和弹片能让散兵坑和狭长的战壕起不到防护作用。保罗·福塞尔描写了一场空中爆炸给一群德国人带来的后果：

> 我遇到了一个保存完好的蜡化的德军小队……让我目瞪口呆……（它）由五名德国士兵组成，分散俯卧在一条

半圆形的散兵线上。他们仍然盯着前方，警惕着敌人的动向。他们身后半圆的中央是一个同样僵硬，戴着红十字袖标的德国军医，他正往前爬着去履行他的职责。他的左手上有一卷两英尺的绷带，右手里是一把手术剪。我可以推测一段合理的故事。这个组里有一个或多个人受伤了，当军医爬过去履行他的职责时，他的注意力被头顶难以形容的尖锐爆炸声打断，世界随即陷入黑暗。这个插曲无疑是要归功于我们的近炸火炮引信，这是一项价值连城的发明——在那个冬天到达了前线——它让炮弹不在击中物体时爆炸，而是在接近物体时爆炸。在这里，它应该是在受害者上方 5～10 码的地方爆炸的。这种破坏也有可能是由被称为"同时弹着"（time-on-target）的炮兵技术造成的，这是一种华丽的数学技巧，从不同地方发射多种炮弹，不论炮弹与目标的距离如何变化，全部炮弹都同时到达。这是一种毁灭性的突袭，其破坏立竿见影，不堪设想……

天太冷了，尸体没有异味，也没有明显地开始腐烂。但是死者睁开的眼睛里却没有光，雪吹进了他们的耳朵、衣服上的开口还有帽子上的缝隙。他们的皮肉颜色青白。虽然都是俯卧着，但他们的膝盖和手肘都弯着，好像一群在冲刺中受到严重惊吓的运动员。[105]

高爆弹的影响并没有这么美观。唐纳德·伯格特"遇到过一个在地面上倾斜的洞，是一个法国农民用来饮牛的。我们下到洞里，发现了两个死去的德国人直直地坐着靠在墙上。一枚炮弹落在了他们中间，爆炸产生的热量让他们面目全非。他们的嘴唇和

第七章　幽灵公会：第二次世界大战中的死亡

耳朵都没了，烧焦的面部皮肤皱巴巴的，上面两只空洞的眼窝显得很黑。震荡使他们的四肢在手脚关节处折断"。[106]

约有四分之一的伤亡是由小型武器造成的（在一战中该比例是30%～40%，而在美国南北战争中是90%）。[107]尽管火炮比轻武器夺去的生命更多，但一名士兵被机关枪击中，还是有50%的概率死亡，而被火炮击中的死亡概率为20%。在被子弹击中的人中，几乎有四分之一被杀死，被大炮击中的士兵中则有不到五分之一的人丧生，而被迫击炮击中的人只有十分之一死亡。[108]原因很简单。炮火数量庞大，虽然往往是分散攻击，但其造成的死亡人数足以占据战斗死亡人员的大多数。小型武器的火力较小，但往往更致命，因为它或多或少是瞄准目标的。对步兵态度的调查证实了炮火是最令人害怕的，机枪只排在第四（迫击炮第三，俯冲轰炸机第二）。然而战争期间的研究显示，机枪是最致命的武器——50%被机枪射中的人都会死。[109]

正如第一次世界大战时那样，重型机枪安置在任何防守点都是致命的。德国人擅长山顶防御，尤其是在北非、意大利和诺曼底战役中。在一天结束的时候，步兵不得不跋山涉水，而阻止敌人爬山或过河最保险也最合算的方法就是在远处用机枪扫射他们。对执行突击任务的美军来说，1944年穿越意大利拉皮多河（Rapido River）就是一场灾难。得克萨斯第36步兵师的卡比中士这样形容重机枪的可怕威力："我们承受着持续的火力。我看见周围的船被击中了，人们被甩出船舷落在水里……当我们抵达对岸时，这是我在战争中目睹的唯一一个与你在电影中看到的相符合的场景。我从未见过这么多尸体——我们同伴的尸体。我记得有个孩子被机枪扫中，打中他的子弹把他像罐头一样推倒……几乎每个人都被击中了。我在连队中的所有好友都受了伤或者死了。"[110]

一名加拿大步兵军官D.皮尔斯中尉讲述了1945年3月发生在德国比嫩（Bienen）的一场突击："我们沿战线推进。十个人跌倒，瞬间就被两三挺机枪的火力钉在地上……布伦式机枪手把他们的武器扛在肩上，但一直没有找到机会（我在战斗结束后看见了他们，两个人都死了，其中一个人依然还保持着瞄准的姿势）……我左侧的一名步兵瞄准了德军一处射击掩体，然后一阵抽搐倒在了我的手臂上。他的脸上立刻泛出一种淡淡的绿色，却又带着天真的微笑。"[111] 威廉·伍德拉夫（William Woodruff）的小说《悲伤的船》（*Vessel of Sadness*, 1969）是基于他在二战中的战斗经历写成的，他在小说中描述了在安齐奥附近，一群英国士兵在露天场所被一挺机枪"咬"住时的情景：

> 就在那时，事情发生了。他们在光天化日之下快速向右转……然后撞上了机枪的火力网……那辆吉普颤抖着停了下来，就像撞上了100条铁栏杆。直到那时他们才意识到，他们听到的声音是几乎对着他们脸开火的机枪发出来的。中士喊道："跳车！"那些还能跳起来的人跳下了车。但他们的好运没了……当然，他们本应该回击："最好的防守永远是快速而有针对性的火力反击。"然而，他们受到本能的支配，选择了逃命。他们没有发现敌人和他的枪……植被在他们眼前跳动、抽搐。子弹擦过他们的脸打到小水塘，发出嘶嘶声，溅起水花。他们害怕极了，变得就像突然挣脱束缚的疯子，在沟里上蹿下跳，而那沟里

第七章 幽灵公会：第二次世界大战中的死亡

仿佛还有急速挥动的铁链。当那看不见的铁链抽中了某个人，他就会瘫倒在地或跪下来呻吟。中士大喊，但每个人都只顾得上自己。他们惧怕死亡。[112]

被小型武器和机枪打中的步兵，头部中弹是最致命的。尽管拥有钢盔的保护，但士兵的头部往往是最容易暴露在敌方火力下的部分：脑袋伸出散兵坑，头朝敌人卧倒，埋头弯腰跑动（步兵前进时的一大特点）——都让最脆弱的部分暴露最多。装备了M1式加兰德步枪（M-1 Garand）的美国兵头部受伤的概率很大，因为他们的武器不像德军和日军，使用的不是无烟火药，所以会招来针对枪口焰的反击。如果步兵在瞄准时把枪抵在肩上，更是大大增加了头部被击中的机会。[113]正如伞兵唐纳德·伯格特说的："他们（德国人）使用无烟火药，很难定位；而我们的武器会喷出滚滚浓烟，暴露了我们的位置，迫使我们不停移动，以防脑袋被炸飞。"[114]但对比德国和日本的栓式步枪，作为第二次世界大战中唯一大规模装备的半自动步枪，加兰德的确让美国大兵的装备有了一个飞跃。它坚固耐用，可以连射8发子弹的能力可能会拯救你的性命。美军第40步兵师的西德尼·瑞奇（Sidney Richess）记得："在一个争夺激烈的沟渠里和敌军狭路相逢，有个敌人在近距离朝我开了一枪但没打中。我知道他正忙着拉枪栓……我迅速开枪结果了他。"[115]

在一项面向美国步兵的调查中，他们认为最可怕、最致命的武器，迫击炮排名第三，在高射炮（令人恐惧的德国88毫米高炮就是其中的代表）和俯冲轰炸机之后。[116]纵观历史，武器的噪声对士兵的士气影响极大——打击或者振奋，取决于火力由哪一方承受——而且迫击炮可能是更有效的伤人武器而不是杀人武器。超过15码的半径，高爆弹的杀伤力就会急剧下降。这对于蹲在散兵坑里的士兵来说算是小小的"安慰"，他们相信某个长着尾鳍的美人会愉快地吹着口哨把他们送到英灵殿堂。但其实迫击炮致死率不高，只是会造成很多人受伤。实际上据估计，在太平洋和欧洲西北部受伤的盟军士兵中，约有一半是被迫击炮击中受伤的。[117]

现代迫击炮是廉价的火炮——有高度机动性，制造成本低廉，操作也不是特别麻烦……所有这些都提供了战术上的灵活性，使它们成了对那些遭受长期磨难的步兵而言无处不在的威胁。无法投入大量资源满足全方位火炮需求的日本人生产了大量的迫击炮，其中最著名的就是非常有效的"膝上迫击炮"（knee mortar，掷弹筒，实际上它更像是支在地面的手持榴弹发射器），重量仅11磅，发射的弹药重约1.5磅，且只需单人操作。* 在1943年新几内亚的一场掷弹筒攻击中，保罗·斯波诺格尔（Paul Sponaugle）成了不受欢迎的目标：

> 当我离开时，一枚迫击炮弹击中了我同伴藏身的地洞，杀死了他。军士长把我叫到他的洞里，告诉了我这件事。我刚一进洞，脱掉头盔，两枚掷弹筒的炮弹就撞了进来。毫无疑问日本人看见我跳进来了。这个洞比大多数洞

---

* 它之所以被称为"膝上迫击炮"是因为"最初人们认为，它的凹底座意味着它是要放在士兵大腿上发射的，日本军队摆出这种姿势的照片进一步加深了这种印象。几名盟军士兵尝试了这个姿势并弄断了腿，才证明这个猜测是错的。日本人这么照相是因为这样会显得很强硬"。James F. Dunnigan, Albert A. Nofi, *The Pacific War Encyclopedia*, New York: Factson File, 1998, 265.

都要好，上面有原木和泥土掩盖。我们有三个人，我在最上面。爆炸很可怕。就在我们正上方。幸好日本人使用的是掷弹筒，如果是威力更大的火力我们大概就死了。第一枚炮弹让碎片四起，还炸出了一个坑，第二枚炸了我们一身弹片。我知道我被击中了。我的背上满是木头碎片，一条腿上全是弹片。但我至少够聪明，待在了原地，而另外两个愚蠢的家伙朝另一个洞跑了过去。这在迫击炮齐射时简直是向炮弹招手。只要留在原地，再次被直接击中的可能性其实很小。他们则都在空地上被击中了。[118]

美国60毫米迫击炮这样的轻型迫击炮只有40多磅重，可以将10磅或11磅的炮弹发射到1800码之外，需要两人操作，而最重的迫击炮如美国81毫米或英国3英寸迫击炮需要三人操作，能将10磅的炮弹射出2500码的距离。这种重量级的迫击炮能造成巨大的破坏。缅甸的一名英国军官约翰·马斯特斯（John Masters，后因传记和小说而知名）曾略带讽刺地回忆道："如果一枚日军重型迫击炮的炮弹（重60磅）落在一处射击掩体上，那就给埋葬队省去了麻烦。"[119]

威廉·曼彻斯特非常不幸，他曾被日军的"尖叫米尼"（又名"飞行水手袋"或"厢车查理"）——一种8英寸口径的巨型迫击炮弹——击中：

第二天一早，我们几个人站在墓地的庭院中，听到了熟悉的尖啸声。我们在一处反斜面的坡上，一枚炮弹越过山顶击中我们的概率大概是千分之一，而且我们知道，那些日本人没法控制这些炮弹的飞行轨迹。我蹑手蹑脚地走到了墓地口，那里并不安全，但至少比正在做早餐的伊齐·利维和瑞普·索普安全些。那枚8英寸的炮弹就正应了那千分之一的概率。它正中庭院中心。瑞普的身体承受了大部分冲击，支离破碎，他的血肉、脑浆和肠子溅满我周围。伊齐失明了。我也是——暂时性的，虽然我直到很久之后才知道。我脑子里有一阵巨大的轰鸣，这很奇怪，因为我也聋了，两只耳朵的鼓膜都破裂了。我的背部和左侧身体被大块弹片和瑞普的骨头碎片刺穿。[120]

与迫击炮一样，地雷的制造成本也很低，但它们还有额外的优势，能独立完成任务。它们就坐在那儿，耐心且不知疲倦，冷静地等待目标成为他们自己的刽子手。它们是如此经济，所以被广泛应用，又备受憎恶。也许正是这种被动促使二战士兵将地雷仅排在最令人恐惧的武器清单的第七位。它们是盟军步兵的一大杀手，尤其是在北非、意大利和欧洲西北部，德国人在这些地方展示了自己在埋地雷（和它的近亲诡雷）方面的天赋。其中有两个尤其臭名昭著：一种是"木盒地雷"（Schu-mine）——一个木头盒子（制造成本低且令地雷探测器难以定位）装有约0.25磅TNT炸药，足够炸掉一个士兵的腿；还有一种是被人厌恶和恐惧的S型地雷，又称"弹跳贝蒂"。S型地雷可以通过踩发（大约15磅的压力就足够了）或者绊发引爆，少量的推进剂会让炸弹弹到离地面两三英尺（相当于从地面到人的生殖器）的高度，再引爆主炸药，水平射出数百颗投射物。它在20码范围内就是个杀手，在200码距离上也仍然危险。

第七章 幽灵公会：第二次世界大战中的死亡

一名士兵回忆，在怀疑埋有地雷的地面上行走时，就像在牛粪堆里找出路一样小心翼翼。但即便如此谨慎，也不能保证安全。一名曾登陆奥马哈海滩的美国海军军官回忆道："我的三名军官当时正在海滩上走，那里布满了地雷。他们走在一辆卡车的车辙里。一名士兵落后他们20步，踩着前面那名海军军官的脚印，结果却引爆了地雷被炸成了碎片。"[121] 小罗斯科·C.布伦特（Roscoe C. Blunt Jr.）还记得1944年11月19日在荷兰和德国边境穿越雷区时的情景：

> 我看见一个"贝克连"的步兵面朝下躺在地上。当我跑向他时，我喊道："快点儿！接着走啊！"然后我看见他一条腿膝盖以下的部分已经没有了，血淋淋的残肢在几英尺之外的地上。他还活着，只是在我的视线中颤抖，我喊道："我给你找个医生！"然后跑开了。
>
> 当我终于意识到我是在一个布满数百个木盒地雷的区域全速奔跑时，我的心都快跳出来了。"地雷！地雷！"我朝周围的同伴们叫道，但对于我刚路过的那个失去腿的士兵来说，为时已晚。我刹住脚步，盯着地面。有些雷埋得很浅，有些就直接被布设在地面上，没有特定的规律。
>
> 过去在帕伦堡（Palenburg）从未感受过的恐惧几乎使我失去行动力。我站在那儿一动不动，甚至连脚都不敢放下。慢慢地，我朝前挪动了一点儿，尽可能放轻每一步的重量。那一刻，我第一次意识到地雷对士兵心理的恶劣影响。这正中要害。我宁愿承受小型武器甚至火炮的威力，也不想面对这些安静、致命的装置。

离我约100英尺的地方爆炸了,这意味着出现了另一个受害者,当时我正在地面挪着步子……这个人不用担心会被截肢了——他的两条腿和腹股沟部位都被炸没了,而且在落地前他就死掉了。

我朝他的方向瞥了一眼,看见他的身体即便没了生机却还在地上抽搐,立即感到一阵恶心。这一刻所见到的支离破碎的尸体让我失去勇气。这是一场堕落的战争,一种令人发指的死亡方式。[122]

光是地雷还不算最糟糕的,它们还可能带来另一种伤害。鲁尔河谷(Ruhr Valley)的美国第29师的一名军官描述道:"随着第一声地雷的爆炸声响起,德国人用机枪、迫击炮和高射炮正式展开火力覆盖。如果人倒在地上避开,他们就有可能引爆更多地雷。人们宁愿保持站立也不想冒险倒在一颗地雷上。"[123]

坦克自1915年英军在西线战场上初次投入使用以来,就一直被步兵们所畏惧。德国入侵苏联的早期阶段,苏联人在与德军装甲部队初次相遇时就发现他们无法阻止人们的恐慌。除了被坦克机枪射中或主炮炮轰这样明显的威胁之外,士兵还可能被坦克碾压,或因为坦克碾过他们藏身的散兵坑或战壕而被活埋——他们管这叫"熨烫",所有军队的步兵都被这种黑色幽默影响着。苏联人试图通过训练步兵挖掘深而窄的战壕来抵抗这种病毒般的恐惧,这样的战壕在被碾过时不会坍塌。为了证实这一点,苏军指挥官会让他们自己的坦克开过这些战壕。1942年一名苏军初级军官给家人写信:"最重要的事就是消除我们在战争初期随处可见的'坦

第七章 幽灵公会：第二次世界大战中的死亡

克恐惧'，每个士兵……都知道如何深挖战壕。"[124]

不管有没有训练，承受坦克的碾压都是一种可怕的经历，且恐惧总会导致士兵死亡。苏联战线上的德国机枪手金特·科朔雷克就有过这样的经历：

> T-34（二战中苏军的主力坦克）将它的炮塔转向我们的位置，朝我们开过来，它的发动机咆哮着。我把机枪拖回战壕，然后躺在地上。格罗梅尔（Grommel）和魏歇特（Weichert）冲进了地堡。斯维纳（Swina）也躺在了我身后的战壕里。
>
> 一声刺耳的金属枪声响起，一枚坦克炮弹就在我曾架着机枪的地方爆炸了……然后它又出现了——坦克负重轮和钢制履带在摩擦，刺耳的嘎嘎声和轰鸣声不绝于耳。致命的噪声！我把自己像蠕虫一样紧压在地上。战壕里暗了下来：那辆钢铁怪物正停在我上方，挡住了光线。
>
> 现在锋利的履带正刮过战壕的边缘。冻结的土块掉落在我背上，埋住了我的一半身体。这怪物会把我活埋了吗？我记得有士兵告诉我，坦克会开过散兵坑顶，直到里面的人不再动弹，在泥土中窒息。一种见鬼的死法！……
>
> T-34现在正在战壕上随意射击。它碾过战壕然后转身，搅动结冰的地面，把战壕埋住。两名受了惊吓的战士绝望地跳起来企图逃离战壕，可几秒钟后他们就被坦克的机枪射倒。另一名士兵勇敢地朝坦克的炮塔扔了一枚手榴弹，但它就像砸在墙上的雪球一样（无用）……
>
> 另一名无法忍受战壕中压力的士兵则站起来跑出战

壕，坦克转头撞到了他，把他碾成两半。[125]

折磨科朔雷克的坦克最终被反坦克炮摧毁了。

坦克的前装甲被称为"斜面"（glacis）。这个术语可以追溯到17世纪建堡垒的伟大时代，当时意为支撑并沿外墙而下的土坡，也是在攻打堡垒时需要攻克的第一道防线。而古代与现代之间的这种奇妙的术语关联也为了解坦克手在战斗中的死亡提供了更广泛的思路。

坦克一半像堡垒一半像骑士（源于且仍然延续了骑士传统），不仅保留了一些骑兵的功能，也包括骑兵的内在弱点。就像堡垒可以被攻城炮、射石炮、炮塔和臼炮等特种重型武器的直接火力摧毁一样，坦克也能够被很多种大炮射出的弹药炸毁（最可能的方式）。（敌方）坦克、移动反坦克炮、"坦克杀手"强击机，以及一些单兵武器，如"巴祖卡"火箭筒，"铁拳"反坦克榴弹发射器，PIAT反坦克榴弹抛射器等。[126]

最早的此类弹药（在坦克问世之前，就已经在一战中被用来穿透狙击手的防护钢盾）是硬化钢芯弹头的步枪子弹，如一战中的德国"K子弹"。坦克乘员经常死于"子弹飞溅"——"当一颗铅芯子弹击中装甲的外侧，它会被撞平，铅芯在飞溅中被挤出，形成圆形辐射。在撞击力的作用下，铅几乎液化并以近于爆炸性的速度散开。一英尺的范围内，'子弹飞溅'是非常致命的，快速飞出的液态铅会强行穿过任何缝隙"。[127]

"破甲弹"或"聚能装药破甲弹"（HEAT）的"塑形"或"中空"装药，使其在撞击中可以挤出一股液化金属，在坦克装甲上穿出一个小孔射进坦克内部，引燃弹药舱，给乘员造成可怕的伤害。这是又一个经典案例：让坦克强大的东西——它的装甲——反过来对付了它自己。当装甲板遭到破坏，内衬碎片会成为致命的投射物，其威力会在狭小的坦克内部被进一步加强。一名坦克指挥官基思·道格拉斯（后来死在了战场上）查看了一辆在北非战场被击毁的坦克：

> 渐渐地，炮塔里的物体变得清晰可见：坦克上的乘员——我相信，这些坦克只能容纳两个人——可以说是分散在炮塔周围。起初我很难弄明白这些肢体的摆放方式，他们笨拙地抱在一起，由于细碎的尘土铺在身上，他们白色的脸孔显得更白了，就像其他死在沙漠里的人一样。其中一个人的头部有6英寸大小的洞，整个头骨被砸碎了；另一个人则沾满了自己和同伴的血，被机枪经过烤蓝处理的枪身支着，他的双腿在闪着暗光的齿轮杠杆间扭曲着。他们周围紧贴着我曾经提到过的那种无法穿透的寂静，死者迫使我们肃然起敬。[128]

在1942年的阿拉曼战役之后，一名南非军官詹姆斯·安布罗斯·布朗检查了一辆坦克的内部，这辆坦克因触雷失去了行动能力，然后又被可怕的德国88毫米高射炮击毁：

> 要了解坦克的真相，就必须在战斗过后去观察它们，炮弹击穿装甲的地方坑坑洼洼，那些都是被炮弹像勺子挖奶酪一样在装甲上刻出的深深的凹槽……坦克内部大部分地方都是扭曲的钢铁，被火烧裂发黑。而那些没有被烧过

的坦克里面全是苍蝇、破碎的血衣、溢出的油和肉块。深色的血渍溅在冰冷的白色内饰上。电话、子弹、吃到一半的食物，还有毫无价值的垃圾。我捡起一封信，读了其中的片段。这是一个姑娘写给现在躺在这个坦克残骸里的某个失去意义的死物的。真是一份让人同情的书信，充满爱和希望。我曾以战争为荣，但我现在开始明白了战争的本质。[129]

第44皇家坦克团某中队的年轻队长戴维·林的坦克曾被击中过。他记得，那感觉就像是在《爱丽丝梦游仙境》（Alice in Wonderland）中落入井里一样：

> 我想知道有没有一个底部，能让我在一阵颠簸中急停下来，但是没有。可能我的速度会渐渐慢下来。毕竟，在这样跌落之后瞬间停下来是会死人的，而这很荒谬，因为一个人不可能被杀死两次：我早就死了。这一点我毫不怀疑，这是我唯一清楚知道的事实……我已经死了，我不介意……
>
> 我安静地躺着，理智、清醒和现实又回来了。我觉得很舒服，没有痛苦。我知道我蜷缩在坦克的地板上，我们没有移动，发动机已经停下了，我最后清楚的记忆是电台里的紧急呼叫，有个大炮正想瞄准我。显然它打中了。坦克里面漆黑一片，炮塔里黑烟弥漫。我费了好大劲才看到两英尺开外的事物，看到了下士希尔的脸……"你还好吗，希尔？""我还好，长官——你怎么样？""我没事。"我

第七章 幽灵公会：第二次世界大战中的死亡

没有问起我们可爱的专家炮手特鲁珀·布克特……他现在瘫倒在他可调节的小座椅上，仰靠着，手脚垂下来。他的脑袋被劈成了两半，靠在我胸口上，热血洒在我身上，也淌过我的心头，还有一道黑色的液体从他粉碎的头颅后部流出。他那张晒黑了的脸半歪着，带着死亡的惨白，在漆黑的幽暗中清晰地闪着光。我记得我挣扎着想起身，希尔也是。我和布克特缠在一块儿，不得不挪开他。我记得我伸手把他往前推——两根手指伸进了他的头骨，碰到了里面温热柔软的组织。然后我把手放在被血浸透的衣服上擦了擦。[130]

不便移动是堡垒和骑士的根本弱点。堡垒显然无法避免压倒性火力的毁灭性影响，马背上的骑士背负着堡垒般的装甲，如果停下来也会遭受同样的命运。德国装甲部队在战争初期的成功就在于其速度。移动是拯救坦克的希望。正如德国装甲战略设计者、陆军元帅埃里希·冯·曼施坦因（Erich von Manstein）所强调的那样（停下来就会招致灾难）："在敌军后方作战的坦克编队，其安全性很大程度上取决于其机动能力。一旦停下，它就会受到敌军后备部队来自四面八方的攻击。"[131]英军坦克指挥官约克·瓦特在1941年11月利比亚的西迪赖宰格（Sidi Rezegh）机场的战斗中，经受了惨痛的教训：

机场上的视野越来越清晰，一副更加混乱、令人沮丧的画面呈现出来。上帝啊，我们把自己推入了何种混乱境地！随处可见的尸体、残骸成了我们匍匐前进的阻碍——

在这个速度对我们达成目的而言至关重要、争分夺秒的时刻。但我们的目标在哪儿？在这片区域里，车辆到处乱转，坦克部队会突然出现在烟尘中。要朝那些模糊、稍纵即逝的目标开火，是一种不可能的情境，你很可能会把自己的长官送下地狱。

我们停下来评估当时的情况，但这是个错误：炮火从各个方向落到我们头上，炮弹的尖啸声和爆炸声，机枪的嗒嗒声，碎片划过天空的呼啸声，简直让人无法忍受。我在炮塔里尽量伏低身体，思考和行动的迫切需要压制了内心升起的恐惧……

剧烈的爆炸震动了坦克，旁边出现了一个大得足以放下坦克的弹坑。这到底是怎么一回事？另一枚炮弹在空中尖叫，正好落在我们前面。除了常规火炮、反坦克炮和机枪外，我们现在还成了210毫米炮弹的目标。有人觉得已经到了躲避的极限了，于是发出命令："赶紧离开这里！"……在这种近乎看不见的环境下指挥我的驾驶员需要我全部的注意力，于是我忽略了燃烧的气味，直到操作员叫道："我们着火了！"[132]

装甲骑士的其他弱点反映在坦克装甲的缝隙：活动部位所需的接缝，以及观察窗、炮门或履带所需的缝隙。英军第7空降旅中士埃德加·古尼（Edgar Gurney）在诺曼底亲眼看见一名步兵凭借超人的冷静和技巧破坏了一辆坦克：

靠近主路的二等兵麦吉拿起他的布伦式轻机枪（约相

第七章　幽灵公会：第二次世界大战中的死亡

当于美国勃朗宁自动步枪），然后开始沿着路中间朝坦克走去，将枪放在胯部位置开火。在弹夹打空后他就换上新的……我们能听到子弹从前方坦克的装甲钢板上弹回的声音，坦克的观察窗立即关上了，这样坦克里的人就看不见前方了！汤米·基林（Tommy Kileen）下士意识到发生了什么，便马上跑到路边从他的装备包里拿出两枚反坦克手榴弹（一种采用撞发式引信的重型手榴弹）。他把第一枚扔到了炮塔和坦克车身的连接处，几乎把炮塔炸掉了。第二枚则被他扔到了坦克的履带上，立刻将履带炸毁了。现在坦克试图逃跑，但只剩下一条完好履带的它只能在原地转圈，于是乘员跑出坦克试图逃跑。他们都被麦吉射杀了。[133]

马背上的骑士为了与前方的敌人交战会身体前倾，于是便暴露了他缺乏防护的下身，使自己变得极其脆弱，坦克的后方也是如此。它的武器指向前方，其最厚重的装甲板也分布在前方和侧面。这就是为什么坦克和骑士一样，需要和步兵一起作战，以寻求保护。没有友军的这层防护，敌军步兵有很多方法来干掉它们。他们可以用火箭筒类武器攻击炮塔的旋转接合处、油箱或履带，他们还可以蜂拥包围坦克，就像中世纪步兵对付无法移动的骑士一样。后一种办法对于步兵来说是一个非常危险的选择，通常苏联人（战争初期）和日本人会做出这种选择，因为他们缺少反坦克炮，可因绝望而生出的勇气鼓励了他们，一些意志坚决者又启发了他们。莱特岛（Leyte）上的坦克兵罗伯特·C.迪克（Robert C. Dick）便受到了这样的攻击：

有一件事我记忆犹新，即使是现在，一想到这件事，我也会对我们在战斗中看到的愚蠢和勇敢感到惊奇。当时我们排正通过一条狭窄的路，它居然不太泥泞，可以说是个奇迹了。我们来到一片空地上，开车经过时，我注意到两边都挖了很深的战壕。事实上以如此的宽度和深度，坦克是无法越过的。当天我们排共有四辆坦克，我们在车队中排在第三位。

当第一辆坦克抵达空地边缘时，日本人冲向了我们。他们从丛林的四面冲出来，拿着绑在长竹竿上的地雷。在我们任何人做出反应前，第一辆和最后一辆坦克的履带已经被炸毁了。我们被困在这里了！我不能代表其他人的想法，不过我真的是惊呆了。

我简直不敢相信，真正的日本士兵，那些想要杀了我们的人，竟然在我们的视野里，在我们的坦克上到处乱窜。而作为一名驾驶员的我除了眼睁睁看着这场令人难以置信的攻击之外，什么也做不了……

他们似乎无穷无尽，但我们后来估算出他们的兵力大约有20人。于是我们开始用0.3英寸口径的同轴机枪互相扫射对方坦克上的敌人……就在事情进行到一半时，一名日本军官从后面跳上库奇的坦克，当时它的炮塔正朝我们的方向移动（为了把我们坦克上的日本人打下来），那个军官竟然开始用他的军刀砍机关枪的枪管！在大概砍了三四下之后，他让炮管稍微偏转了一点，而他的刀刃在刀柄上方约一英尺处折断了。就在那时，我的炮手安德森把他从库奇的坦克上打了下来。[134]

第七章 幽灵公会：第二次世界大战中的死亡

骑士的面罩也是一个潜在的弱点，因为他目视所需的缝隙也会招来匕首的刺击，坦克炮塔的舱口也是如此。美军步兵小罗斯科·C.布伦特（Roscoe C. Blunt Jr.）描述了一辆坦克是如何通过观察孔被摧毁的：

> 坦克把注意力转向了正朝它倾泻步枪和机枪火力的我方步兵小队。但是0.3英寸口径的子弹打在钢铁包裹的虎式坦克上，就像跳蚤对大象的骚扰一样。我们的位置暴露了，没法前行或者后撤。中尉示意我跟着他绕过一幢掩护德国坦克的建筑物，而我们的驾驶员则爬向步兵，告诉他们我们需要牵制火力……
>
> 通过手势和眼神的交流，我们悄悄爬到了坦克顶部。当中尉把坦克的舱口盖（由于战斗中的分心，一时疏忽被打开了）拉开一半，我们就听到里面在大喊大叫，还有一双手抓住了盖子，和中尉争夺。我在中尉松开手的时候拉开了一枚破片手榴弹，把它塞进沉重的舱口盖下面。然后我看见手榴弹卡在了舱口盖和舱口边缘中间，让盖子没法盖上。
>
> 这时离爆炸还有4秒，我猛地侧踢了一下手榴弹，它就掉了进去，我和中尉一头栽下坦克，滚到了一幢建筑物后面。随着沉闷的爆炸声和坦克内的尖叫，舱口突然打开，白色的烟雾滚滚而出。我们又爬上坦克，把手枪塞进炮塔舱口射完子弹，完成收尾工作。[135]

一个骑士所骑乘的战马，对任何勇于钻到马下破开马腹的士兵来说都是极其脆弱的，坦克的下方也是如此。坦克的表面通常经过消磁处理以抵御磁性地雷，但这个怪兽的腹部又是另一码事了。当然要进到坦克下面需要极大的勇气和技巧，且往往还需要运气相助。苏德战场上就有这样一名德国步兵，他遭遇了一辆苏军坦克，即强大的T-34：

> 我蹲下来，开始朝这个怪物拉开导火索，准备安装（磁性）反坦克手雷。离手雷爆炸只有5秒了，我惊恐地发现，坦克外面被混凝土覆盖着。我的手雷不能吸附在这样的表面……坦克突然转向右侧，直接指向了我朝前开过来，就像要撞倒我一样。
>
> 我猛地向后倒，直接躺进一条挖到一半的战壕，它太浅了，以至于我仅仅能待在略低于地面的位置。幸运的是，我是仰卧着的，那颗嘶嘶作响的手雷还攥在我手上。当坦克从我身上开过时，四周突然陷入了彻底的黑暗……这条不深的战壕的土墙开始坍塌。当这个怪兽的腹部经过我上方时，我本能地伸手向上就像要推开它一样……（并且）把手雷吸在了光滑、干净的金属上。几乎是坦克刚从我身上开过就传来了一声巨大的爆炸……我还活着，而那些人死了。[136]

无论是最初对德国入侵的绝望防御，还是之后的全面反击，苏联坦克手总是承受着最惨烈的打击。77%以上的苏联坦克手（40.3万人中的31万人）死亡。[137]"'你被烧过吗？'曾是苏联坦克兵在初次见面时的互相问候"。[138]被活活烧死是他们最大的恐惧，

第七章 幽灵公会：第二次世界大战中的死亡

也是各国军队中许多坦克手的共同命运。1940年在北非的一名英军坦克指挥官西里尔·乔利（Cyril Joly）目睹了一辆意大利坦克的命运：

> 瑞恩是第一个被杀的。他击中了敌人的一辆坦克，这辆坦克正好在他面前的斜坡上转弯，而他正好打中了引擎，打碎了油箱，引起了一场迅速蔓延的火灾。滚滚浓烟混着火焰在沙漠中翻腾，完全阻挡了我看向敌人的视线。一声沉闷的轰鸣，坦克爆炸了，把大量碎片抛向空中。过了一会儿，我们惊恐地看到一个人脸上黑乎乎的，衣服烧着了，在浓烟里跌跌撞撞。他摇摇晃晃地走了几码，然后倒下了，在坚硬的沙地里极度痛苦地疯狂打滚，绝望地想要扑灭火焰。可惜的是，这无济于事。渐渐地，他挥舞的手脚越来越慢，直到最后身体一阵抽搐，躺在地上不动了。[139]

以汽油为燃料的丘吉尔坦克和谢尔曼坦克在被击中时会"中弹燃烧"（德国人把丘吉尔坦克叫作"汤米烤肉炉"；美国人则给他们的谢尔曼坦克取名"朗森打火机"，因为这个牌子的打火机在广告中宣称总能一打就着）。美国坦克兵纳特·弗兰克尔（Nat Frankel）说明了当一辆谢尔曼坦克被击中时会发生什么：

> 你看，一辆坦克有四个进气口，每个都充满了高辛烷值汽油。如果这四个口中的任何一个被击中，这个机器就会烧着……当油箱被击中时，你的选择是有限的。哦，我

们有个灭火器，但这是为过热的发动机准备的，对一辆要爆炸的坦克来说没什么用。现在，有两种方法可以出去：一个是从炮塔钻出去；另一个是从驾驶员对面的活板门，也就是坦克炮下出去。通常坦克内的人无法都从炮塔出去，而如果受到严重撞击，尤其是侧面受到撞击时，活板门也会被卡住。最理想的情况下你有90秒的时间夺门而出，但如果门卡住了，你可能需要花掉其中的50秒钟把它推开。那么车里的三个人就得在40秒内想办法挤出去。嘀嗒，嘀嗒，嘀嗒，嘭！如果炮塔和活板门都打不开会怎么样？你会死！中型坦克完全烧尽需要20分钟，火焰燃烧得很慢，所以一个想要痛快了断的人得花10分钟才能死掉。你甚至无法挣扎，因为两个出口都可能被大火和烟雾笼罩。你得坐下来，读着《好主妇》(*Good Housekeeping*)，像条狗一样地死去。[140]

美军第712坦克营的格雷森·拉马尔（Grayson La Mar）在他的坦克后侧被击中着火时发现了舱门的问题："试了三次才打开舱门。你看，舱门会撞到炮管。炮手死了，而没人能把炮管移开。最后在第三次尝试中，我溜出去了。如果炮管的位置再多移动0.25英寸，我就永远也出不来了。"[141]

当然，许多人最终没有逃出来，正如苏联反坦克炮兵格罗莫夫所说："我再次（朝坦克）开火，而且立刻就看见我击中了它。我忘记了呼吸。一道蓝色的火焰烧过装甲，就像火花一样迅速。我立刻明白，我的反坦克炮弹已经打进去了，才发出了这道蓝色的火焰。接着冒出了一缕烟。坦克里的德国人开始尖叫。我以前

第七章 幽灵公会：第二次世界大战中的死亡

从未听人这样叫过，接着里面发出了噼里啪啦的声音。碎裂的声音一直持续着。炮弹开始爆炸了。然后火焰冲出，直射天空。坦克被干掉了。"[142]

然而对坦克手来说，最可怕的死亡之声可能就是简单的一声咔嗒——无线电被切断了：

> 一个英国坦克编队赶来支援。指挥官用板球术语冷静地指挥着战斗："哈里，你再往前走一点，是希望这样能接到球……查理，你走到左外野的位置。"……就这样继续。
>
> 我们仿佛是在一个阳光明媚、温暖的午后，在伦敦洛德板球场（Lord's）观看板球比赛，还思考着茶歇时间到了没。突然，中队长的频道里传来了尖锐不祥的咔嗒声——我们之前听到过——我们看不见坦克，但我们知道这个声音意味着什么。查理接管了无线电网，而其他人冷静而坚决地听他指挥，好像他们的同伴突然离世是再正常不过的事情——以一声"咔嗒"作为辞行。[143]

在一个身处前线的步兵所生活的世界里，危险可能分为两种型号：大号和特大号。他需要履行许多战术上的"义务"。事实上，他在战斗区域所做的一切（用高雅的措辞形容，包括"响应本能的召唤"——尤其是回应这种紧急传唤）都会让他置身于危险之中。但有一项任务尤其代表了巨大的风险：在开放的战场上正面冲击已做好准备的敌人，而那就是"二战的基本主题"。这是现代战争中一种古老的死亡方式，"如同战争本身一样古老"。

下面是三名士兵，在三个截然不同的战场上，回忆起的三次

攻击：

1943年12月，苏联：

到了中午，我们这些装甲掷弹兵开始行动。我们需要在没有任何掩护的情况下穿越旷野。敌人正等着这一刻，并且用所有的重型武器发出的猛烈炮击迎接我们。所有的地狱之门都在我们周围敞开，一个由暴力和无休止的毁灭所组成的混乱地狱犹如山洪倾泻而下。一队战斗机在我们头顶呼啸，朝我们和我们的坦克倾泻炮弹。坦克频繁地放出烟雾掩盖行踪。与此同时，我们匍匐在没有任何掩护的地面，希望我们能变成鼹鼠，这样就能爬到安全的地方。

我们脚下的地面因为冲击和爆炸而震颤。我们听到周围伤员呼唤医务兵的痛苦叫声。我们奔跑过雷鸣般的地狱，脑子里只有一个念头——不管怎样，要在前方找到掩护。虽然我们穿过了大炮的交叉火力，但后面还有无数的绝路等着我们。苏联机枪手不断地朝我们射击，敌军的反坦克武器和区域火炮针对着我们的一举一动。

滚烫的子弹从我身边呼啸而过，撕裂了周围薄薄的积雪……我想起在过去的几周里，我曾无数次穿越过敌人的炮火。到目前为止，我一直很幸运，在上帝的帮助下，我总能挺过来。这次我能撑过去吗？

我现在正干着我一直在做的事：我弯腰跑动，生怕某一刻会被击中。我的身体好像被充了电，感觉到热浪流淌过后背……时不时我就会躺倒在地，像乌龟一样把头缩进肩膀里。一想到如果身体被击中，可能会丧命，我就宁愿

第七章　幽灵公会：第二次世界大战中的死亡

趴在地上，倒着爬到掩护那边……

在我们身后混乱的战场上，受伤的人在呜咽，他们再也跑不动了。他们躺在许多尸体中间，因为死亡的剧痛在血泊中翻滚。在身后不到十步的地方，我看到威利·克劳泽（Willi Krauze）躺在血泊中。威利死了。[144]

1944年9月16日，佩莱利乌岛：

迫击炮停下了。第一波F连（属陆战第5团）冲过了飞机跑道，他们压低身体，队形散乱，和一架开始扫射跑道的机枪搏斗。他们正在倒下，看起来不太真实，仿佛只是幻影般的画面，就像电影中的一个场景。要花些心思才能想起来这些人都是我认识的有血有肉的陆战队队员……而意识到"接下来轮到我了"这个事实则需要花更多心力。这正是战斗中需要口号的时刻。这一刻必得大张旗鼓，唱起颂歌，或者将战斗的名义像叫阵一样甩向敌人。这一刻就像骑马冲锋这种古老的作战方式，要么冲过防御，赢得胜利，要么被摧毁，导致失败。如果有一些完全不理智的口号——像"皇帝万岁！"或"永远的海军陆战队！"——而不是像这样有教养的，与当下事件格格不入的冷静声音："好了，现在轮到我们了。"那么我将穿过的这条死亡之路或许会没有那么令人生畏吧……

我开始奔跑……滚滚热浪令人窒息……有时能听见子弹的低吟，有时听不见……我低着头跑着，头盔疯狂地颠簸着，遮住我的视线……我独自一人奔跑着……我左边还有人在战斗,也有人在战斗中不断倒下……我跑着扑到地上,屏住呼吸,起身,再次开跑……突然我遇到了一个藏满了人的弹坑,我停了下来。[145]

1944年6月13日,诺曼底:

我们手脚着地爬到篱笆墙边,发现敌人早就挖好战壕等在那儿了。我们装上刺刀,然后根据命令,一头冲过篱笆墙,冲入敌军的炮火,与德军进行肉搏战。我们在敌人猛烈的炮火中向前推进,穿过牧场向下一个篱笆墙推进——那里的敌人大部分已经撤退,只留下了他们阵亡战友的尸体。当我们跑过旷野在他们后面追击时,他们把我们的队伍切碎了。敌军至少有6挺机枪,这使我们陷入了交叉火力中,81毫米迫击炮、88毫米平射加农炮和75毫米曲射榴弹炮组成的混合火力在我们中间爆炸,空气中满是灼热的弹片……

我穿过了旷野中的七处篱笆墙,看到周围有许多同伴受伤、死去。我们仍旧向前,冲进了小型武器和大炮的火力中。我稍稍领先于我的小队,一个德国人突然出现在我左前方几英尺的篱笆墙外。我还没来得及拿起我的步枪,他就漫不经心地向我扔了一枚长柄的"马铃薯捣碎器"手榴弹,然后又消失在篱笆墙后。

爆炸把我震昏了。同伴们则把我留在了原地,因为他们以为我死了……你永远不该停下攻击,去查看伤员或死者——如果你这么做,你就很可能成为他们中的一员。[146]

第七章 幽灵公会：第二次世界大战中的死亡

在初次攻击之后，如果能和敌人保持一定距离，处于对峙局面，那再好不过。但战争并非如此。一种令人深感刺激和无法松懈的压力会让人对对手施加更多暴力，从而招致对手的反击。巡逻是激烈战斗中间的一种补充，即便不是出于自愿，也会让人尽职尽责地从事杀戮和接受死亡。雷蒙德·甘特回忆起他1944年至1945年冬天在德国的经历，讲述了巡逻任务对步兵造成的疑神疑鬼的心理阴影：

> 我想我从未感到如此寒冷、难受又害怕。我认为巡逻是所有战争任务中最糟糕的，尤其是冬天的巡逻。接下来几个月的经历也没能改变我的想法——和任何其他工作相比，巡逻依旧是我最讨厌和害怕的工作。
>
> 这种缓慢累积的恐惧让人无法忍受。战斗中的恐惧来去如风，每一枚炮弹、每一个新的危险都是猛烈的打击，只要有行动，你就没有时间害怕。但这是一种缓慢的恐惧，沉重地填满身体。慢慢地，慢慢地……你的一举一动都变得小心而缓慢，痛苦是缓慢的，恐惧也是缓慢的，你的心跳是夜晚中唯一快速的节奏……响亮的鼓往往最容易被刺破而停息。[147]

在巡逻的世界里，风险有大有小。一名美国士兵作了区分："巡逻有两种类型。战斗巡逻是出去杀掉德国人，并把战俘带回来审讯。这种巡逻很危险。我们不会自愿参与这种巡逻，因为有致命风险，除非接到命令不得不去。另一种是侦察巡逻……这种就没那么危险。"[148]

在太平洋战场上,巡逻时被杀的风险要比守住防御圈更大。一名在新几内亚战斗的澳大利亚人比尔·克鲁克斯(Bill Crooks)回忆道:"我们绝大部分的战斗和伤亡都是在巡逻中发生的。我们在太平洋上的战斗是以小队或排为单位进行的,大部分都在巡逻中。大家会外出,遭遇短暂激烈的交火,扔出手榴弹,像疯子一样尖叫。一切都结束得太快。交火后,活着的人重新上路,死去的人留下。"[149] 丛林巡逻的能见度很低,有一种让人焦虑的痛苦。"在丛林中巡逻行动非常缓慢。"罗伯特·莱基回忆道:

> 因为害怕被伏击,所以极度谨慎,导致速度慢得像在爬行。这就是字面意思。在抬起一只脚前,另一只脚都是牢牢钉在地上的,需要特别注意避开树枝。当眼睛和身体随着双脚交替行走的步调行进时,就会产生像螃蟹爬的节奏。抬左脚,倾身,观察,探听,停顿;抬右脚,倾身,观察,探听,停顿。
>
> 按这样的速度,移动一公里然后返回要花一天的时间。如果这条路是山路,或者特别曲折,可能需要更长的时间。此次巡逻花了20分钟绕过一个弯道,正是因为这个弯道处于山脚,而且这种地形特别适合伏击……当你的能见度几乎为零时,敌人随时可能向你的队伍发动火力猛烈的攻击。他甚至可能放你上山,任你从他面前走过——然后从后方向你开火——这是一种非常令人泄气的伎俩。[150]

几乎没有什么关于巡逻的英勇事迹,士兵们也知道这并非能

第七章 幽灵公会：第二次世界大战中的死亡

激起平民对光荣事迹之兴趣的战争景象。一名在意大利的步兵曾抱怨："自从媒体第一次暗含着不以为然，勉为其难地宣称：'意大利战线一切平静，军事行动仅限于巡逻。'巡逻战便以一种冷酷无情的方式展开了，这也满足了某些斜倚在火炉边的施虐狂……即使最血腥的大规模攻击也无法满足他们。在黑暗中迅速而无声的突刺，一个未知之地伸出的神秘之手引发的突然死亡，永不停歇的无声攻击和反击——这些都是我们描绘巡逻战时必须使用的修辞'色彩'。"[151]

某些士兵承担着更高风险的任务。侦察兵和先头部队在最可能被攻击的列表中排名尤其靠前。在阿登高地（Ardennes）作战的美军第99步兵师里有一名侦察兵亨利·阿特金斯（Henri Atkins）直截了当地说道：

> 一名打头阵的尖兵需要愿意赴死。他不过是个……诱饵。当他被击中，就会暴露敌人的位置。不要把这种意愿与"勇敢"混为一谈。一个先头兵只是在完成任务，他受到的训练就是这样。通常，侦察兵会走在进攻部队前方，准备传回敌军情报。他有生存的机会，但不大。一个艰难的问题是，当我知道这个角色有多危险以后……我为什么会自愿成为连队的第一侦察兵？我并没有拿到更多报酬。这是一个步兵连队中最危险的位置。我对我的连队来说很重要。他们需要我。我能胜任这个任务。我值得信赖。这是答案吗？我不知道，但这是个很好的答案。[152]

对于前线的人来说，丛林可能潜藏着更大的危险。理查德·劳克斯（Richard Loucks）在新乔治亚岛战役中隶属美军第43师：

> 丛林最主要的特征是它的密度。这里没有地标。在很多时候，小径是我们唯一能前进的方向，因为想通过藤蔓、灌木和树根根本不可能。例如，红树林沼泽是完全无法通过的。因此，我们处在极大的危险中，因为日本人知道我们必经的路线，并且做好了准备……队伍前方的侦察兵尤其容易受到攻击，因为他们身后的部队无法给予及时支援。经常在双方意识到发生了什么之前，侦察兵就已经站在敌人面前了。面对早已严阵以待的敌人，他们面临着极大的风险，并且会有大量伤亡。[153]

侦察员的位置如此危险，以至于经验丰富的巡逻队长可能会表现出让人震惊的实用主义。"这是神圣而不可侵犯的。"一个队长说，"那些侦察兵都携带步枪，因为他们最容易被击倒，我们不想损失冲锋枪。"

军医、救护兵、医护兵都应该受到《日内瓦公约》的保护，他们的头盔和臂章上印的十字徽章，本应为他们提供保护以免受敌人火力攻击。通常它是有效的，但它有时也没起到什么作用："我们的医护人员所冒的风险让我震惊，因为对他们的安全保障如此缺乏。他们的衣服上没什么能表明他们的身份。除了没有武器，他们也穿着普通美国大兵的制服，唯一的特殊标记就是白色背景上的红十字，涂在头盔的四面，还有标着红色十字架的白色臂章。一顶头盔和一个臂章，这就是全部了。但头盔会被弄脏、被划损、会掉漆；臂章会变成脏兮兮的、扭曲的、细细的破布条，在黑漆漆的袖子上令人难以分清。不过让我惊讶的是，倒也没有那么多的医务人员被杀。"[154]如果一个医务兵是在欧洲战场上，他会尽可能地强调他身上的标记；而如果他面对的是那些执意瞄准医务人员的日本人，他们只能反其道而行。[155]

即便没有来自敌人的明显恶意，医务人员也要前往最危险的地方，为此他们付出了极大代价。美国第4步兵师的一名医务人员约翰·沃斯曼（John Worthman）估计，"诺曼底战役中我们兵团失去了80%的医务人员——在战斗中受伤或死亡，或被俘虏"。但和尖兵侦察员亨利·阿特金斯一样，沃斯曼也知道其中的需求远大于风险：如果你从未感觉到被人需要，那就去当一名医务兵。40个人都指望着你。[156]

利奥·利特瓦克（Leo Litwak）是在欧洲西北部的一名军医，他展现了大多数医务人员身上非凡的英雄主义（尽管正如他所指出的，极端风险甚至会吓退那些勇敢的普通人）：

> 我们当时正在比利时某个村庄附近的高地上探查，第3排的侦察兵被狙击手击中了。他躺在前方的路上，脸朝下，趴倒在地。连队就藏在路边的树丛里。医务兵格雷斯悄悄走到能看到侦察兵躺在路上的地方说："他不动了。你看他死了。有个狙击手还在等着跑过去的人。"
>
> 格雷斯不肯去找他。
>
> 他们呼叫了第2排的医务兵库博。库博说第3排是格雷斯的责任，不归他管，他也不会去看那个侦察兵。
>
> 卢卡中士跑来找我。"第3排有个人倒下了，格雷斯和库博都不肯去。"

> 我沿着路跑过去,翻过山坡,看见侦察兵躺在路上。我扑到他旁边,把他翻过来,看见他额头上有一个五分硬币大小的伤口。我感受不到他的脉搏了。我把脸凑向他的嘴边,他已经没有呼吸了。我本也该被狙击,眼睛上方或额头中间中弹。要么是狙击手尊重我的红十字标记,要么是他已经离开了。[157]

有些人没这么走运。第3步兵师的J. D.琼斯看到他们的医务兵去靠近一名伤员,虽然刚刚已经有一个医务人员在这样的尝试中被杀:"萨米转过身……他的头盔上有一团白色,上面有个红色的十字,他刚刚靠近那个人……他们(德国人)就一枪射中了他两个肩胛骨中间的地方,立刻杀死了他。"[158]

旨在保护医务人员的《日内瓦公约》强调,他们必须是严格意义上的非战斗人员,不能携带武器。违反这个条款会引起致命的后果。在欧洲西北部作战的第101空降师的伞兵戴维·凯尼恩·韦伯斯特目睹了这样的惩罚:"当我看见烟雾时,一辆德军吉普车突然冲出来,大胆地冲过村庄。车上挂着一面巨大的红十字旗,后面有两名受伤的德国人躺在担架上。这是一个如此惊人的场景,一名强壮的德国伞兵在驾驶,没有人采取行动阻止这辆车。吉普车大胆地在路中间行驶,直到最后被一名比我们其他人更沉着的军官拦下来。然后被没收了;司机是一名医生,因携带手枪而被击毙;而那两个受伤的人被留在路边等死。"[159]

那些专门负责携带大量具有潜在致命性武器的士兵更有可能死亡。例如,火焰喷射器必须由性情乐观的人操控,还得具备冷静而顺从的性格。"他们是狙击手的重要目标。"海军陆战队第1

师的一名士兵回忆道,而且可以理解的是,人们对这份工作都不太情愿:

> 中尉说:"中士,选个人负责那个火焰喷射器。"我感到我们都在往制服里缩,因为没人想要那份活儿。然后他说:"劳克林,你来。"我不得不忍受一些调侃、怜悯,以及某些问我要女朋友地址的玩笑话。被选中了之后我很不满——为什么是我,我永远也不明白——我考虑过拒绝,但最后没有这么做。(后来)我大声宣布下次不要再轮到我了,我也就没再被点过名。[160]

劳克林的不情愿完全可以理解。尤其是在像冲绳岛之战这样的战役中,在这里,火焰喷射器被频繁用于杀死藏在洞穴堡垒里的日本人,太多人见过这样的画面:

> 本该成为一名政治学教授的陆战队员霍斯特·冯·德·格尔茨(Horst von der Goltz)带领着一支火焰喷射器小队……一名日本狙击手射杀了一个喷射器操控员。霍斯特找出了狙击手所在的洞穴,尽管他从未通过火焰喷射器的操作考核,但他坚持把这个(喷射器)背在背上,然后爬向洞口。距离洞口20码远时,他停住了,学着他曾看见的操作:用右手握紧阀门,左手扣住扳机。然后他用力扣下了扳机,点燃了火药。他不知道他应该前倾,来对抗武器的冲击力。于是他往后倒,反被浇了一身燃料,几秒钟后就被烧成了灰。[161]

携带如地雷、班加罗尔爆破筒*或者炸药包之类的爆炸物都可能严重危及一个人的安全。保罗·福塞尔回忆，马特·罗斯中尉并没有像最初预料的那样被德国炮弹杀死，因为："雪地上的大块黑色污迹道出了真相。马特·罗斯不小心被自己的反坦克地雷给炸死了，他那个被命令跪在数码之外的助手证实了这件事。这就是马特·罗斯令人钦佩的地方，他选择自己来完成危险的工作。随着（1944年）冬天继续，我们逐渐意识到美国的反坦克地雷或者说它的炸药，在低于冰点的天气中会变得非常不稳定。"[162]

美国第1步兵师的哈雷·雷诺兹在奥马哈海滩亲眼看见了一个被自己的班加罗尔鱼雷背叛的人英勇牺牲："他拉开点火器上的拉绳，然后向后退开。第一次没点燃。几秒钟后，他镇定地爬上前去，再次暴露了自己。他移除了坏掉的点火器，另换了一个，然后开始重复第一步。他朝我的方向转过头……当他后退的时候……闭上了看着我的眼睛。对他来说，死亡如此迅速。他的眼里似乎还有着疑问和恳求。"[163]

处于极度危险的悲惨境地之中的还有补充兵员，也就是那些还没有接受充分训练就被迫投入到战斗中的人。而往往在战争接近尾声的时候，胜方和败方的损失又都非常之大，以至于那些毫无准备的可怜人被扔进了熔炉。1943年夏天的库尔斯克会战后，德军被迫招募新兵，而这样做带来了更大的伤亡，并反过来加速了这个致命循环。巴格拉季昂行动（Operation Bagration，1944年苏联

---

* 1912年，英国驻印度军队（因此得名）部队的一名工程师发明了一种笨拙但相当有效的爆破装置，它由几段管子连接而成——管子能使操作人员与TNT炸药保持一定距离——主要用于炸开棘铁丝网和其他障碍物。

的大规模反攻）消耗了德国的大量兵力，戏剧性地扭转了局势，让德军开始陷入与战争初期苏联军队相似的境地。

例如，美国的补充兵员只能接受不到60天的训练，而在这场血腥战争的最后阶段，这个时间甚至缩短到了6周。[164] 所以补充兵员的预期寿命相当短是可以理解的，头三天对所有没有经验的士兵来说都是至关重要的。诺曼底战役中的另一名美国第30师的军官估计"（步枪兵）排中补充兵员至少占了75%～80%……为了填补队伍空缺，这些替换人员在没有经过令人满意的战前训练的情况下就被分配去了各个小队"。以在意大利的4个美军师为样本，截至1945年4月，其中只有34%的人是1943年9月登陆时的老兵。66%的补充兵员里过半的人在加入部队两天后就需要面对战斗，对于另外20%的人，这个时间是一周。[165]

老兵可以给予一些保护（雷蒙德·甘特记得："这些'老人'对我们的无知很有耐心，他们的教导也很亲切。"），但他们也可能是无情的混蛋。一个在安齐奥的美国中士回忆说："有一天我们排来了八个新兵。我们本该在那天制造出一点攻击的感觉的。但第二天那八个替补都死了，而我们这些老家伙都没有死。我们不会在那种糟糕的情况下把自己的人派出去……我们把替补送出去了。"[166] 伞兵戴维·凯尼恩·韦伯斯特对部队中那些补充兵员感到同情，他们没进行任何适应性训练就被粗暴地扔到了前线。尽管如此，他承认当他们躲在一栋容易受到德军火炮威胁的房子里时，"我们立即清理了东南方向的房间，那里最容易受到88毫米高射炮攻击……然后让替补们进去，把更温暖、更安全的……房间留给我们自己"。[167]

"那些替补都死了，可怜的伙计。而我们这些老家伙都没有。"

那么这些老兵到底学会了哪些能躲过死亡的技巧？首先，补充兵员在行动中容易害怕、显得稚嫩，他们会聚在一起——"当受到死亡恐惧的支配时，就会自然地想要靠近别人。"唐纳德·伯格特回忆道。但聚在一起给敌人提供了诱人的目标。老兵们将这一点列为新兵所犯的主要错误，一名军官概述了这个问题："在战斗中我们发现新兵在第一次遭遇攻击时总会不可避免地愣在原地。他们停下，寻找掩护，然后试图找出敌人。他们看不到任何明显的目标。因此他们不会开枪。他们的伤亡人数也就会增加。"[168]

在火力中前进而非抱团寻求安全感是违反直觉的。利奥·利特瓦克的队长教导他们的小队："当你们听到攻击的命令时，就站起来往前，开枪，继续往前，继续开枪，不要跑，也不要触地，不要找掩护，不要失去你的节奏，要始终保持一致地前行。看不见你射击的目标也没关系。"这叫行进间射击，它很可怕。"我不得不强迫自己站起来开始行进，"利特瓦克回忆道，"我走进了敌人的火力中，没有触地，没有开始挖坑，没有扭动着肚子爬向最近的树，也没有趴在地上把脸埋起来。我以平稳适度的速度前进，同伴们跟在我左右，完全暴露自己。这完全违背了我的意愿。我既害怕又怨恨，仿佛自己被当作供品供奉给了一个我并不信仰的神明。"[169]

在意大利的一名英国军官用了更尖锐的方式鼓励新兵："'起来！'他喊道，用棍子抽打他们的屁股。'起来！他们会打中你的要害！把你的屁股炸开花！如果你们站起来他们只会打中你的腿！'"[170]

激励是一回事，但进入火力网还是很可怕：

"子弹从旁擦过，有时会撕破衣服，有时会'砰'的一声射进一名士兵的身体。当我开始正面进入敌军火力区发动攻击时,我的胃里总感觉恶心,因为我知道敌人的子弹随时都有可能穿透我的身体……但一旦我们出发就没有回头路了。在我看来只有一条路:跑上前,杀敌。只有敌人死了我们才有时间休息。"[171]

戴维·凯尼恩·韦伯斯特在给父母的信中写了一段引人入胜的生存指南:

> 人们说老兵永远不会死。尽管一次爆炸或一次偶然的枪击偶尔会杀死一名老兵,但老兵的伤亡率明显低于新兵和替补兵员。这里存在着几个原因。
>
> 一个人在行动中的时间越长,就会越谨慎。老兵们很少会去碰运气。在荷兰的一个村庄里,我们护卫队被击中,连队三分之二的人不得不在果园里挖战壕,在持续的炮火中度过了36个小时。每当炮火减弱,我们就会把狭长的战壕挖得更深……最后当我们可以向北行军与剩下完好的三分之一连队会合时……我们震惊地发现他们根本没有挖战壕。我们立即开挖且直到挖了4英尺深才停下来……即便附近没有88毫米高射炮。老兵们不会碰运气。
>
> 老兵也通过痛苦的经验学会了独立做决定。有一次我们的中尉告诉我们班长,让他带上八个人毁掉高射炮……九个拿着步枪的人跟88毫米高射炮和40毫米高炮作战!……班长用自己的判断救了我们一命,而如果是新人,很可能会盲目冲出去……
>
> 不过,这些来之不易的经验在一个人受伤时才会最大程度地显现出来。老兵会以最快的速度冲向救援人员,

并以最快的速度离开战场。他不会等着别人告诉他怎么做……

可能我的描述让老兵听起来有点讽刺，因为我省略了一些我们和老兵在一起时学到的积极经验。我们学会了不要让火炮把我们压得太死，这会让我们无法反击敌人。我们学会了不害怕德军轻型武器开火的声音，而是保持警惕，拿着枪随时准备干掉开火的人。轻型武器的战斗有些意思，而火炮把生活中的乐趣都带走了！我们中的一些人已经在炮火中学会了表面平静，这让那些补充兵员们羡慕。我还没有学会，但我学会了更客观地对待噪声和混乱。

因此，那些胡子拉碴、脏兮兮、一言不发、谨慎又冷酷的老兵，总会出于自我保护的动机行动……尽可能活得更长。老兵会死，但他们不容易死掉。[172]

新兵们需要花时间掌握诀窍、蛛丝马迹、小手段之类来增加他们的生存机会。老兵们经验丰富。"乔医生"罗伯特·富兰克林是欧洲战场的一名军医，他回忆道："战争结束之前，我也能闻到德国人身上的气味了。在天气暖和的时候，如果他们没有小心掩埋粪便，他们口粮里的沙丁鱼和重口味奶酪就会出卖他们。"[173] 太平洋战场上的盟军士兵声称，日本士兵身上有鱼腥味，而日本士兵则说，他们能闻到盟军的"肉"味。苏联士兵用刺鼻的烟草味来宣告他们的存在。"这种气味，"德国国防军军官西格弗里德·科内普（Siegfried Knappe）表示，"即便穿着厚厚的制服，也能在很远的地方闻到。"[174]

战斗技巧和战场指挥经常需要一只超自然的援助之手，即便

第七章 幽灵公会：第二次世界大战中的死亡

（也许尤其）是坚忍不拔的老兵们也在回应着数个世纪以来支撑着战士们的古老声音，因为魔法在躲过死亡方面也有一技之长。各式各样的护身符和迷信之物是另一种形式的防护武器。意大利战场上的美国士兵约翰·斯坦贝克（John Steinbeck）发现：

> 许多士兵随身携带着一些零碎物品，如一些试金石或幸运物，战场中的幸运就是不会受到伤害……各式各样的魔法物品有光滑的石头，奇形怪状的金属片或者用玻璃纸封住的小照片。很多士兵觉得他们妻子和父母的照片是让他们远离危险的最佳守护。有一个人从他的柯尔特0.45英寸口径手枪上取下手柄，然后用从一架失事飞机上找到的有机玻璃雕了一把新的，然后他把孩子的照片放到了新手柄里……
>
> 有时候硬币也被认为是幸运物，戒指和别针也是……一个男人戴着死去妻子小时候戴过的小盒子吊坠；另一个则戴着一串琥珀珠子，那是他母亲为了给他预防感冒做的……
>
> 有趣的是，随着行动时间的推移，这些魔法物品不仅变得更加珍贵，而且也变得更加隐秘。许多人还创造了激活护身符的小仪式。当追踪者准备将他人斩首时，会摩擦一块光滑石头。一名中士射击时会在左手掌心握一枚印第安头像的硬币，用它抵住枪托。他只是相信这样做不会失手……
>
> 随着时间推移，危险增加、九死一生的时候，护身符不仅会显得越来越重要，而且实现了一种特性：它成了一

件可以倾诉和依靠的东西……许多时候，在战争中，最敏锐的情绪不是恐惧，而是孤独和渺小。就是在这些时候，那些光滑的石头、印第安头像的硬币和木雕小猪不仅符合了人的心意，而且是必需的。无论多么古老的呼唤，他们都出现了，似乎也满足了需求。黑暗的世界离我们任何人都不远。[175]

哪怕再坚定的不可知论者和再愤世嫉俗的人也需要他们所能得到的一切帮助。保罗·福塞尔"完全是个怀疑论者"，在他衬衫左侧胸口的口袋里也装了一本《新约》，还说出了让怀疑论者尴尬的告诫："我认为，即便它没有神奇的、超自然的保护，至少——它有半英寸厚——能让子弹和弹片减速，能让扎向胸口的刺刀扎偏。"[176] "战斗中的人有着奇怪的迷信，"雷蒙德·甘特回忆，"即便是那些自豪的怀疑论者。我对自己的小迷信感到不好意思，但它已经不是秘密。从成为一个排的笑话开始，它已经成了整个连队的乐趣。每次我们开拔前进，我一定会听到有人喊：'嘿，甘特！带上你的"战斗口香糖"了吗？'"[177]

不同的马，有不同的赛道。也有"关于性——一个受伤甚至昏迷的人如果触碰到自己的生殖器就会死，关于赌咒的禁忌，还推崇在战斗前换上干净的亚麻衣物。还有许多预言基于变幻莫测的天气。有人认为在装弹时发誓是不吉利的，还有人觉得一个人在战斗前发誓会走厄运。在战斗前把任何东西交给同伴也是不吉利的，士兵们都有借大衣送死的说法"。[178]

诗人战士路易斯·辛普森认为，站在死者的立场是一种能欺骗复仇女神的神奇伪装：

第七章 幽灵公会：第二次世界大战中的死亡

小路蜿蜒
又一具尸体，碰到了他的靴子。
一名德国士兵仰躺着，四肢伸展，
身材高大，血肉模糊，
穿着长筒军靴的男人在尘土的灰色中。
走在许多垂下的手，
许多头盔中间，
多德低头凝视，
一只苍蝇飞落在他的牙齿上。
他看向别处，
在前方，还有其他死亡姿势，
在等着他。
他做了全部假设，
一个接一个，
在他的想象中，
只为了逃离它们。[179]

然而，复仇女神却对这些预防措施常常嗤笑不已，而且她有着像水流和烟雾一样疯狂的决心，不管密封得多紧，她都能找到渗透的方法。人们仍在以各种不同寻常、支离破碎、令人心碎的方式死亡。1942年在北非的英国步兵R. L. 克伦普（R. L. Crimp）在日记中回应了一封敦促他"照顾好自己"的家书：

上帝，好像我什么都没做！当然，我总是在寻找掩护，也尽可能把头埋低。但这有什么用？比尔·沃莱

（Bill Vole）为了得到一份后方梯队的工作不择手段，可当一个离群的德国兵袭击他的车队时，他还是死了。六周前德军的大规模进攻中，A连运输队的无线电报员约翰尼·古塞特（Johnny Gussett）被杀了。他刚刚从基地过来加入我们，在那儿……他坐了一年办公室。然而在那一夜的小冲突中，一枚贝莱塔子弹（来自一挺意军的轻机枪）穿过了他的设备，击中了他。斯汀格·卡斯泰尔斯（Stingo Carstairs）甚至在离开时开着卡车飞速驶进开罗，撞上一辆电车，又撞到树上，最后进了军人公墓。

所以用脑子思考并不能让你安全。你只能等着看……"照顾好自己。"真难，是吧，呃，朋友？[180]

关于一个人该如何死亡，这真是一件该死的事。在战线后的"安全"距离上，士兵们搭好了一顶用来放电影的帐篷。人们都很开心，为短暂地脱离战斗而松了一口气。这时空中突然飞来敌军几架飞机，随后美军的防空炮开火。雷蒙德·甘特回忆道：

我们对外面的"热闹"有些厌倦——我们早已经看过这些很多次了……当时我正和旁边一个人说话，一个坐在我前面几英尺的人发出咕噜咕噜的声音，轻轻地、慢慢地，脸朝下倒在地上。一阵莫名其妙的沉寂过后，帐篷里的说笑声又开始了。然后，有人俯身查看倒下的人，喊道："找个医生来！"我们的麻木被打破了。我们把他翻过来。他的手和胳膊上全是血，脸上像戴着红色面具。我们还没来得及把他抬出帐篷，他就死了。很长一段时间里，

第七章 幽灵公会：第二次世界大战中的死亡

我们都猜不出他是怎么被击中的，直到有人在帆布屋顶上发现了一个两英寸的裂缝……一块我们自己高射炮掉下来的弹片划破了帐篷，而他正好身体前倾，手肘撑在膝盖上，于是弹片刺穿了他的背部。[181]

恶毒的命运常常用阴谋抹去战士身上的英雄气概，还有什么比"阴沟里翻船"更绝的呢？美军第36步兵师的密尔顿·兰德里（Milton Landry）在被他委婉地称作"刚好的位置"之处被一颗手榴弹炸伤，之后评论道："你在书里读不到多少关于这件事的东西。"

但这种荒谬确实能让人死亡。第25师的迪克·彼得森（Dick Peterson）记得："瓜达尔卡纳尔痢疾肆虐……排泄的欲望非常急迫。晚上的时候你怎么做？我们有暗号，但到处都是日本人，他们很快就会开枪。所以你是待在洞里还是冒着被射中的风险溜出去一分钟？这就是选择。大多数人留在洞里，但恐怕还是有很多人在夜里脱裤子的时候被杀。在二战中有很多方法让人受伤，这很不可思议。"[182]

与此同时，几千公里之外：

> 那是一个美丽而阴森的平安夜。整个寒冷夜晚，我跟小矮子轮流站岗。我可以忍受寒冷，但在午夜，另一种痛苦降临在我身上。我中了"美国大兵"（痢疾）！① 这当然是一件悲惨的事——尽管在平时享受一间厕所在附近

---

① 这个俚语的来源很有趣。曾经有一批美国政府发放的口粮导致士兵得上了痢疾，于是士兵自此这样调侃。——译注

的待遇，似乎只是一件令人尴尬的事情——但这一次，在很大程度上就是悲剧。你看，我们的掩蔽位于山顶上，正好位于一片开阔的田野中间，没有灌木丛或树木可以作为掩护。你知道，困扰我们的不是害羞，而是狙击手。我们焦急地盯着德军防线的方向，在战壕里解开裤子，一边用一只手提着它一边往外爬，然后在匆忙中完事。我们边跑边擦——我们光着的屁股被冻得冰凉，因为害怕子弹而颤抖……一个蹲在山顶的半裸男人是毫无防护的，他会因为一直害怕光溜溜的自己被敌人步枪瞄准而惴惴不安。每次我脱裤子的时候都吓得哆哆嗦嗦，无时无刻不担心自己被一个有死亡幽默和神准枪法的德国狙击手瞄上。[183]

对一名士兵来说，被"反常态"的方式杀死很常见，比如说被自己的同伴杀死。丛林战中的混乱场面会让友军火力尤其致命。在布干维尔岛（Bougainville）美军16%的伤亡来自友军；在瓜达尔卡纳尔，友军火力造成了12%的伤亡。[184]在新几内亚，"第169团以为他们的营地被日军渗透。刺刀被拔出，手榴弹被鲁莽地扔进黑暗中，造成了大规模混乱。很多美国人刺伤了友军。手榴弹从树上弹开，在防御者中间爆炸。有些士兵一发一发地放空枪。第二天早上，没有日军受伤或死亡的痕迹，而美国人死伤无数，其中50%是被手榴弹片炸伤的"。[185]所有部队都经历过这些极端的恐慌。

巡逻本身就很糟，是步兵最致命的任务之一，但更糟糕的是，仅仅试图重新回到自己的队伍都会令人害怕，而且常常致命。保罗·福塞尔学会了在带领巡逻队穿过警戒线回营时不相信暗号："我们学会了许多简单的生存技巧。一是永远不要认为在晚上，一

第七章 幽灵公会：第二次世界大战中的死亡

个友好的士兵会认出你是谁，而且能抑制住自己的紧张情绪不向你开枪。我们认识到'暗号'很少有效：你必须提高音量跟他们说话，冒着引起100码之外敌军注意的风险，而且很可能，你们其中的一方甚至双方都忘了暗号。"[186]

听错一个词也可能致命。罗伯特·莱基记得在瓜达尔卡纳尔时一名医护兵被友军火力杀死了："当他从洗手间回来，哨兵询问他暗号时，他说错了'侏儒'（Lilliputian）的发音，于是被杀了。"[187]乔治·麦克唐纳·弗雷泽的一个同伴则输给了一个辅音：

> 我们一直站到天亮，半小时后，当天光渐渐亮起来的时候，有人发现一具尸体躺在我们右边战壕前方几码的地方。是"公爵"。他几乎被维克斯机枪（Vickers）打成了两半。
>
> 事情很快就清楚了。有人起身去厕所，在黑暗中踩到了一个睡梦中的贾特人（在缅甸和英国军队共同作战的印度部队成员），他叫出了声——不是很大声，但依然把第三个人吵醒了，询问发生了什么事。第四个人说了类似这样的话："只是一个贾特人。"第五个人可能半梦半醒听错了最后一个词，惊呼："日本人？"一瞬间，有人高喊："日本人！"人们疯狂地争夺战壕，贾特兵开始连续射击——肯定在某一刻"公爵"醒了，想起来他没在战壕里，也随身带枪，于是直奔目标。可当时一片漆黑，而他跑错了方向。[188]

还有大规模的"友好"死亡事件。眼镜蛇行动（Operation

Cobra）是美军一次轰炸任务，目的是帮助美军突破诺曼底的圣罗（Saint-Lo）滩头。第一天轰炸机投偏了，杀了25个美国人；第二天误杀了包括中将莱斯利·麦克奈尔（Lesley McNair）在内的111人，还造成400多人受伤。几个星期后，英军轰炸机不小心朝加拿大和波兰军队投放了炸弹。查迪埃兵团（Régiment de la Chandière）死伤了400人。

但没什么能比近距离误杀一个伙伴更糟的了：

> "马上回家了，查理。"有人说。
>
> "哦不！"查理回答——几乎被这话吓了一跳……
>
> 不过他肯定没想到会以那样的方式实现。杀死同伴和杀掉德国人是两码事。没人会介意你杀德国兵，这就是你来这儿的目的。但如果你想干掉自己人，就得有一个很有力的借口。没有任何理由。你被要求离开房子站在野地里——不管下没下雨。但是见鬼，雨下得太大，你浑身湿透了。于是你和哈里还有另一个伙计进了农场，而且你堵住了门。没人会吓到你。你坐在一间卧室的地上，背靠着墙，面对这房间里唯一一扇窗户，看着黑色的天空……你们都知道睡觉太危险，都发誓要保持清醒，但你们都睡着了……然后枪声响起，一切陷入骚乱和恐惧，刹那间你以为自己的心脏会爆炸，窗户被尸体堵住了，尸体发出咕咚声头朝下摔倒在你身上。当你看到那是查理受到了宿命的召唤，你想，"谢天谢地，幸好只是查理，而不是德国人，也幸好他走得很干脆"。但查理死得并不痛快，他也没死，他的血洒在你身上，无法止住。而朝他开枪的哈里意识到

是自己造成了查理这样的命运，这让他不安。哈里摇晃着查理，告诉对方自己不是有意要杀死他的，并请求查理原谅他，他哭着请求基督让查理回答他。但基督没有听到；查理也听不到，他躺在你身上，死了，血把你浸透了，从你腿上流下来，又热又黏的感觉和水不一样。[189]

就像把贵金属变成铅块一样，无休止的战斗导致了一种"反向炼金术"："不可能发生在我身上"的自信被变成了"它会发生在我头上"的恐惧。保罗·福塞尔描述了这种转变："我们逐渐明白了更多没有说出来的东西，通常每个人都有一个装得满满的蓄水池或者说银行账户，里面存着勇气，但每一次召集就会有所损耗，永远也没法恢复。几个月之后它被耗光了，那就是你崩溃的时候。在圣迪耶（St. Dié）的时候我的蓄水池是满的，实际上它都要溢出来了，我是如此确信没什么可以伤害到我——我欢快地奋力向前，很享受学习一种新生活方式带来的挑战和乐趣，但到了默德河（Moder River）战线的雪洞里，勇气就开始流失了。对我来说，夜间出洞去巡查自己人无疑太艰难了。"[190] "如果你非常勇敢，"一名英国士兵注意到，"可能它的减损会细微到无法察觉，就像钢琴的琴弦一样，一旦琴声响起就会逐渐损耗，直到再也无法演奏。"[191]

二战中的士兵在表达他们的恐惧时可能比先前的士兵少了些羞愧。一个欧洲战场的美国大兵艾克·罗伯茨（Ike Roberts）讲述了恐惧情绪的普遍存在以及消解它的方法："至于真正的感觉，我上前线的那一天，以及从那以后的每一天，我和其他士兵、长官们一样——非常害怕，而且每次袭击都会让你更加害怕。但无论你害不害怕，命令来了你就得爬出来行动。你该死地清楚这事必须得做，而且只能靠你自己。如果一个人说他不怕，那只有两种可能，要么他是傻子，要么他是个该死的骗子。"[192]

在描述几个世纪以来步兵战斗传承的坚忍不拔和勇气时，一位英国炮兵也承认了那种顽强的忍受精神："我站在那儿看着步兵。他们站起来，拿起他们的反坦克榴弹发射器（P.I.A.T）、步枪和弹药，缓慢走上通向敌军的道路，没表露出任何情绪，就像一个不爱自己工作的男人去上班时表现出的那种无聊和冷漠……任何人都没有犹豫，也没有急躁。人们在死亡面前缓慢行进，每个人都没有表现出愤怒的迹象，我也试图去掩饰我的恐惧。"1944年5月，一名牧师看见加拿大步兵准备进攻希特勒防线："我的孩子们今晚就要行动了……新来的孩子们把恐惧和紧张掩藏在一闪而过的微笑和一本正经中。老兵们则一脸恍惚。看见这样的场景令人很难控制住眼泪。"[193]

第2西约克团的拉尔夫·皮尔斯（Ralph Pearse）下士记得："这次席德·赖特（Sid Wright）和我都很确定，我们不可能在一场接一场的战斗中一直活下去。和席德一样，我成了一名战士，别的什么都不是了；没有什么别的希望，只有更多的战斗，我们知道最后我们一定会死。我们并不在乎。我们知道这是不可避免的。"[194]在身体和心理极度疲惫的时候，人在过去最害怕的东西反而会变得易于接受。亨利·阿特金斯在回忆到死亡、受伤或者被俘都是一种解脱时说："当时这些可能中的任何一个我都可以接受。我一直活在如此悲惨、痛苦的严寒中，我并不在乎发生了什么。"听天由命是一种解脱，是面对必然毁灭时的平静。苏联战地记者瓦西里·格罗斯曼（Vasily Grossman）与一名步兵指挥官进行了交谈，那

第七章 幽灵公会：第二次世界大战中的死亡

名指挥官曾经历过德国大举进攻莫斯科的可怕战争：

> 卡辛（Khasin）坦克旅机动步枪营的指挥官科兹洛夫（Kozlov）上尉晚上跟我探讨了关于生命和死亡的哲学问题。他是个留着小胡子的年轻人。战前他正在莫斯科音乐学院（Moscow Conservatoire）学习音乐。"我告诉自己，无论今天或明天发生什么，我都会被杀死。一旦我明白了这点，活下去就变得很容易、很简单，甚至变得纯粹而清晰。我的灵魂非常平静。我在战斗中没有恐惧，因为我没有期待。我完全相信，一名指挥机动步枪营的指挥官会被杀掉，没有幸存的可能。如果我不相信死亡的必然性，我的感觉会很糟，而且可能我不会在战斗中像现在这样开心、冷静、勇敢。[195]

作为许特根森林战役中一名初上战场的年轻替补新兵，雷蒙德·甘特想起了一个老兵：

> 他看上去的年纪让我震惊。不是因为外貌体态——虽然他留着厚厚的胡子，眼神憔悴，还有很多地方显示出他非常疲惫，他仍然是个才20出头的年轻人——也不是像战争小说里写的那样，他眼里的悲剧暗示了他的年龄，而是他谈及生死和残废的方式，接受世事无常的平静态度。他没有每个年轻人都拥有的、对命运的不切实际的反抗，只有平静接受任何事情的安详。在他的成熟和听天由命面前，我觉得自己既年轻又天真。[196]

但宿命论也可能是一种辉煌的"堂吉诃德式反抗"。罗伯特·莱基和他在瓜达尔卡纳尔的一个朋友"刀疤下巴"(Scar-Chin)一起工作时发现了这一点,刀疤在轰炸时正站在外面——

> 即便危险的炸弹击中附近,即便我们在战壕下面听见手榴弹落地的叮当声和弹片的嗖嗖声,也一动不动……
> "快下来,刀疤。快点,你这个疯子,在屁股炸开花之前。"
> 刀疤哈哈大笑:"有什么区别?他们也能把炸弹投到地下。在哪儿都没区别。如果命中注定,你就会中招,做什么都没用。轮到你的时候,就这样了,兄弟。有什么好担心的?"
> 我没法跟他争论,那些和他同样持宿命论的人也是一样。"天命论"在瓜达尔卡纳尔风靡一时。你能听到他们用上百种不同的方式说,这是命中注定:"干吗担心,时间到了你就会走。"
> 几乎没有办法反对宿命论。就算争论到你疲惫不堪,像刀疤这样的人依然在落下的炸弹中晃荡……就算你提示他们是自己愚蠢的选择招致了命运的终结;就算你让他们牢记,他们是自己的刽子手,是他们自己出其不意地点了自己的名字……
> 在轰炸期间,这是个很好的论点,一个极好的消磨时间的方式,而刀疤——那个烦人的宿命论者——独自一人躺在爆炸的炮弹中,一言不发。[197]

第七章 幽灵公会：第二次世界大战中的死亡

人们可能对死亡持哲学态度，但他们与几个世纪以来的士兵一样，尤其害怕某种特别的死亡方式，比如剥夺了他们仅有的尊严的死亡方式。英国军官、间谍约翰·安德烈在美国独立战争中被捕并被判处死刑时，请求乔治·华盛顿能让他以军官的身份被枪决，华盛顿却坚持用绞刑来公开羞辱他。160多年后，在1942年的爪哇岛，生于南非的英国陆军军官（后来成为著名的环保主义者、人类学家和作家）劳伦斯·范·鲍斯特（Laurens van der Post）在敌人后方被俘，他面临的似乎是即将被日本人处死："很奇怪，唯一让我烦心的是我会以什么方法被杀死……我不想被勒死，不想被绞死，不想被土埋，也不想被刺死——所有一切我曾见过的行刑方式。我希望被枪决。我认为：最好就是想到一个方法告诉他们，让他们在早上朝你开枪。对我来说这至关重要。"[198]

唐纳德·伯格特，一个不屈不挠、年纪轻轻的伞兵，熟悉战场的死亡，凭借经验生动地想象着自己死亡的可能性。与莫兰勋爵在一战时期的发现相呼应，他认为肢解让人害怕：

> 死亡的念头并没有特别困扰我。死亡只是出生的另一端。这是自然法则。我们从黑暗无知的虚空中来到世上，然后回到原处。真正困扰我的是，想到我的胳膊和腿被从身体上扯下来。我躺在那里，鲜血喷洒在炮弹肆虐的地方，看见自己肢体断裂的地方戳出参差不齐的骨头茬，并闻到燃烧的火药、生铁和新鲜人血混合的味道。我经历过发生在其他人身上的很多次这样的场景。我不希望它降临到自己头上。我宁愿被杀掉。[199]

战场士兵保护自己不受死亡恐惧威胁的另一个办法是把它从自己身上抽离，投注到别人身上。"我们更担心同伴，"弗兰克·查德威克（Frank Chadwick）回忆道，"你得逼自己相信自己不会有事，而应该去担心你的朋友们。"但这是一种特殊的精神分裂态度。一方面，"你知道一直有人受伤、死掉，另一方面你从内心深处觉得这些都会发生在别人身上"。

责任、关怀甚至爱都会因害怕失去而成为心理负担。凯尼斯·柯尔（Kenneth Cole）在硫黄岛失去了他最好的伙伴，他感叹道："我没有办法让自己接受我再也看不到伯尼这个事实。即便你可能已经见过和你穿同一套制服的人死去，但你依然无法让自己相信，一个跟你的关系像伯尼和我一样亲近的人会死。他教会了我几乎所有关于陆战队的知识。如果不是伯尼，我可能已经成了布干维尔岛的一个白色十字架。"[200]

战友之间的契约必须受到尊重，即便可能是在许多年以后：亚历克斯·鲍尔比最亲近的朋友杰弗里斯（Jeffreys）在意大利被杀了。

> 一天早上，我看见来了一个D连的步兵。我问有人伤亡吗？
>
> "不，"他说，"很轻松。可惜杰弗里斯下士死了，他踩中了一个泰勒（Teller，一种德国反坦克地雷），它爆炸了，而他当时正在巡逻。"
>
> 我快速走开，自发前往营地外的树林。我在那儿哭得撕心裂肺。感觉自己的一部分已经死掉了。
>
> 到了晚上，我收拾好悲伤情绪。之后它一直未曾出

现，直到14年后的一个11月的晚上，我哭着穿过了半个伦敦。[201]

有时触动人心的是陌生人的死亡："他在那里……一名陆战队的战友。我没有认出他的脸；可能我从未见过他。但现在这一切都不重要了。他是我兄弟。我的陆战队兄弟挨了日本人多少刀？他身上至少有30处刺刀伤口。他的生殖器被切下来塞进了嘴里，这是日军对人的终极侮辱。他曾经英俊的容貌和黝黑的肤色被蚂蚁遮住了……我……为他的家人落泪，我无法帮他找到他们。直到今天，我依然被这段记忆困扰。"[202]

冲绳岛上的海军陆战队第4团的查尔斯·琳赛（Charles Lindsay）无意中发现了一名陆战队员的尸体："他充满青春的气息，是个完美的年轻人……除了穿过头盔的弹孔之外没有任何伤痕。他应该是当场死亡，周围没有血。我打开他的背包拿出披风把他盖起来，以免他受到苍蝇打扰，但包里面掉出来一张他妈妈的照片，还有一个漂亮姑娘的照片。我把照片放进他的夹克里，然后跪下祈祷。然后我哭了。对我而言，他就是这场战争。"[203]

尽管听起来很怪，但对那些所爱之人身处险境的人来说，死亡可能会减轻他们沉重的负担。C.鲁斯·马丁（C. Russ Martin）是美军第1步兵师的一名中士。他的双胞胎兄弟在北非牺牲。"双胞胎可以感觉到对方，他被杀的那一刻我就知道了，是一种感觉，你知道，一种解脱，你知道，不再担惊受怕。我不必再担心他了。一个男孩走到我面前说：'你知道你兄弟死了吗？'我回答：'是，我知道。'"[204]

另一种回应是用复仇平衡损失，堪称死亡上的收支平衡。唐纳德·伯格特是一名勇敢的伞兵，他参与了1944年欧洲西北部令人绝望的进攻，他回忆道：

> 经过一个散兵坑时，我看到一个步兵抱着他死去的同伴在哭。这让我很困惑，我停了一会儿问他遇到了什么麻烦。
>
> "他们杀了我的兄弟，"他抽泣着，眼泪顺着脸颊往下流，"他不能死，我们一起经历了新兵的基础训练，医务兵必须救活他。"
>
> 那个人已经死了，子弹穿过了喉结，我给那个步兵指了出来："你现在能为他做的唯一的事就是把他留下，然后帮我们杀死那些德国佬。"
>
> 回头的时候我看到他还在那儿抱着那个死人哭。"他一定是疯了。"我想。我也曾有兄弟在训练中死掉，可我没有那种感觉。就在不到一小时前，巴兰斯基（Baranski）、雷内（René）、罗比（Robbie）和拉罗斯（LaRose）都被杀了，还有其他几人伤得很重。我很难过，但我们不可能坐在原地哭。我们要去杀德国人。[205]

威廉·曼彻斯特拒绝了硬汉式的言辞（尽管他自己也是一个战斗中的硬汉），表达了及时摆脱悲伤情绪的必要性："为一个死去的战友长时间哭泣不是好的方法。我们要继续前进，每个人都在濒临毁灭的边缘。"[206]

杀戮就是战场上的士兵应该做的事，对于这个必然真理，少数人沉醉其中，大多数人感到厌恶，但更多人都抱有这个意识：

第七章　幽灵公会：第二次世界大战中的死亡

"我们从事的就是杀人的工作……这是我们接受的训练。确切地说，这是我们从事的生计。我不是在辩解，只是在说明，在我所说的那些日子里，如果遴选委员会主任提问（他确实问了）：'难道你不想把刺刀扎进德国人的肚子里吗，嗯？'他想听的不是引用自《登山宝训》①的回答。"[207]

与历史上大多数士兵一样，二战中的作战部队倾向于使用简单直接的方式解决所有道德问题。用一个全副武装的步兵的话来说："你明白了一个基本公理，要么杀人要么被杀；你学会了为'我'着想；当有人被杀时你会说：'他死比我死强。'"用一名军医的话说："在所有这些痛苦、愤怒和恐惧中的，要么是你，要么是他们。"[208]求生欲总有办法战胜绝大多数其他的考虑："你不会遵照昆斯伯里侯爵的竞技规则与德国人战斗。你会在背后朝他开枪，用地雷炸飞他，用最快速有效的方法杀掉他或让他受伤，把对自己的威胁降到最小。他也是这么对你的。他会跟你耍花招，欺骗你，如果你不能在他的游戏里打败他，你就没法活着欣赏自己的高贵。"[209]

太平洋战区的一名美国步兵由衷赞同这种情绪："好莱坞电影实际上并没有描绘战争的事实，很多时候我们都是从敌人背后开枪，从后面刺伤或者炸飞他们，这比从正面来得更容易。这不是受荣誉制约的、按部就班的决斗。实际上，你（只会）试图用最安全、最容易的方式护住自己的脖子。"[210]

在巨大的压力下，人们会忍不住为杀死敌人而感到满足——甚至是快乐，而只要给敌人一点儿机会他们也会反杀过来。这是

---

① 出自《圣经·新约·马太福音》。——编注

与生俱来的原始罪恶吗?还是一种传承下来的糟糕的嗜血欲望?或者仅仅是如释重负的叹息——"是他。不是我。"乔治·麦克唐纳·弗雷泽记得在缅甸标贝（Pyawbwe）时对一处坚固的日军阵地发起攻击,这是攻击者一直期待也一直担心的事。最终他们的交战十分激烈。而令人惊讶的是,这些杀戮带来了一种近乎放纵的满足感,让人轻松地摆脱了负罪感:

> 尼克跳上了（火车）车厢,我紧跟其后。它的另一边敞开着,就像一扇落地窗——这就是一处专为枪手射击准备的射击点。车厢周围的人都兴奋地大叫,并趴在碎石上,朝那些狂奔的目标发动攻击,而那些人中肯定有一些朝我们回击的,因为有两三枪打到了车厢上。但他们大多数都在跑,我们需要做的就是选择目标。
>
> 这是一种新体验。在我之前与敌人的接触中,一切都在瞬间的危机之中,除了迅速反应、快速射击之外你什么也做不了……你没有时间思考。那是混战、开枪和祈祷……某种程度上就像球门前的争夺战……
>
> 但在那节火车车厢里时,更像是你控球的时刻……时间不长,但是足够。选择一个目标,稍稍停留以便将其锁定,再按射击教程上写的开枪——然后是第二枪。
>
> 这让人兴奋。对诚实的人来说,不需要其他说辞和解释。我们都有着善良的冲动,两千年来基督的教导,温和的耶稣,让人"爱你们的邻舍";但我们也有着杀手的本能,猎手杀戮的冲动……但话不能这么说。[211]

第七章　幽灵公会：第二次世界大战中的死亡

在弗雷泽的世界里，杀戮被距离净化，被古老部落的豁免神圣化。然而，当杀戮的距离接近到成为个人行为时，杀手便不再受到这些因果关系的保护，正如雷蒙德·甘特发现的那样：

写下这部分很难，因为这是有关我杀死一个人的部分。这是我杀掉的第一个。我确定的第一个。它应该用简单的方式说明，因为它需要让你知道这是怎么一回事——当你通过冰冷的瞄准具锁定一个奔跑中的东西然后扣下扳机，突然那个人停下了，躺在那儿，现在它成了身体赤裸、柔软又皱巴巴的人，这是什么感觉。讲述它的时候不该带有一丝夸耀，然后你就会发现有人颇有成就感地吹嘘此事；它应该被不带情绪地讲述，然后你就会发现这件事多么沉重。

我看见一名德国兵从山脊的掩护后站起来，跑向后方，飞奔过空地朝山坡跑去。可能他是个送信的人——我不记得他带有武器。后来我突然想到，他一定很年轻，而且还是个新兵，因为他跑的是直线，用瞄准具很容易就能追上。他解开了他的外套以便在跑步时活动更方便，下摆像巨大的蓝色翅膀拍打在腿上。他是一个移动的蓝色小点，一个笨拙的蓝色目标，刻意让人追踪……现在，闯进瞄准具的那件蓝色外套看起来巨大，在我眯着的眼里，它像一朵云，像一座房子，像靶场上被漆成纯蓝色的靶子……我扣下扳机，他倒下了。他不再动弹，那件蓝色外套的下摆在他躺着的地上，呈现出一种不自然的颜色。

有那么一刻我得意扬扬，我的目光停留在战利品上，确认战果。他在那儿！……他就在那里，依然躺着，这不再是场游戏。他没有站起来，掸掉身上的灰，昂着头高兴地看向我然后再次开跑。现在他安静地躺在那里，没有动弹，我把步枪放在阁楼的地板上——小心翼翼地，因为有石膏灰——然后我把脸埋在双手中间。我想吐，但我来不及恶心。我想，可怜的混蛋……他也又冷又饿……害怕，想家，想念家里的人，也厌倦战争。我既难过又羞愧，因为我从不恨他，对他没有特殊的怨恨，我也从不想杀死他。这是件丑陋而邪恶的事……然后，我拿起枪回到我的工作岗位上。[212]

以下两名士兵的死亡可以说处于战斗的两极，对其中一个来说是耻辱，对另一个来说是蔑视。一条可见的巨大弧线连接了英勇和胆怯的两极。它们很独特，因为它们发生在二战中；但它们也很普遍，因为它们属于所有战争。

威廉·曼彻斯特杀掉的第一个日本人：

我极度害怕，在小屋的门口停了下来。我能感觉到自己的下巴在抽搐，像一束闪烁着紊乱信号的信号灯。我口干舌燥，双腿打战，眼睛无法聚焦。后来我视力恢复了。我打开了柯尔特手枪的保险，用右脚踢开门，跳了进去。

我的恐惧又回来了。我在一间空房子里。在我踢开的那扇门对面还有另一扇门，这意味着这里还有一个房间，意味着那里有一个狙击手——而且外面这扇门的撞击声已经发出了警告声。但我对自己说，现在逃跑是不可能的。

第七章　幽灵公会：第二次世界大战中的死亡

于是我冲进另一间房，立刻看见一个模糊的影子在我右边。我朝他转身，蹲下，双手握着手枪，开枪。

他不仅是我第一个开枪射击的日本人，也是我第一个在如此近的距离上看见的。他是个胖乎乎的小个子圆脸男人，他像树桩一样粗短的腿套在褪色的卡其色绑腿里，其余部分则挤进了一身太过紧绷的制服里。不像我，他戴着一顶钢盔，整装作战。但他对我来说没有威胁。他的有坂步枪（Arisaka）系在背带上，虽然他听到了我进来，也试图朝我转身，但背带却把他困住了。他解不开。他的眼珠惊恐地乱转。当他意识到自己无法抽出胳膊防御，便以一种奇怪的、像螃蟹一样的姿势退到了一个角落。

我第一枪没打中他，子弹嵌入了稻草墙里，但第二枪打中了，正好打在股动脉上。他的左大腿血花四溅，很快糊成一团。一股血流从伤口涌出，接着又溢出另一股，漫过他的双腿，在泥地上汇成一片。他无声地低头看着它。用一只手蘸了蘸，冷淡地涂在脸颊上。他的肩膀猛地一抖，好像有人在背后打了他。然后他放出一个响亮、刺耳的屁，倒下，死了。我则不停地开枪，浪费着政府资源。

我本以为我早就知道刚死的人会分泌出的深褐色臭液，有一种酸酸的、无处不在的气味，和你所知道的任何东西都不一样。然而从那个距离上看见死人，就像闻到它的臭气一样，不需要任何以往的经验。你立马就能认出那种痉挛和咯咯的声音，他当时的声音并不大，倒是仿佛有种夹杂着轻蔑和抚慰的感觉，就像日本民众的举止一样。他不断往下滑，直到躺在泥土地上。他瞪着眼。几乎立刻就有一只苍蝇飞到了他的左眼球上。然后又有一只加入进来。我不知道我站在那里盯着看了多久。从之前的战斗中我知道了尸体的命运。它会膨胀鼓起,从制服里炸开。然后黄色的脸会变红,再变紫、变绿,最后变黑……

我猛甩了一下头,想让自己摆脱恍惚的状态,将一支装满子弹的新弹夹装进了0.45口径枪支的枪托。然后我开始发抖,全身都在抖。我呜咽着。声音依然带着恐惧:"对不起。"然后我吐了一身。我认出了消化了一半的 C 口粮里的豆子在我面前滚动……然后巴尼突然闯进来找我……他说:"瘦子,你好臭。"我什么也没说……我记得我在默默地想:这是不是他们所谓的"引人注目的勇敢"?[213]

1943年,英国突击队教官迈克尔·卡尔弗特(Michael Calvert)在缅甸与奥德·温盖特(Orde Wingate)将军的钦迪特(Chindit)支队在日军后方深处作战,生死搏斗中他遇到了一位高贵的对手:

在河滩上,一个日本人和我一样赤裸地站着。他脚边放着一堆衣服,我吃惊地一眼就瞄见了一个军官的徽章……

当我还在苦苦思索的时候,日本军官下到河里朝我走过来。我想他的想法一定和我一样:他可以看到我没有武器,如果他用枪的话,双方的巡逻队都会出动,而他不清楚我们的力量……不管怎么说,他没有冒险发起一场正面交锋,那将毫无必要地危及他的士兵的生命。他宁愿赤手

第七章 幽灵公会：第二次世界大战中的死亡

空拳地对付我。

他知道他的柔道技巧还有他身上的水会让他像条鳗鱼一样滑溜，但我更加高大强壮。除了偶尔的闷哼，我们沉默地战斗着，挣扎、滑倒、翻滚着，直到我们陷入齐腰深的河流漩涡中。这是一场笨拙的战斗，我们几乎都是在做慢动作，因为要在两三英尺深的水里保持平衡，同时快速而平稳地移动是极其困难的。我们的呼吸开始变得沉重，而日本人开始变得越来越狠毒，他用手指戳向我的眼睛，试图让我失明。我想直到那一刻我才完全意识到这是一场殊死搏斗。

我是一名训练有素的战士，被教导过在最激烈的战斗中如何用枪、炸弹、刺刀甚至匕首杀人。然而这次似乎不一样，这场战斗更加个人化，因为只有我们两个人赤身裸体地在水中作战。抛开其他，我开始欣赏这个勇敢的日本人。他有这世上所有的胆量。他本可以轻易地呼唤来同伴的……

现在他正在上演一场精彩的表演，我很难控制住他。我拼命打起精神：不管勇敢不勇敢我都必须杀了他。否则他会杀了我。

我很感激我曾学到的一课：永远不要在营地外的丛林里脱靴子。其他衣服可以在匆忙间穿上，但靴子需要时间，而时间需要付出生命的代价。幸好，即便在这种情况下我也坚持了原则，幸好如此。我试图专注于日本人的右手腕，把他的手臂拧到背后。我把脸埋在他胸前，以免他挖出我的眼睛。然后，当他猛地挥动他的左臂和两只脚时，我慢慢地把他按到了水里。我的靴子让我站得稳稳的,我闭上眼把他压在水下。他的挣扎越来越弱,在疯狂的绝望中再一次爆发后,终于变得无力。我又坚持了几秒之后松开了手。我慢慢睁开眼,有一瞬间我什么也看不见,除了他在最后挣脱时造成的漩涡。然后我看见他的尸体在几码之外的水面上浮出来,缓缓地顺流而下。[214]

第八章

泥沼里的钻石：
现代战争中的死亡与英雄主义

> 我不想死在这个该死的国家。
> ——第3步兵师第64装甲团1营阿尔法连的坦克指挥官史蒂文·布克（Stevon Booker）上士的最后一句话，于伊拉克巴格达，2003年4月5日。记录于迈克尔·R.戈登（Michael R. Gordon）和伯纳德·E.特雷诺（Bernard E. Trainor）将军所著之《眼镜蛇II：入侵和占领伊拉克的内幕》（*Cobra II: The Inside Story of the Invasion and Occupation of Iraq*）

> 如果我必须死，让我在一场光明正大的搏斗中死去。
> ——戴维·贝拉维亚（David Bellavia），
> 《挨家挨户》（*House to House*，2007）

一场光明正大的战斗不管在哪里——不管是越南、索马里、马尔维纳斯群岛、格林纳达，还是伊拉克、阿富汗——进行，都是所有士兵追求的（或者更确切地说，是所有西方国家士兵所求的）。为了某种目的献出生命，或者更有可能，因为这种目的被夺走生命，是士兵与祖国签订的第一条也是最后一条契约。对战争的决策者们（政客、评论员，还有那些提供意识形态支撑的智库的聪明人们）来说，战争的借口可以不冠冕堂皇（想想格林纳达），甚至可以莫名其妙（想想越南），但唯有一些"救生索"是不可或缺的，有了它们，士兵才能把自己从疯狂、血腥的战斗泥沼中拉出来。在最严格的意义上，让士兵死亡的行动可能不是崇高的，但在更普遍的意义上，士兵的死亡应该被战争的目的救赎，或者说至少留下一些表明价值的痕迹。用性命作为代价换取酬金是不可接受的，尽管对许多战士来说，这就是他们需要付出的代价——这就更可怕了。

回首过去，似乎第二次世界大战的结束也标志着令人叹服、光彩夺目的英雄战争的终结。这是一场全民一心的战争。战争是高尚的，敌人毫无疑问是邪恶的。盟军坚定地站在那里，对他们的正义事业没有丝毫怀疑。（战争期间）没有大规模反战集会。良善不会自我怀疑，不会被讽刺的冷笑动摇。

那时候，敌人的定义极为明确，是坏人（德国人）、又坏又蠢的人（意大利人），有时甚至是真正邪恶的人（总体来说的日本人，纳粹党卫军等部分德国人），但这些敌人都有辨识度。他们穿着制服（如果没有就会被枪毙）；他们可能很混蛋，但他们还是站出来投入真刀真枪的战斗。整体上来说，他们是在遵守游戏规则的大背景下战斗（虽然日本人总是不按常理出牌，让人厌恶又卑劣，这应该受到谴责）。尽管有一些局部的不平衡，或多或少有"违规"发生，但它是对等的交锋（日本人总是倾向于站在这个等式的错误的一端，但他们是公认的狂热分子，因此他们最后付出的惨痛代价完全是咎由自取）。

第八章　泥沼里的钻石：现代战争中的死亡与英雄主义

游击战搅浑了这片水域，但结局会很明确。如果游击队是为了盟军而战，他们就是好的，他们的游击战术高明且大胆，他们打破常规的行为激动人心而且英勇。如果他们被德国人、意大利人或日本人杀了，那就是非常恶劣的事件，还会为证明我们的敌人是残忍暴徒提供更多证据。当我们看着德国军人的照片——他们瞪着在临时绞刑架上摆动或被扔进乱葬坑的游击队员的尸体轻蔑地咧嘴笑——就会被他们的粗鲁和残忍激怒。

德国人执着于杀死共产党游击队员，因为纳粹认为，他们是恐怖主义者。对德国人而言，"游击队员"和"爱国者"之间不存在高贵的联系。他们只不过是战场上的害虫，他们的勇气不过是狂热情绪，战术卑劣可鄙。

二战之后，关于如何战斗的既定观念发生了巨变。列强们的核武库确保彼此都能毁灭对方，他们陷入了僵局，战后时代的冲突分裂为帝国间的"小战争"，即共产主义阵营和资本主义阵营之间的势力范围之争。

也有一些例外。朝鲜战争期间，中国步兵的大规模正面攻击（伴随着鼓舞人心的冲锋号角声）让如今的我们觉得，这是古老的英雄战争风格的最后展现。六七十年代，以色列和阿拉伯坦克部队之间的激战有一种英雄气概，让人回想起摆脱了战术局限的混战，那种以暴乱为特点的越南战争，后期的伊拉克战争，以及阿富汗战争。

越南战争是美国二战以后经历的最血腥的一场战争（对越南北部和南部来说更是如此）。在58 000名死亡的美军中，48 000人是直接死于战场或重伤（占了约776 000参战人数中的6%）。[1]南越陆军

（ARVN），即南越傀儡政府武装——那些被轻蔑地贬低为懦夫和逃避责任的人——损失了22.4万人。北越军队和越南南方民族解放阵线付出了最沉重的代价，110万人丧生。[2]相比之下，朝鲜战争中，美军地面部队死亡32 000人，而中华人民共和国损失了约13.2万人，南朝鲜损失了超过25万人。①

美国与其敌国军队在有生力量损失上的巨大差异，在海湾战争和伊拉克战争时变得更加明显。例如，在1991年的海湾战争中，联军只损失了不到150名战斗人员（而且其中友军炮火造成的伤亡占了相当大的比例），而不幸的伊拉克人却有20万人丧生。[3]从2003年开始的伊拉克战争第一阶段（"震慑"行动）中，有148名美国士兵阵亡，其中相当多的人死在友军炮火下；死亡的24名英国士兵中，有9人死于美军的火力。[4]相比之下，据估计伊拉克军队有10万人死亡，30万人受伤。[5]然而，尽管美国军队和敌方军队在阵亡人数上有明显的差距，而且胜负分明，但海湾战争并没有闪耀出二战中那种清晰的英雄之光。

在政治和社会层面上，美国及其盟友自二战以来参与的战争在社会中引发了巨大的争议。自由主义者和保守主义者之间展开了一场关于英雄气概的论争，政府有时被迫去进行一些"创造性改写"，以期树立所发动战争的正义形象，并建立令人信服的道德

---

① 原文此处数据与官方统计有出入。根据抗美援朝纪念馆官方网站数据，中华人民共和国牺牲的志愿军为 183 108 人；2014 年 10 月，中国民政部、中国人民解放军总政治部确认抗美援朝烈士共有 197 653 名（含支援前线的民兵，民工，以及停战后留在朝鲜协助生产建设时不幸牺牲的志愿军）。据美国华盛顿国家广场上的美国朝鲜战争老兵纪念碑上的数字，美军阵亡 54 246 人，除美军外，包括南朝鲜军在内的联合国军阵亡 628 833 人。——编注

第八章　泥沼里的钻石：现代战争中的死亡与英雄主义

背景。越战中的北部湾事件和渲染伊拉克藏着大规模杀伤性武器的恐怖谣言则开了更加恶劣的先例。

这些裂痕对被派出去作战的士兵产生了深远影响。他们再也得不到国家在身后全心全意的支持，他们重复了士兵一直在做的事情——创造了他们自我参照的内心世界。如果某种道德模糊让情况产生了阴影，如果他们被剥夺了那种二战战士曾拥有的英雄地位，他们会自发为自己创造一个封闭的世界——他们会在泥沼中找到自己的钻石。

面对公开的敌意或单纯的忽视和冷漠，士兵们常常会产生一种激烈和愤怒的蔑视情绪，朝不支持他们的社会竖起中指。他们的战争将会有自己"不择手段"的正直，这对那些待在家里的人而言可能没什么吸引力。正如一名越战老兵说的那样："不管理由正当与否，用一切可用的手段来击败敌人。"或者，像另一个人所说的那样："战争让人吃不消。它是一场肮脏的巷战——而你要在被杀之前干掉对手。"[6]美军驻伊拉克的第1步兵师上士戴维·贝拉维亚把他肮脏的杀人事业变成了一段傲慢的挑衅宣言："这是我们的战争。我们不能击中所有目标，我们无法分辨出所有目标，但我们彼此照应，也不介意为国家干脏活儿……战争是个戴着头盔的婊子。"[7]如果被人否定，他们就会把否定变成荣誉徽章。

社会、政治层面的混乱反映在战略和战术层面。战争中的战斗方式没有规则，敌方的战斗人员和平民往往无法区分，无论是在越南与越共作战，还是在伊拉克对战圣战者，或是在阿富汗对抗塔利班，这些都是典型的游击战术。英雄战争的一个特征就是必须能明确区分战斗人员和平民，而在叛乱战中则正好相反。实际上，叛乱分子抵消敌人武器优势的主要方法之一就是模糊战斗人员和平民之间的区别，让"正规军"感到愤怒、厌恶和困惑。不能解读文化表征——无法识破敌人——是个巨大的劣势，正如皇家爱尔兰团的道格·贝蒂（Doug Beattie）上尉2006年在阿富汗赫尔曼德（Helmand）省意识到的那样：

> 每天都会有人源源不断地涌入大院……我和我的翻译纳米尔（Namir）常常看着队列经过。他们中有不少人戴着独特的黑色头巾。我们的敌人不是戴着这种头饰吗？一天，我表达了我的疑惑：
> "塔利班？"我小心翼翼地问道。
> "不是塔利班，道格上尉。"他回答。
> 过了一会儿，"塔利班？"我再次发问，朝新来的一个人点头。
> "不是塔利班。"……
> 又过了一会儿，纳米尔拍了拍我的肩膀……"塔利班！"他得意地说道。
> 我看向那八个被押送的男子……"你怎么知道的？"
> "每个人都知道。"[8]

戴尔·坎特（Dale Canter）描述了他1966年在越南古芝（Cu Chi）由于当地人身份的模棱两可感到的不安："白天有许多军人进进出出，但到了晚上，依然笼罩着不祥的气氛……我真的相信他们中有人是真心喜欢我们。他们是越共，他们有家人或朋友是越共，但当他们结识我们的时候，有一种发自内心的喜爱。但是他们也会毫不犹豫地上报我们的行踪，给我们设下埋伏，导致许多

第八章　泥沼里的钻石：现代战争中的死亡与英雄主义

美国士兵死亡。"[9]

孩子和年老的女性也能杀死士兵。海军陆战队少校查尔斯·库珀（Charles Cooper）驻扎在越战前线时曾有一次派一支步兵连巡逻。"一两天后，他们又有几个人被打死。这一回是被一个孩子杀的。这个孩子朝巡逻途中的陆战队员挥手，示意他们过来。当他们靠近他，他便拿出AK-47开始射击。两个人被打死，还有几个人受伤，那个孩子则朝山胜（Son Thang）村的方向跑了。"

第二天晚上，一支陆战队"精锐"进入了山胜村，处决了20名妇女儿童。[10]

在伊拉克战争和阿富汗战争中，战斗人员与平民难以区分，同样不断让初来乍到的入侵者措手不及，特别是在最初的闪电战阶段。在阿富汗，特种部队和空军展开的外科手术般的精确打击使塔利班陷入了困境。但在伊拉克，联军（美国领导的多国部队）指挥者的精力几乎完全集中在了易于辨认的敌方共和国卫队（Republican Guard）身上，而战斗也很快演变成与复兴社会党（Baathist）非正规部队的战斗，联军不得不去对抗他们认为很卑劣的战术。换句话说，和越共一样，伊拉克人也拒绝遵守几个世纪以来欧洲战争编写出的"英雄"战斗规则。"伊拉克人不会按美国人的规矩战斗。美国军队面临的敌人大多是没有固定模式的，不穿制服，很少属于有组织的军事力量。"[11]伊拉克人使用民用车辆，以民用房屋作为据点，把平民当作盾牌。一名美国士兵记录了他在越战中的困惑："这里没有坦克，没有步兵战车，没有制服。这不是我们计划的战斗。我的意思是，他们就穿着宽大的黑色长裤跑来跑去！"[12]

想要控制平民伤亡，在被占领国受到认同，那么确立交战规

349

则，以保证军队合法使用致命武力便显得十分重要。然而，这些规则在武装暴乱期间混乱、令人困惑的作战环境中，不断地给占领者带来挫折和危险。陆军上士安东尼·布罗德黑德（Anthony Broadhead）参与了美军在伊拉克战争初期的进攻。在萨马沃（Samawah）他发现，当暴乱分子不遵守这些规则时，交战规则会多么让人困惑："他们当时正用救护车运送增援士兵，然后拉上死掉的人开走……他们一整天都在这么干。麦克罗（McCollough）中士想干掉那辆'流动医院'，我不同意，我们不能这么做。那辆车上有红新月的标志。只要他们没有开火，即便他们把增援兵力运到了战场上，我们也不能开火。"[13]

在混乱的叛乱战争中，需要做出痛苦的决定。医疗救援队成员埃德·里夫纳克（Ed Hrivnak）上尉回忆道，一名受伤的士兵"向我坦白他目睹了一些伊拉克儿童被车队碾过。他在车队里，他们被严令不能停车。如果一辆车停下了，就会被孤立，成为火箭筒的目标。他告诉我有些女人和孩子被逼着站在路上阻拦车队，以便让伊拉克的非正规军得到容易射击的目标。但车队没有停。他跟我说消化这个场景比忍受伤痛更加难受"。[14]

一名年轻的海军陆战队军官多诺万·坎贝尔（Donovan Campbell）曾被卷入发生在巴格达以西拉马迪（Ramadi）的城镇战，描述了前线军官们是如何挥起达摩克利斯之剑斩断规则的死结的："一旦开火，一旦确认了目标，进入/退出战斗的概念就会被抛到脑后。相反，我们遵循'棺材法则'（Pine Box Rule）进行射击——如果遇到究竟是你还是那个坏人要躺在棺材里回家的情况，哪怕只是一点点可能性，你也必须确保是那个坏人。我们当然希望尽可能地避免伤害无辜，但如果有人试图杀害我们，我们不可能冒

第八章　泥沼里的钻石：现代战争中的死亡与英雄主义

着生命危险去遵守一个含糊不清，且有效性极为可疑的法律规定。"[15]

无论是在越南、伊拉克还是阿富汗，来自西方的士兵都发现自己陷入了一种与本能和训练格格不入的战争之中。规则已经被扭曲，战斗技术也不适合他们的战斗环境——这是潜在的致命组合。

据说，我们总是在重复上一场战争，而那些沉浸于正面"透明"战斗的军队在遭遇叛暴分子时总是受挫。正如美军退役将军、美国驻越南大使马克斯韦尔·泰勒（Maxwell Taylor）在1965年2月提给约翰逊总统的建议中所说的那样："（这些）白人战士，虽然全副武装，装备齐全，受过训练，但他们并不适合在亚洲的丛林中作战。法国人试图让他们自己的军队适应，但是失败了。我怀疑美军是否能做得更好。"[16]一名初级步兵军官托马斯·吉尔特纳（Thomas Giltner）描述了一种训练方法，如果说它有什么特别之处，那就是它几乎是为了让士兵丧命而设计的：

> 1965年5月13日，我在本宁堡预备军官学校完成了训练。在这里，并没有针对越战的训练。我射光了一匣M16的子弹。还有一天下午（的训练任务是模拟）乘坐直升机去解决暴乱问题。我唯一记得的事就是在模拟空中机动任务时从一个地方转到另一个地方，拖着M60机枪四处逡巡，以锁定某个模糊的目标。我们的训练很传统——和北非卡西诺山之战中的突出部之役一样。大多是为步兵和装甲编队的大规模战术部署做准备。1944年和1964年的训练没有明显变化，而这些就是为我担任步兵排长安排的训练项目……我们更关心的是跟中国或苏联的战争。[17]

一名年轻军官劳伦斯·塔勒（Lawrence Tahler）回忆了他在越南的时光："很少有军官知道他们在做什么。高级官员在打另一场战争。我们这些初级军官接受的是征服诺曼底的训练，不是对抗暴乱分子。步兵们知道发生了什么，但几乎没有军官听从他们的意见。'他们知道什么？他们只是应征入伍的人！'这就是普遍态度。"[18]

就算占领军缺乏战术准备，他们总有财富带来的硬件优势，所以他们的默认反应就是打出王牌——武器优势，尤其是火炮和空中打击。考虑到占领军拥有的庞大火力，叛乱分子被火炮、空投炸弹和导弹杀死的概率要比死在小型武器下的可能大得多。北越军医谢光晟（Ta Quang Thinh）回忆："我治疗的大多数伤口都是炮弹造成的。轰炸也造成了许多弹片伤和脑震荡。"[19]美军在越战中投下的炸弹数量是二战时期的3倍。仅在1968～1969年，投下的炸弹就相当于投到德国总炸弹数的1.5倍。[20]

在伊拉克战争和阿富汗战争中，美军同样依赖其在炮兵和空军方面的压倒性优势。道格·贝蒂上尉在赫尔曼德省与塔利班叛乱分子作战时被他能够获得的空中支援力量所震惊：阿帕奇武装直升机（"真正的战斗胜利者"）；A-10雷电攻击机（"疣猪"）装备了一部巨大的7管加特林机炮，每分钟能发射4000枚30毫米口径炮弹；F-18战斗轰炸机，使用M-61火神加特林机炮和空对地导弹和火箭；还有可携带大量GPS制导炸弹的巨型B-1轰炸机。贝蒂呼叫了上述所有的空中力量，尤其是B-1。"那景象太棒了。这让我想起了我看过的越战旧录像，当时美国飞行员试图用地毯式轰炸，迫使越共投降。现在还远不及20世纪60年代那时候的场面，

第八章 泥沼里的钻石：现代战争中的死亡与英雄主义

但也让我们稍微了解了我们在阿富汗能使用的破坏性武器规模。"[21] 虽然贝蒂是这样说，但几分钟后，对方又重燃了斗志："现在朝我们飞来的除了小型武器火力和火箭弹，又加入了迫击炮弹……敌人至少从三个方向向我们进攻。"[22] 四面楚歌的贝蒂正在重温越战的另一个教训（实际上，是现代战争中的教训，无论在一战还是二战期间太平洋的两栖登陆作战中都有过此类教训）——大量的高爆炸弹并不能达到预期的打击效果。敌人幸存了下来，就像某个后街小巷的小鬼，坚强地熬过鞭打，然后又回来打那个富家子弟。越共战士陈娣贡（Tran Thi Gung）是她所在部队中唯一的女性，她相信"美军损失了很多人，因为他们采取了传统战术对抗我们的伏击和地道战。他们的炮弹和炸弹威力巨大，有时会杀掉躲在隧道里的人，但这种情况并不像你想象的那么频繁……'鹳鸟没法把大便拉到瓶子里'"。[23] S. L. A. 马歇尔在提及越南（但也适用于伊拉克和阿富汗）时也说过："猎象枪被用来打兔子了。"[24]

传统军队在打击叛乱时常常遭受惨痛的伤亡，因为他们无法快速适应。"它永远让我惊讶，"美国士兵汤姆·麦凯布（Tom McCabe）在越南一家医院中养好伤后写道，"和我想象中的相比，这场战争太不正统了。没有战斗界限，而且开始和结束常常都很迅速。"[25] 当毫无准备和戒心的士兵被转移到陌生环境，很多东西都能把他们带进坟墓。在越南尤其如此，那里的美军主要由应征入伍的士兵组成（相比之下，海军陆战队只接受志愿者）。在伊拉克和阿富汗，无论是在战术还是文化上都存在巨大的挑战，有人推测，军队里都是经过遴选的专业人士，他们的罗盘指针都指向正确的方向。

大多数美军步兵在越南的服役期是一年。随着战争发展，应征入伍的人在部队中的比例更高了，不用奇怪，他们在服役初期战死的风险极大。军队43%的阵亡士兵死在服役的前三个月；海军陆战队里则是33.8%。美军士兵在他们服役的前半段时间死亡的可能性是后半段的两倍。[26] "那些他妈的死菜鸟（FNG）"，就像所有战争中的新兵一样，学习曲线可能会异常陡峭。

一位老兵回忆，战斗结束后，他曾试图警告一个"名叫唐纳德的孩子，他已经离开本土三个月了"，让他低着头，睁大眼睛，因为狙击手很活跃。

> 唐纳德不紧不慢，还哈哈大笑……他背对着防线坐了起来。就在我告诉他要睁大眼时，突然"砰"的一声！
>
> 子弹穿过唐纳德的上肩（然后）从他的胸口钻出……当被击中时他并没有立刻死掉。他的内脏从嘴和鼻子里流出来，就像被击中的时候会把它们咳出来一样……我还没机会和他并肩作战，教他怎么活下去，因为他来的时候我们就在不停地跑。他还没学会怎么在你告诉他的时候就立刻去做。
>
> 他看着我，我能看到的就是他眼里的泪水。就像是他在说："我还活着，但我该怎么办？我快死了。"
>
> 我纠结于该不该给他的脑袋来一枪，让他摆脱痛苦。出于某种原因，我最终没有这么做。我看着他，他还是个孩子。他才17岁。[27]

然而，正如电影制作人奥利弗·斯通（Oliver Stone）记得的那

第八章　泥沼里的钻石：现代战争中的死亡与英雄主义

样，有些老兵对新兵毫不关心：

> 我完全是无名小卒，不太说话，尽我所能地快速学习。他们（那些老兵）根本不知道你的名字……我尽力让自己不被注意到。只是完成我的任务，闭上嘴。不要被选中。我干得不错，因为有些新人真的会让他们恼火，相信我，他们会杀死新兵的。他们并不会真正关心你，因为你是"他妈的死菜鸟"。他们会把你安排进尖兵队，如果你不知道该怎么做，你就死定了。如果他们真想干掉你，就会把你安排到监听岗哨，那儿就像地狱一样可怕，因为就你们两个人在警戒线外围。[28]

要学的东西很多。它们本身很琐碎，但这些琐碎的东西能让一个新兵丢了性命。卡尔·马兰提斯（Karl Marlantes）在其根据自身战斗经历写成的精彩的越战小说《马特洪峰》（*Matterhorn*）里描述了一位新任初级军官准备战斗的情形：

> 他小心翼翼地用弹簧把裤脚固定在靴子上，防止水蛭钻进去，把一瓶塑料瓶装的驱虫剂插在他全新的绿色迷彩头盔外沿的皮筋里……
>
> 詹科维茨（Jancowitz）朝梅拉斯（Mellas）咧嘴一笑："长官，我，呃……"他犹豫了一下，然后拍了拍他柔软的丛林迷彩服侧面。
>
> 梅拉斯看向汉密尔顿。"驱虫剂，"汉密尔顿说，"白色在丛林里很显眼。是个好靶子。"

"那这根皮筋是用来干吗的?"梅拉斯问道,把瓶子塞进口袋。

"不知道,长官。"汉密尔顿回答道,"我猜,可能是为了能把该死的头盔系起来吧。"[29]

即便到达了学习曲线的另一端,死亡仍然会想方设法乘虚而入。戴维·哈克沃思(David Hackworth)是越战中获得最高荣誉的战地指挥官之一,他指出即便是经验丰富的老兵,自满情绪也会让人以很多种方式死掉:"许多老兵认为他们掌握了一切,开始走捷径了。他们丢掉了基本原则,忽视那些让他们活下来的小事,因为他们变得自大,或者认为这样做能提高他们的人的士气。他们在黄昏时生火,在晚上抽烟,不随身携带武器,在埋伏时或巡逻中带上驱蚊剂,在行动中没有派出侧翼防卫部队。捷径让你丧命。"[30]

疲劳和对某种解脱的渴望既诱人又致命。拉里·丰塔纳(Larry Fontana)发现:

不顾安全追求物质上的舒适就是玩火。那些亚洲佬会在人经常通过的地方设置陷阱。如果一辆废旧的老爷车停在你每天巡逻的路边,离远一点儿!如果它不是陷阱,那还能是什么……在我准备回国前不久,我奉命给一队医务人员建一处掩体……我得承认,我们给这群家伙建了一处"地狱"掩体……掩体旁边是一个小型的木质结构建筑,上面有个瓦楞屋顶。小木屋被用来存放补给。天黑之后,那些亚洲佬朝火力基地发射了无后坐力炮炮弹。炮弹落在

第八章 泥沼里的钻石：现代战争中的死亡与英雄主义

了建筑的屋顶，屋里被炸得七零八落……一片废墟中发现有两名医务兵被炸死，他们睡在房子里的简易床上。我猜他们是不愿意睡在掩体的泥土地上。他们因为在危险环境中追求舒适而死。直到今天，我依然没有为这些人感到遗憾。[31]

而且如箴言所说，战争包含着长期的单调乏味，中间穿插着彻底的恐怖时刻，那些长期的无聊也是能致命的。乔尔·特尼普西德（Joel Turnipseed）讲述了1991年海湾战争期间，在沙特阿拉伯，人们是如何适应飞毛腿导弹的打击的：

遭受袭击是很无聊的。一开始，飞毛腿导弹落下会让人心惊肉跳，当天空中的亮光一闪而过，沙漠传来隆隆声；当我和其他陆战队员像蟑螂一样从帐篷里爬出来，除了防毒面具、"狗牌"和内裤什么都没穿……在战争的第二个和第三个晚上，被多次叫醒让害怕变成了烦躁……你厌烦了。你整夜都听到警报声。所以你真要起床开跑吗？不，你只是点了一支烟……就这样过了几个星期，我甚至懒得从床上下来……当飞毛腿导弹的警报第四次拉响，有一半人都开始无视它了。

导弹在我们头顶爆炸了，爆炸的震荡效应让我们晕头转向。我们本能中的动物性促使大脑发出了纯粹由肾上腺素驱动的指令，我们飞快朝掩蔽处跑去……

哈奇打开美军电台，听到这个消息。没有提到我们的袭击事件，只报道了胡拜尔（Khobar）军营的悲惨事件，

> 一枚伊拉克的飞毛腿导弹导致28名陆军士兵死亡,还有百余人受伤……他们为什么不跑去掩体?也许是时间不够。也许是因为战争很无聊,轰炸很乏味。在战争长期的缓慢进展中,我们都耗尽了内心的能量。[32]

所有战争都各不相同,但针对武装暴乱的战争有一些相同的关键战略/战术特征,它们决定了士兵以什么方式死亡。一个主要因素是占领军需要在据点觅得藏身处,以暂时摆脱原住民的威胁。但军队还是无法在相对安全的基地里镇压暴乱。"坏人"必须要被追捕和消灭,占领军需要敢于出头,结果有时他们的头会因此被砍下。

回到美国独立战争时期,康沃利斯勋爵(Lord Cornwallis)就常常对不得不依赖于"火力支援基地"(这个词是现代说法)感到恼火。"在我看来,这条准则对于安全指挥这场光荣战争是绝对必要的,"1781年5月26日,他写信给他的上司亨利·克林顿将军,"也就是说我们应该尽量控制要塞的数量。"[33]而正是康沃利斯决心从英国重火力要塞出击追歼敌军,才直接导致了英军的最后据点约克镇成了独立战争中的西贡①,这就颇具讽刺意味了。

有人可能怀疑,如果2006年身在阿富汗的道格·贝蒂上尉想到了康沃利斯勋爵会怎么样,不过他回应了这种疑问:"我们在整个赫尔曼德地区都有驻军,但我们的战术基地位于盖雷什克

---

① 西贡(今胡志明市)1975年被越南南方人民武装攻占,越南战争结束;美国独立战争中约克镇的陷落导致英军投降,独立战争结束。因此作者把约克镇称作"独立战争中的西贡"。——编注

第八章　泥沼里的钻石：现代战争中的死亡与英雄主义

（Gereshk）、桑金（Sangin）和诺扎得（Now Zad）等城镇和村庄的中心。在这些战术基地之外行动并不容易，实际上甚至相当危险。我们在那些半城市化的中心都有据点，在据点之外很少有甚至根本没有势力。那些部队实际上就是自己要塞里的囚犯。"[34]

在越南、伊拉克和阿富汗，突袭总是让人担心，不仅容易挫败而且致命。托拜厄斯·沃尔夫（Tobias Wolff）的经典越战回忆录《法老的军队》（*In Pharaoh's Army*, 1994）生动地描述了这种暴露行动的致命性，除了一些技术上的变更之外，它怪异地让人联想起在卡罗莱纳部队战斗力被削弱的康沃利斯，或者就这一刻而言，想起19世纪印第安战争中的美国军队：

> 敌人是当地的游击队员，由村干部进行严密组织。偶尔他们也会联合攻击我们的基地，或是伏击车队和船只，甚至攻击那些在要塞外游离、因长时间没有接触敌人而松懈的大部队，不过大多数时候他们都以小队活动，远离视线。他们用哑掉的榴弹炮炮弹自制地雷，或者从我们的南越盟友那里购买真正的美国地雷伏击我们。他们会在晚上向我们发射迫击炮弹……杀掉一两个人，或让一些人受伤……然后他们迅速逃走，在我们的射手瞄准他们之前，钻上床，如想象中那样，笑着入睡。他们给我们的卡车和吉普制造陷阱。他们知道我们选择的路径，就在路上设下陷阱，因为我们总是选择同样的路线，就是那些看起来好走、能让我们保持干爽的路线。他们狙击我们。有时，当他们觉得需要证明自己是真正的游击队员而不仅仅是佯装强悍的农夫时，他们就会让动物或孩子堵在路上，然后射

杀那些因为心软而停下来的人。

我们并没有在激烈的战斗中被大量夺去生命。我们一个一个地死亡，以一种近乎偶然的节奏。有时你可能刚觉得安全了，然后你又开始疑神疑鬼，环顾四周，你看见有些从轮值开始就认识的人已经死了……你紧张地算着算术。[35]

占领方的士兵一旦进入"国境"，就会接触到一系列致命武器，但无论是在越南、伊拉克还是阿富汗，其中一种最致命的武器，就是地雷。在越南，大约有 18 500 名士兵死在枪口下，16 000 名士兵死于地雷、诡雷和"其他爆炸装置"造成的弹片伤。[36] 仅在 1966 年，地雷和诡雷就杀死了 1000 多名美国士兵，约占当年战斗死亡人数的 25%。[37] 在伊拉克和阿富汗，简易爆炸装置（IED）是联军死亡的最大原因。例如，在阿富汗，2009 年死在简易爆炸装置下的人数占联军士兵阵亡（KIA）总数的 61%。[38]

苏联军队在入侵阿富汗（1979～1989 年）时也经历过同样的死亡模式。整场战争中，苏联共有 14 450 人因各种原因死亡，另有 53 700 人受伤。在开始的几年，大多数阵亡苏军都死于小型武器，但随着时间的推移，弹片和爆炸伤亡（主要是地雷造成的）比子弹导致的伤亡多 2.5 倍，1981～1982 年间达到了 800 人的峰值；此后，由于采取了加固车辆、穿防弹衣和乘坐在装甲车顶等反简易爆炸装置的措施，这些数字有所下降，到了 1984 年，苏军一年内因简易爆炸装置损失的人数只有 100 人。[39]

小弗朗西斯·J.韦斯特上尉在越南和海军陆战队第 9 团一起度过了 1966 年的春天和初夏。55 号高地周围像拼布床单一样的稻田和灌木篱墙（这里也是法越战争时法军两个步兵营被歼灭的地方）尤

第八章　泥沼里的钻石：现代战争中的死亡与英雄主义

其危险。陆战队中，韦斯特有这样的记录："他们最讨厌、最害怕、最难对付的敌人不是越共，而是地雷。三角洲部队的一个连在五星期内连续阵亡10人，负伤58人。两人被小型武器击中，一个被手榴弹击中。其他伤亡均由地雷造成。"[40] 遍地都是地雷。"它们的布设似乎没有任何规律，"韦斯特回忆，"它们散落在岔路口、稻田水沟、栅栏边和大门下。在观察了这一地区陆战队巡逻的路径后，敌人就会把地雷埋在预计陆战队员会走过的地方。他们经常侦察巡逻队所走的方向和路线，在前面埋设地雷。如果巡逻队安全通过了那个地点，那些人就会从藏身之处跑出来，挖出地雷留着第二天用。"[41]

有些武器非常狠毒，它们以极高的热情从一场战争跳到另一场战争。"弹跳贝蒂"是二战中的恶魔，在越战中也让人极度恐惧。它极其邪恶。罗纳德·J.格拉塞（Ronald J. Glasser）医生记得罗伯特·科特（Robert Kurt）和他的医生彼得森（Peterson）在一家日本医院里的对话：

科特咬紧牙关，但依然在谈论一名被激活的"弹跳贝蒂"困住的伞兵。

"但你为什么没帮他？"彼得森放下探头，打断了他说话。

科特看向他，明显被冒犯了。"怎么帮？"他断然回答。

"让他摆脱它。"彼得森说道，重新给他包扎伤口。

科特耸了耸肩。"如果能的话，我们当然会帮。听着，"他严肃地说，在床上伸了伸腿试了试，"那是一枚用'弹跳贝蒂'做的诡雷。它们都是已拉开（引线）准备引爆的：你踩上去，然后，'嘣'！推进火药就会引爆，把地雷射到空中。"

"难道就不能放点儿东西在上面，让他走开吗？"

"你让谁去？雷管只有乳头那么大，而且你不知道要多大的压力才能按住它不让它爆炸。有一些还很不稳定。你不用松开就能引爆，只要移动一下重心。你必须先走一步。你只能这么做。"[42]

面对地雷和诡雷，有些事情是永远不该做的，比如那些能让你丧命的事：

> 当我第一次见到博比时，他总对我说："不要从敞开的门进去，不要这样做。"（但在后来的一次行动中）我跳过栅栏后正准备叫他："不要从敞开的门进去！"哦，他就已经碰到了门板，一枚聚能装药炸弹把他一侧屁股炸飞了。他躺在那儿尖叫："我要回家了！我要回家了！我要回家了！"
>
> 医护兵说："你他妈说的对，你要回家了。"
>
> 他就那样清醒着死去了……他总告诉我："不要从敞开的门进去。"……对啊，看看现在说话的是谁。可怜的笨蛋。[43]

在越南，地狱被当地人以节俭的方式加以塑造。绝大多数简易爆炸装置都是用美国每月数百吨的未爆炸弹药制成的。90%是反步兵装置，有些相当粗糙却非常有效，就像杰里·约翰逊（Jerry

第八章　泥沼里的钻石：现代战争中的死亡与英雄主义

Johnson）在西贡以西的一条小路上散步时发现的那样。

他们会拿两块扁平的木头，在一端中间放上一小条黏性炸药。然后在两面包上胶箔，并安上两条引线，连上电池。当你踩到它时就会连通电路，诡雷就会爆炸。我们有一名坦克指挥官就这么死了……在他即将离开去休养的前两天。他的坦克被一块波纹钢板挡住了去路，他下车站在钢板上查看，这时坦克碾过了这个钢板诡雷，引爆了他脚下的八十磅炸药……腰部以下（任何东西）都不见了。他的一半脸都炸没了。爆炸太过猛烈，当他落回地面，已经被炸成碎片，掉得到处都是。[44]

驻越美军第25师的丹·凡登堡（Dan Vandenberg）描述了踩到手榴弹诡雷时的感觉：

很快我们行动了，我走过一条水沟。大概走了30码的时候我感觉到脚踝周围有东西。我知道那不是藤蔓，很快便发现那是一根线。一旦拉出手榴弹拉环，那在爆炸前你大概还有2~2.5秒时间。大约花了1.5秒时间我就明白过来我绊到了什么，所以还剩下约1秒。很多人问我，为什么不跑，为什么不跳进水里？首先，你不知道该往哪跑，你可能正好撞上地雷，它可能在2~4英尺内的任何地方。而且，你正用那仅剩的1秒内的部分时间让你的大脑完全明白你刚刚干了什么。我第一个念头是："该死的，我搞砸了。"有人好奇手榴弹在脚下爆炸是什么感觉，那就像有人拿着根棒球棒打你的脸一样。你全身都麻木了，前10秒疼得要命，之后你就动不了了。[45]

在越南乘坐装甲运兵车时发生的死亡有77%是简易爆炸装置造成的，这一比例在伊拉克和阿富汗都有所上升。[46]正如托拜厄斯·沃尔夫所见到的那样，针对车辆的简易爆炸装置威力更加惊人：

> 我们穿过了一连串的村庄……为了躲避狙击手我开得很快，但在这条路上，狙击手不是问题，地雷才是。如果我轧过一个触发引信的105（毫米）炸弹，车速多快都没有区别。我曾见过一辆两吨半重的卡车在路上被那个东西炸飞，那辆车是我们从西贡回来的车队中的其中一辆，在我的车前面，中间就隔了几辆车。那辆卡车像一匹跃马一样跳了起来，侧翻在沟里。我们其余的人都停下来跳下车卧倒，等着不会出现的埋伏。当我们终于站起来，往卡车里看的时候，那里一个人也没有，没有任何你能想象成一个人的东西。车里的两名越南兵被车底的爆炸变成了杂烩汤。[47]

一名海军中士和他的无线电技师在越南踩中了一个简易爆炸装置，记者查尔斯·安德森（Charles Anderson）目睹了结局：

> 这枚地雷几乎完全实现了制造它的苏联人和将它布在这里的北越人的想法。两人的身体和身上的衣服唯一完好无损的是靴子，尽管脚已经从腿上断开了。地雷让裤子和

第八章　泥沼里的钻石：现代战争中的死亡与英雄主义

腓肠肌群搅在一起，肌腱和生殖器、肠子、膀胱、大便、肝脏、脾脏、肾脏和胃袋混成一团，渗出物上涌堵塞了肺部和喉咙。手掌、胳膊、胸口和脸都烧成了如梅子干般的质地和外观。正如人们所预想的那样，在机械化战争中人们的遭遇毫无诗情画意，也绝对不会有什么曲折故事。[48]

地雷和诡雷不仅会造成严重的身体损伤，还会给心理带来深远的伤害——引发托拜厄斯·沃尔夫提出的"神经质算术"。戴维·哈克沃思在他的手下身上看到了同样的计算：

> 大多数39团4营的士兵都知道，他们每迈出一步都冒着留下最丑陋伤口的危险。子弹会留下一个洞，一大块弹片可能会削掉一只手臂——但一枚地雷会让一名士兵变成浑身扎满弹片的废物。
>
> 营里的士兵总结，开战就是穿过田野，踩中地雷，呼叫医疗兵包扎伤员，被医疗撤离，然后出院，踩上另一枚地雷。他们还做了计算，发现他们中没有多少人能幸运地度过365天再轮换回家。

"每当我听到诡雷这个词就会想起血的味道，"吉姆·罗伯森（Jim Robertson）回忆道，"那些该死的东西数量极多，种类也不少，而越南人又那么善于制造和隐藏它们，所以你的感觉就是，如果你在战场待得够久，你一定会成为诡雷的牺牲品。这只是一个时间问题。"

交火时，步兵们知道他们有机会反击。如果你遭遇伏击，但第一轮交火中没有被击中，那就是轮到你的机会了。"但面对诡雷，"罗伯森回忆道，"就是砰的一声！游戏结束……那是最糟糕的——沮丧且无助。"[49]

第25师的丹·克雷比尔（Dan Krehbiel）记得，它是"另一种性质的战争，一场布满诡雷、地雷，需时刻注意脚下，有人受伤、被炸却无法找到可回击的敌人的战争"。这场战争中几乎没有令人满意的对抗。

> 我们走进了一片巨大的、布满诡雷的区域。这里没有敌军士兵，没有枪击。我前面的人步入了一个地刺陷阱（一个隐藏的陷阱，里面插着锋利的木桩——是我们远古祖先的狩猎技术）……同时，三名南越陆军士兵踩中了一个155毫米白磷炮弹做成的诡雷，它爆炸了，白磷撒满他们全身，他们烧着了——烧熟了。三个人全都死了……我们后面有人又引爆了一个手榴弹，伤了一个人……我早已把枪调成自动模式，等待丛林中移动的目标。我以为我们会受到某种追击，但什么也没发生。[50]

驻阿富汗的美国第5斯特瑞克（Stryker）旅的一名士兵回应了这种沮丧："很多人觉得被骗了。其他部队都有关于交火的精彩故事，但我们什么也没有。我们只能坐在那里等着被炸死。"[51]

偶尔那些有仇必报的战争之神（《伊利亚特》的那帮兴风作浪、反复无常的老混蛋）打了盹儿，让一位美国越战老兵惊讶：

> 我们上了他妈的直升机，起飞后飞了可能一个小时，

第八章　泥沼里的钻石：现代战争中的死亡与英雄主义

然后我们到了，每个人做的每件事都没错。你知道，那就是它可笑的地方，它完全像那么一回事……我们跳下直升机，所有人跑到了指定地点——然后无线电里传来了第一条该死的指令："警告，你们处于法国布雷区。"

我记得我说的第一句话是："我他妈不相信你们这些混蛋！"然后……我对我的通信兵说，"传下去：我们在雷区。"然后72个人跳出来跑出了雷区。我的意思是一切都很完美，你知道，而且我站在那儿："我他妈不信……他妈的你们要去哪儿？"但他们就这么跑了。然后我抓着那个该死的通信兵的背带也跑了。嗯，就这样，我也做到了！我们刚刚跑出了一个他妈的雷区——安然无恙。

然后，你知道，你坐下来，汗水从身上滚下。那不是因为热。每个人都在说废话，你知道。现在你立于不败之地。你刚穿过一个雷区……我们得到了一颗闪亮的星。[52]

排除道路上的简易爆炸装置就像玩俄罗斯轮盘赌，只不过这不是一种随意的消遣。李·雷诺兹（Lee Reynolds）曾是越战中一名美军装甲运兵车驾驶员。

我们为保障道路安全做了很多工作。我们会出去寻找敌人的踪迹，然后"清扫"道路，这实际上是一种愚蠢的扫雷技术，就是开车通过一条路，看看你能不能碾过地雷，让它爆炸。我们有很多人因为这个受到不必要的伤害甚至死掉。我记得我给女朋友写信告诉她这件事，她回信……如果你知道这条路有地雷，为什么不离开这条路呢？逻辑显而易见，直截了当，但一开始我们上校完全无法接受。一天，我们有一辆车（装甲运兵车）被一个巨大的地雷炸毁了。八个人被炸成碎片。他们的身体碎片挂在树上，鸟儿飞过来啄食。从那之后，我们远离了那些道路。[53]

海军陆战队中尉多诺万·坎贝尔描述了在伊拉克拉马迪，一次大清早在主干道上排除简易爆炸装置时的恐怖经历：

> 密歇根大道是该地区所有联军的重要交通干道，所以清除路上的简易爆炸装置，让道路保持通畅成了我们连的优先任务。几乎每天早上都有一个排的巡逻队从前哨基地沿着高速公路出发……在理论上，这个任务似乎合理可行，甚至连术语——"路线清理"听起来也很专业、高效、清洁。实际情况却是——路线清理是让人讨厌的项目，只能用丑陋、原始而且相当危险的方法来完成。
>
> 陆军开着全副武装的悍马在高速公路上以每小时至少40英里的速度进行"清扫"，在这样的高速下，屏住呼吸，寻找任何能发现的可疑物体，等待爆炸的发生。相比之下，我们的"清扫"方法是穿着防爆服走完密歇根大道。跟陆军一样，我们也屏气凝神等着爆炸发生。相比每小时开出40英里，每小时5英里的步行速度让我们更可能在垃圾堆和其他成堆的废弃物中发现异常物体。但穿着防弹衣的我们也可能在爆炸中伤亡。即便速度很慢，陆战队也很少能发现伪装得很好的简易爆炸装置，除非走近到距

第八章　泥沼里的钻石：现代战争中的死亡与英雄主义

离30～50英尺的地方，即完全进入杀伤范围内。[54]

一些最致命的简易爆炸装置看起来很无害，就像一罐可乐。但这些"爆炸成型炸弹"（EFP）——聚能装药，将熔化的金属射入目标——非常致命。驻伊拉克的美国陆军国民警卫队（National Guard）第69团的连队指挥肖恩·迈克尔·弗林（Sean Michael Flynn）描述了他们的悍马被EFP击中的场景："暴乱分子对伦和阿里的车引爆的EFP距离车辆仅有几英尺，藏在一条羊场小路中间的一丛灌木里。金属射流从罐子里射出，穿进了伦背后的悍马，他正在开车。钢水让这个美籍越南人（伦）即刻死亡。阿里正坐在炮塔上，面朝后方。子弹穿过伦的身体后炸掉了阿里的腿，然后碎片钻进了马耶拉中士的胸腔和头部。"阿里在去医院的途中流血过多而死，马耶拉则活了下来。[55]

暴乱分子军械库里，排在地雷和诡雷之后威力最大的武器大概是RPG火箭筒——火箭助推榴弹发射器，是巴祖卡（bazooka）火箭筒的后裔。它高度便携，制造成本相对较低，操作不复杂，适合暴乱分子。在暴乱分子来看，唯一的问题是操作人必须近距离接触目标，在极易被发现的反向爆炸（气浪）下，操作人很容易被反击火力击中。

RPG火箭筒的战术使用通常遵循非常一致的模式。首先，可能是在简易爆炸装置或某种路障的帮助下阻拦敌人，然后用RPG朝其开火。吉姆·罗斯（Jim Ross）在越南时是一辆装甲运兵车上的士兵，隶属第25师：

> 作为机械化步兵，我们的火力远优于那些直腿子步兵

队,所以我们并不认为敌人可以跟我们正面对抗。可当我们相遇时,敌人总有先发制人的机会。这是机械化部队的主要弱点之一,移动范围很大使其成为很容易捕捉的目标,敌人可以从很远的地方发现你,从更远的地方听到你的声音,所以如果他们决定阻拦你们的话,就会有足够的时间。通常情况下,他们可以不付出任何代价而侥幸逃脱。他们要做的很简单,安排两三个人打一个RPG火箭筒埋伏,攻击领头或者殿后的装甲运兵车,或者破坏摧毁车道。[56]

在越南,卡车司机尤其容易受到攻击,因为卡车的油箱里有90加仑汽油,而正如小说家、《帕克的故事》(*Paco's Story*)作者、第25步兵师老兵拉里·海涅曼(Larry Heinemann)回忆的那样:"1加仑汽油相当于19磅TNT炸药,有足够的能量在瞬间将上千磅的物体抛到上千英尺的高空。别玩汽油。你这儿有90磅汽油,如果一枚RPG火箭弹正中红心,你的下场就跟火柴头一样……如果真有情况发生,司机总逃不过一死。"[57]

如果我们仔细聆听现代战场上的声音,就能清楚地听到远古战场的回声。在凯夫拉防弹衣下,我们仍能闻到古代战士散发出的恶臭,再现代的净化设施似乎也洗不掉(那股气味),这常常让我们感到尴尬,有时甚至让我们感到羞耻。

现代战士说着古老的语言,回应着古代神明。在原始的泥土中打滚的快乐是一种奇妙的解放。死亡成为一种令人振奋的麻醉剂。代理下士托马斯·P.努南(Thomas P. Noonan)在1968年从越南写给他姐姐的一封信上说:"请忽略这封信中可能出现的任何轻

第八章 泥沼里的钻石：现代战争中的死亡与英雄主义

率无礼。我尽量避免如此，但一个人若是度过了这么美妙的时刻，很难控制愉快的心情。我已经摆脱了愚蠢社会的束缚。我扔掉了剃须刀，丢掉了肥皂，埋葬了礼仪。签订了两年的战争契约，证明了人不是非得清醒地面对现实。我翻越高山，穿过河流，乘坐像魔毯一样的直升机飞过天空。我和死神一同降临，我的胡子里粘着口香糖。"[58]四个月后，努南死在了越南。

反常的是，混乱可以提供在"普通"生活中找不到的清晰："我基本上可以说，我喜欢越南。那是我生命中最鲜活的一部分。我喜欢它的无秩序。你懂的，遵循自身的规律。没人会打扰你。你知道和12个武装到牙齿的人走在路上，任何朝你开枪的人都要倒霉，这是什么感觉吗？你的每一分钟都有意义，你和那些真正照顾你的人在一起……回国后我很怀念那段日子。当你一直在和社会打交道时，你就会感激那段经历。"[59]

从一名在伊拉克的士兵的声音中，你能听到原始战争之神的狂热呼喊：

> 有一次，一名暴乱分子出现……我看到他向同伴指出了我们的方向。
> 他妈的。
> 我站在椅子上指回去，咆哮道："我就是死神，世界的毁灭者！"……你们这些该死的！[60]

或者是一名在越南的直升机炮手口中的：

> 这成了一次活靶射击。他们没有防御力……我和他们

最强的人战斗。看在上帝的份儿上,把人从船上、田里和树上轰出来。嗜血的欲望。我想不出更好的描述方式。就在那一刻,我有个疯狂的想法,我就是上帝,惩罚就在此刻,就是现在,以我的机枪、我负责的多管速射机枪和我们发射的火箭弹的形式出现……从那一刻开始,你就会明白种族灭绝是如何发生的。[61]

战斗中杀戮的力量——我们的谋杀行为能得到认可——就像某些古老而疯狂的魔仆,平时被我们塞在文明开化的瓶子里,此刻却得到释放。我们能听到这名在越南的士兵的声音:

> 我会用C口粮罐子,加上压力释放装置把它们做成诡雷。很小。你把爆炸物放进C口粮罐子里,把它倒过来让它看起来像没开封一样。然后你把它放到压力释放装置顶部。当有人拿起它时——嗖的一声——一切都结束了。我们以前很喜欢干这事。
>
> 我必须承认我喜欢杀戮。当我在那儿时,它带给我巨大的快感……杀戮能带给你一种快乐,一种难以言喻的兴奋。一场战斗过后,伙计们都很兴奋。"哇,伙计,你看见那个拿起它的人没。天哪。"[62]

魔仆出瓶是很容易的事。只要扣下扳机。在伊拉克的费卢杰(Al Fallujah),戴维·贝拉维亚上士在一场杀戮中兴奋异常:

> 他没注意到我……他背对着我。漫不经心地继续抽

第八章 泥沼里的钻石：现代战争中的死亡与英雄主义

烟，把 AK 捆在右肩。一开始我觉得我产生了幻觉。这个蠢货以为在战斗中有抽烟休息的时间吗？

我连想都没想就拿起了武器。在开枪的瞬间，我的惊讶被冰冷的愤怒所取代。枪口顶到了他的后脑上。

直接射击，我不可能失手。

我的手指动了两下。6 发子弹打穿了他的头骨。他双膝跪地，就好像我刚刚打断了他的双腿。他倒下时发出了呼哧呼哧——像猪叫一样的声音。我放低枪口，再次开枪——3 发子弹打中了他的胸口——确保能干掉他……

他的脑袋来回乱晃。他又开始哼哧……他的脸就像一张万圣节的血红面具，我将我的靴子踩了上去，直到他一命呜呼。[63]

贝拉维亚在重现最古老的战斗棋式，在这种战斗中，真正的杀戮不是面对面的英勇对抗，而是偷偷地、在背后伏击。就像谋杀或暗杀，最大限度地降低了杀手的风险，撕下了掩饰杀戮的堂皇面具。这就是一种处决行为，简单到极点。

尽管近距离杀戮在现代战争中相对罕见，但贝拉维亚同时也发现自己经历的战斗，属于伏击战的另一种极端：经典的短兵相接，这正是英雄传统的核心。但在肮脏和混乱的费卢杰，英勇对抗退化成了致命斗殴中的可怕撕扯和棍棒打击。当英勇的面具滑落，真实战斗中那张被血、汗、鼻涕糊成一团的脸才展露出来。始终如此：

受伤的妖怪动了动。他平躺着，但一只手仍握着他的

AK-47。

我走上前，枪管拍在了他头上。他咕哝了一声，突然挥起他的AK。枪管撞到我的下巴，我觉得我的牙断了。我被打得头晕眼花，还没等我做什么，他就用AK反手拍我。这次木把手擦过了我的鼻梁。我尝到了血的味道。

我后退一步，把我的M16挥成了棒球棒。然后我回到他身边，用力挥棒。前面的准星撞到了他的一边脑袋。我再次挥起枪打他……他的腿从地上弹起来，撞到了我的裤裆。

我跟跟跄跄地后退，股沟处传来一阵阵疼痛……

我跳向敌人，趁他还没来得及做出反应，就跳到了他的胸口上。一口气从他嘴里吐出来……

我用防弹钢板内侧打他，一次又一次地砸到他脸上，直到血流到了衬衫里面。他踢着腿拼命号叫挣扎，却拒绝投降……

"闭上你的鸟嘴！"我再次猛捶他的脸。血流过我的左手，让我抓不住他的头发。他的头猛地撞在地板上。刹那间，他的拳头打在我身上。他的反击让我晃了晃。他一拳打在我受伤的下巴上，疼得我眼前发黑。

接着他打中我的鼻子，血和鼻涕流进了我的喉咙。我把血从牙缝里吐出来，和他一起尖叫。我们俩听上去就像笼子里的两条狗，被关在一起进行一场死亡比赛……

他在我手下张开了嘴。有一秒钟我以为一切都结束了：他准备投降了？然后我的胳膊上传来一阵撕裂般的疼痛——他用牙齿咬住了我拇指侧面靠近指关节的地方，撕扯着试图把肉从骨头上咬下来……

第八章 泥沼里的钻石：现代战争中的死亡与英雄主义

我的腰带。我腰带上有把刀。

……当他转到我身后时我伸手去够腰带。他的脸撞到我的裤裆。我感觉到他在咬我……

终于，突然间，我陷入了疯狂。

我把手举过头顶，然后用我仅剩的所有力量砍下去……

我扑向他。对着他张开身体，把刀冲着他的锁骨下方砍下去。第一下砍中了坚实的肉。刀刃卡住了，我的手从刀柄上滑脱，划过了刀刃，切开了小拇指。我重新握住刀柄使劲拧。刀刃没入了他身体，恐惧和疼痛让他号哭……

刀最终切到了一条动脉。我们都听到液体喷出的轻柔的声音……

我从脖子到胸口都沐浴着温暖……他的眼睛失去了光泽。仇恨蒸发了。他的右手抓住了我的一缕头发……他很虚弱……

眼里现在只剩恐惧。他知道他快死了。他的脸离我很近，我看到他在一瞬间看着我。最后他说："行行好。"

"投降！"我哭了。我几乎要流泪了。

"不……"他虚弱地说。

他的脸变松弛了。他的右手从我的头发上滑落，在空中停了一会儿，然后用尽最后一丝力气，碰了碰我的脸颊。在我看着他垂死的眼睛时，他抚摸了我的侧脸。[64]

损毁敌人的尸体——通常与古代部落文化有关——是现代战争中无法避免的另一种自古以来的需要："骨干部队佩戴着他们

的黑色金属箭头的雷孔多（Recondo）别针，特别骄傲，但我最近发现那些越共有时也会不幸地戴上雷孔多别针……'我们用雷孔多别针让越共们知道，我们能干掉他们。'一位骨干排长这样说，'我们会把别针锤进死去越共赤裸的胸膛里，或者扎在他们的额头上。'"[65]

在越南，当一名美国大兵被要求亵渎敌人的尸体时，其方式会让人想起动物狩猎时让幼崽玩弄已死的猎物，让它们熟悉和适应杀戮的场景。这种可怕行径是有目的的：

> 在我们第一次巡逻的地方，一些陆战队员伏击了一群越共。他们让我搬运尸体，越共和北越人民军的都有。不是把这具尸体推到这边……就是把那具尸体翻过来。看到人的内脏和被炸掉一半的脑袋。我吐得到处都是。
>
> "继续这么干。把这个尸体拖到那边去……在开始交火，把我们都拖累死之前，你得让自己习惯死亡。"
>
> 接下来，我要踢尸体的一边脑袋，直到他的部分脑组织从另一边掉出来……"踢他！"有人说，"你要开始感受杀人是什么感觉。那个人已经死了，但在你的意识里，你再次杀死了他。伙计，这没什么大不了的。看这儿。"然后他们把一些尸体扔下了悬崖。[66]

但是现代战士听到的不仅是古代诅咒与杀戮嘶叫的回声。偶尔，某些人在战斗的原始污泥中发现了一颗钻石，或许对于整场战斗的血腥混乱来说这个理由并不充分，但它仍然十分宝贵。

第25师在越南的第12次撤离中："我们看见男人们走进来，

第八章 泥沼里的钻石：现代战争中的死亡与英雄主义

他们表现出友爱、温柔、喜爱和亲密之情，还有我们之前从未在两个男人身上见过的行为。不是同性恋，而是兄弟般的情谊——比兄弟更亲近。伙计们互相关心。'看那里的斯密蒂，他怎么样？'与正在问话的人相比，斯密蒂可能很好，而那个人可能会死……看到两个男人互相友爱让我好奇，为什么在文明的世界中就做不到这样呢？为什么这样的事只存在于战区？"[67]

1966年6月8日，在越南中部高原地区达多（Dak To）的北部：

我身上有很多洞，有点儿昏沉，但我他妈的知道我不会死。躺在地上的人比我糟糕得多。那里有个叫佩勒姆·布莱恩特（Pellum Bryant）的陆军中士，他真是我们的救命恩人。如果没有他，这件事在15分钟内就会结束。不管怎么算，我们都应该被消灭——整个排都该被杀死。他之前的行动，我向基督发誓，那就像一个芭蕾舞演员在前后舞动。我们所有的人在这条小路上连成一线，有些人在高处，有些人在低处，我在中部的指挥位置。布莱恩特四处跑动，并一路开枪射击。他并没有盲目射击，是有目标的。

这是一个对自身和所做的事都极有信心的人，就像一个伟大的音乐家必须明白他演奏的音乐有多重要一样，佩勒姆·布莱恩特在他的内心深处也必然明白他的行为将拯救很多人。整个过程中，他一直这样行动，前前后后，一言不发。

所有这些都无关你喜不喜欢越战。这不是我能轻易脱口说出的词，可在这场该死的愚蠢的战争中看到他，我很受鼓舞。不过不能太过细说,它接近于一种精神上的领悟……但是几个星期后他被一枚地雷炸死了。[68]

华盛顿特区的越战纪念碑前的一封信写道:

1989 年 11 月 18 日
亲爱的先生,

22 年来,我一直把你的照片放在我的钱包里。

我们在越南茱莱(Chu Lai)的那条小路上相遇时,我才 18 岁。我永远都不会知道,你为什么没杀我。你端着你的 AK-47 盯了我很久,但你没有开枪。原谅我夺走了你的生命,我当时做出的反应只是我接受的训练,杀死越南佬,见鬼的,你甚至不被认为是人类,只是个外国佬/靶子,每个人都如此认为。

从 1967 年的那天起,我成长了许多,开始对生命和世界上的其他民族都非常尊重。

这些年来我不知道看了多少遍你和你女儿的照片。每次我的五脏六腑都因为罪恶的疼痛而灼烧。我现在也有两个女儿了。

她们一个 20 岁,另一个 22 岁,还给我生了两个小外孙女,一个 1 岁,一个 4 岁。

今天我来到了特区的越战纪念碑前。

几年来,我一直想来这里和我以前的许多同伴告别。

我希望并相信他们会知道我来这里,我真的爱他们中的许多人,我相信你也曾经爱过你的许多同伴。

第八章　泥沼里的钻石：现代战争中的死亡与英雄主义

　　如今，我们不再是敌人了。我认识到你是一个保家卫国的勇士。最重要的是，我能对你表达敬意，因为你对生命的尊重。我想这就是我今天能在这里的原因。

　　当我离开这里的时候，我会留下你的照片和这封信。现在是我继续生活的时候了，我也该放开我的痛苦和内疚。先生，请原谅我，我会尽力让自己活得充实，这是你和其他许多人都被剥夺了的机会。

　　先生，我就写到这里了，那么直到我们在另一个时空再次相遇（时再叙吧），愿你安息。

敬上，
第101空降师，理查德·A.吕特雷尔
（Richard A. Luttrell）[69]

附录

发发慈悲：
战场医学简史

> 如果你有两名受伤的士兵，一名肺部枪伤，另一名有一只手或者一条腿炸断了，你得去救那个婊子养的、肺部中枪的，而让那个该死的断了一只手的去死——他对我们来说已经没有用了。
>
> ——一位医生回忆巴顿将军（George S. Patton Jr.）的告诫[1]

> 人类在发明杀戮和伤人的机器之后，又用同样的才智去修复由自己的毁灭性天才构想所造成的破坏，若非这件事本身如此悲惨，简直都有些滑稽了。
>
> ——梅布尔·鲍德曼（Mabel Boardman），红十字会史学家，1915年[2]

这是一件奇异的事情，我们在残酷的毁灭性创造和救赎生命的决心之间挣扎，与人性阴暗面作斗争。我们有技术和后勤方面的天赋，有伤害他人的才能，也可以把我们破坏掉的东西拼凑回来。我们杀人或救人，都一样狂热。

在古时，任何严重的伤口几乎都会不可避免地导致士兵死亡。人们没有办法控制这种无法改变的死亡率。人们对人体的机制和化学反应知之甚少——如何修复撕裂的伤口，或者什么是感染的潜在机制。只有同伴的善意、效果有限的草药，以及最重要的，对神灵的热切祈祷，在终结和拯救之间树起一道脆弱的屏障。最后，大多数人都死了。

这种可悲的状况一直持续到18世纪，直到启蒙运动开始，人们逐渐减少了对神明的依赖，更多地重视科学探索和医疗组织。例如，美国独立战争期间约有四分之一的爱国者伤兵在入住医院后死亡。[3]南北战争时，这个数字降至14%，[4]而到了一战时，美军士兵因伤住院治疗后存活下来的机会大大增加：仅有略高于6%的人失去生命；二战时期是4.5%；朝鲜战争是2.5%；越战是1.8%。[5]是什么因素促成了如此巨大的进步？我们需要将几个因素结合在一起，它们都独立做出了巨大的贡献，但又都不是决定性的因素，直到它们一起发挥作用。它们是医疗服务组织、感染控制、输血、外科手术和麻醉药。

给受伤的士兵提供医疗服务——简陋也好，完备也罢——是天经地义的。要实现这一点，必须要有某种组织。无论是提供在战斗前线工作的急救人员，还是建立一个拥有更多专业医疗人员的常设医院体系，或者仅仅是解决交通运输这一基础但极其重要的问题，都必须有足够的决心和必要的资金去创建一个医疗服务组织。

在古希腊，照顾伤员基本上是战友的责任。在这个时代，军队大多是建立在部落和家族的基础之上，战士也受到这种纽带的约束。除了最基本的伤口治疗外，他们什么也做不了：清洗和包扎，用酒麻醉，偶尔可能使用天然催眠药和止痛药。治疗结果掌握在诸神手中。

罗马帝国把它的官僚天赋带到了战场的抢救工作中。征税是为了资助军队。职业的军事医疗人员在激烈的战斗中工作。有专门治疗创伤的外科医生和复杂的医院系统（每个军营都有自己的病房）照顾伤员，他们清楚地意识到了清洁对于抑制创口感染的重要性。罗马士兵受到的照顾在组织水平上提供了一个标杆，直到19世纪才被追平。

罗马帝国出色的官僚机构解体时，其军事医疗系统也成了其中一个牺牲品，不复存在。其实在大部分历史中，瘟疫才是更大的杀手。直到1870年至1871年的普法战争，战斗死亡的人数才超过了疾病死亡人数。在中世纪的西方，几乎没有任何照顾普通作战部队的规定。贵族有他们的随从，其中可能包括一名医生，但即便是这样，当他们受到严重的创伤，活下来的可能性依然很小。一位研究中世纪史诗的历史学家还原了一位身负重伤的骑士接受治疗的场景：

> 我们看到受伤的骑士躺在地上，他的伤口经过了检查、清洗和包扎。通常的做法是用女人额头上的纱巾包扎；提供刺激性饮品以减轻晕厥，将油或酒倒入伤口，用晒干的草药止血止痛，吮吸伤口以防止内出血；对着伤口念晦涩的魔咒；在敷料中加入许多香脂和药膏；在颈静脉、前臂正中静脉和肝静脉处把脉，以判断病人康复的机会；沉重的头盔和护甲有令人窒息或中暑的危险；用

手、盾牌或担架、马匹或马匹拖动的担架来运送伤员；豪华的卧房和躺椅是专为上流社会人士准备的，而严重情况下唤来的医生通常是巴勒莫（Palermo）或蒙彼利埃（Montpellier）的知名学府出身。[6]

而普通士兵，几乎没有证据表明中世纪的军队存在任何有效的组织来处理他们的伤亡问题。

直到18世纪中叶，西方国家才为军队或者平民建立了制度化的医疗保健体系。例如，美国第一家永久性的民用医院于1751年在费城建立，20年后在纽约建立了第二家。但军队医院，包括相当普遍的、跟随军队作战的移动野战医院，并不能保证有效治疗，其原因有很多：设施匮乏、人员素质较低（例如，英国陆军直到1858年才有陆军医学院），[7]缺少救护车，还有对卫生原则的普遍无知（绝不仅限于军队医院）。尽管已经出现了两家伟大的军事"医院"——1676年在巴黎成立的荣军院（Les Invalides）和1682年在伦敦成立的切尔西皇家医院（Royal Hospital Chelsea），并不是所有伤员都有幸能在这里接受治疗，它们更像是为特定的伤员或老年退伍军人提供服务的疗养院。在战斗地点周围医院的不足和稀缺（通常根本不存在）才是问题。

通常情况下，那些跟随军队作战的野战医院对士兵生命的威胁不亚于敌人。医院合理性设计先驱、美国医生詹姆斯·蒂尔顿（James Tilton）认为，在美国独立战争期间为美国军队服务的野战医院很致命，在这里有更多士兵"因为死亡或其他原因折损，比迄今为止影响军队的所有突发事件造成的损失都要多，哪怕是敌人的武器造成的损失"。[8]在20世纪以前，任何一场严峻的战斗都能让脆弱的医疗设施不堪重负。距现代较近的历史中，一个著名的例子是克里米亚战争（1854～1856），尽管在这个时代战地医疗不过是聊胜于无，听天由命，但即使按照这一标准来看，这场战争中的战地医疗依然是灾难性的。乔治·门罗（George Munro）是第93萨瑟兰高地兵团（the Ninety-Third Sutherland Highlanders）的一名军官，他记得：

> 我们有许多军医，但没有军医院，也没有野战医院和堪用的护理员。我们没有救护车，没有训练有素的担架员来转移战场上的伤员，也没有提供给病人或伤员的营养补给。
>
> 在克里米亚登陆时，团部医院是一个锥形帐篷，医疗和外科设备就是一对医药铁箱，里面装着少量药品、敷料、一两罐牛肉汁和一点儿白兰地……
>
> 这些器械是外科医生的私人财产，由他自己掏腰包，也是他晋升的条件之一。运送伤病员的唯一手段是担架，由军乐队的乐手们负责。[9]

美国南北战争初期，对伤员的照顾也是完全不够的。起初，联邦医疗部（Union Medical Department）总共只有98名官员。战争早期的医疗保障堪称灾难。在布尔溪战役的第一场战斗（马纳萨斯，1861年7月21日）中，联邦军的伤员被遗弃了，而在一年之后的第二次布尔溪战役中，许多伤员被留在战场上长达三天。半岛战役期间的野战医院同样令人遗憾。七松之役（battle of Fair Oaks，1862年5月31日）开战后，联邦野战医院只有5名外科医生，而且没有护士，却要治疗4500名伤员。[10]然而，到战争结束时，联邦已经拥有了世界上最先进的流动战地医院和救护车系统——在这场战争中奠定的美军战地医疗模式一直到越南战争之前都没有变过，这在很大程度上归功于波多马克军团的医疗顾问乔纳森·莱特曼（Jonathan Letterman）博士和1862年被任命为军医处处长的威廉·A.哈蒙德（William A. Hammond）的组织天赋。这一医疗系统的有效性的证据之一便是，战争后期格兰特将军在弗吉尼亚发动的一系列血腥战役中，1864年3月到1865年4月受枪伤的52 156名伤员中，只有2011人因伤死亡，与1861年7月到1864年3月高达10%～25%的死亡率相比，死亡率仅为3.86%。[11]

直到18世纪晚期，运送伤员这一最重要的组织要素，要么根本不存在，要么极其残酷到令人震惊（与其说是救人不如说是杀人）。提高伤员运送效率，尽快将伤员运送至医疗机构，或者反向为战场上的士兵输送医疗服务，对于提高伤员生存率至关重要。通常，伤员被直接留在战场上，由他们的战友帮忙转移，或者被扔进车里——或者他们自己竭尽全力爬着离开。

尽管在18世纪50年代奥地利人就有了"飞行救护车"（快速救护车），可直到拿破仑战争时，拿破仑的帝国卫队军医处处长多米尼克-让·拉雷（Dominique-Jean Larrey）才开始强调尽快让受伤士兵接受治疗的重要性。他设计的轻型医疗救护车实现了两件事：不仅能尽快把伤员撤离战场，送往有外科医生的地方，而且还在战斗中给士兵们送去了医疗队——所有现代实践都基于这种军事医学模型。拉雷不仅倡导快速反应原则，他自己在战场的英勇事迹也非常鼓舞人心。在埃劳战役（Eylau，1807年）中，由于他太过深入战场，帝国卫队出动骑兵分队才把他救了回来；在滑铁卢,由于他工作的地方离前线太近,威灵顿认出了他,命令他的炮手调转炮口朝别处开火。[12]此外,拉雷拒绝按照等级和社会地位决定救治伤员的优先次序,而这是几个世纪以来的惯例。他认为伤情最严重的应被最先处理,这已经成为现代军事医学分诊的道德基础。

在南北战争后期,除了建立分区野战医院制度外,救护车服务也使联邦在战地医疗方面占据了优势地位。虽然一开始,它挺可怕的。第一次和第二次布尔溪战役时,被雇来驾驶货车的平民车夫直接逃跑了(在第一次布尔溪战役时,没有一名联邦伤员被救护车送到医院)。在半岛上,一支30 000人的陆军部队配备的救护车单次只能运送100人。在夏伊洛(1862年4月)和佩里维尔(Perryville,1862年10月),救护服务混乱不堪,毫无组织可言。莱特曼在1862年的改革中创造了一套伤员转运系统,1862年的弗雷德里克斯堡战役和1863年的葛底斯堡战役都证明了它的有效,当时有1000辆救护车,3000名救护车司机和担架员。[13]

一战时,美军伤兵从现场急救员处被送往最终治疗处的平均时间是10~18个小时;二战期间,它被缩短到了6~12小时;朝鲜战争时是4~6小时;越战中是1~2小时(也可能只要40分钟)。[14]尽管急救越来越快的反应速度似乎令人欣慰(而且总体来说它确实反映出康复系统效率极大提高),但它在很大程度上还取决于受伤士兵所处的战场。例如,在瓜达尔卡纳尔这种纵深较小的战场上,一名受伤的美国士兵可以在两小时内被转移到医疗船上。然而在巴布亚新几内亚,受伤的人只能被人抬着在科科达小径上走好几小时甚至几天。1942年至1943年在北非,"一个伤员可能要在救护车上待一天,或在火车上待一天一夜,才能得到治疗"。[15]

然而也正是在撤离最困难的地区率先实施了用飞机运送伤员的方式（例如，第一次直升机撤离是1944年4月23日在缅甸）。[16]到战争结束时，有212 000名美国伤员是经空运撤离的。[17]

一个伤员在得到医疗救助前，首先不该被医疗干预杀死。直到19世纪中叶，约瑟夫·李斯特（Joseph Lister）和威廉·德莫特（William Detmold）等先驱才指明了不清洁、细菌和感染之间的科学联系。虽然此前有些人已经明白不清洁和感染之间有联系（基本上，如果可能的话，伤兵应该在"干净"的环境中接受治疗），但这里存在两个问题。首先，战时的环境通常意味着士兵会在极其不卫生的条件下进行手术；其次，人们对感染是如何传播的知之甚少。于是，医生们用脏手和脏探头检查伤口，用被污染的水冲洗海绵然后擦拭伤口，用未消毒的水冲洗伤口，舔缝合线，再穿过未经消毒的针，在脏抹布上擦拭带血的器械等等。卡尔·舒茨（Carl Schurz）将军是这样描述葛底斯堡战役后的场景的："外科医生们站在那里，袖子卷到手肘，光着的胳膊和亚麻围裙都沾满了血，在帮助将病人抬上或抬下手术台，或者手里有其他活儿的时候，他们的刀常常被咬在牙齿中间；他们周围是血泊和成堆的断肢，有时堆得比人还高。当时的人们还不知道抗菌的方法。当一名伤员被抬上手术台……医生从牙齿间拿下手术刀……在他血迹斑斑的围裙上迅速擦一两下，然后就开始进行手术了。"[18]

坏疽、脓血症、破伤风和骨髓炎都出现了。一位南北战争时期的外科医生描述了一位病人在手术后是如何死于脓毒血症的：

> 我有过很多次这样的经历：一个可怜的家伙前几天

被我截掉了胳膊或腿，我们本来预期他会好转——也就是说，他会疼痛，发高烧，口渴不安，但在逐渐好转，因为他有我们认为是好的症状——他的伤口大量流脓。突然一夜之间，我发现他的发烧明显加剧：他舌头发干，疼痛和不安加剧；他已经无法入睡，面颊发红；当我拿开敷料时，我发现伤口上的分泌物已经干了，有股淡淡的腐烂臭气，已经粘连的伤口重新裂开。结果就是脓血症，死亡通常就是几天的事。[19]

脓血症的死亡率是98%。1863年，威廉·德莫特将脓血症和产褥热——女性分娩后的最大杀手——联系起来，原因就是医生不干净的手和器械。和李斯特一样，他倡导彻底清洁（李斯特规定用碳酸清洗），但"没证据表明有人听从德莫特的建议"。[20]破伤风的死亡率是89%，在内战和一战肥沃的战场"土壤"上蓬勃发展。马厩常常是美国南北战争中战地医院的所在地，也是破伤风梭状芽孢杆菌理想的滋生环境。丹毒是一种链球菌感染，同样能通过肮脏的器械、敷料和手进入伤口。感染后的死亡率是41%。[21]

坏疽杀死了约46%的被感染者。[22]有个例子恰好来自美国南北战争期间臭名昭著的佐治亚州安德森维尔战俘营，它很可能代表了当时许多军队医院的情况："我们的病人和其他患有各种疾病的囚犯挤在一起，在许多情况下，他们住在同一个帐篷里，甚至在同一张床上。再说一遍，我们一顶帐篷里只有一个盥洗槽……由于绷带严重短缺，我们不得不重复使用，而在换洗过程中它们经常发生'交换'，因此疾病可能通过实际接触从一个病人传染给另一个病人。"[23]

这是一名联邦士兵冷酷无情的时间表：

J. 梅勒（J. Mailer），24岁，8月5日入院，大面积坏疽（坏死组织）覆盖整个手臂，直到距离肩关节不到2.5英寸处。手臂溶胀（肿胀），在大片坏疽周围呈现一种丹毒性炎症。发炎的表面布满了绿色和黄色的斑点；这些斑点最后会破裂，排出肮脏的脓液（溃疡）。脉搏每分钟120次，微弱且有一种特殊的颤动。舌头干燥光滑，舌尖和边缘呈红色。大便有些不成形，但不至于腹泻。胃口虚弱。尿量少、颜色深；患者主诉被感染的手臂和肩膀非常疼痛；有大量盗汗；早晨发冷，下午发烧……将纯硝酸涂在脱疽上，将整个手臂包上利尼草药膏（由粉碎的亚麻籽制成）。

（8月）6日：病人没有好转；非常想将手臂截掉；坏疽扩散。脉搏早晨125次，晚上137次，继续处方用药。

（8月）7日：肘部以上仍有坏疽；呈现豌豆绿色，散发出一种难以忍受的气味……肠子疼痛；有黏液分泌。胃口虚弱……

（8月）8日：今天早上坏疽已经蔓延到肩关节和手掌的一半。脉搏140次……有腹泻。处方继续使用松节油乳剂。在这种情况下，病人坚持到第10天，然后急剧恶化，由于我们无能为力，只能继续进行同样的治疗，到第14天，病人死了，整个手臂处于脱疽的状态。[24]

偶然而且反常的是，恶劣的环境竟拯救了坏疽患者。联邦查塔努加市（Chattanooga）战俘营的邦联军军医没有医疗用品，许多伤员的伤口暴露在苍蝇面前，不可避免地导致了伤口长蛆。人们普遍认为，应该尽一切办法清洁伤口（通常是注射氯仿），这符合一般规律。而在这些被蛆缠身的邦联军人身上，医生惊奇地发现，因为蛆只吃坏死组织（腐肉），所以它们倒成了很重要的清洁角色，这些人的康复率也比按常规方法清洗伤口的人要高。一战期间人们也认识到了这一点，于是开始专门培养繁殖用于治疗骨髓炎的蛆。[25]20世纪30年代，磺胺类抗生素的发现，以及1943年首次用于战场伤员的盘尼西林，让蛆几乎彻底退出了医疗舞台，但最近它们又出现了某种程度的复苏，用蛆清理伤口的疗法如今已被广泛接受。

在无菌、抗生素、麻醉和输血的时代来临之前，军医们一直处在一种两难的境地中。为了防止严重的肢体损伤引发坏疽，截肢被普遍视为一种更加保险的选择。然而，在无法做到无菌的条件下，截肢手术本身就会带来巨大的风险：感染、致命性出血（通常是几天后，伤口"结痂脱落"，实际上仍是被感染所致）和休克，所有这些都使截肢极其危险。滑铁卢战役后，接受截肢手术的伤员有70%死亡，在克里米亚战争中，这一数字是63%。[26]虽然与美军队相比，德国和法国的军队医疗机构更加积极地践行了李斯特消毒法，但在1870年至1871年的普法战争中，截肢手术后的死亡率还是令人震惊。乔治·弗里德里希·路易斯·斯特罗梅耶（Georg Friedrich Louis Stromeyer）是普鲁士军队中的首席军医，他在这场战争中操刀了36例截肢手术，伤员无一存活。法军实施的13 173例截肢手术（从相对较小的手指手术到大的四肢手术）中，有10 006例（76%）死于随后的感染。[27]美国南北战争期间，联邦军的外科医生实施了大约30 000例截肢手术。截去下肢的士兵中，有40%的人死亡,相比之下,截除上肢的士兵中只有12%的人死亡;[28]至于那些截掉手指的士兵,死亡率为3%;而那些从大腿根被截肢的人,死亡率超过83%。[29]

如果想要病人活过截肢手术,速度至关重要。拉雷在他的《截肢回忆录》(Memoir on Amputations)中记录,在他坚持尽快处理重症伤患之前,死亡率高达90%。在他的改革(还有他自己的技术进步——在博罗季诺战役之后,他亲自做了200例截肢手术)之后,拉里可以自豪地说:"我们有超过四分之三的截肢病人在手术后康复了,其中一些人甚至失去了一半的四肢。"[30]

虽然鸦片、天仙子、大麻、曼陀罗草(曼德拉草)和酒精等麻醉剂已经被使用了几千年,然而直到19世纪上半叶,合成麻醉剂才勉强被允许提供给受伤严重的士兵(即便这样,许多人还是得承受可怕而又无用的折磨,比如截肢)。乙醚于1842年被首次应用于牙科手术,并于1846年起开始被用于截肢手术。而氯仿(与乙醚相比,它更受欢迎,因为它即使靠近明火也不会轻易燃烧)由于在维多利亚女王第8次、第9次(也是最后一次)分娩时的实际使用,因而得到了广泛的应用和信任。

虽然使用氯仿也伴随着风险——一不小心深吸过量,就会导致心脏肌肉麻痹——但面对截肢手术的痛苦,大多数士兵会毫不犹豫地选择接受这种危险的挑战。1863年11月25日的传教士岭战役中,一名年轻的联邦军士兵艾伯特·杰尼根(Albert Jernigan)右手臂严重受伤,经过几天痛苦的徘徊后他终于住进了一家军事医院。他拼命想保住他的胳膊,但是……

由6名成员组成的外科医生委员会就我的手臂进行了会诊，他们很快做出了决定，那就是我的手臂必须被截除。我开始抱着一种希望，寄望于所谓的"切除术"，即把胳膊剖开，取出骨折的骨头……我向委员会说明了这一点。但他们反对，说这行不通……我跟他们说，如果他们准备好了，就可以开始截肢手术。

他们拿了一顶叫软帽的东西，但形状更像漏斗，里面衬着一层浸透氯仿的棉花，把它罩在我的鼻子和嘴巴上。我仰躺着，一名医生站在旁边握住我的手感受我的脉搏。很快我就完全感觉不到疼痛了。我很开心。一种难以形容的幸福、狂喜、快乐，还有我无法形容的感觉在我心头涌起，然后失去了所有意识。我毫无知觉。我醒来时不知身在何处，也不知道自己是谁。我睁开眼。其中一个医生对我说话。随着一阵战栗，就像电流一样穿过我的身体，我又回到了自己身上。只是我的胳膊没了。[31]

酒精被广泛用作麻醉剂，但一些士兵在没有酒精的情况下表现出了惊人的冷静。约瑟夫·汤森（Joseph Townsend）是一名美国贵格会教徒，在美国独立战争期间的布兰迪万河战役后，看到了外科医生在为英国伤员做手术的过程："我还挺想见识一下外科医生做手术的，他把一个黄铜夹钳和螺丝（此处指的是佩蒂特螺杆压缩式止血带，发明于1817年，可以有效阻断动脉出血，给截肢手术带来了革命性的变化）装在伤员膝关节上方一点儿的地方，然后准备进行截肢手术。他手里拿着刀……想起受伤的人可能需要某些东西来帮助他撑过手术。医生吩咐他的助手给病人一点儿葡萄酒或白兰地……那个病人回答：'不，医生，不必了，没有它我的精神也足够好。'"[32]

1853年查尔斯·加布里埃尔·普拉瓦兹（Charles Gabriel Pravaz）发明了皮下注射器，意味着吗啡可以作为一种快速发挥作用的溶液给病人注射，1903年德国发明的麻醉药巴比妥酸盐也能以此方式被用于静脉注射。

大出血（exsanguination，同时也有"放血"的意思）听起来可能像教会的一种神秘仪式，但实际上它却是夺去士兵生命的头号杀手。失血导致休克，休克导致循环系统的最终崩溃。输血时代到来前（即二战之前）大部分因伤致死的士兵实际上都是死于失血过多，这毫不令人意外。但令人大吃一惊的是，根据美国陆军医疗部的说法，即使在现代战争中，大出血依然是致死的主要因素（超过50%），而"虽然有些在战场上被杀死的士兵是完全'无法挽救的'——值得玩味的是，这个词的工业意味是'不可回收的'——会在受伤后几分钟内死亡……但似乎大约三分之一的阵亡士兵是可以通过发明以及应用新方法尽快干预来加以挽救的"。[33]大出血的士兵只要能撑到现代化的野战医院，生存机会实际上非常高，但对于一些士兵来说，例如美国南北战争中的士兵（超过60%死亡），情况并非如此。为了挽救生命，输血必须迅速，现代军事医学的重点在于伤员受伤后能够使其尽快得到救治。

除非失去的血可以被补充，否则士兵会死于休克。一名英国医疗军官戈登·R.沃德（Gordon R. Ward）上尉在一战结束时发现置换血液的液体部分，血浆（除去红细胞的血液），可以恢复血压，维持循环系统的基本功能。伤员最终还是需要全血（通过自然再生或输血），因为只有红细胞才能向组织输送氧气，但作为一种应急干预措施，血浆输血彻底改变了战地医疗。血浆冻干技术是在两次世界大战之间发展起来的，这意味着它可以储存长达五年，也更方便被运送到战区，现场与蒸馏水混合后再用于静脉输血。到1943年时，血浆输血已经得到广泛应用。例如，在塔拉瓦战役中（1943年11月），每天会进行1000次血浆输血，平均每个病人接受1200毫升血浆。2519名受伤的美国士兵中，只有2.7%的人死亡。

血浆作为一种应急治疗手段固然有着极大的意义，却依然无法代替全血输血。接受血浆输血的失血士兵无法坚持到被运送到后方接受进一步医疗救治，因为在极度缺少红细胞运输氧气的情况下，他们太脆弱了。他们需要输全血，而且要尽可能地接近战场："血浆和白血球对受伤的人有神奇的作用，"一名战斗军医写道，"但全血意味着生命。"[34]1943年之后，红十字会血库的采血工作取得了重大进展，冷藏血液的技术也取得了重大进展。到战争结束时，仅从美国本土就向海外运送了388 000品脱①血液。[35]

和二百年前一样，拉雷关于转运伤员和现场急救的原则今天仍然适用。现代军队已经发展出高度机动的医疗单位，可以在战场附近部署先进的设施。这些拥有手术台、超声波机、血液电解质诊断仪、X射线机和重症监护病房等全部设备的随军战地外科小组（FSTs），可以在距前线60分钟路程的地方开展手术。此外，还出现了一系列可以防止伤兵失血而死的单兵装备：伤兵可以自行使用的单手止血带，以及含有凝血剂纤维原和凝血酶的止血敷料。然而，深内腔伤口和压迫性出血一直都是顽固的士兵杀手。向体腔内注入止血泡沫止血（想想灭火器），以及可以止血的药物，

---

① 1美制湿量品脱约合0.47升。——编注

也许有一天会在战场上取得成功。但问题仍然存在。凝血泡沫不会自行在腔内分散并到达出血中心,而且它们还必须对抗要将它们冲走的血液。

血,很难被止住。

致 谢

我们所有人都站在别人的肩膀上,以便看得更远一点儿。(其中并无高下对错之别,我们可能确实比前人看得远一点儿,但未必能理解我们究竟看到了什么)。表达这些感恩并非为了表明这些被我感谢的人赞同本书或其中的细节;亦非通过强调与他们的亲近来粉饰我对他们才华的剽窃。虽然这本书得益于很多人的巨大恩惠,但如果没有某些强力灯塔的指引,它就不会问世。与大多数在这个领域耕耘的人一样,我欠了约翰·基根爵士一个很大的人情,他自成一派的演绎历史的杰出方式,用独特的眼光照亮了全局;理查德·霍姆斯(英年早逝)也是我灵感的源泉,他是一位学者又是一个热心人,他的博学总是被一种奇妙的同情和一颗慷慨的心灌溉着;保罗·福塞尔是一位历史学家和回忆录作家,他秉持自越南战争结束以来一直处于守势的自由主义传统,他与那些摇旗呐喊和鼓吹战争的人对峙,对战斗英雄持以深深的人道主义怀疑——他曾作为一名年轻的陆军军官,在二战的欧洲战场上以痛苦的方式了解了战斗中令人震惊的混乱真相;我猜维克托·戴维斯·汉森在政治上没有像保罗·福塞尔这样的说服力,但他也有力地唤起了战斗尤其是古老的战斗中那些令人撕心裂肺的真相,他以知识分子的力量和大胆的笔触,让人在陷入同样境地之前三思而后行;裴迪·格里菲斯也是一位军事史学家,和约翰·基根一样专注于战斗细节，并执着地追随这些线索，以了解在战斗中的真相。他的作品总是富有挑战性，毫不留情地对那些普遍流行的观点加以抨击。

然后是那些回忆录作家，没有他们这本书会缺少声音、形式和血肉。这是一种特殊的讽刺，不是吗？描写死亡的必须是活着的人。为了写出两次世界大战的真实样貌，我阅读了许多这一时期作家的作品，如格雷夫斯、萨松、布伦登、巴比赛、荣尔、桑德拉尔等一战作家；曼彻斯特、甘特、莱基、鲍尔比、福塞尔、韦尔内、莫厄特、利特瓦克和道格拉斯等二战作家，他们已经成为我的同伴，他们令我深深着迷，并深怀敬意。

如果没有下面这些人的帮助，本书将无法付梓——当然，本书中的谬误并不能归咎于他们。

感谢阿历克斯·霍伊特（Alex Hoyt）为本书找到了出版社，并帮助我走上军事史作家的道路；感谢迈克尔·卡莱尔（Michael Carlisle）的慷慨和支持；朱利安·帕维亚（Julian Pavia）是我在皇冠出版社的编辑，他用令人印象深刻的智慧和老练引导了这本书通过出版流程，他镇定的头脑总能将我从失去理智的边缘拉过来；玛格丽特·温贝格（Margaret Wimberger）非常努力地帮我修改了手稿，查克·汤普森（Chuck Thompson）和克里斯·福图纳托（Chris Fortunato）在阅读校稿时，贡献了非常有价值的军事史知识——他们把我从那些错误中拯救了出来，如果没被找出并纠正过来，那些错误会在半夜带着令人作呕的震动将我唤醒（如果书中还有的话，那全是我的责任）；设计师宋希基（内文板式）和克里斯·布兰德（外封）设计了一本漂亮的书，对此我表示感谢；我很幸运地

致 谢

从两位研究人员——美国的菲尔·怀特（Phil White）和英国的查德·亨肖（Chad Henshaw）——的工作中受益，他们对战争这一关乎死亡和毁灭的事业投入了极大的热情；非常幸运的是，西点军校的一位历史学家格里高利·A.达迪斯（Gregory A. Daddis）中校对这本书的手稿给予了评价，他的意见非常敏锐且对我极有帮助；我的好友琼·古德曼（Joan Goodman）和基思·戈德史密斯（Keith Goldsmith）提供了一些我本可能错过的书；另一位朋友约翰·彼得森（John Peterson）是越战老兵，也是一位知识广度与深度都令人叹服的、耀眼的历史学家，我曾在很多场合向他请教；我的兄弟保罗陪我走过了许多战场、军事墓地和战争纪念碑，远比我预计的要多，他以优雅的姿态做到了这一切，为此我感激不尽；我的妻子凯瑟琳·考特（Kathryn Court）在我过于频繁的沮丧不安和其他令人气恼的坏行为中，表现出了比我应得的更多的耐心。

最后，我要感谢两位勇敢的男士，他们是一对父子，他们共享着一块清风吹拂的山顶家族墓地，从那里可以俯瞰英国多塞特郡比明斯特郊外美丽的帕纳姆庄园（Parnham House）——他们曾经的家。父亲威廉·伯纳德·罗德-莫尔豪斯（William Bernard Rhodes-Moorhouse VC），曾在皇家空军担任飞行员，1915年5月22日在一场行动中牺牲，被追授维多利亚十字勋章（有史以来第一次授予飞行员）。儿子"威利"H.罗德-莫尔豪斯则获得了杰出飞行十字勋章（DFC），父亲去世时他才一岁。在获得杰出飞行十字勋章后不久，他担任"飓风"战斗机飞行员时，在不列颠之战中牺牲（1940年9月6日）。他的骨灰被撒在父亲的坟墓上。多年前，当我第一次发现这一崇高而庄严的所在时，写下这本书的想法就此萌生。

注 释

前 言

1. Quoted in Victor Davis Hanson, *Carnage and Culture: Landmark Battles in the Rise of Western Power* (New York: Doubleday, 2001).

第一章

1. Ibid., 60.
2. Lawrence H. Keeley, "Giving War a Chance," in *Deadly Landscapes: Case Studies in Prehistoric Southwestern Warfare,* eds. Glen E. Rice and Steven A. Leblanc (Salt Lake City: University of Utah Press, 2001), 332.
3. John Keegan, *A History of Warfare* (London: Hutchinson, 1993), 387.
4. Robert L. O'Connell, *Of Arms and Men: A History of War, Weapons, and Aggression* (New York: Oxford University Press, 1989), 25.
5. Lawrence H. Keeley, *War Before Civilization: The Myth of the Peaceful Savage* (Oxford: Oxford University Press, 1996), 94.
6. Ibid., 91.
7. Keith F. Otterbein, *How War Began* (College Station: Texas A&M University Press, 2004), 3, 62.
8. Ibid., 40.
9. Jean Guilane and Jean Zammit, *The Origins of War: Violence in Prehistory* (London: Blackwell, 2005), 25, 73.
10. Otterbein, *How War Began,* 50.
11. Ibid., 56.
12. Ibid., 64.

13. Ibid.
14. Keeley, *War Before Civilization,* 49.
15. Ibid.
16. Ibid., 53.
17. Barbara Ehrenreich, *Blood Rites: Origins and History of the Passions of War* (New York: Henry Holt, 1997), 67.
18. Keeley, *War Before Civilization,* 105.
19. Ibid.
20. Otterbein, *How War Began,* 195.
21. Keeley, *War Before Civilization,* 84. Of the approximately 230 tribal groups that Keeley studied throughout the world he found only 8 "that sometimes spared male adult captives for any reason" (213).
22. Guilane and Zammit, *Origins of War,* 88.
23. Keeley, *War Before Civilization,* 99.
24. Ibid., 101.
25. Otterbein, *How War Began,* 161.
26. Quoted in Keeley, *War Before Civilization,* 100.
27. Ibid., 143.
28. Stephen Turnbull, *The Samurai: A Military History* (Oxford: George Philip [Osprey], 1977), 10.
29. O'Connell, *Of Arms and Men,* 33.
30. J. E. Lendon, *Soldiers & Ghosts: A History of Battle in Classical Antiquity* (New Haven, CT: Yale University Press, 2005), 29.
31. Guilane and Zammit, *Origins of War,* 215.
32. Lendon, *Soldiers & Ghosts,* 56.
33. Ibid., 44.
34. Ibid., 83.
35. J. F. C. Fuller, *Armament & History: The Influence of Armament on History*

from the Dawn of Classical Warfare to the End of the Second World War (New York: Charles Scribner's Sons, 1945), 24.

36. Lendon, *Soldiers & Ghosts*, 29.
37. Bernard Mishkin, *Rank & Warfare Among the Plains Indians* (Omaha: University of Nebraska Press, 1992), 31.
38. Robert Fagles, trans. *The Iliad* (New York: Viking Penguin, 1990), 551.
39. Ibid., 423–24.
40. Ibid., 425–26.
41. Ibid., 554.
42. Lendon, *Soldiers & Ghosts*, 46.
43. Ibid., 52.
44. H. Frölich, *Die Militärmedicin Homer's* (Stuttgart: Enke, 1879).
45. K. B. Saunders, "Frölich's Table of Homeric Wounds," *Classical Quarterly* 54, no. 1 (2004): 1–17.
46. R. Drews, *The End of the Bronze Age: Changes in Warfare and the Catastrophe, c. 1200 BC* (Princeton, NJ: Princeton University Press, 1993).
47. Fagles, ed., *Iliad*, 426.
48. Ibid., 195.
49. Victor Davis Hanson, *The Western Way of War: Infantry Battle in Classical Greece* (New York, Alred A. Knopf, 1989), 213.
50. Fagles, *Iliad*, 423.
51. Ibid.
52. Ibid.
53. Lendon, *Soldiers & Ghosts*, 41.
54. Hanson, *Western Way of War*, 224.
55. Estimating the weight of ancient armor is just that—estimating. What bronze armor has been excavated is so badly corroded as to make calculations of weight extremely difficult. Jack Coggins in his *Soldiers and Warriors: The*

Fighting Man; An Illustrated History of the World's Greatest Fighting Forces (Doubleday, 1966), 19, goes into this in thoughtful detail, and I have tended to use his calculations. Some historians, for example, O'Connell in *Of Arms and Men* and Hanson in *Western Way of War*, favor much heavier weights. O'Connell puts the cuirass alone at 30 pounds (13.6 kg), while Hanson ups it to between 30 and 40 pounds (13.6–18 kg).

56. O'Connell, *Of Arms and Men*, 36, puts the hoplite helmet at 20 pounds (9 kg), which seems excessive, but G. B. Grundy, cited in Hanson, *Western Way of War*, 49, actually wore an excavated helmet of this period and says: "I have tried on a Greek helmet at Delphi, and I have also tried on various helmets of genuine armour dating from various periods in the Middle Ages. The iron of the Greek helmet was extraordinary thick, and its weight was, I should say, nearly double that of the heaviest helmet of the medieval period." Hanson finally plumps for five pounds (2.3 kg), 72.

57. Hanson, *Western Way of War*, 78.

58. Ibid., 79.

59. Ibid.

60. Coggins, *Soldiers and Warriors*, 20.

61. Hanson disagrees. He states that the panoply was disablingly heavy (*Western Way of War*, 78).

62. Ibid., 45.

63. Quoted in Lendon, *Soldiers & Ghosts*, 50.

64. Ibid., 140.

65. Fuller, *Armament & History*, 26.

66. Quoted in ibid., 153.

67. Quoted in ibid., 154.

68. Quoted in Hanson, *Western Way of War*, 91.

69. Cited in ibid., 87.

注 释

70. Coggins, *Soldiers and Warriors,* 20.
71. Lendon, *Soldiers & Ghosts,* 186.
72. Quoted in Fuller, *Armament and History,* 25.
73. Hanson, *Western Way of War,* 209.
74. Ibid., 203.
75. Ibid., 201.
76. Quoted in ibid., 124.
77. Quoted in ibid., 203.
78. Lendon, *Soldiers & Ghosts,* 108.
79. Ibid., 152.
80. Hanson, *Carnage and Culture,* 74.
81. Ibid., 77.
82. Ibid., 35.
83. Lendon, *Soldiers & Ghosts,* 136.
84. Hanson, *Carnage and Culture,* 88.
85. Lendon, *Soldiers & Ghosts,* 118.
86. Hanson, *Carnage and Culture,* 88.
87. Ibid., 83, Hanson goes for the higher figure and states that Alexander "killed more Hellenes in a single day than the entire number that had fallen to the Medes at the battles of Marathon, Thermopylae, Salamis, and Plataea combined!"
88. Ibid. For example, Dr. Albert Devine puts the figure for Persian losses at 15,000, including wounded and captured. General Sir John Hackett, ed., *Warfare in the Ancient World* (London: Sidgwick & Jackson, 1989), 116.
89. Quoted in Coggins, *Soldiers and Warriors,* 50. The physics of the *pilum* seems a little contradictory. On the one hand the weapon must have enough straight-on kinetic force and structural integrity to pierce a shield, yet the long iron shank had to be pliable enough to bend when embedded. The penetration

could only be achieved if all the force was directly behind the spearhead (and perhaps this was the function of the iron knob at the base of the shank on some *pila*). Any deviation in flight and the shank would have bent prematurely on impact and dispersed the kinetic energy uselessly.

90. Quoted in O'Connell, *Of Arms and Men,* 68.
91. Quoted in Coggins, *Soldiers and Warriors,* 71.
92. Adrian Goldsworthy, *Roman Warfare* (London: Cassell, 2000), 52.
93. Ibid., 54.
94. For example, Hanson estimates 50,000 (*Carnage and Culture,* 104); Polybius puts it at 70,000; Livy at 45,500.
95. Hanson, *Carnage and Culture,* 103.
96. Ibid., 110.
97. John Warry, *Warfare in the Classical World* (Norman: University of Oklahoma Press, 1995), 156.

第二章

1. Bryan Perrett, *The Battle Book* (London: Arms and Armour Press, 1992), 101.
2. Stephen Turnbull, *The Samurai Sourcebook* (London: Arms and Armour, 1998), 150.
3. Quoted in Stephen Turnbull, *The Samurai: A Military History* (Oxford: George Philip [Osprey], 1977), 34.
4. Quoted in Morris Bishop, *The Penguin Book of the Middle Ages* (London: Penguin, 1971).
5. David Nicolle, *Medieval Warfare Source Book,* vol. 2, *Christian Europe and Its Neighbours* (London: Arms and Armour, 1996), 158.
6. Ibid.
7. Matthew Bennett et al., *Fighting Techniques of the Medieval World, AD 500–*

AD 1500: Equipment, Combat Skills, and Tactics (New York: St. Martin's, 2005), 33.
8. Hanson, *Carnage and Culture*, 157.
9. Bennett et al., *Fighting Techniques*, 35.
10. Quoted in Robert Hardy, *Longbow: A Social and Military History* (Somerset, UK: Patrick Stephens, 1976), 51.
11. "Battle of Duplin Moor," Battlefield Trust, http://www.battlefieldtrust.com resource-centre/medieval/battleview. Hardy puts English knights and men-at-arms at 33 killed.
12. Quoted in John Keegan, ed., *The Book of War* (New York: Viking Penguin, 1999), 49.
13. Quoted in ibid., 59.
14. Bert S. Hall, *Weapons and Warfare in Renaissance Europe* (Baltimore: Johns Hopkins University Press, 1997), 15.
15. David Nicolle, *Medieval Warfare Source Book*, vol. 1, *Warfare in Western Christendom* (London: Arms and Armour, 1995), 246.
16. Turnbull, *Samurai*, 45.
17. Jack Coggins, *Soldiers and Warriors: The Fighting Man: An Illustrated History of the World's Greatest Fighting Forces* (New York: Doubleday, 1966), 90.
18. Quoted in ibid., 89.
19. Maurice Keen, *The Pelican History of Medieval Europe* (London: Penguin, 1968), 121.
20. Nicolle, *Medieval Warfare Source Book*, vol. 2, 109; and Eduard Wagner et al., *Medieval Costume, Armour and Weapons* (Mineola, NY: Dover, 2000), plates 26–35.
21. A. V. B. Norman and Don Pottinger, *A History of War and Weapons* (New York: Crowell, 1966), 126.
22. Ewart Oakeshott, *A Knight and His Weapons* (Chester Springs, PA: Dufour,

1964), 49.

23. Quoted in Turnbull, *Samurai Sourcebook,* 205.

24. Norman and Pottinger, *War and Weapons,* 160.

25. Quoted in Philip Haythornthwaite, *The English Civil War, 1642– 1651: An Illustrated Military History* (London: Brockhampton, 1998), 48.

26. Ibid., 49.

27. Oska Ratti and Adele Westbrook, *Secrets of the Samurai: The Martial Arts in Feudal Japan* (Boston: Charles E. Tuttle, 1973), 189.

28. Turnbull, *Samurai Sourcebook,* 178.

29. "Arms & Armour," Regia Anglorum, http://www.regia.org/warfare/sword.htm.

30. Oakeshott, *Knight and His Weapons,* 61.

31. Hardy, *Longbow,* 72.

32. Bennett et al., *Fighting Techniques,* 28.

33. Ewart Oakeshott, *A Knight in Battle* (Chester Springs, PA: Dufour, 1971), 36.

34. Nicolle, *Medieval Warfare Source Book,* vol. 2, 244.

35. R. C. Smail, *Crusading Warfare, 1097–1193* (Cambridge University Press, 1956), 127.

36. Nicolle, *Medieval Warfare Source Book,* vol. 2, 295.

37. Hall, *Weapons and Warfare,* 41, 44.

第三章

1. At the beginning of its war of liberation, America struggled to acquire significant quantities of saltpeter from the British-controlled West Indies. Figuring out how to manufacture enough domestically was a priority that John Adams, for one, felt acutely. To James Warren in October 1775, he writes: "We must bend our attention to salt petre. We must make it. While Britain is Mistress

of the Sea and has so much influence with foreign courts we cannot depend upon a supply from abroad. It is certain it can be made here....A gentleman in Maryland made some last June from tobacco house earth...the process is so simple a child can make it." Quoted in Henry Steele Commager and Richard B. Morris, eds., *The Spirit of 'Seventy-Six: The Story of the Revolution as Told by Participants* (Harper, 1958), 776. When George Washington discovered, at the war's outset, how little powder was in store, Brigadier General John Sullivan recorded that "he did not utter a word for half an hour." Erna Risch, *Supplying Washington's Army* (Washington, DC: US Army Center of Military History, 1981), 341.

2. Bert S. Hall, *Weapons and Warfare in Renaissance Europe* (Baltimore: Johns Hopkins University Press, 1977), 76.
3. Ibid., 75–76.
4. Quoted in ibid., 67.
5. Ibid.
6. Ibid., 101.
7. Victor Davis Hanson, *Carnage and Culture: Landmark Battles in the Rise of Western Power* (New York: Anchor, 2002).
8. Stephen Turnbull, *The Samurai Sourcebook* (London: Arms and Armour, 1998), 227.
9. Quoted in Hall, *Weapons and Warfare,* 183.
10. Quoted in ibid., 199.
11. Quoted in Christopher Duffy, *The Military Experience in the Age of Reason* (London: Routledge and Kegan Paul, 1987), 222.
12. Quoted in W. H. Fitchett, *Wellington's Men* (London: Smith, Elder, 1900), 363.
13. Quoted in Duffy, *Military Experience,* 116.
14. John Keegan, *The Face of Battle* (London: Jonathan Cape, 1976), 123.
15. Quoted in Fitchett, *Wellington's Men,* 134.

16. Quoted in Duffy, *Military Experience,* 257.
17. Donald R. Morris, *The Washing of the Spears: The Rise and Fall of the Zulu Nation* (New York: Simon & Schuster, 1965), 571.
18. Duffy, *Military Experience,* 224.
19. Quoted in Fitchett, *Wellington's Men,* 380.
20. Quoted in Rory Muir, *Tactics and the Experience of Battle in the Age of Napoleon* (New Haven, CT: Yale University Press, 1998), 124.
21. Quoted in ibid., 125.
22. Quoted in Duffy, *Military Experience,* 226.
23. Quoted in Commager and Morris, *The Spirit of Seventy-Six,* 1111–12.
24. Quoted in John Keegan, *The Face of Battle,* 124.
25. Philip Haythornthwaite, *The English Civil War* (London: Brockhampton, 1998), 30.
26. Arcadi Gluckman, *United States Muskets, Rifles, and Carbines* (Harrisburg, PA: Stackpole, 1959), 33.
27. Richard Holmes, *Redcoat: The British Soldier in the Age of Horse and Musket* (New York: Norton, 2001), 195.
28. Hall, *Weapons and Warfare,* 135.
29. Charles Knowles Bolton, *The Private Soldier Under Washington* (New York: Charles Scribner's Sons, 1902), 115.
30. Gunther E. Rothenberg, *The Art of Warfare in the Age of Napoleon* (London: Batsford, 1977), 64.
31. Quoted in David Hackett Fischer, *Washington's Crossing* (Oxford: Oxford University Press, 2004), 305.
32. Quoted in ibid., 65.
33. Hall, *Weapons and Warfare,* 140.
34. Gluckman, *United States Muskets,* 37.
35. Rothenberg, *Art of Warfare,* 65.

36. Hall, *Weapons and Warfare,* 139.
37. Rothenberg, *Art of Warfare,* 65. Paddy Griffith, in *Forward into Battle: Fighting Tactics from Waterloo to the Near Future* (Novato, CA: Presidio, 1997), 38, claims 800 rounds per casualty.
38. Quoted in David Chandler, *The Art of Warfare in the Age of Marlborough* (London: Batsford, 1976), 131.
39. Griffith, *Forward into Battle,* 28.
40. Major General B. P. Hughes, *Firepower: Weapons Effectiveness on the Battlefield, 1630–1850* (London: Arms and Armour, 1974), 165.
41. John J. Gallagher, *The Battle of Brooklyn, 1776* (Cambridge, Mass.: De Capo, 1995), 130.
42. Muir, *Tactics,* 102.
43. Ibid., 165.
44. Captain Mercer, quoted in Fitchett, *Wellington's Men,* 370.
45. Muir, *Tactics,* 135.
46. Quoted in Jay Luvaas, ed. and trans., *Frederick the Great on the Art of War* (New York: Free Press, 1966), 78.
47. Quoted in Duffy, *Military Experience,* 246.
48. Hall, *Weapons and Warfare,* 136.
49. Duffy, *Military Experience,* 247.
50. Quoted in Fitchett, *Wellington's Men,* 158.
51. Quoted in Holmes, *Redcoat,* 254.
52. Quoted in Hall, *Weapons and Warfare,* 207.
53. Quoted in Griffith, *Forward into Battle,* 25.
54. Quoted in Duffy, *Military Experience,* 205.
55. Howard H. Peckham, *The Toll of Independence: Engagements & Battle Casualties of the American Revolution* (Chicago: University of Chicago Press, 1974), 41, 62.

56. Quoted in Duffy, *Military Experience*, 86.

57. Lt. Col. Dave Grossman, *On Killing: The Psychological Cost of Learning to Kill in War and Society* (Boston: Back Bay, 1995), 123.

58. Quoted in Earl J. Hess, *The Union Soldier in Battle: Enduring the Ordeal of Combat* (Lawrence: University Press of Kansas, 1997), 51.

59. Quoted in Gallagher, *Battle of Brooklyn*, 119.

60. John Rhodehamel, ed., *The American Revolution: Writings from the War of Independence* (New York: Library of America, 2001), 269.

61. Quoted in Duffy, *Military Experience*, 234.

62. Quoted in ibid., 217.

63. Quoted in Fitchett, *Wellington's Men*, 386.

64. James Thatcher, *Military Journal of the American Revolution, 1775–1783* (Corner House Historical, 1998), 284.

65. Hall, *Weapons and Warfare*, 152.

66. Anonymous, *Memoirs of a Sergeant: The 43rd Light Infantry During the Peninsular War* (Stroud, UK: Nonsuch, 2005), 60.

67. Joseph Plumb Martin, *A Narrative of a Revolutionary Soldier* (New York: Signet, 2001), 206.

68. George F. Scheer and Hugh F. Rankin, *Rebels & Redcoats: The American Revolution Through the Eyes of Those Who Fought and Lived It* (Cleveland, OH: World, 1957), 56.

69. Quoted in Fitchett, *Wellington's Men*, 95.

70. Quoted in Commager and Morris, *The Spirit of Seventy-Six*, 1105.

71. Quoted in ibid., 387.

72. Haythornthwaite, *English Civil War*, 53.

73. Quoted in Muir, *Tactics*, 47.

74. Duffy, *Military Experience*, 245; and Muir, *Tactics*, 46.

75. Muir, *Tactics*, 46–47.

76. Philip Haythornthwaite, *Weapons & Equipment of the Napoleonic Wars* (London: Arms and Armour, 1979), 67.
77. Quoted in Griffith, *Forward into Battle*, 31.
78. Quoted in Duffy, *Military Experience*, 76.
79. Quoted in Robert L. O'Connell, *Of Arms and Men: A History of War, Weapons, and Aggression* (Oxford: Oxford University Press, 1996), 118–19.
80. Quoted in Muir, *Tactics*, 262.
81. Quoted in Commager and Morris, *The Spirit of Seventy-Six*, 1233.
82. Quoted in Fitchett, *Wellington's Men*, 388–89.
83. Haythornthwaite, *English Civil War*, 121.
84. Quoted in Rhodehamel, *American Revolution*, 607.
85. Cardinal John Henry Newman in *The Idea of a University* (1852), quoted in Gary Mead, *The Good Soldier: The Biography of Douglas Haig* (London: Atlantic, 2007), 41.
86. Quoted in Muir, *Tactics*, 219.
87. Quoted in Duffy, *Military Experience*, 219.
88. Quoted in Muir, *Tactics*, 191.
89. Philip Haythornthwaite, *The Armies of Wellington* (London: Arms and Armour, 1994), picture caption between 224 and 225.
90. Quoted in Muir, *Tactics*, 66.
91. Quoted in ibid., 178.
92. Quoted in Duffy, *Military Experience*, 220.
93. Richard Holmes, *Acts of War: The Behavior of Men in Battle* (New York: Free Press, 1985), 348.
94. Quoted in Muir, *Tactics*, 221.
95. Quoted in ibid., and Fitchett, *Wellington's Men*, 159.
96. Quoted in Fitchett, *Wellington's Men*, 163.
97. George Robert Gleig, *The Subaltern: A Chronicle of the Peninsular War* (1825;

repr., Leo Cooper/Pen and Sword, 2001), 114.

98. Sylvia R. Frey, *The British Soldier in America: A Social History of Military Life in the Revolutionary Period* (Austin: University of Texas Press, 1981), 135.

99. Quoted in John W. Shy, "Hearts and Minds: The Case of 'Long Bill Scott,'" in *Major Problems in the Era of the American Revolution, 1760–1791*, ed. Richard D. Brown (Lexington, MA: D. C. Heath, 1992), 209.

100. Quoted in Duffy, *Military Experience*, 171.

101. Quoted in Holmes, *Redcoat*, 164.

102. Quoted in Fitchett, *Wellington's Men*, 98.

103. Quoted in ibid., 91.

104. Luvaas, *Frederick the Great*, 77.

105. John C. Dann, ed., *The Revolution Remembered: Eyewitness Accounts of the War of Independence* (Chicago: University of Chicago Press, 1980), 183.

106. Quoted in Fitchett, *Wellington's Men*, 146.

107. Martin, *Narrative*, 143.

第四章

1. Drew Gilpin Faust, *This Republic of Suffering: Death and the American Civil War* (New York: Knopf, 2008), 253.

2. Ambrose Bierce, "The Coup de Grâce," in *Tales of Soldiers and Civilians and Other Stories* (New York: Penguin, 2000), 57.

3. Faust, *Republic of Suffering*, 252.

4. Ibid., 256.

5. George Worthington Adams, *Doctors in Blue: The Medical History of the Union Army in the Civil War* (Baton Rouge: Louisiana State University Press, 1996), 194.

6. Faust, *Republic of Suffering*, 3.

7. William F. Fox, *Regimental Losses in the American Civil War, 1861–1865* (Albany, 1889) Reprint, Gulf Breeze, FL: eBooksonDisk.com, 2002, 24. See also Faust, *Republic of Suffering*, 255, and Gerald F. Linderman, *Embattled Courage: The Experience of Combat in the American Civil War* (New York: Free Press, 1987), 115.
8. Adams, *Doctors in Blue*, 3.
9. Faust, *Republic of Suffering*, 3, 147.
10. Thomas L. Livermore, *Numbers & Losses in the Civil War in America, 1861–65* (Bloomington: Indiana University Press, 1957), 6.
11. Faust, *Republic of Suffering*, 260.
12. Fox, *Regimental Losses*, 46.
13. Faust, *Republic of Suffering*, 47.
14. Paddy Griffith, *Battle Tactics of the Civil War* (New Haven, CT: Yale University Press, 1989), 174.
15. Fox, *Regimental Losses*, 27.
16. Richard Moe, *The Last Full Measure: The Life and Death of the First Minnesota Volunteers* (St. Paul: Minnesota Historical Society Press, 1993), 275.
17. Linderman, *Embattled Courage*, 62.
18. Griffith, *Battle Tactics*, 174.
19. Fox, *Regimental Losses*, 27.
20. Grady McWhiney and Perry D. Jamieson, *Attack and Die: Civil War Military Tactics and the Southern Heritage* (Tuscaloosa: University of Alabama Press, 1982).
21. Quoted in ibid., 108.
22. Brent Nosworthy, *The Bloody Crucible of Courage: Fighting Methods and Combat Experience of the Civil War* (New York: Carroll and Graf, 2003), 186. Also see Brent Nosworthy, *Roll Call to Destiny: The Soldier's Eye View of Civil War Battles* (New York: Basic Books, 2008), 25.

23. Griffith, *Battle Tactics*, 80.
24. Jack Coggins, *Arms and Equipment of the Civil War* (Garden City, NY: Doubleday, 1962), 38.
25. Ibid., 38–39.
26. Ibid., 39.
27. For example, see Nosworthy, *Bloody Crucible*, 588.
28. Fox, *Regimental Losses*, 62.
29. Griffith, *Battle Tactics*, 87.
30. Quoted in Rod Gragg, *Covered with Glory: The 26th North Carolina Infantry at the Battle of Gettysburg* (New York: Harper Collins, 2000), 120.
31. Quoted in Earl J. Hess, *The Union Soldier in Battle: Enduring the Ordeal of Combat* (Lawrence: University Press of Kansas, 1997), 80.
32. Ibid., 74.
33. Paddy Griffith, *Forward into Battle: Fighting Tactics from Waterloo to the Near Future* (Novato, CA: Presidio, 1981), 78.
34. Hess, *Union Soldier*, 84.
35. Coggins, *Arms and Equipment*, 32.
36. Quoted in Nosworthy, *Bloody Crucible*, 616–17.
37. Quoted in Griffith, *Battle Tactics*, 142.
38. Henry Steele Commager, ed., *The Blue and the Gray: The Story of the Civil War as Told by Participants* (Indianapolis: Bobbs-Merrill, 1950), 355–56.
39. Griffith, *Battle Tactics*, 110.
40. Quoted in Hess, *Union Soldier*, 94.
41. Quoted in Coggins, *Arms and Equipment*, 29.
42. Quoted in Commager, *Blue and the Gray*, 306.
43. Quoted in ibid., 367.
44. Quoted in McWhiney and Jamieson, *Attack and Die*, 45.
45. Quoted in Commager, *Blue and the Gray*, 306.

46. Don Congdon, ed., *Combat: The Civil War* (New York: Mallard Press, 1967), 239.
47. Cited in Nosworthy, *Bloody Crucible,* 583.
48. Quoted in ibid., 579.
49. Quoted in ibid., 578.
50. John W. Busey and David C. Martin, *Regimental Strengths and Losses of Gettysburg* (Hightstown, NJ: Longstreet House, 1986), 238, 280.
51. "The Regimental Hospital," Shotgun's Home of the American Civil War, http://www.civilwarhome.com/regimentalhospital.htm.
52. David J. Eicher, *The Longest Night: A Military History of the Civil War* (New York: Simon & Schuster, 2001), 791.
53. "Regimental Hospital."
54. Cited in Eicher, *Longest Night,* 790.
55. Quoted in Hess, *Union Soldier,* 29.
56. Quoted in ibid., 28.
57. Quoted in Linderman, *Embattled Courage,* 138.
58. Quoted in ibid., 139.
59. Griffith, *Battle Tactics,* 155.
60. Quoted in Eicher, *Longest Night,* 100.
61. Both quoted in Hess, *Union Soldier,* 26.
62. Griffith, *Battle Tactics,* 171.
63. Nosworthy, *Bloody Crucible,* 435.
64. Coggins, *Arms and Equipment,* 76–77.
65. Quoted in Commager, *Blue and the Gray,* 636.
66. Quoted in Gragg, *Covered with Glory,* 174.
67. Quoted in ibid., 632.
68. Quoted in Eicher, *Longest Night,* 146.
69. Quoted in McWhiney and Jamieson, *Attack and Die,* 115.

70. Livermore, *Numbers & Losses*, 69–70.

71. Linderman, *Embattled Courage*, 15.

72. Quoted in McWhiney and Jamieson, *Attack and Die*, 171.

73. Quoted in ibid., 172.

74. Fox, *Regimental Losses*, 38.

75. McWhiney and Jamieson, *Attack and Die*, 14.

76. Eicher, *Longest Night*, 774–75.

77. Ibid., 571.

78. McWhiney and Jamieson, *Attack and Die*, 189.

79. Linderman, *Embattled Courage*, 142.

80. Quoted in Commager, *Blue and the Gray*, 363.

81. Quoted in ibid., 46.

82. Cited in Linderman, *Embattled Courage*, 46.

83. Quoted in ibid., 24–25.

84. Quoted in Eicher, *Longest Night*, 678.

85. Quoted in Linderman, *Embattled Courage*, 27.

86. Bell Irvin Wiley, *The Life of Billy Yank: The Common Soldier of the Union* (Baton Rouge: Louisiana State University Press, 1952), 81.

87. Quoted in Linderman, *Embattled Courage*, 206.

88. Quoted in ibid., 207.

89. Ulysses S. Grant, *Personal Memoirs* (1885; repr., New York: Penguin, 1999), 285.

90. Quoted in Linderman, *Embattled Courage*, 178.

91. Quoted in ibid., 178.

92. Quoted in ibid.

93. Quoted in ibid., 203.

94. Quoted in ibid.

95. Quoted in Hess, *Union Soldier*, 8.

96. Quoted in Linderman, *Embattled Courage,* 124.
97. Quoted in ibid., 128.
98. Quoted in Hess, *Union Soldier,* 140.
99. Quoted in Eicher, *Longest Night,* 488.
100. Quoted in Linderman, *Embattled Courage,* 65.
101. Quoted in Faust, *Republic of Suffering,* 20.
102. Quoted in Linderman, *Embattled Courage,* 101.
103. Quoted in Faust, *Republic of Suffering,* 59.
104. Quoted in Reid Mitchell, *Civil War Soldiers: Their Expectations and Their Experiences* (New York: Viking, 1988), 64.
105. Quoted in Wiley, *Billy Yank,* 79.
106. Quoted in Linderman, *Embattled Courage,* 244.
107. Quoted in ibid., 254.
108. Quoted in ibid., 217.
109. Bell Irvin Wiley, *The Life of Johnny Reb: The Common Soldier of the Confederacy* (Baton Rouge: Louisiana State University Press, 1970), 88.
110. Quoted in Hess, *Union Soldier,* 24.
111. Quoted in Commager, *Blue and the Gray,* 307.
112. Quoted in Hess, *Union Soldier,* 93.
113. Quoted in ibid., 149.
114. Quoted in Faust, *Republic of Suffering,* 36–37.
115. Cited in ibid., 45.
116. Mitchell, *Civil War Soldiers,* 193.
117. Quoted in Linderman, *Embattled Courage,* 237.
118. Quoted in Wiley, *Billy Yank,* 352.
119. Scott Walker, *Hell's Broke Loose in Georgia: Survival in a Civil War Regiment* (Athens, GA: University of Georgia Press, 2005), 84.
120. Quoted in Linderman, *Embattled Courage,* 238.

121. Quoted in ibid., 72.

122. Quoted in ibid., 148.

123. Quoted in Commager, *Blue and the Gray*, 248.

124. Nosworthy, *Bloody Crucible*, 229–30.

125. Faust, *Republic of Suffering*, 117.

126. Ibid., 92.

127. Quoted in ibid., 71.

128. Quoted in Linderman, *Embattled Courage*, 127.

129. Quoted in ibid., 127, 159.

130. Ibid., 282.

第五章

1. Cyrus Townsend Brady, *Indian Fights and Fighters* (1904; repr., Lincoln: University of Nebraska Press, 1971), 339–40.

2. Quoted in Thomas Goodrich, *Scalp Dance: Indian Warfare on the High Plains, 1865–1879* (Harrisburg, PA: Stackpole, 1997), 8.

3. Patrick M. Malone, *The Skulking Way of War: Technology and Tactics Among the New England Indians* (Lanham, MD: Madison, 1991), 80.

4. Ross Hassig, *Aztec Warfare: Imperial Expansion and Political Control* (Norman: University of Oklahoma Press, 1988), 79.

5. Victor Davis Hanson, *Carnage and Culture: Landmark Battles in the Rise of Western Power* (New York: Anchor Books, 2001), 211.

6. Quoted in Brady, *Indian Fights*, 334.

7. Quoted in Donald R. Morris, *The Washing of the Spears: The Rise and Fall of the Zulu Nation* (New York: Simon & Schuster, 1965), 350.

8. Roger Ford, *The Grim Reaper: Machine-Guns and Machine-Gunners in Action* (London: Sidgwick and Jackson, 1996), 17. Byron Farwell asserts that Gatlings

were first used at the battle of Charasia in Afghanistan on October 6, 1879. See Byron Farwell, *Queen Victoria's Little Wars* (New York: Harper and Row, 1972), 209.

9. Quoted in Michael Barthorp, *The Zulu War: A Pictorial History* (Blandford, 1980), 56.
10. Farwell, *Little Wars*, 272.
11. Quoted in Goodrich, *Scalp Dance*, 172.
12. Quoted in Brady, *Indian Fights*, 178.
13. Goodrich, *Scalp Dance*, 30.
14. Hanson, *Carnage and Culture*, 204.
15. Quoted in ibid., 191.
16. Ibid., 215.
17. John D. McDermott, *A Guide to the Indian Wars of the West* (Lincoln: University of Nebraska Press, 1998), 75.
18. Quoted in John Rhodehamel, ed., *The American Revolution: Writings from the War of Independence* (New York: Library of America, 2001), 487–88.
19. Quoted in Brady, *Indian Fights*, 69.
20. Quoted in ibid., 118.
21. Douglas D. Scott, P. Willey, and Melissa A. Connor, *They Died with Custer: Soldiers' Bones from the Battle of the Little Big Horn* (Norman: University of Oklahoma Press, 1998), 312.
22. Quoted in Goodrich, *Scalp Dance*, 260.
23. Hanson, *Carnage and Culture*, 282.
24. Morris, *Washing of the Spears*, 486.
25. Brady, *Indian Fights*, 32.
26. Scott, Willey, and Connor, *They Died with Custer*, 308.
27. McDermott, *Indian Wars*, 165–66.
28. Quoted in ibid., 285.

29. Ibid.
30. Farwell, *Little Wars*, 213.
31. Brady, *Indian Fights*, 55.
32. Ibid., 58.
33. Quoted in Donald Featherstone, *Victorian Colonial Warfare: Africa* (London: Blandford 1992), 23.
34. Quoted in John Ellis, *The Social History of the Machine Gun* (London: Croom Helm, 1975), 13.
35. Quoted in ibid., 26–27.
36. Quoted in ibid., 84.
37. Quoted in Ford, *Grim Reaper*, 31–32.
38. Ibid., 32.
39. Quoted in ibid., 53.
40. Quoted in ibid., 47–48.
41. Bryan Perrett, *The Battle Book* (London: Arms and Armour, 1992), 79, 188.
42. Douglas Porch, *Wars of Empire* (London: Cassell, 2000), 164.

第六章

1. Quoted in Richard Holmes, *Tommy: The British Soldier on the Western Front, 1914–1918* (New York: HarperCollins, 2004), 31.
2. Quoted in Ian Passingham, *All the Kaiser's Men: The Life and Death of the German Army on the Western Front, 1914–1918* (Stroud, UK: Sutton, 2003), 112.
3. Roger Ford, *The Grim Reaper: Machine-Guns and Machine-Gunners in Action* (London: Sidgwick and Jackson, 1996), 92.
4. Philip J. Haythornthwaite, *The World War One Source Book* (London: Arms and Armour, 1992), 54.

5. http://www1.va.gov/opa/fact/amwars.asp.

6. Gary Mead, *The Good Soldier: The Biography of Douglas Haig* (London: Atlantic, 2007), 344.

7. Haythornthwaite, *Source Book*, 55. Some historians put the ratio at four to one. See, for example, Ford, *Grim Reaper*, 107.

8. Passingham, *Kaiser's Men*, 107.

9. Quoted in ibid., 124–26.

10. Alistair Horne, *The Price of Glory: Verdun, 1916* (New York: St. Martin's, 1963), 327.

11. Haythornthwaite, *Source Book*, 54; and J. M. Winter, *The Great War and the British People* (London: Macmillan, 1986), 99. Revisionist historians such as Paddy Griffith tend to take issue with what they see as a hysterical focus on high casualties. There were "many instances" of units having had a pretty cushy time (the implication is that this was more representative than the hellishly lethal experience portrayed in so many other accounts): "A 'quiet' sector of the front could be very quiet indeed, almost entirely devoid of the irony conveyed by the title of E. M. Remarque's book *All Quiet on the Western Front*, and this happy condition might apply to over two- thirds of the line on any given day... One battalion... 'fought' pretty continuously in the trenches for a whole year, yet suffered a total officer casualty list of just a single individual. So much for the misleading popular idea that the infantry subaltern's life expectancy in the BEF was no more than a fortnight!" Paddy Griffith, *Battle Tactics of the Western Front: The British Army's Art of Attack* (New Haven, CT: Yale University Press, 1994), 15.

12. Quoted in Holmes, *Tommy*, 61.

13. Richard Holmes, *Acts of War: The Behavior of Men in Battle* (New York: Free Press, 1986), 346.

14. Robert Graves, *Good-bye to All That* (1929; repr., London: Penguin, 1960),

134.

15. Quoted in Holmes, *Tommy*, 582.
16. Quoted in ibid., 297.
17. Ibid., 14.
18. Captain J. C. Dunn, *The War the Infantry Knew, 1914–1919* (1938; repr., London: Cardinal, 1989), 80, 148.
19. Griffith, *Battle Tactics*, 43.
20. Ibid., 228. The division was the Ninth (Scottish).
21. Ford, *Grim Reaper*, 133.
22. John Ellis, *The Social History of the Machine Gun* (London: Croom Helm, 1975), 35.
23. Ibid., 16.
24. Ibid., 39. See also Ford, *Grim Reaper*, 95, 114.
25. Ibid., 99.
26. George Coppard, *With a Machine Gun to Cambrai* (London: Her Majesty's Stationery Office, 1969), 37.
27. Haythornthwaite, *Source Book*, 71.
28. Quoted in Ellis, *Social History*, 131.
29. Graves, *Good-bye*, 131.
30. Frederic Manning, *Her Privates We* (first published as *The Middle Parts of Fortune*, 1929) (London: Hogarth, 1986), 212.
31. Dunn, *War the Infantry Knew*, 279.
32. Ernst Jünger, *Storm of Steel*, trans. Allen Lane (1920; repr., London: Penguin, 2003), 80.
33. P. J. Campbell, *In the Cannon's Mouth* (London: Hamish Hamilton, 1977), 34.
34. Henri Barbusse, *Under Fire* (first published in French as *Le feu* [1916]), trans. Robin Buss (London: Penguin, 2003), 197–98.
35. Holmes, *Tommy*, 497–98.

36. Campell, *Cannon's Mouth*, 42.

37. Philip Katcher, *The Civil War Source Book*, 66–67.

38. Haythornthwaite, *Source Book*, 83.

39. Ibid., 86.

40. Joseph Jobé, ed., *Guns: An Illustrated History of Artillery* (New York: Cresent, 1971), 164.

41. Ibid., 89.

42. Griffith, *Battle Tactics*, 85.

43. Haythornthwaite, *Source Book*, 74.

44. Dunn, *War the Infantry Knew*, 167.

45. Holmes, *Acts of War*, 170. Holmes cites J. T. MacCurdy's *The Structure of Morale* (1943), with the caveat that "although he marshals no evidence in support of this assertion, it may not be altogether wide of the mark."

46. Haythornthwaite, *Source Book*, 87.

47. Max Arthur, *Forgotten Voices of the Great War: A History of World War I in the Words of the Men and Women Who Were There* (London: Ebury, 2002), 190.

48. Barbusse, *Under Fire*, 226.

49. Campbell, *Cannon's Mouth*, 80.

50. Passingham, *Kaiser's Men*, 107.

51. Dunn, *War the Infantry Knew*, 401.

52. Jünger, *Storm of Steel*, 227.

53. Barbusse, *Under Fire*, 196.

54. Lord Moran, *Anatomy of Courage* (1945; repr., New York: Avery, 1987), 63.

55. Dunn, *War the Infantry Knew*, 398.

56. Barbusse, *Under Fire*, 154.

57. Coppard, *With a Machine Gun*, 38.

58. Barbusse, *Under Fire*, 46.

59. Quoted in Holmes, *Tommy*, 400.
60. Ibid., 401.
61. Moran, *Anatomy*, 19.
62. Coppard, *With a Machine Gun*, 83.
63. Arthur, *Forgotten Voices*, 103.
64. Campbell, *Cannon's Mouth*, 261.
65. Holmes, *Acts of War*, 186.
66. Barbusse, *Under Fire*, 297–98.
67. Holmes, *Acts of War*, 189.
68. Dunn, *War the Infantry Knew*, 116.
69. Moran, *Anatomy*, 121.
70. Passingham, *Kaiser's Men*, 66.
71. UK National Archives, http://www.learningcurve.gov.uk.
72. Holmes, *Tommy*, 420.
73. Griffith, *Battle Tactics*, 118.
74. "Fatal Exposure to Mustard Gas, WWI," The Medical Front WWI, WWW Virtual Library, http://www.vlib.us/medical/gaswar/mustrdpm.htm.
75. Holmes, *Acts of War*, 188.
76. Quoted in Holmes, *Tommy*, 418.
77. Quoted in ibid., 425.
78. Quoted in ibid., 461.
79. Passingham, *Kaiser's Men*, 43.
80. Quoted in ibid., 109.
81. Quoted in ibid., 162.
82. Quoted in Holmes, *Tommy*, 462.
83. Blaise Cendrars, *Lice*, translated by Nina Rootes (London: Peter Owen, 1973). First published as *La main coupée*, 1946.
84. Coppard, *With a Machine Gun*, 34–36.

85. Quoted in Arthur, *Forgotten Voices*, 176.
86. Dunn, *War the Infantry Knew*, 195–96.
87. R. C. Sherriff, *Journey's End* (1929; repr., Oxford: Heinemann, 1993).
88. Dunn, *War the Infantry Knew*, 150.
89. Siegfried Sassoon, *Memoirs of an Infantry Officer* (1930; repr., London: Faber, 1944), 166–69.
90. Graves, *Good-bye*, 111–12.
91. Passingham, *Kaiser's Men*, 77.
92. Coppard, *With a Machine Gun*, 25.
93. Jünger, *Storm of Steel*, 47.
94. Dunn, *War the Infantry Knew*, 83.
95. Graves, *Good-bye*, 113–14.
96. Haythornthwaite, *Source Book*, 81.
97. Graves, *Good-bye*, 112.
98. Quoted in Ellis, *Social History*, 53–54.
99. David A. Bell, *The First Total War: Napoleon's Europe and the Birth of Modern Warfare* (London: Bloomsbury, 2007), 188.
100. Quoted in ibid., 54.
101. Sassoon, *Memoirs*, 8.
102. Holmes, *Tommy*, 382.
103. Moran, *Anatomy*, 69.
104. Quoted in Sassoon, *Memoirs*, 11.
105. Graves, *Good-bye*, 195–96.
106. Holmes, *Tommy*, 345.
107. Campbell, *Cannon's Mouth*, 251.
108. Holmes, *Tommy*, 548.
109. Quoted in Haythornthwaite, *Source Book*, 66.
110. Quoted in Arthur, *Forgotten Voices*, 70–71.

111. Quoted in Holmes, *Tommy*, 383.

112. Quoted in Arthur, *Forgotten Voices*, 70–71.

113. Quoted in Holmes, *Tommy*, 413.

114. Quoted in ibid., 415.

115. Quoted in ibid., 548.

116. Dunn, *War the Infantry Knew*, 220.

117. Jünger, *Storm of Steel*, 241.

118. Moran, *Anatomy*, 147.

119. Ibid., 16.

120. Jünger, *Storm of Steel*, 248.

121. Graves, *Good-bye*, 134.

122. Quoted in Holmes, *Tommy*, 578.

123. Jünger, *Storm of Steel*, 281–82.

124. Quoted in Arthur, *Forgotten Voices*, 186–87.

125. Sassoon, *Memoirs*, 51, 165.

126. Quoted in Arthur, *Forgotten Voices*, 156.

127. Manning, *Her Privates We*, 215.

128. Barbusse, *Under Fire*, 46–47.

129. Manning, *Her Privates We*, 13.

130. Moran, *Anatomy*, 127.

131. Jünger, *Storm of Steel*, 98.

132. Barbusse, *Under Fire*, 28.

133. Quoted in Holmes, *Tommy*, 452.

134. Quoted in Passingham, *Kaiser's Men*, 42.

135. Quoted in Arthur, *Forgotten Voices*, 162.

136. Graves, *Good-bye*, 97.

137. Dunn, *War the Infantry Knew*, 80.

138. Quoted in Holmes, *Tommy*, 63.

139. Quoted in Arthur, *Forgotten Voices*, 165.

140. Quoted in Holmes, *Tommy*, 322.

141. Quoted in Peter E. Hodgkinson, "Clearing the Dead," *Journal of the Centre for First World War Studies* 3, no. 1 (September 2007): 49.

142. Coppard, *With a Machine Gun*, 114–15.

143. Quoted in Holmes, *Tommy*, 46.

144. Sassoon, *Memoirs*, 58.

145. Jünger, *Storm of Steel*, 85.

146. Patrick Creagh, trans., *Giuseppe Ungaretti: Selected Poems* (London: Penguin, 1971), 28.

147. Sassoon, *Memoirs*, 157.

148. Barbusse, *Under Fire*, 246.

149. Quoted in Passingham, *Kaiser's Men*, 11.

150. Moran, *Anatomy*, 148–49.

151. Ibid., 116.

152. Barbusse, *Under Fire*, 245.

153. Manning, *Her Privates We*, 116.

154. Quoted in Holmes, *Tommy*, 551.

155. Moran, *Anatomy*, 121.

156. Haythornthwaite, *Source Book*, 135.

157. Quoted in Holmes, *Tommy*, 84.

158. Sassoon, *Memoirs*, 153.

第七章

1. "Source List and Detailed Death Tolls for Man-made Multicides Throughout History," from Matthew White's invaluable Atlas of Twentieth Century History website: http://necrometrics.com/ warstats.htm. His numbers are derived from

a review of more than 50 sources.

2. Catherine Merridale, *Ivan's War: Life and Death in the Red Army, 1939–1945* (New York: Metropolitan Books/Henry Holt, 2006), 337.

3. Colonel General G. F. Krivosheev, ed., *Soviet Casualties and Combat Losses in the Twentieth Century* (London: Greenhill, 1997), 85, 96. David M. Glantz and Jonathan House, *When Titans Clashed: How the Red Army Stopped Hitler* (Lawrence: University of Kansas Press, 1995), adopt Krivosheev's numbers (from the original 1993 Russian- language edition). Richard Ellis, *World War II: The Encyclopedia of Facts and Figures* (Madison, WI: Facts on File, 1995), 254, gives Soviet "killed and missing" at 11 million.

4. Omer Bartov, *Hitler's Army: Soldiers, Nazis, and War in the Third Reich* (Oxford: Oxford University Press, 1992), 83.

5. Glantz and House, *When Titans Clashed,* 123.

6. Ibid., 284.

7. Ibid. Ellis, *World War II,* 253, gives a much lower figure for German losses: 7.9 million casualties in all theaters, of whom 3.3 million were killed.

8. http://necrometrics.com/warstats.htm.

9. Congressional Research Service Report for Congress, "American War and Military Operations Casualties: Lists and Statistics," *Congressional Record* S3 (2007), CRS3.

10. http://necrometrics.com/warstats.htm.

11. Ellis, *World War II,* 256.

12. James F. Dunnigan and Albert A. Nofi, *The Pacific War Encyclopedia* (Madison, WI: Facts on File, 1998), 690.

13. Perrett, *Battle Book,* 127; and Dunnigan and Nofi, *Pacific War,* 255.

14. Perrett, *Battle Book,* 224.

15. Michael Bess, *Choices Under Fire: Moral Dimensions of World War II* (New York: Knopf, 2006), 212.

16. Quoted in Bartov, *Hitler's Army,* 130.
17. Paul Fussell, *Wartime: Understanding and Behavior in the Second World War* (New York: Oxford University Press, 1989), 116.
18. Quoted in Craig M. Cameron, *American Samurai: Myth, Imagination and the Conduct of Battle in the First Marine Division, 1941–1951* (Cambridge University Press, 1994), 1.
19. E. B. Sledge, *With the Old Breed at Peleliu and Okinawa* (1981; repr., New York: Ballantine, 2007), 400.
20. George MacDonald Fraser, *Quartered Safe Out Here: A Harrowing Tale of World War II* (New York: Skyhorse, 2007), 125.
21. John C. McManus, *The Deadly Brotherhood: The American Combat Soldier in World War II* (Novato, CA: Presidio, 1998), 172.
22. Quoted in Richard J. Aldrich, *Witness to War: Diaries of the Second World War in Europe and the Middle East* (Garden City, NY: Doubleday, 2004), 541–42.
23. Günter K. Koschorrek, *Blood Red Snow: The Memoirs of a German Soldier on the Eastern Front* (Minneapolis: Zenith, 2005), 255.
24. Fussell, *Wartime,* 140.
25. Quoted in ibid.
26. Alex Bowlby, *The Recollections of Rifleman Bowlby: Italy 1944* (London: Leo Cooper, 1969), 114.
27. William Manchester, *Goodbye, Darkness: A Memoir of the Pacific War* (Boston: Little, Brown, 1979), 391.
28. Lee Kennett, *G.I.: The American Soldier in World War II* (New York: Scribner's, 1987), 140.
29. McManus, *Deadly Brotherhood,* 237.
30. Quoted in ibid., 240.
31. Quoted in ibid., 283.
32. Quoted in Merridale, *Ivan's War,* 233.

33. Ellis, *World War II*, 161.

34. Frank A. Reister, *Medical Statistics in World War II* (Washington, DC: Office of the Surgeon General, Department of the Army, 1975), 16.

35. Thomas M. Huber, "Japanese Counterartillery Methods on Okinawa, April–June 1945," Combined Studies Institute Report 13, *Tactical Responses to Concentrated Artillery*, US Army Combined Arms Center.

36. Kennett, *G.I.*, 152.

37. John Lucas, *The Silken Canopy: A History of the Parachute* (Shrewsbury, UK: Airlife, 1997), 67.

38. Glantz and House, *When Titans Clashed*, 172.

39. Quoted in Gerald Astor, *The Mighty Eighth: The Air War in Europe as Told by the Men Who Fought It* (New York: Dell, 1997), 308.

40. War Chronicle, http://warchronicle.com/16th–infantry.com.

41. 29th Infantry Division Historical Society, http://www.29infantrydivision.org/WWII-stories/Ford_Richard_J_2.html.

42. D-Day Museum and Overlord Embroidery, http://www.ddaymuseum.co.uk.

43. Manchester, *Goodbye*, 224.

44. Gordon L. Rottman, *U.S. World War II Amphibious Tactics: Army & Marine Corps, Pacific Theater* (London: Osprey, 2004), 31. Ironically, Andrew Higgins's inspiration came from a photograph the Marines had shown him in 1941 of a Japanese drop-ramp landing craft—the *Daisatsu*—developed in the late 1920s.

45. Robert Leckie, *Helmet for My Pillow* (New York: iBooks, 2001), 57.

46. Manchester, *Goodbye*, 162.

47. Raymond Gantter, *Roll Me Over: An Infantryman's World War II* (New York: Ballantine, 1997), 4.

48. Quoted in Martin Bowman, *Remembering D-Day: Personal Histories of Everyday Heroes* (New York: HarperCollins, 2005), 118.

49. Quoted in Ronald Lewin, ed., *Voices from the War on Land, 1939– 1945* (New York: Vintage, 2007), 205.
50. Ibid.
51. John Ellis, *On the Front Lines: The Experience of War Through the Eyes of Allied Soldiers in World War II* (New York: Wiley, 1991), 61.
52. Manchester, *Goodbye,* 228. This anecdote is reminiscent of a similar accusation made by Stephen Ambrose in *D-Day, June 6, 1944: The Climactic Battle of World War II* (New York: Touchstone, 1994), 337, 343, that a British coxswain ferrying men of the U.S. assault force at Omaha Beach lost his nerve and would not press on to the beach until threatened by an officer with a Colt .45. Ambrose had based his story on an account by another fabulist, S. L. A. Marshall (who would himself be discredited for fabricating evidence to support his thesis that most soldiers were too intimidated to fire their weapons). An American survivor of that boat, Bob Sales, knew the story to be a complete fabrication and confronted Ambrose with his scurrilous fiction. Sales recounts that Ambrose " just laughed it off and said, 'I can't do everything,' " For a full account see http://www.warchronicle.com/correcting–the–record/ambrose–coxswains.
53. Bowman, *Remembering D-Day,* 268.
54. Quoted in Manchester, *Goodbye,* 224.
55. McManus, *Deadly Brotherhood,* 128.
56. Quoted in Lewin, *War on Land,* 252.
57. Bowman, *Remembering D-Day,* 123.
58. Ibid., 117.
59. Manchester, *Goodbye,* 340.
60. Rottman, *Amphibious Tactics,* 9.
61. Cameron, *American Samurai,* 135.
62. Quoted in ibid., 155.

63. Manchester, *Goodbye,* 238.

64. Cameron, *American Samurai,* 142.

65. Leckie, *Helmet,* 58.

66. Donald R. Burgett, *Currahee! A Screaming Eagle at Normandy* (New York: Dell, 2000), 8.

67. Quoted in Lewin, *Voices,* 191.

68. John Lucas, *The Silken Canopy: A History of the Parachute* (Shrewsbury, UK: Airlife, 1997), 87.

69. Burgett, *Currahee!,* 32–33.

70. John Weeks, *The Airborne Soldier* (Poole, UK: Blandford, 1982), 45, 53.

71. John Weeks, *Assault from the Sky: The History of Airborne Warfare* (Newton Abbot, UK: David and Charles, 1978), 66.

72. Burgett, *Currahee!,* 66.

73. Antony Beevor, *D-Day: The Battle for Normandy* (New York: Viking, 2009), 64.

74. Quoted in Fussell, *Wartime,* 271.

75. Bowman, *Remembering D-Day,* 63.

76. Weeks, *Assault,* 57.

77. Ibid., 58.

78. Rick Atkinson, *The Day of Battle: The War in Sicily and Italy, 1943–1944* (New York: Holt, 2007), 108–9.

79. Quoted in Beevor, *D-Day,* 62.

80. Burgett, *Currahee!,* 76.

81. Randy Hils, "An Open Letter to the Airborne Community on the History of OPERATION NEPTUNE, June 6, 1944," http://www.warchronicle.com/correcting–the–record/NEPTUNE–airborne.htm. Hils is particularly scathing about the uncritical acceptance of S. L. A. Marshall's assertions of pilot failure (in his book *Night Drop*) adopted by many subsequent military historians, the

most influential being Stephen E. Ambrose in *D-Day, June 6, 1944.*

82. Ellis, *On the Front Lines,* 64.
83. Weeks, *Airborne Soldier,* 102.
84. Quoted in McManus, *Deadly Brotherhood,* 154.
85. Gantter, *Roll Me Over,* 32.
86. Paul Fussell, *The Boys' Crusade: The American Infantry in Northwest Europe, 1944–1945* (New York: Modern Library, 2003), xiii.
87. Paddy Griffith, *Forward into Battle: Fighting Tactics from Waterloo to the Near Future* (Novato, CA: Presidio, 1997), 111. See also Ellis, *On the Front Lines,* 74.
88. Griffith, *Forward into Battle,* 118.
89. Quoted in Ellis, *On the Front Lines,* 52.
90. Quoted in Fussell, *Boys' Crusade,* 96.
91. US Army Medical Department, *Medical Statistics in World War II,* Office of the Surgeon General, Department of the Army (1975), frontispiece chart.
92. Fussell, *Boys' Crusade,* 10.
93. McManus, *Deadly Brotherhood,* 4.
94. US Army, *Medical Statistics,* 350.
95. William W. Tribby, "Examination of 1,000 American Casualties Killed in Italy," US Army Medical Department Office of Medical History, http://history.amedd.army.mil/booksdocs/wwii/ woundblstcs/chapter6.htm, 441.
96. Ibid., 446.
97. Quoted in Ellis, *On the Front Lines,* 70.
98. Gantter, *Roll Me Over,* 304.
99. David Kenyon Webster, *Parachute Infantry: An American Paratrooper's Memoir of D-Day and the Fall of the Third Reich* (New York: Delta/ Dell, 2002), 100.
100. Quoted in Ellis, *On the Front Lines,* 70.

101. Koschorrek, *Blood Red Snow,* 284–85.
102. Burgett, *Seven Roads,* 250.
103. Gantter, *Roll Me Over,* 95.
104. Leo Litwak, *Medic: Life and Death in the Last Days of World War II* (Chapel Hill, NC: Algonquin, 2001), 81.
105. Paul Fussell, *Doing Battle: The Making of a Skeptic* (Boston: Back Bay/Little, Brown, 1996), 133–34.
106. Burgett, *Currahee!,* 138.
107. Morris Fishbein, ed., *Doctors at War* (New York: Dutton, 1945), 177.
108. Ibid.
109. Ellis, *On the Front Lines,* 89.
110. Quoted in ibid., 330.
111. Quoted in ibid., 88.
112. William Woodruff, *Vessel of Sadness* (Boston: Abacus, 2004), 54.
113. Bergerud, *Touched with Fire: The Land War in the South Pacific* (New York: Viking, 1996), 287.
114. Burgett, *Currahee!,* 92.
115. Quoted in McManus, *Deadly Brotherhood,* 46.
116. Ellis, *On the Front Lines,* 90.
117. Bergerud, *Touched with Fire,* 319; and Griffith, *Forward into Battle,* 117.
118. Quoted in Bergerud, *Touched with Fire,* 321.
119. Quoted in Lewin, *Voices from the War,* 239.
120. Manchester, *Goodbye,* 384.
121. Quoted in Bowman, *Remembering D-Day,* 107.
122. Roscoe C. Blunt Jr., *Foot Soldier: A Combat Infantryman's War in Europe* (Cambridge, MA: Da Capo, 2002), 69.
123. Quoted in Ellis, *On the Front Lines,* 86.
124. Merridale, *Ivan's War,* 181.

125. Koschorrek, *Blood Red Snow*, 92–94.

126. Trevor Dupuy, *Attrition: Forecasting Battle Casualties and Equipment Losses in Modern War* (Falls Church, VA: Nova, 1995), 80; and Gordon L. Rothman, *World War II Infantry Anti-Tank Tactics* (London: Osprey, 2005), 15.

127. John Weeks, *Men Against Tanks: A History of Anti-Tank Warfare* (New York: Mason/Charter, 1975), 23.

128. Quoted in Samuel Hynes, *The Soldiers' Tale: Bearing Witness to a Modern War* (New York: Allen Lane/Penguin Press, 1997), 141–42.

129. Quoted in Aldrich, *Witness to War*, 491.

130. Quoted in George Forty, *Tank Warfare in the Second World War: An Oral History* (London: Constable and Robinson, 1998), 76–77.

131. Quoted in Kenneth Macksey, *Tank Warfare: A History of Tanks in Battle* (New York: Stein and Day, 1972), 153.

132. Jock Watt, *A Tankie's Travels* (Bognor Regis: Woodfield, 2006), 73.

133. Bowman, *Remembering D-Day*, 76–77.

134. Robert C. Dick, *Cutthroats: The Adventures of a Sherman Tank Driver in the Pacific* (New York: Ballantine/Presidio, 2006), 93–94.

135. Blunt, *Foot Soldier*, 134.

136. Quoted in Stephen G. Fritz, *Frontsoldaten: The German Soldier in World War II* (Lexington: University Press of Kentucky, 1995), 41.

137. Merridale, *Ivan's War*, 215.

138. Ibid., 216.

139. Quoted in Lewin, *War on Land*, 61.

140. Quoted in Ellis, *On the Front Lines*, 154.

141. Quoted in Forty, *Tank Warfare*, 197.

142. Quoted in Vasily Grossman, *A Writer at War: A Soviet Journalist with the Red Army, 1941–1945*, trans. and eds. Antony Beevor and Luba Vinogradova (New York: Pantheon, 2005), 140.

143. Woodruff, *Vessel*, 95.

144. Koschorrek, *Blood Red Snow*, 172–73.

145. Leckie, *Helmet*, 307–8.

146. Burgett, *Seven Roads*, 14–15.

147. Gantter, *Roll Me Over*, 106.

148. Quoted in McManus, *Deadly Brotherhood*, 118.

149. Quoted in Bergerud, *Touched with Fire*, 362.

150. Leckie, *Helmet*, 232–33.

151. Quoted in Ellis, *On the Front Lines*, 56.

152. Quoted in McManus, *Deadly Brotherhood*, 105.

153. Quoted in Bergerud, *Touched with Fire*, 361.

154. Gantter, *Roll Me Over*, 176.

155. Albert E. Cowdrey, *Fighting for Life: American Military Medicine in World War II* (New York: Free Press, 1994), 252.

156. Quoted in McManus, *Deadly Brotherhood*, 136.

157. Litwak, *Medic*, 36.

158. Quoted in McManus, *Deadly Brotherhood*, 135.

159. Webster, *Parachute Infantry*, 56.

160. Quoted in McManus, *Deadly Brotherhood*, 41.

161. Manchester, *Goodbye*, 376–77.

162. Fussell, *Doing Battle*, 126.

163. Quoted in McManus, *Deadly Brotherhood*, 120.

164. Ellis, *On the Front Lines*, 13.

165. Ibid., 305.

166. Quoted in ibid., 304.

167. Webster, *Parachute Infantry*, 210.

168. Quoted in Kennett, *G.I.*, 134.

169. Litwak, *Medic*, 74.

170. Bowlby, *Recollections*, 64.

171. Burgett, *Seven Roads*, 240.

172. Webster, *Parachute Infantry*, 364–66.

173. Robert "Doc Joe" Franklin, *Medic!: How I Fought World War II with Morphine, Sulfa, and Iodine Swabs* (Lincoln: University of Nebraska Press, 2006), 24.

174. Siegfried Knappe with Ted Brusaw, *Soldat: Reflections of a German Soldier, 1936–1949* (New York: Dell, 1992), 225.

175. Quoted in Aldrich, *Witness to War*, 626–29.

176. Fussell, *Doing Battle*, 136.

177. Gantter, *Roll Me Over*, 322.

178. Merridale, *Ivan's War*, 193.

179. Louis Simpson, "The Runner," from *A Dream of Governors* (1959), in *Selected Poems* (London: Oxford University Press, 1966), 60.

180. Quoted in Aldrich, *Witness*, 474.

181. Gantter, *Roll Me Over*, 158.

182. Quoted in Bergerud, *Touched with Fire*, 380.

183. Gantter, *Roll Me Over*, 97–98.

184. Kennett, *G.I.*, 176; and Cowdrey, *Fighting for Life*, 83.

185. Ellis, *On the Front Lines*, 96.

186. Fussell, *Doing Battle*, 137.

187. Leckie, *Helmet*, 63.

188. Fraser, *Quartered Safe*, 151–52.

189. Woodruff, *Vessel*, 104–6.

190. Fussell, *Doing Battle*, 138.

191. Quoted in Ellis, *On the Front Lines*, 221.

192. Quoted in McManus, *Deadly Brotherhood*, 249.

193. Both quotes in Ellis, *On the Front Lines*, 98.

194. Quoted in ibid., 208.

195. Quoted in Grossman, *Writer at War*, 96.

196. Gantter, *Roll Me Over*, 38.

197. Leckie, *Helmet*, 104–5.

198. Quoted in Lewin, *Voices from the War*, 320–21.

199. Burgett, *Seven Roads*, 19.

200. Quoted in McManus, *Deadly Brotherhood*, 282–83.

201. Bowlby, *Recollections*, 196.

202. Quoted in McManus, *Deadly Brotherhood*, 152.

203. Quoted in ibid., 154.

204. Quoted in ibid., 282.

205. Burgett, *Currahee!*, 149.

206. Manchester, *Goodbye*, 246.

207. Fraser, *Quartered Safe*, 192.

208. Quoted in McManus, *Deadly Brotherhood*, 237.

209. Quoted in ibid., 109.

210. Quoted in ibid.

211. Fraser, *Quartered Safe*, 118.

212. Gantter, *Roll Me Over*, 172–73.

213. Manchester, *Goodbye*, 5–7.

214. Quoted in Lewin, *War on Land*, 116–17.

第八章

1. Jonathan Shay, *Achilles in Vietnam: Combat Trauma and the Undoing of Character* (New York: Scribner, 1994), 138.

2. Christian G. Appy, *Vietnam: The Definitive Oral History Told from All Sides* (London: Ebury, 2003), 163.

3. Andrew Wiest and M. K. Barbier, *Infantry Warfare: The Theory and Practice of Infantry Combat in the 20th Century* (Minneapolis: MBI, 2002), 154.
4. US Department of Defense figures. Interestingly, no number is posted for Iraqi casualties. Given the enormous disparity of casualties, the DoD merely states, perhaps a little coyly, that "42 divisions were made combat ineffective."
5. According to Norwich University Master of Arts in Military History website, http://www.u-s-history.com.
6. Quoted in James R. Ebert, *A Life in a Year: The American Infantryman in Vietnam* (New York: Ballantine, 1993), 363.
7. David Bellavia, *House to House* (New York: Pocket Star, 2007), 20.
8. Doug Beattie, *An Ordinary Soldier* (New York: Simon & Schuster, 2008), 77.
9. Quoted in Eric M. Bergerud, *Red Thunder, Tropic Lightning: The World of a Combat Division in Vietnam* (New York: Penguin, 1993), 30.
10. Appy, *Vietnam*, 446–48. Two marines were sentenced to five years (later reduced); one of them later committed suicide.
11. Michael R. Gordon and General Bernard E. Trainor, *Cobra II: The Inside Story of the Invasion and Occupation of Iraq* (New York: Pantheon, 2006), 259.
12. Quoted in ibid., 222.
13. Quoted in ibid., 223.
14. Quoted in *The New Yorker,* June 12, 2006, 124.
15. *Leadership, and Brotherhood* (New York: Random House, 2009), 70.
16. Quoted in Edward F. Murphy, *Semper Fi Vietnam: From Da Nang to the DMZ: Marine Corps Campaigns, 1965–1975* (New York: Presidio, 1997), 6.
17. Quoted in Bergerud, *Red Thunder,* 95.
18. Quoted in Col. David H. Hackworth, *Steel My Soldiers' Hearts* (New York: Simon & Schuster, 2002), 61.
19. Ibid., 20.
20. Ebert, *Life in a Year,* 324.

21. Beattie, *Ordinary Soldier*, 150.
22. Ibid., 152.
23. Quoted in Appy, *Vietnam*, 17.
24. S. L. A. Marshall, *Vietnam: Three Battles* (Cambridge, MA: Da Capo, 1982), 3. First published as *Fields of Bamboo: Three Battles Just Beyond the China Seas* (New York: Dial, 1971). Captain Beattie in his account of his service in Helmand Province, Afghanistan, recounts how he called in a B-1 strike to kill one insurgent: "I thought about what I was about to do. Use 500 lbs of high explosive to destroy a small hut and in doing so finish off one man. What had happened to my compassion? . . . Was I any better than the Luftwaffe pilot who strafes the helpless British aviator floating to the ground by parachute after being shot down?" In Beattie, *Ordinary Soldier*, 188.
25. Quoted in Andrew Carroll, ed., *War Letters: Extraordinary Correspondence from American Wars* (New York: Scribner, 2001), 432.
26. Ebert, *Life in a Year*, 156.
27. Quoted in Mark Baker, ed., *Nam: The Vietnam War in the Words of the Soldiers Who Fought There* (New York: Berkley, 1983), 214.
28. Appy, *Vietnam*, 254.
29. Karl Marlantes, *Matterhorn* (New York: El León Literary Arts/ Atlantic Monthly Press, 2010), 46.
30. Hackworth, *Steel My Soldiers' Hearts*, 60.
31. Quoted in Bergerud, *Red Thunder*, 143–44.
32. Joel Turnipseed, *Baghdad Express: A Gulf War Memoir* (New York: Penguin, 2003), 144–46.
33. Quoted in Henry Steele Commager and Richard B. Morris, *The Spirit of 'Seventy-Six: The Story of the American Revolution as Told by Its Participants* (New York: Harper and Row, 1958), 1225.
34. Beattie, *Ordinary Soldier*, 194.

35. Tobias Wolff, *In Pharaoh's Army: Memoirs of the Lost War* (New York: Vintage, 1994), 7.
36. US National Archives & Records Administration, http://www.archives.gov/research/vietnam-war/casualty-statistics.
37. Ebert, *Life in a Year*, 235.
38. Operation Enduring Freedom, http://icasualties.org/oef/.
39. Lester W. Gran, William A. Jorgenson, and Robert R. Love, "Guerrilla Warfare and Land Mine Casualties Remain Inseparable," *U.S. Army Medical Department Journal*, October–December 1998: 10–16.
40. Captain Francis J. West Jr., *Small Unit Action in Vietnam: Summer 1966* (New York: Arno, 1967), 1.
41. Ibid., 3.
42. Ronald J. Glasser, *365 Days* (New York: Braziller, 1971), 19–20.
43. Baker, *Nam*, 96–98.
44. Quoted in Ebert, *Life in a Year*, 242.
45. Quoted in Bergerud, *Red Thunder*, 198–99.
46. Ibid., 241.
47. Wolff, *Pharaoh's Army*, 4.
48. Quoted in Ebert, *Life in a Year*, 246–47.
49. Hackworth, *Steel My Soldiers' Hearts*, 17.
50. Quoted in Ebert, *Life in a Year*, 177.
51. Quoted in Luke Mogelson, "A Beast in the Heart," *New York Times Magazine*, May 1, 2011, 37.
52. Quoted in Shay, *Achilles in Vietnam*, 138–39.
53. Quoted in Bergerud, *Red Thunder*, 118–19.
54. Campbell, *Joker*, 107.
55. Sean Michael Flynn, *The Fighting 69th: One Remarkable National Guard Unit's Journey from Ground Zero to Baghdad* (New York: Viking, 2007), 232.

56. Quoted in Bergerud, *Red Thunder*, 125.

57. Quoted in Appy, *Vietnam*, 245.

58. Quoted in Carroll, *Letters*, 388.

59. Quoted in Baker, *Nam*, 279.

60. Bellavia, *House to House*, 153.

61. Quoted in Baker, *Nam*, 135.

62. Quoted in ibid., 184.

63. Bellavia, *House to House*, 17–18.

64. Ibid., 262–68.

65. Hackworth, *Steel My Soldiers' Hearts*, 132.

66. Quoted in Baker, *Nam*, 59.

67. Quoted in Bergerud, *Red Thunder*, 211.

68. Quoted in Appy, *Vietnam*, 136.

69. Quoted in Carroll, *Letters*, 441–42.

附 录

1. Quoted in Albert E. Cowdrey, *Fighting for Life: American Military Medicine in World War II* (New York: Free Press, 1994), 118.

2. Quoted in Naythons, Sherwin B. Nuland, and Stanley Burns, *The Face of Mercy: A Photographic History of Medicine at War* (New York: Random House, 1993), 99.

3. Harold L. Peterson, *The Book of the Continental Soldier* (Harrisburg, PA: Stackpole, 1968), 172.

4. Maurice Fishbein, MD, ed., *Doctors at War* (New York: Dutton, 1945), 174.

5. Naythons, Nuland, and Burns, *Face of Mercy*, 232.

6. Quoted in ibid., 20.

7. Sylvia R. Frey, *The British Soldier in America* (Austin: University of Texas

Press, 1981), 48.

8. Quoted in Erna Risch, *Supplying Washington's Army* (Washington DC: Center of Millitary History, US Army, 1981), 374.

9. Quoted in Julian Spilsbury, *The Thin Red Line: An Eyewitness History of the Crimean War* (London: Weidenfeld and Nicolson, 2005), 101.

10. George Washington Adams, *Doctors in Blue: The Medical History of the Union Army in the Civil War* (Baton Rouge: Louisiana State University Press, 1952), 72.

11. John T. Greenwood and F. Clifton Berry Jr., *Medics at War: Military Medicine from Colonial Times to the 21st Century* (Annapolis, MD: Naval Institute Press, 2005), 26.

12. Naythons, Nuland, and Burns, *Face of Mercy*, 34.

13. Adams, *Doctors in Blue*, 91.

14. Naythons, Nuland, and Burns, *Face of Mercy*, 237.

15. Cowdrey, *Fighting for Life*, 119.

16. Greenwood, *Medics at War*, 104.

17. Cowdrey, *Fighting for Life*, 119.

18. "The Ghastly Work of the Field Surgeons," Shotgun's Home of the American Civil War, http://www.civilwarhome.com/fieldsurgeons.htm.

19. Adams, *Doctors in Blue*, 139.

20. Ibid., 140.

21. Ibid., 143.

22. Greenwood, *Medics at War*, 30.

23. "Report on Gangrene by A. Thornburgh, Assistant Surgeon, Provisional Army, C.S., C.S. Military Prison Hospital, Andersonville, Ga.," Shotgun's Home of the American Civil War, http://www.civilwarhome.com/andersonvillegangrene.htm.

24. Ibid.

25. Adams, *Doctors in Blue,* 129.
26. Richard Holmes, *Redcoat: The British Soldier in the Age of Horse and Musket,* (New York: W. W. Norton, 2001), 249.
27. Naythorns, Nuland, and Burns, *Face of Mercy,* 84.
28. Greenwood, *Medics at War,* 30.
29. Margaret E. Wagner, ed., *The Library of Congress Civil War Desk Reference* (New York: Simon and Schuster, 2002), 634.
30. Naythorns, Nuland, and Burns, *Face of Mercy,* 34.
31. Quoted in ibid., 64.
32. Quoted in George F. Scheer and Hugh F. Rankin, *Rebels & Redcoats: The American Revolution Through the Eyes of Those Who Fought and Lived It* (New York: World, 1957), 239.
33. Kathy L. Ryan et al., "Overview of the Homeostasis Research Program: Advances and Future Directions," *Army Medical Department Journal,* July–September 2003: 1.
34. Cowdrey, *Fighting for Life,* 171.
35. Ibid., 172.

参考文献

- Adams, George Washington. *Doctors in Blue: The Medical History of the Union Army in the Civil War.* Baton Rouge: Louisiana State University Press, 1996.
- Aldrich, Richard J. *Witness to War: Diaries of the Second World War in Europe and the Middle East.* Garden City, NY: Doubleday, 2004.
- Ambrose, Stephen E. *D-Day, June 6, 1944: The Climactic Battle of World War II.* New York: Touchstone, 1994.
- Anderson, M. S. *War and Society in Europe of the Old Regime, 1618–1789.* London: Fontana, 1988.
- Anonymous. *Memoirs of a Sergeant: The 43rd Light Infantry During the Peninsular War.* Stroud, UK: Nonsuch, 2005.
- Appy, Christian G. *Vietnam: The Definitive Oral History Told from All Sides.* London: Ebury, 2003.
- Arthur, Max. *Forgotten Voices of the Great War: A History of World War I in the Words of the Men and Women Who Were There.* London: Ebury, 2002.
- Astor, Gerald. *A Blood-Dimmed Tide: The Battle of the Bulge and the Men Who Fought It.* New York: Dell, 1994.
- ———. *Crisis in the Pacific: The Battles for the Philippine Islands by the Men Who Fought Them.* New York: Dell, 1996.
- ———. *The Mighty Eighth: The Air War in Europe as Told by the Men Who Fought It.* New York: Dell, 1997.
- Atkinson, Rick. *The Day of Battle: The War in Sicily and Italy, 1943–1944.* New York: Holt, 2007.
- Baker, Alan. *The Knight.* Hoboken, NJ: Wiley, 2003.
- Baker, Mark, ed. *Nam: The Vietnam War in the Words of the Soldiers Who Fought There.* New York: Berkley, 1983.

- Bancroft-Hunt, Norman. *Warriors: Warfare and the Native American Indian.* London: Salamander, 1995.
- Barbusse, Henri. *Under Fire,* trans. Robin Buss (first published as *Le feu,* 1916). London: Penguin, 2003.
- Barthorp, Michael. *The Zulu War: A Pictorial History.* London: Blandford, 1980.
- Bartov, Omer. *Hitler's Army: Soldiers, Nazis, and War in the Third Reich.* Oxford: Oxford University Press, 1992.
- Beattie, Doug. *An Ordinary Soldier.* New York: Simon & Schuster, 2008. Beevor, Antony. *D-Day: The Battle for Normandy.* New York: Viking, 2009.
- ———. *Stalingrad: The Fateful Siege, 1942–1943.* New York: Penguin, 1998. Bell, David A. *The First Total War: Napoleon's Europe and the Birth of Modern Warfare.* London: Bloomsbury, 2007.
- Bellavia, David, with John R. Bruning. *House to House.* New York: Pocket Star, 2007.
- Bennett, Matthew, et al. *Fighting Techniques of the Medieval World, AD 500–AD 1500: Equipment, Combat Skills, and Tactics.* New York: St. Martin's, 2005.
- Bergerud, Eric. *Red Thunder, Tropic Lightning: The World of the Combat Soldier in Vietnam.* New York: Penguin, 1993.
- ———. *Touched with Fire: The Land War in the South Pacific.* New York: Viking, 1996.
- Bess, Michael. *Choices Under Fire: Moral Dimensions of World War II.* New York: Knopf, 2006.
- Bierce, Ambrose. *Tales of Soldiers and Civilians and Other Stories.* New York: Penguin, 2000.
- Bilby, Joseph G. *A Revolution in Arms: A History of the First Repeating Rifles.* Yardley, PA: Westholme, 2006.
- Bishop, Maurice. *The Penguin Book of the Middle Ages.* London: Penguin, 1971.
- Blunden, Edmund. *Undertones of War.* 1928. Reprint, London: Penguin, 1982.

- Blunt, Roscoe C. *Foot Soldier: A Combat Infantryman's War in Europe.* Cambridge, MA: Da Capo, 2002.
- Bolger, Daniel P. *Death Ground: Today's American Infantry in Battle.* New York: Ballantine, 1999.
- Bolton, Charles Knowles. *The Private Soldier Under Washington.* New York: Charles Scribner's Sons, 1902.
- Bowlby, Alex. *The Recollections of Rifleman Bowlby: Italy 1944.* London: Leo Cooper, 1969.
- Bowman, Martin. *Remembering D-Day: Personal Histories of Everyday Heroes.* New York: HarperCollins, 2005.
- Bradley, James. *Flags of Our Fathers.* New York: Bantam, 2000.
- Brady, Cyrus Townsend. *Indian Fights and Fighters.* 1904. Reprint, Lincoln: University of Nebraska Press, 1971.
- Brown, Richard D., ed. *Major Problems in the Era of the American Revolution, 1760–1791.* Lexington, MA.: D. C. Heath, 1992.
- Brumwell, Stephen. *Redcoats: The British Soldier and War in the Americas, 1755–1763.* Cambridge: Cambridge University Press, 2002.
- Bryant, Anthony J. *Sekigahara, 1600: The Final Struggle for Power.* Oxford: Osprey, 1995.
- Bull, Dr. Stephen. *World War II Infantry Tactics: Squad and Platoon.* Oxford: Osprey, 2004.
- ———. *World War II Infantry Tactics: Company and Battalion.* Oxford: Osprey, 2005.
- Burgett, Donald R. *Currahee! A Screaming Eagle at Normandy.* New York: Dell, 2000.
- ———. *Seven Roads to Hell: A Screaming Eagle at Bastogne.* New York: Dell, 2000.
- Busey, John W., and David C. Martin. *Regimental Strengths and Losses at*

- *Gettysburg.* Hightstown, NJ: Longstreet House, 1986.
- Cameron, Craig M. *American Samurai: Myth, Imagination and the Conduct of Battle in the First Marine Division, 1941–1951.* Cambridge University Press, 1994.
- Campbell, Donovan. *Joker One: A Marine Platoon's Story of Courage, Leadership, and Brotherhood.* New York: Random House, 2009.
- Campbell, P. J. *In the Cannon's Mouth.* London: Hamish Hamilton, 1977. Carroll, Andrew, ed. *War Letters: Extraordinary Correspondence from American Wars.* New York: Scribner, 2001.
- Cawthorne, Nigel. *Steel Fist: Tank Warfare, 1939–45.* London: Arcturus, 2003.
- Cendrars, Blaise. *Lice.* Translated by Nina Rootes. London: Peter Owen, 1973. First published as *La main coupée,* 1946.
- Chandler, David. *The Art of Warfare in the Age of Marlborough.* London: Batsford, 1976.
- Cleary, Thomas, trans. *Code of the Samurai: A Modern Translation of the Bushido Shoshinsu of Taira Shigesuke.* Boston: Tuttle, 1999.
- ———. *The Japanese Art of War: Understanding the Culture of Strategy.* Boston: Shambhala, 2005.
- Coggins, Jack. *Arms and Equipment of the Civil War.* Garden City, NY: Doubleday, 1962.
- ———. *Soldiers and Warriors: An Illustrated History.* New York: Doubleday, 2006.
- Commager, Henry Steele. *The Blue and the Gray: The Story of the Civil War as Told by Participants.* Indianapolis: Bobbs-Merrill, 1950.
- Commager, Henry Steele, and Richard B. Morris, eds. *The Spirit of Seventy-Six: The Story of the Revolution as Told by Its Participants.* New York: Harper, 1958.
- Congdon, Don, ed. *Combat: The Civil War.* New York: Mallard Press, 1967.
- Coppard, George. *With a Machine Gun to Cambrai.* London: Her Majesty's Stationery Office, 1969.

参考文献

- Cotterell, Arthur. *Chariot: The Astounding Rise and Fall of the World's First War Machine.* London: Pimlico, 2004.
- Cowdrey, Albert E. *Fighting for Life: American Military Medicine in World War II.* New York: Free Press, 1994.
- Creagh, Patrick, trans. *Giuseppe Ungaretti: Selected Poems.* London: Penguin, 1971.
- Dann, John C., ed. *The Revolution Remembered: Eyewitness Accounts of the War of Independence.* Chicago: University of Chicago Press, 1980.
- Diagram Group. *Weapons: An International Encyclopedia from 5000 B.C. to 2000 A.D.* New York: St. Martin's, 1980.
- Dick, Robert C. *Cutthroats: The Adventures of a Sherman Tank Driver in the Pacific.* New York: Ballantine/Presidio, 2006
- Drews, R. *The End of the Bronze Age: Changes in Warfare and the Catastrophe, c. 1200 BC.* Princeton, NJ: Princeton University Press, 1993.
- Duffy, Christopher. *The Military Experience in the Age of Reason.* London: Routledge and Kegan Paul, 1987.
- Dunn, Captain J. C. *The War the Infantry Knew, 1914–1919.* 1938. Reprint, London: Cardinal, 1989.
- Dunnigan, James F., and Albert A. Nofi. *The Pacific War Encyclopedia.* Madison, WI: Facts on File, 1998.
- Dupuy, Col. Trevor N. *Attrition: Forecasting Battle Casualties and Equip- ment Losses in Modern War.* Falls Church, VA: Nova, 1995.
- ———. *Numbers, Predictions & War: Using History to Evaluate Combat Factors and Predict the Outcome of Battles.* Indianapolis: Bobbs-Merrill, 1979.
- ———. *War: History and Theory of Combat.* New York: Paragon House, 1987.
- Ebert, James R. *A Life in a Year: The American Infantryman in Vietnam.* New York: Ballantine, 1993.
- Ehrenreich, Barbara. *Blood Rites: Origins and History of the Passions of War.*

New York: Holt, 1997.
- Eicher, David J. *The Longest Night: A Military History of the Civil War.* New York: Simon & Schuster, 2001.
- Ellis, John. *On the Front Line: The Experience of War Through the Eyes of the Allied Soldiers of World War II.* New York: Wiley, 1990.
- ———. *The Social History of the Machine Gun.* London: Croom Helm, 1975.
- ———. *World War II: The Encyclopedia of Facts and Figures.* Madison, WI: Facts on File, 1995.
- Elton, Hugh. *Warfare in Roman Europe, A.D. 350–425.* Oxford: Clar- endon, 1996.
- Fagles, Robert, trans. *The Iliad.* New York: Viking Penguin, 1990. Farwell, Byron. *Queen Victoria's Little Wars.* New York: Harper and Row, 1972.
- Faust, Drew Gilpin. *This Republic of Suffering: Death and the American Civil War.* New York: Knopf, 2008.
- Featherstone, Donald. *Victorian Colonial Warfare: Africa.* London: Blandford, 1992.
- Fischer, David Hackett. *Washington's Crossing.* Oxford: Oxford University Press, 2004.
- Fishbein, Morris, ed. *Doctors at War.* New York: Dutton, 1945.
- Fisher, Tyler. *A Medic's War: One Man's True Odyssey of Hardship, Friendship, and Survival in the Second World War.* San Diego: Aventine, 2005.
- Fitchett, W.H. *Wellington's Men.* London: Smith, Elder, 1900.
- Flynn, Sean Michael. *The Fighting 69th: One Remarkable National Guard Unit's Journey from Ground Zero to Baghdad.* New York: Viking, 2007.
- Ford, Roger. *The Grim Reaper: Machine-Guns and Machine-Gunners in Action.* London: Sidgwick and Jackson, 1996.
- Forty, George. *Tank Warfare in the Second World War: An Oral History.* London: Constable, 1998.

- Fox, William F. *Regimental Losses in the American Civil War, 1861–1865.* 1880. Reprint, Gulf Breeze, FL: eBooksonDisk.com, 2002.
- Franklin, Robert "Doc Joe." *Medic!: How I Fought World War II with Morphine, Sulfa, and Iodine Swabs.* Lincoln: University of Nebraska Press, 2006.
- Fraser, George MacDonald. *Quartered Safe Out Here: A Harrowing Tale of World War II.* New York: Skyhorse, 2007.
- Frey, Sylvia R. *The British Soldier in America: A Social History of Military Life in the Revolutionary Period.* Austin: University of Texas Press, 1981.
- Fritz, Stephen G. *Frontsoldaten: The German Soldier in World War II.* Lexington: University Press of Kentucky, 1995.
- Frölich, H. *Die Militärmedicin Homer's.* Stuttgart: Ende, 1879.
- Fuller, J. F. C. *Armament & History: The Influence of Armament on History from the Dawn of Classical Warfare to the End of the Second World War.* New York: Scribner's, 1945.
- Fussell, Paul. *The Boys' Crusade: The American Infantry in Northwest Europe, 1944–1945.* New York: Modern Library, 2003.
- ———. *Doing Battle: The Making of a Skeptic.* Boston: Back Bay/Little, Brown, 1996.
- ———. *The Great War and Modern Memory.* New York: Oxford Univer- sity Press, 1977.
- ———. *Wartime: Understanding and Behavior in the Second World War.* New York: Oxford University Press, 1989.
- Fussell, Paul, ed. *The Norton Book of Modern War.* New York: Norton, 1991. Gallagher, John J. *The Battle of Brooklyn, 1776.* Cambridge, MA: Da Capo, 1995.
- Gantter, Raymond. *Roll Me Over: An Infantryman's World War II.* New York: Ballantine, 1997.
- Glantz, David M., and Jonathan House. *When Titans Clashed: How the Red Army Stopped Hitler.* Lawrence: University of Kansas Press, 1995.

- Glasser, Ronald J. *365 Days.* New York: Braziller, 1971.
- Gleig, George Robert. *The Subaltern: A Chronicle of the Peninsular War.* 1825. Reprint, London: Leo Cooper/Pen and Sword, 2001.
- Gluckman, Arcadi. *United States Muskets, Rifles, and Carbines.* Harris-burg, PA: Stackpole, 1959.
- Goldsworthy, Adrian. *Roman Warfare.* London: Cassell, 2000.
- Goodrich, Thomas. *Scalp Dance: Indian Warfare on the High Plains, 1865–1879.* Harrisburg, PA: Stackpole, 1997.
- Gordon, Michael R., and Gen. Bernard E. Trainor. *Cobra II: The Inside Story of the Invasion and Occupation of Iraq.* New York: Pantheon, 2006.
- Gragg, Rod. *Covered with Glory: The 26th North Carolina Infantry at the Battle of Gettysburg.* New York: HarperCollins, 2000.
- Gran, Lester W., et al. "Guerrilla Warfare and Land Mine Casualties Remain Inseparable." *U.S. Army Medical Department Journal,* October– December 1998: 10–16.
- Grant, Ulysses S. *Personal Memoirs.* 1885. Reprint, New York: Penguin, 1995.
- Graves, Robert. *Good-bye to All That.* 1929. Reprint, London: Penguin, 1960.
- Greenwood, John T., and Clifton F. Berry. *Medics at War: Military Medicine from Colonial Times to the 21st Century.* Annapolis: Naval Institute Press, 2005.
- Griffith, Paddy. *Battle Tactics of the Civil War.* New Haven: Yale Univer- sity Press, 1989.
- ———. *Battle Tactics of the Western Front: The British Army's Art of Attack.* New Haven: Yale University Press, 1994.
- ———. *Forward into Battle: Fighting Tactics from Waterloo to the Near Future.* Novato, CA: Presidio, 1997.
- Grossman, Lt. Col. Dave. *On Killing: The Psychological Cost of Learning to Kill in War and Society.* Boston: Back Bay, 1995.
- Grossman, Vasily. *A Writer at War: A Soviet Journalist with the Red Army,*

1941–1945. Trans. and eds. Antony Beevor and Luba Vinogradova, New York: Pantheon, 2005.

- Guilane, Jean, and Jean Zammit. *The Origins of War: Violence in Prehistory.* London: Blackwell, 2005.
- Hackett, Gen. Sir John, ed. *Warfare in the Ancient World.* London: Sidgwick & Jackson, 1989.
- Hackworth, Col. David H. *Steel My Soldiers' Hearts.* New York: Simon & Schuster, 2002.
- ———. and Julie Sherman. *About Face: The Odyssey of an American Warrior.* New York: Simon & Schuster, 1989.
- Hall, Bert S. *Weapons and Warfare in Renaissance Europe.* Baltimore: Johns Hopkins University Press, 1997.
- Hanson, Victor Davis. *Carnage and Culture: Landmark Battles in the Rise of Western Power.* New York: Anchor, 2002.
- ———. *The Western Way of War: Infantry Battle in Classical Greece.* Berkeley: University of California Press, 1994.
- Hardy, Robert. *Longbow: A Social and Military History.* Somerset, UK: Sparkford, 1976.
- Hart, Peter. *The Somme: The Darkest Hour on the Western Front.* New York: Pegasus, 2008.
- Harwell, Richard B., ed. *The Civil War Reader.* New York: Konecky and Konecky, 1957.
- Hassig, Ross. *Aztec Warfare: Imperial Expansion and Political Control.* Norman: University of Oklahoma Press, 1988.
- Hastings, Max. *Warriors: Portraits from the Battlefield.* New York: Vintage, 2007.
- Haythornthwaite, Philip. *The Armies of Wellington.* London: Arms and Armour, 1994.
- ———. *The English Civil War, 1642–1651: An Illustrated Military History.*

London: Brockhampton, 1998.

- ———. *Weapons & Equipment of the Napoleonic Wars.* London: Arms and Armour, 1979.
- ———. *The World War One Source Book.* London: Arms and Armour, 1992.

Hess, Earl J. *The Union Soldier in Battle: Enduring the Ordeal of Combat.* Lawrence: University Press of Kansas, 1997.

- Hodgkinson, Peter E. "Clearing the Dead." *Journal of the Centre for First World War Studies* 3, no. 1 (September 2007).
- Hogg, Ian. *Tank Killing: Anti-Tank Warfare by Men and Machines.* New York: Sarpedon, 1996.
- Holmes, Richard. *Acts of War: The Behavior of Men in Battle.* New York: Free Press, 1985.
- ———. *Redcoat: The British Soldier in the Age of Horse and Musket.* New York: W. W. Norton, 2001.
- ———. *Tommy: The British Soldier on the Western Front, 1914–1918.* New York: HarperCollins, 2004.
- Horne, Alastair. *The Price of Glory: Verdun, 1916.* New York: St. Martin's, 1963.
- Huber, Thomas M. "Japanese Counterartillery Methods on Okinawa, April–June 1945." Combined Studies Institute Report 13, *Tactical Responses to Concentrated Artillery.* US Army Combined Arms Center.
- Hughes, Maj. Gen. B. P. *Firepower: Weapons Effectiveness on the Battle-field, 1630–1850.* London: Arms and Armour, 1974.
- Hynes, Samuel. *The Soldiers' Tale: Bearing Witness to Modern War.* New York: Allen Lane/Penguin Press, 1997.
- Jobé, Joseph, ed. *Guns: An Illustrated History of Artillery.* New York: Crescent, 1971.
- Johnson, J. H. *Stalemate: Great Trench Warfare Battles.* London: Cassell, 1995.
- Jünger, Ernst. *Storm of Steel.* Translated by Michael Hoffmann. 1920. Reprint,

London: Penguin, 2003.
- Junger, Sebastian. *War.* New York: Twelve, 2010.
- Karnow, Stanley. *Vietnam: A History.* New York: Penguin, 1983.
- Keegan, John. *A History of Warfare.* London: Hutchinson, 1993.
- Keegan, John, and Richard Holmes. *Soldiers: A History of Men in Battle.* New York: Viking, 1986.
- Keegan, John, *The Face of Battle.* London: Jonathan Cape, 1976.
- ———. *Six Armies in Normandy: From D-Day to the Liberation of Paris.* London: Jonathan Cape, 1982.
- ———. *A History of Warfare.* London: Hutchinson, 1993.
- ———. *The Book of War.* New York: Viking Penguin, 1999.
- Keeley, Lawrence H. *War Before Civilization: The Myth of the Peaceful Savage.* Oxford: Oxford University Press, 1996.
- ———. "Giving War a Chance," in *Deadly Landscapes: Case Studies in Prehistoric Southwestern Warfare.* Glen E. Rice and Steven A. Leblanc, eds. Salt Lake City: University of Utah Press, 2001.
- Kelly, Jack. *Gunpowder: A History of the Explosive That Changed the World.* London: Atlantic, 2004.
- Kennett, Lee. *G.I.: The American Soldier in World War II.* New York: Scribner's, 1987.
- Knappe, Siegfried, with Ted Brusaw. *Soldat: Reflections of a German Soldier, 1936–1949.* New York: Dell, 1992.
- Koschorrek, Günter K. *Blood Red Snow: The Memoirs of a German Soldier on the Eastern Front.* Minneapolis: Zenith, 2005.
- Krivosheev, G. F., ed. *Soviet Casualties and Combat Losses in the Twentieth Century.* London: Greenhill, 1997.
- Laffin, John. *Combat Surgeons.* Stroud, UK: Sutton, 1999.
- Leckie, Robert. *Helmet for My Pillow.* New York: iBooks, 2001.

- ———. *Okinawa: The Last Battle of World War II*. New York: Penguin, 1995.
- Lendon, J. E. *Soldiers & Ghosts: A History of Battle in Classical Antiquity*. New Haven: Yale University Press, 2005.
- Lewin, Ronald, ed. *Voices from the War on Land, 1939–1945*. New York: Vintage, 2007.
- Linderman, Gerald F. *Embattled Courage: The Experience of Combat in the American Civil War*. New York: Free Press, 1987.
- Livermore, Thomas L. *Numbers & Losses in the Civil War in America, 1861–65*. 1900. Reprint, Bloomington: Indiana University Press, 1957.
- Livesey, Anthony. *The Historical Atlas of World War I*. New York: Holt, 1994.
- Lucas, John. *The Silken Canopy: A History of the Parachute*. Shrewsbury, UK: Airlife, 1997.
- Luvaas, Jay, ed. and trans. *Frederick the Great on the Art of War*. New York: Free Press, 1966.
- Macdonald, John. *Great Battles of the Civil War*. Edison, NJ: Chartwell, 1988.
- Macdonald, Lyn. *Somme*. New York: Dorset, 1983.
- Macksey, Kenneth. *Tank Warfare: A History of Tanks in Battle*. New York: Stein and Day, 1972.
- Malone, Patrick M. *The Skulking Way of War: Technology and Tactics Among the New England Indians*. Lanham, MD: Madison, 1991.
- Manchester, William. *Goodbye, Darkness: A Memoir of the Pacific War*. Boston: Little, Brown, 1979.
- Manning, Frederic. *Her Privates We* (published as *The Middle Parts of Fortune*, 1929). London: Hogarth, 1986.
- Marlantes, Karl. *Matterhorn*. New York: El León Literary Arts/Atlantic Monthly, 2010.
- Marshall, S. L. A. *Vietnam: Three Battles*. Cambridge, MA: Da Capo, 1982.
- Martin, Joseph Plumb. *A Narrative of a Revolutionary Soldier*. New York: Signet,

2001.

- McDermott, John D. *A Guide to the Indian Wars of the West.* Lincoln: University of Nebraska Press, 1998.
- McManus, John C. *The Deadly Brotherhood: The American Combat Soldier in World War II.* Novato, CA: Presidio, 1998.
- McNeal, Edgar Holmes, trans. and ed. *Robert of Clari: The Conquest of Constantinople.* New York: Norton, 1969.
- McPherson, James M. *Battle Cry of Freedom: The Civil War Era.* New York: Ballantine, 1989.
- McWhiney, Grady, and Perry D. Jamieson. *Attack and Die: Civil War Military Tactics and the Southern Heritage.* Tuscaloosa: University of Alabama Press, 1982.
- Mead, Gary. *The Good Soldier: The Biography of Douglas Haig.* London: Atlantic, 2007.
- Merridale, Catherine. *Ivan's War: Life and Death in the Red Army, 1939–1945.* New York: Metropolitan Books/Henry Holt, 2006.
- Messenger, Charles. *Trench Fighting, 1914–18.* New York: Ballantine, 1972.
- Mills, Dan. *Sniper One: The Blistering True Story of a British Battle Group Under Siege.* London: Penguin, 2007.
- Mitchell, Reid. *Civil War Soldiers: Their Expectations and Their Experi- ences.* New York: Viking, 1988.
- Mishkin, Bernard. *Rank & Warfare Among the Plains Indians.* Omaha: University of Nebraska Press, 1992.
- Moe, Richard. *The Last Full Measure: The Life and Death of the First Minnesota Volunteers.* St. Paul: Minnesota Historical Society Press, 1993.
- Moore, Lt. Gen. (Ret.) Harold G., and Joseph L. Galloway. *We Were Soldiers Once ... and Young.* New York: Harper Torch, 1992.
- Moran, Lord. *Anatomy of Courage.* 1945. Reprint, New York: Avery, 1987.

- Morris, Donald. *The Washing of the Spears: The Rise and Fall of the Zulu Nation.* New York: Simon & Schuster, 1965.
- Muir, Rory. *Tactics and Experience of Battle in the Age of Napoleon.* New Haven: Yale University Press, 1998.
- Murphy, Edward F. *Semper Fi Vietnam: From Da Nang to the DMZ: Marine Corps Campaigns, 1965–1975.* New York: Presidio, 1997.
- Nichols, David, ed. *Ernie's War: The Best of Ernie Pyle's World War II Dispatches.* New York: Random House, 1986.
- Nicolle, David. *Medieval War Source Book.* Vol. 1, *Warfare in Western Christendom.* London: Arms and Armour, 1995.
- ———. *Medieval War Source Book.* Vol. 2, *Christian Europe and Its Neighbours.* London: Arms and Armour, 1996.
- Norman, A. V. B., and Don Pottinger. *A History of War and Weapons.* New York: Crowell, 1966.
- Nosworthy, Brent. *The Bloody Crucible of Courage: Fighting Methods and Combat Experience of the Civil War.* New York: Carroll and Graf, 2003.
- ———. *Roll Call to Destiny: The Soldier's Eye View of Civil War Battles.* New York: Basic Books, 2008.
- Nuland, Sherwin B., et al. *The Face of Mercy: A Photographic History of Medicine at War.* New York: Random House, 1993.
- Oakshott, Ewart. *A Knight and His Weapons.* Chester Spring, PA: Dufour, 1964.
- ———. *A Knight in Battle.* Chester Spring, PA: Dufour, 1971. O'Connell, Robert L. *Of Arms and Men: A History of War, Weapons, and Aggression.* New York: Oxford University Press, 1989.
- Oman, C. W. C. *The Art of War in the Middle Ages.* Ithaca: Cornell University Press, 1953.
- Otterbein, Keith F. *How War Began.* College Station, TX: Texas A&M University Press, 2004.

- Overy, Richard. *Why the Allies Won.* New York: Norton, 1995.
- Passingham, Ian. *All the Kaiser's Men: The Life and Death of the German Army on the Western Front, 1914–1918.* Stroud, UK: Sutton, 2003.
- Peckham, Howard H. *The Toll of Independence: Engagements & Battle Casualties of the American Revolution.* Chicago: University of Chicago Press, 1974.
- Perrett, Bryan. *The Battle Book: Crucial Conflicts in History from 1469 BC to the Present.* London: Arms and Armour Press, 1992.
- Peterson, Harold I. *The Book of the Continental Soldier.* Harrisburg, PA: Stackpole, 1968.
- Pimlott, John. *The Historical Atlas of World War II.* New York: Holt, 1995.
- Pohl, John D. *Aztec, Mixtec and Zapotec Armies.* Oxford: Osprey, 1991.
- Pohl, John, and Charles M. Robinson. *Aztec and Conquistadores: The Spanish Invasion & the Collapse of the Aztec Empire.* Oxford: Osprey, 2005.
- Porch, Douglas. *Wars of Empire.* London: Cassell, 2000.
- Ratti, Oscar, and Adele Westbrook. *Secrets of the Samurai: A Survey of the Martial Arts of Feudal Japan.* Edison, NJ: Castle, 1999.
- Reiss, Oscar. *Medicine and the American Revolution.* Jefferson, NJ: McFarland, 1998.
- Reister, Frank A. *Medical Statistics in World War II.* Washington, DC: Office of the Surgeon General, Department of the Army, 1975.
- Rhodehamel, John, ed. *The American Revolution: Writings from the War of Independence.* New York: Library of America, 2001.
- Risch, Erna. *Supplying Washington's Army.* Washington, DC: U.S. Army Center of Military History, 1981.
- Rothenberg, Gunther. *The Art of Warfare in the Age of Napoleon.* London: Batsford, 1977.
- Rothers, Christopher. *The Armies of Agincourt.* Oxford: Osprey, 1981.

- Rottman, Gordon L. *U.S. World War II Amphibious Tactics: Army and Marine Corps, Pacific Theater.* Oxford: Osprey, 2004.
- ———. *World War II Airborne Warfare Tactics.* Oxford: Osprey, 2006.
- ———. *World War II Infantry Anti-Tank Tactics.* Oxford: Osprey, 2005.
- Russ, Martin. *Breakout: The Chosin River Campaign: Korea, 1950.* New York: Penguin, 2000.
- Ryan, Kathy L., et al. "Overview of the Homeostasis Research Program: Advances and Future Directions." *Army Medical Department Journal,* July–September 2003: 1.
- Sajer, Guy. *Forgotten Soldier* (first published as *Le Soldat Oublié,* Paris: Laffront, 1967). Reprint Dulles, VA: Potomac Books, 2000.
- Sassoon, Siegfried. *Memoirs of an Infantry Officer.* 1930. Reprint, London: Faber, 1944.
- Saunders, K. B. "Frölich's Table of Homeric Wounds." *Classical Quarterly* 54, no. 1 (May 2004).
- Scheer, George F., and Hugh H. Rankin. *Rebels & Redcoats: The Amer- ican Revolution Through the Eyes of Those Who Fought and Lived It.* Cleveland: World, 1957.
- Scott, Douglas D., et al. *They Died with Custer: Soldiers' Bones from the Battle of the Little Big Horn.* Norman: University of Oklahoma Press, 1998.
- Shay, Jonathan. *Achilles in Vietnam: Combat Trauma and the Undoing of Character.* New York: Scribner, 1994.
- Sherriff, R. C. *Journey's End.* 1929. Reprint, Oxford: Heinemann, 1993.
- Simpson, Louis. *Selected Poems.* London: Oxford University Press, 1996.
- Sinclaire, Clive. *Samurai: The Weapons and Spirit of the Japanese Warrior.* Guilford, CT: Lyons, 2001.
- Sledge, E. B. *With the Old Breed at Peleliu and Okinawa* (first published 1981). Reprint New York: Ballantine, 2007.

- Small, R. C. *Crusading Warfare, 1097–1193*. Cambridge: Cambridge University Press, 1956.
- Smith, Gary R. *Demo Men: Harrowing True Stories from the Military's Elite Bomb Squads*. New York: Pocket, 1997.
- Spalinger, Anthony J. *War in Ancient Egypt*. Oxford: Blackwell, 2005.
- Spilsbury, Julian. *The Thin Red Line: An Eyewitness History of the Crimean War*. London: Weidenfeld and Nicolson, 2009.
- Steinman, Ron. *The Soldiers' Story: Vietnam in Their Own Words*. New York: Barnes & Noble, 2002.
- Symonds, Craig L. *A Battlefield Atlas of the Civil War*. Charleston, SC: Nautical and Aviation, 1983.
- Taylor, Colin F. *Native American Hunting and Fighting Skills*. New York: Lyons, 2003.
- Thatcher, Dr. James. *Military Journal of the American Revolution, 1775–1783*. New York: Corner House Historical, 1998.
- Turnbull, Stephen. *The Knight Triumphant: The High Middle Ages, 1314–1485*. London: Cassell, 2001.
- ———. *Osaka, 1600: The Last Battle of the Samurai*. Oxford: Osprey, 2006.
- ———. *The Samurai: A Military History*. Oxford: George Philip [Osprey], 1977.
- ———. *The Samurai Sourcebook*. London: Arms and Armour, 1998. Turnipseed, Joel. *Baghdad Express: A Gulf War Memoir*. New York: Penguin, 2003.
- U.S. Army Medical Department. *Medical Statistics in World War II*. Washington, DC: Office of the Surgeon General, Department of the Army, 1975.
- U.S. Department of Defense. *Emergency War Surgery*. Washington, DC: US Government Printing Office, 1958.
- Van Creveld, Martin. *Technology and War: From 2000 B.C. to the Present*. New York: Touchstone, 1991.
- Verney, John. *Going to the Wars*. London: Collins, 1955.

- Wagner, Eduard, et al. *Medieval Costume, Armour and Weapons.* Mineola, NY: Dover, 2000.
- Walker, Scott. *Hell's Broke Loose in Georgia: Survival in a Civil War Regiment.* Athens: University of Georgia Press, 2005.
- Warry, John. *Warfare in the Classical World.* Norman: University of Oklahoma Press, 1995.
- Watt, Jock. *A Tankie's Travels: World War II Experiences of a Former Member of the Royal Tank Regiment.* Bognor Regis, UK: Woodfield, 2006.
- Webster, David Kenyon. *Parachute Infantry: An American Paratrooper's Memoir of D-Day and the Fall of the Third Reich.* New York: Delta/Dell, 2002.
- Webster, Graham. *The Roman Imperial Army of the First and Second Centuries A.D.* Norman: University of Oklahoma Press, 1998.
- Weeks, John. *The Airborne Soldier.* Poole, UK: Blandford, 1982.
- ———. *Assault from the Sky: The History of Airborne Warfare.* Newton Abbot, UK: David and Charles, 1978.
- Weeks, John. *Men Against Tanks: A History of Anti-Tank Warfare.* New York: Mason/Charter, 1975.
- Weller, Jac. *Weapons and Tactics: Hastings to Berlin.* New York: St. Matin's, 1966.
- West, Bing. *No True Glory: A Frontline Account of the Battle for Fallujah.* New York: Bantam, 2005.
- West, Capt. Francis J., Jr. *Small Unit Action in Vietnam: Summer 1966.* New York: Arno, 1967.
- Wiest, Andrew, and M. K. Barbier. *Infantry Warfare: The Theory and Practice of Infantry Combat in the 20th Century.* Minneapolis: MBI, 2002.
- Wilcox, Fred A. *Waiting for an Army to Die: The Tragedy of Agent Orange.* Santa Ana, CA: Seven Locks Press, 1989.
- Wiley, Bell Irvin. *The Life of Billy Yank: The Common Soldier of the Union.* Baton Rouge: Louisiana State University Press, 1952.

- ———. *The Life of Johnny Reb: The Common Soldier of the Confederacy.* Baton Rouge: Louisiana State University Press, 1970.
- Williams, David. *A People's History of the Civil War: Struggles for the Meaning of Freedom.* New York: New Press, 2005.
- Williamson, Henry. *The Patriot's Progress: Being the Vicissitudes of Pte. John Bullock.* 1930. Reprint, London: Sutton, 1999.
- Wilson, David M. *The Vikings and Their Origins: Scandinavia in the First Millennium.* London: Thames and Hudson, 1970.
- Winter, Denis. *Death's Men: Soldiers of the Great War.* London: Penguin, 1978.
- ———. *Haig's Command: A Reassessment.* New York: Viking, 1991. Wolff,
- Tobias. *In Pharaoh's Army: Memoirs of the Lost War.* New York: Vintage, 1994.
- Woodruff, William. *Vessel of Sadness.* Boston: Abacus, 2004.
- Wrangham, Richard, and Dale Peterson. *Demonic Males: Apes and the Origins of Human Violence.* Boston: Houghton Mifflin, 1996.
- Wright, Patrick. *Tank: The Progress of a Monstrous War Machine.* New York: Viking, 2002.